全国教育科学"十四五"规划课题"当代大学生累积生态风险与智能手机成瘾的双向作用机制及干预研究"(CBA210233)结项成果

大学生智能手机成瘾的生态风险因素及干预研究

Daxuesheng Zhineng Shouji Chengyin De
Shengtai Fengxian Yinsu Ji Ganyu Yanjiu

▎田雨 著

人民出版社

责任编辑：赵圣涛
封面设计：胡欣欣

图书在版编目(CIP)数据

大学生智能手机成瘾的生态风险因素及干预研究/田雨 著. —北京：人民出版社,2024.6
ISBN 978-7-01-026487-5

Ⅰ.①大… Ⅱ.①田… Ⅲ.①大学生-病态心理学-研究-中国 Ⅳ.①G645.5

中国国家版本馆CIP数据核字(2024)第076593号

大学生智能手机成瘾的生态风险因素及干预研究

DAXUESHENG ZHINENG SHOUJI CHENGYIN DE SHENGTAI FENGXIAN YINSU JI GANYU YANJIU

田 雨 著

人民出版社 出版发行
(100706 北京市东城区隆福寺街99号)

中煤(北京)印务有限公司印刷　新华书店经销

2024年6月第1版　2024年6月北京第1次印刷
开本:710毫米×1000毫米 1/16　印张:26.25
字数:400千字

ISBN 978-7-01-026487-5　定价:119.00元

邮购地址 100706　北京市东城区隆福寺街99号
人民东方图书销售中心　电话 (010)65250042　65289539

版权所有·侵权必究
凡购买本社图书,如有印制质量问题,我社负责调换。
服务电话:(010)65250042

目 录

第一章 大学生智能手机成瘾的概念、测量、理论 …………… 1
    第一节 智能手机成瘾的概念 ……………………………… 1
    第二节 智能手机成瘾的测量 ……………………………… 4
    第三节 智能手机成瘾的理论 ……………………………… 6

第二章 大学生智能手机成瘾(网络成瘾)的危害 …………… 11
    第一节 大学生抑郁与网络成瘾的交叉滞后分析 …………… 11
    第二节 大学生羞怯、孤独感与网络成瘾的交叉滞后分析 …… 23
    第三节 大学生大五人格与网络成瘾的交叉滞后分析 ……… 46
    第四节 大学生负性生活事件与智能手机成瘾的交叉滞后分析 …… 68
    第五节 网络成瘾与在校大学新生适应的双向关系 ………… 84
    第六节 父母教养方式与网络成瘾的双向作用及机制 ……… 108

第三章 大学生生态风险因素与智能手机成瘾的双向作用及机制 … 131
    第一节 温暖接纳与智能手机成瘾的双向作用及机制(家庭) …… 131
    第二节 父母监控与智能手机成瘾的双向作用及机制(家庭) …… 147
    第三节 婚姻冲突与智能手机成瘾的双向作用及机制(家庭) …… 162
    第四节 亲子关系与智能手机成瘾的双向作用及机制(家庭) …… 175
    第五节 师生关系与智能手机成瘾的双向作用及机制(学校) …… 190
    第六节 学校联结与智能手机成瘾的双向作用及机制(学校) …… 207
    第七节 同学关系与智能手机成瘾的双向作用及机制(学校) …… 222
    第八节 同伴侵害与智能手机成瘾的双向作用及机制(同伴) …… 238

第九节　越轨同伴交往与智能手机成瘾的双向作用及机制
　　　　（同伴） ………………………………………………… 252

第四章　大学生累积生态风险因素对智能手机成瘾的影响及
　　　　作用机制 ……………………………………………………… 267
第一节　累积生态风险对智能手机成瘾的影响及作用机制 ……… 267
第二节　累积生态风险与智能手机成瘾的双向作用机制 ………… 293
第三节　不同方法论对累积生态风险与智能手机成瘾的双向
　　　　作用机制的影响 …………………………………………… 324

第五章　大学生手机成瘾的干预研究 ……………………………… 344
第一节　大学生手机成瘾的家庭干预策略 ………………………… 346
第二节　大学生手机成瘾的学校干预策略 ………………………… 353
第三节　大学生手机成瘾的同伴干预策略 ………………………… 356
第四节　大学生智能手机成瘾的认知行为疗法干预 ……………… 359

参考文献 ………………………………………………………………… 367

第一章 大学生智能手机成瘾的概念、测量、理论

第一节 智能手机成瘾的概念

随着科技的不断发展,大量新兴的科技产品给广大受众带来了生活便利,使得人们能够高效地购物、社交、娱乐,其中智能手机就是当今世界最为重要的科技产品之一。然而过度地使用智能手机可能会造成个体过于依赖并难以自拔,通常我们称之为智能手机成瘾。智能手机成瘾的概念最初源于成瘾,美国心理学家 Goldberg 最先提出了"成瘾"的概念。后来,该概念得到了广大研究人员的重视,美国成瘾医学会提出了其科学概念——影响动机、记忆和相关神经回路的慢性疾病,主要是以物质摄入为基础的成瘾类型。成瘾又可以分为物质成瘾和行为成瘾,行为成瘾反映的是以某种强烈的依赖心理和强迫行为效应为基础的成瘾行为,主要包括病理性赌博、锻炼成瘾、强迫进食行为、网络成瘾、冲动性购物等[1]。显然智能手机成瘾是一种行为成瘾,而成瘾的背后包含了复杂的心理过程。Young 认为智能手机成瘾与 Facebook 成瘾、网络成瘾、电子游戏成瘾等类似,它们均属于科技成瘾的一种[2]。

然而,当前是否将过度使用手机称为成瘾仍存在较大争议,有研究者认为智能手机成瘾是成瘾行为的一部分,它与赌博成瘾、网络成瘾等非物质成瘾行为类似。智能手机成瘾具有冲动性、复发性与恢复性、戒断性、凸显性、情绪改

---

[1] Griffiths M,"Behavioural addiction: an issue for everybody?", *Employee Councelling Today*, Vol.8, No.3, 2015, pp.19-25.

[2] Young K.S,"Cognitive behavior therapy with Internet addicts: treatment outcomes and implications", *Cyber Psychology & Behavior*, Vol.10, No.5, 2007, pp.671-679.

变和耐受性 6 类临床表现的显著特征。大量研究已经证实,智能手机成瘾能够造成个体产生一系列的身心问题,例如抑郁、孤独、焦虑等情绪问题,同伴侵害、越轨同伴交往等人际关系问题,学习投入减少、学业成绩下降等学业问题,头疼、失眠等身心健康问题等。在智能手机产生之前,也有学者提出了"手机成瘾"的相关概念,但智能手机与非智能手机存在诸多差异,因此在智能手机时代学者们又提出了相对应的"智能手机成瘾"概念。目前,对于智能手机成瘾的定义众说纷纭,但整体而言可以从两个方面入手。第一是关注手机使用的时长或使用强度,注重多度使用造成的智能手机依赖或成瘾。第二是关注过度使用智能手机给个体带来的危害,这些危害包含了心理、身体、社会功能等方面的损害。

有学者从成瘾的角度将过度使用智能手机定义为智能手机成瘾(Smartphone Addiction),这突出了智能手机如同吸烟、酗酒等行为问题一样造成个体沉迷其中而无法自拔。但智能手机成瘾问题会给个体的日常生活带来严重的危害,并导致他们产生进一步的心理和行为问题[1]。为了厘清智能手机成瘾的科学内涵,不同学者从不同角度对其操作性定义进行了界定。Lee 等人从临床角度出发,并关注智能手机成瘾对个体日常生活造成的危害,认为其具有戒断症状、耐受性、情绪改变、凸显性、失控和渴望等特征[2]。Park 等人认为,智能手机成瘾是对手机的习惯性使用而导致的依赖或成瘾,智能手机与个体形影不离,信息错失焦虑会导致他们强迫性使用或查看手机,进而对个体的正常社交活动造成了不利影响并导致其产生多种身心问题。但 Yen 认为,个体使用智能手机的目的是多方面的,在多种活动的共同作用下,个体对手机产生了持续的、强烈的渴求与依赖,进一步导致了个体身心以及社会功能的损害[3]。

---

[1] Chen C., et al, "Examining the Effects of Perceived Enjoyment and Habit on Smartphone Addiction:The Role of User Type", *International Conference on E-Technologies*, Vol. 209, 2015, pp. 224-235.

[2] Lee H., et al, "The SAMS:Smartphone Addiction Management System and verification", *Journal of Medical Systems*, Vol.38, No.1, 2014, pp.1-10.

[3] Yen C.F., et al, "Symptoms of problematic cellular phone use, functional impairment and its association with depression among adolescents in Southern Taiwan", *Journal of Adolescence*, Vol. 32, No.4, 2009, pp.863-873.

Vacaru 等人更加关注智能手机成瘾对个体造成的危害,他们认为智能手机成瘾的概念应该从个体身体、心理和社会功能的损害进行界定①。Choliz 认为智能手机成瘾要从一个更宏观的维度对其进行界定,他认为智能手机成瘾应该包含以下五个维度:第一,当停止使用手机时,个体的情绪会产生明显变化;第二,只能通过不断增加使用强度才能更好地满足心理需求,而且当有新型手机上市后个体会产生更换手机的渴望;第三,使用手机过程中造成了高经济成本的消费,电话和短信数量也高于常人;第四,因过度使用手机造成了人际关系问题,例如亲子问题等;第五,过度使用手机对个体的学业和其他正常活动造成了影响②。对于以上观点,国内学者刘勤学等人对其进行了总结,认为智能手机成瘾反映的是个体由于过度使用智能手机,进而无法控制自己的使用行为,导致其社会功能失调,带来一系列心理和行为问题的行为成瘾③。

此外,也有学者将智能手机成瘾定义为强迫性智能手机使用(Compulsive Usage of Smartphone)和病理性智能手机使用行为(Problematic Use of Smartphone)。强迫性智能手机使用行为强调,个体必须随时携带智能手机,且在任何场合频繁地查看手机,而这种强迫性的携带和查看行为对个体的正常生活和身心健康造成了消极影响④。而病理性智能手机使用行为是指,个体由于长期过度使用智能手机的不良行为,从而对其个人或者社会方面造成负面影响,如影响人际交往、漠视周围环境或冲动性使用手机,在不能使用手机时出现心理困扰。

除了强迫性使用、戒断反应、因过度使用造成不良后果之外,绝大多数研究认为,智能手机使用的时长是判断是否成瘾最为重要的公认指标。例如,有研究认为,过多使用行为反映的就是使用时间较长,人际关系问题就是因为大

---

① Vacaru M.A., et al, "New Zealand Youth and Their Relationships with Mobile Phone Technology", *International Journal of Mental Health and Addiction*, Vol.12, No.5, 2014, pp.572-584.

② Choliz M, "Mobile-phone addiction in adolescence: The Test of Mobile Phone Dependence (TMD)", *Progress in Health Sciences*, Vol.2, No.1, 2012, pp.33-37.

③ 刘勤学等:《智能手机成瘾:概念、测量及影响因素》,《中国临床心理学杂志》2017 年第 25 期。

④ Zhang, K., et al, "Compulsive smartphone use: The roles of flow, reinforcement motives, and convenience", *In the International Conference on Information Systems*, 2014.

量的时间花费于使用手机而不能正常地参与到人际交往当中所引起的。为此,澳大利亚学者将手机使用时间作为评定问题手机使用的标准。同样,国内研究学者同样将智能手机的使用时长作为智能手机成瘾的诊断标准之一,例如,姜永志将智能手机成瘾定义为病态手机使用,认为这是一种由于个体缺乏对手机使用的自我控制而过度使用的行为成瘾。尽管不同学者所使用的角度和术语不同,但是定义都具备几个共同的特征:对手机使用失去控制以及产生依赖,进而影响了正常生活和戒断后产生消极心理反应。

第二节　智能手机成瘾的测量

目前智能手机成瘾的测量工具以调查量表为主,测量的内容也多数从成瘾的影响因素及表现形式入手,对于智能手机成瘾的测量工具还有待进一步开发。以下本书列举一些国内外常用的量表。

首先,大量研究以 Young 提出的网络成瘾标准作为智能手机成瘾测量工具的理论基础,Kwon 和 Lee 等人采用韩国被试开发了第一个智能手机成瘾量表《智能手机成瘾量表》(Smartphone Addiction Scale,SAS)。该量表包含日常生活干扰、积极预期、网络空间导向关系、戒断、耐受性和过度使用 6 个维度,共计 33 个题目。为了开发适用于青少年的量表,Kwon 等人又在 SAS 的基础上编制了青少年版智能手机成瘾量表(SAS-SV)。

随着研究的不断深入,大量研究试图通过改变以上量表以提升测量的信效度。为了减少量表的作答时间,Al-Barashdi 等人通过压缩量表的维度和题目的方式开发了 5 维度(全神贯注、无法控制渴望、视有害后果、感到焦虑和迷失、生产力损失),17 个题目的《智能手机成瘾问卷》(Smartphone Addiction Questionnaire,SPAQ)[①]。

由于智能手机成瘾与网络成瘾具有诸多相似性,也有研究试图从网络成瘾的角度开发智能手机成瘾量表。例如,Lin 等人对幻觉振动综合征问卷和

[①] Al-Barashdi H.S., et al, "Development and Validation of a Smartphone Addiction Questionnaire(SPAQ)", *the 2nd international Conference Trends in Multidisciplinary Business and Economic Research*,2014.

中国网络成瘾量表进行修订,编制了4维度(耐受、戒断、功能损害和强迫行为),26个题目的《智能手机成瘾问卷》(Smartphone Addiction Inventory,SPAI)①。该研究发现,SPAI的4个维度之间具有较高的相关度。

也有研究同时结合了智能手机成瘾量表和网络成瘾量表优点,开发了4维度(困扰虚拟生活导向、适应功能、耐受性和戒断症状)的《智能手机成瘾倾向性量表》(Smartphone Addiction Proneness Scale,SAPS)。该量表结合了东亚文化和数字媒体成瘾的特点,得到了广大中国学者的使用。大量研究证实该量表在中国大学生群体当中信效度良好。

研究人员根据智能手机成瘾的程度分别构建了智能手机依赖量表和智能手机成瘾量表。Rush和Samantha结合了依赖量表和成瘾量表的特征,将两种量表有机结合,开发出了兼具依赖和成瘾特点的量表——《智能手机问题性使用问卷》(Smartphone Problematic Use Questionnaire,SPUQ)。该量表总共包含8个维度,44个题目。为了简化该量表的题目数量,Al-Barashdi等人又对SPUQ进行了改编,形成了简版的《智能手机成瘾问卷》(Smartphone Addiction Questionnaire,SPAQ)②。该问卷包含生产力下降、无法控制、全神贯注、忽视有害后果以及感到焦虑和失落等5个维度,共计17题目,问卷依然信效度良好。

与此同时,国内学者通过以中国被试为研究对象试图开发中国本土化智能手机成瘾量表。例如,苏双、潘婷婷和刘勤学等人采用标准化量表开发流程,对比传统手机与智能手机的异同,开发了《大学生智能手机成瘾量表》(Smartphone Addiction Scalefor College Students,SAS-C)③。量表不仅考察了受众群体的特殊性,也关注了智能手机的特殊性,例如手机中的App,更加真实地还原了智能手机受众的真实场景。作者通过访谈、预测、正式施测等多步骤形成了6维度(社交上的安抚、戒断的行为、凸显的行为、消极的行为、App

---

① Lin Y.,et al,"Development and Validation of the Smartphone Addiction Inventory(SPAI)",*PLOS ONE*,Vol.9,No.6,2014,e98312.

② Al-Barashdi H.S.,et al,"Development and Validation of a Smartphone Addiction Questionnaire(SPAQ)",*the 2nd international Conference Trends in Multidisciplinary Business and Economic Research*,2014.

③ 苏双等:《大学生智能手机成瘾量表的初步编制》,《中国心理卫生杂志》2014年第5期。

的使用以及App的更新),22个题目的大学生智能手机成瘾测量工具。目前,大量研究也将该量表应用到青少年群体当中,结果发现量表依然具有良好的信效度[①]。

第三节 智能手机成瘾的理论

一、"富者更富,贫者更贫"模型

"富者更富,贫者更贫"模型认为,在线下的人际交往当中,外向型或社会化较高的个体能更加主动地参与到社交当中从而拥有更多的朋友等社交资源;而内向型或社会化较低的个体由于不擅长或不愿意参与人际交往从而拥有更少的朋友等社交资源。由于外向型或社会化较高的个体能够在线下交往中获得更多的社交资源从而使得自己变成了更加外向和社会化更高的个体,然而内向型或社会化较低的个体由于社交资源较少从而成为更加内向或低社会化的个体,最终形成了"富者更富,贫者更贫"的"马太效应"[②]。然而该理论可能会同样适用于网络情景,外向型或社会化较高的个体能够在网络当中更加愿意表达,从而利用网络结交更多朋友,扩大自己的交往范围,获得更多网友的帮助,进而提高心理健康水平。而内向型或社会化较低的个体同样在网络当中不善言辞,不能很好地利用网络资源拓展人脉获得网友支持,从而面对更大压力或消极情绪,进而导致心理健康水平下降。已有研究发现外向型的青少年能够在网络当中具有更多的自我表露,他们擅长使用网络与他人社交,并与网络中的朋友建立良好的关系,进而心理健康水平高于内向型的个体。

二、"社会补偿"模型

"社会补偿"模型认为,网络能够补偿个体线下的缺失,当这一缺失得到

[①] 刘晓丽:《青少年人际关系困扰与手机成瘾的关系:学校疏离感、自我和谐的作用及其干预》,华中师范大学2021年,硕士学位论文。

[②] Kraut, et al, "The quality of social ties online", Communications of the ACM, Vol.45, No.7, pp.103–108.

弥补后,个体会更多地使用网络进而造成网络依赖或网络成瘾等行为。通常情况下,社交焦虑、抑郁、孤独等个体在线下交往当中无法获得安全感和舒适感,由于网络交往具有间接性、匿名性、非面对面等特点,这为个体减少焦虑、弥补孤独和抑郁等情绪提供了重要保障。在网络交往过程中,个体可以以非常自然、放松的方式与他人对话,能更加真实地表达自己内心的想法,在这个网络空间当中他们感到更加舒适和安全,从而他们会更加喜欢网络社交。此外,网络的娱乐功能也是个体依赖和成瘾的重要根源。当今社会由青少年到社会工作者,他们为了学业或事业成功,拼尽全力学习工作。然而网络的娱乐功能可以为他们提供短暂的治疗,使得他们能够身心放松。例如,网络游戏是广大青少年或从业者喜闻乐见的网络娱乐活动之一,他们可以通过玩线上游戏结交兴趣相投的网友,在游戏当中分工合作战胜困难。在游戏当中他们可以做现实中不能做的事情,说在现实当中不能说的话;这种无拘无束的游戏模式使得他们心情愉悦、身体放松。然而,无论是网络游戏还是网络社交,当个体将过多时间花费于此之时,他们可能会出现戒断反应、强迫自己上网、时间管理问题或人际关系问题等,进而表现为网络成瘾。因此,"社会补偿"模型认为,个体之所以会网络成瘾,是原因网络弥补了个体的线下缺失。

除此之外,"社会补偿"模型,还提出补偿的结果具有两面性,一方面,网络补偿可以促进个体自我修复,恢复自我发展,从而实现个体身心发展,这被称之建设性补偿;另一方面,网络补偿非但没有促进反而阻碍了个体自我修复,恢复自我发展,并严重降低了个体的身心健康水平,这被称为病理性补偿。大量研究发现,网络成瘾或手机成瘾对个体的学业、工作、睡眠、人际交往、身心健康等方面造成了巨大负面影响,这提示网络成瘾或手机成瘾的补偿结果是一种病理性补偿。因此,大量遭受线下缺失的个体试图通过网络获得补偿并得到治愈,然而过度地使用网络会进一步加大他们的负担,造成进一步的伤害[1]。如今,智能手机是人们上网最为重要的工具,网络的所有功能几乎都可

---

[1] Kraut, et al, "The quality of social ties online", Communications of the ACM, Vol. 45, No. 7, pp.103-108.

以通过智能手机实现,今天的网络成瘾可能更多地表现为智能手机成瘾。因此,"社会补偿"模型可以用于揭示智能手机成瘾的原因以及危害。

三、ACE 模型

ACE 模型由 Young 提出,模型中的 A 代表 Anonymity(匿名性),C 代表 Convenience(便利性),E 代表 Escape(逃避现实)①。ACE 模型根据网络的特点指出了个体提会成瘾的原因。首先,匿名性能够很好地帮助个体去个体化,使得他们在使用网络过程中不必顾忌个人线下的身份,从而使得个体上网更加自由。例如,已有研究发现在现实生活中更易成为被欺凌对象的个体在网络当中会更倾向变为网络欺凌者,这同样是因为匿名性的原因,使得受欺凌者将自己的怨气释放于网络情景当中。同样,当个体在网络空间当中不必在意自己的社会经济地位、言行举止等特征时,他们会感受到自由和舒适,而这种自由或舒适会导致他们过多使用网络而成瘾。其次,网络的便利性同样可能会造成网络成瘾。例如,网络是一个海量的数据库,人们可以通过网络获取自己想要的信息或资源,当个体认为查阅书籍或文献不够高效时,他们更可能使用网络进行阅读、浏览来寻找答案。另外,网络购物同样可以满足个体足不出户就可以送货到家的需求。在这种高效与省力的优势驱动下,个体会更多地使用网络甚至是过度地使用网络从而造成成瘾行为。最后是网络具有逃避现实性,这为存在现实问题的个体提供了重要的逃避场所。当今个体面对巨大的学习、工作、生活等压力,短暂地逃避现实会让他们感到更加舒适和解脱。网络是一个极度包容和开放的空间,在这个空间当中个体可以通过听音乐、打游戏、网购、阅读等方式为自己短暂脱离现实找到舒适场所。然而,过度地使用网络逃避现实可能会造成个体形成强大的上网动机,进而造成过度上网,过度依赖等成瘾行为②。

---

① Young K.S."What makes on-ine usage stimulating:potential explanations for pathological lnternet use",The 105th Annual Convention of the American Psvchological Association,Chicago,1997.

② 董睿等:《逃避动机和沉浸体验在大学生挫折感与网络游戏成瘾间的中介作用》,《中华行为医学与脑科学杂志》2021 年第 4 期。

四、认知—行为理论模型

为了揭示网络成瘾的影响因素及作用机制,Davis 提出了认知—行为理论模型。该模型将网络成瘾的影响因素分成了近端因素和远端因素,近端因素是网络成瘾的必要条件,而远端因素是网络成瘾的充分条件[1]。远端因素包括个体精神病理学因素(例如抑郁、社会焦虑等)、环境线索和互联网本身特征;近端因素包括非适应性认知、社会孤立和/或缺乏社会支持。远端因素本身不会导致网络成瘾,但会通过近端因素的中介作用导致网络成瘾。近端因素当中非适应性认知是网络成瘾的核心要素,非适应性认知反映的是个体对网络不恰当的预期和观念,例如,在网络中我会得到更多的尊重和关爱,我跟社会网络社交而非面对面的社交等。大量研究证实,除抑郁和社交焦虑等因素可以通过非适应性认知的中介作用影响网络成瘾之外,个体羞怯、低自尊、父母教养方式、孤独感等均可以通过非适应性认知影响网络成瘾。另外,该模型也指出,网络成瘾存在性别的差异。例如,男性游戏成瘾水平显著高于女性,而女性更喜欢网络社交进而造成网络成瘾水平高于男性。因此,网络成瘾的性别差异可能会因为不同性别用户的网络使用目的不同而有所差异。由于智能手机是个体上网最为重要的工具,该模型同样适用于手机成瘾。

五、使用与满足理论

使用与满足理论起源于马斯洛(Maslow)的需要层次理论,该理论认为个体之所以会形成网络成瘾行为,原因是网络满足了个体的某种需要,需要的满足可以造成个体形成强大的上网动机进而造成网络成瘾(Katz Elihu)。马斯洛指出归属和爱的需要属于个体基本的缺失性需要,个体在线下的人际交往和人际互动以及获得社会支持等行为都可以帮助个体获得归属感和爱,进而满足需要。然而,当个体无法在现实生活当中获得足够的归属感和爱,他们就很可能通过其他方式满足需要。网络的匿名性、便利性和逃避性等特征能很

---

[1] Davis,R.A.,"A cognitive-behavioral model of pathological Internet use",*Computers in human behavior*,Vol.17,No.2,2001,pp.187-195.

好地帮助个体满足归属感和爱的需要,例如个体可以通过网络社交与他人建立更加广泛的人际关系。当他们在线下生活当中遇到困难和需要帮助的时候,网友可能会伸出援助之手。当个体在网络上获得帮助后,他们会获得归属感和爱进而满足了自己的需要。有研究证明,大学生使用在线交流可以满足他们6个方面的需要,分别是休闲娱乐、成就感、人际交往、自主性、自我提升和角色扮演。马斯洛指出,归属和爱的需要是个体低级基础性需要,该需要的满足会激发出强大的行为动机,而在线交流会通过其特定功能满足个体需要进而造成了强大的上网动机,最终造成了网络成瘾。除归属感和爱的需要之外,网络还可以满足个体的情感需要。例如,个体可以通过网络游戏与他人同时参与到游戏当中,在诸多因素的相互作用下,游戏可以为个体带来各种情绪反应(如:愉悦、悲伤、兴奋等)。人作为一种高级生物,趋利避害是其本能,当个体在游戏当中获得了愉悦的体验时,个体的情感需要得到满足,他们会更喜欢参与到游戏当中进而形成网络游戏使用动机,并因此造成网络成瘾。

第二章　大学生智能手机成瘾（网络成瘾）的危害

第一节　大学生抑郁与网络成瘾的交叉滞后分析

一、引言

国内疫情暴发后，为阻断疫情传播途径，几乎所有大学生开启了居家隔离生活。在足不出户的生活中，网络成为大学生最为重要的沟通、娱乐和学习的工具。研究发现，疫情期大学生更易沉迷于网络进而网络成瘾[1]。网络成瘾是指因过度使用网络而导致个体心理和社会功能的损害，并对个体的学习和工作产生严重影响[2]。研究发现，疫情期因对病毒的恐惧与不确定性所导致的抑郁、焦虑、压力和恐惧均会使大学生从网络空间寻求安全感进而导致网络成瘾[3]。其中，抑郁作为身心功能紊乱的最主要心理疾病之一，其与网络成瘾的关系一直备受关注。

---

[1] 姜立君:《新冠病毒疫情下大学生信息焦虑对手机成瘾的影响：一个有中介的调节模型》，《大连大学学报》2020年第2期；Nagaur, A., "Internet Addiction and Mental Health among University students during CVOID-19 lockdown", *Mukt Shabd Journal*, Vol.9, No.5, 2020, pp.684-692.

[2] Davis, R.A.(2001). "A cognitive-behavioral model of pathological internet use", *Computers in Human Behavior*, Vol.17, No.2, 2001, pp.187-195.

[3] Shader, R.I., "Covid-19 and depression". *Clinical Therapeutics*, Vol.42, No.6, 2020, pp.962-963; Nagaur, A., "Internet Addiction and Mental Health among University students during CVOID-19 lockdown", *Mukt Shabd Journal*, Vol.9, No.5, 2020, pp.684-692.

大量研究发现,网络成瘾与抑郁存在紧密的联系,高抑郁风险者网络成瘾水平显著高于低抑郁风险者[1]。社交替代假说认为,抑郁个体由于社交焦虑水平较高而不愿参加人际活动,而网络的非面对面社交功能可以缓解社交过程的焦虑体验,为了寻求更为舒适的交流方式,抑郁个体更倾向于选择网络进行社交,而这种替代功能会导致抑郁个体更易网络成瘾[2]。然而,网络成瘾会大大增加个体罹患抑郁症的风险[3]。情绪增强假说认为,个体会根据自己的情绪状态选择合适的活动媒介,抑郁的个体会通过观看视频、玩游戏和浏览网页等方式调节自身的消极情绪[4]。但有研究指出,通过上网缓解消极情绪更类似于消磨时间,这对情绪的改善不起任何作用[5];反而将大量时间花费于网络,个体势必会减少线下的交往,进而不能获得充足的社会支持,其抑郁水平也会因此升高[6]。综上所述不难发现,抑郁与网络成瘾存在相互影响的关系。

然而,也有研究并未发现抑郁与网络成瘾存在显著关联,这些研究认为抑

---

[1] 荀寿温等:《青少年网络成瘾与抑郁之间的双向关系》,《中国临床心理学杂志》2013年第4期。

[2] Kraut,R.,et al,"Internet paradox:a social technology that reduces social involvement and psychological well-being?", *American Psychologist*, Vol.53, No.9, 1998, pp.1017-1031; Caplan, S.E., Turner, J.S. "Bringing theory to research on computer mediated comforting communication", *Computers in Human Behavior*, Vol.23, No.2, 2007, pp.985-998.

[3] Mak, K., et al, "Mediating Effect of Internet Addiction on the Association between Resilience and Depression among Korean University Students: A Structural Equation Modeling Approach", *Psychiatry Investig*, Vol.15, No.10, 2018, pp.962-969.

[4] Zillmann, D. (1991). Television viewing and physiological arousal. In J. Bryant, & D. Zillmann (Eds.), Responding to the screen: Reception and reaction processes (pp.103-133). Hillsdale, NJ: Lawrence Erlbaum Associate; Kim, D.J., et al, "Internet game addiction, depression, and escape from negative emotions in adulthood", *Journal of Nervous & Mental Disease*, Vol.205, No.7, 2017, pp.568-573.

[5] Ferguson, C.J., et al, "A meta-analysis of pathological gaming prevalence and comorbidity with mental health, academic and social problems", *Journal of psychiatric research*, Vol.45, No.12, 2011, pp.1573-1578.

[6] Liang, L., et al, "Gender differences in the relationship between internet addiction and depression: A cross-lagged study in Chinese adolescents", *Computers in Human Behavior*, Vol.63, 2016, pp.463-470; Soulioti, E., et al, "The relationship of internet addiction with anxiety and depressive symptomatology", *Psychiatrike=Psychiatriki*, Vol.29, No.2, 2018, pp.160-171.

郁既不是网络成瘾的前因变量,也不是网络成瘾的结果变量①;甚至有研究认为网络可以弥补抑郁个体线下人际交往的缺失,从而降低其抑郁水平,该观点得到了"社会补偿"假说的支持②。但是多数研究认为"富者更富,贫者更贫",存在人际关系问题的个体即使在网络当中得到一定补偿,线下的进一步缺失会导致其人际关系的进一步恶化,从而形成恶性循环,抑郁与网络成瘾的关系同样遵循于这一定律③。因此,尽管有关抑郁与网络成瘾的研究众多,但关于两者的关系仍存在分歧。

导致以上分歧的原因可能是因受外界环境或其他无关变量的干扰,抑郁与网络成瘾的关系动态发展,在不同的测量时间点内两者的关系会有所变化④。例如,Yao 和 Zhong 发现抑郁与网络成瘾的相关性在两周内由 0.50 变为 0.35,这说明两者关系受到时间因素的影响⑤。然而,先前有关网络成瘾与抑郁的追踪研究大多采用两个时间点的追踪设计⑥,其仅能考察两者的双向关系,但并不能考察两者关系随时间改变所产生的变化。为了证明抑郁与网络成瘾关系的动态发展是导致先前研究结论不一致的原因,本研究拟采用三

---

① Anderson, K.J., "Internet use among college students: An exploratory study", *Journal of American College Health*, Vol.50, No.1, 2001, pp.21–26; Yao, M.Z., Zhong, Z.J., "Loneliness, social contacts and internet addiction: a cross-lagged panel study", *Computers in Human Behavior*, Vol.30, 2014, pp.164–170.

② Morgan, C., Cotton, S.R., "The relationship between Internet activities and depressive symptoms in a sample of college freshmen", *CyberPsychology & Behavior*, Vol.6, No.2, 2004, pp.133–142; Stamoulis, K., Farley, F., "Conceptual Approaches to Adolescent Online Risk-Taking", *Cyberpsychology: Journal of Psychosocial Research on Cyberspace*, Vol.4, No.1, 2010, Article 2.

③ Przepiorka, A., et al, "The role of depression, personality, and future time perspective in internet addiction in adolescents and emerging adults", *Psychiatry Research*, Vol.272, 2019, pp.340–348; Stamoulis, K., & Farley, F. (2010). Conceptual Approaches to Adolescent Online Risk-Taking. *CyberPsychology: Journal of Psychosocial Research on Cyberspace*, Vol.4, No.1, Article 2. Retrieved from https://cyberpsychology.eu/article/view/4232/3276.

④ Schuurman, N.K., et al, "How to compare cross-lagged associations in a multilevel autoregressive model", *Psychological Methods*, Vol.21, No.2, 2016, pp.206–221.

⑤ Yao, M.Z., Zhong, Z.J., "Loneliness, social contacts and internet addiction: a cross-lagged panel study", *Computers in Human Behavior*, Vol.30, 2014, pp.164–170.

⑥ 荀寿温等:《青少年网络成瘾与抑郁之间的双向关系》,《中国临床心理学杂志》2013 年第 4 期;Yao, M.Z., Zhong, Z.J., "Loneliness, social contacts and internet addiction: a cross-lagged panel study", *Computers in Human Behavior*, Vol.30, 2014, pp.164–170.

个时间点的追踪研究设计同时考察抑郁与网络成瘾在两次时间间隔中的关系变化。

另外,有研究发现抑郁的男性要比女性更容易网络成瘾,这是因为抑郁的男性常与酒精成瘾、物质滥用和焦虑障碍共病,而网络成瘾与以上成瘾行为显著关联[1]。然而,尽管酒精成瘾、物质滥用与网络成瘾有密切的联系[2],但其与网络成瘾仍存在较大的区别,例如,酒精成瘾与物质滥用强调的是身体依赖,而网络成瘾更多的是精神依赖。因此,抑郁的男性比女性更易网络成瘾这一推论有待商榷。

综上所述,已有研究的不足主要表现在三个方面:1.疫情期有关抑郁和网络成瘾的追踪研究较少。尽管有少量社会调查发现,疫情期个体的抑郁水平有所提高[3],但并未有研究对疫情期大学生抑郁进行追踪并考察抑郁的发展轨迹。另外,抑郁的大学生更倾向于使用网络来调节自己的消极情绪,因此疫情期大学生网络成瘾水平可能同样会有增加趋势,但这一推论仍需进一步验证。2.有关抑郁与网络成瘾的研究大多为横断研究。尽管有研究发现抑郁可以显著预测网络成瘾[4],网络成瘾同样可以增加个体罹患抑郁症的风险[5],但这些研究并不能同时揭示抑郁与网络成瘾的相互预测关系。只有同时考察两者的双向关系才能为"社会补偿"假说或"富者更富,贫者更贫"假说提供实证

---

[1] Li,G.M.,et al,"Relationship between anxiety,depression,sex,obesity,and internet addiction in Chinese adolescents: A short-term longitudinal study". *Addictive Behaviors*, Vol.90,2019,pp.421-427; Lee,Y.S.,et al,"Substance abuse precedes internet addiction", *Addictive Behaviors*, Vol.38,No.4,2013,pp.2022-2025; Yen,J.Y.,et al,"The association between harmful alcohol use and internet addiction among college students: comparison of personality", *Psychiatry & Clinical Neuroences*, Vol.63,No.2,2010,pp.218-224.

[2] Mei,S.,et al,"Internet addiction in college students and its relationship with cigarette smoking and alcohol use in northeast china", *Asia-Pacific Psychiatry*, Vol.9,No.4,2017,e12281.

[3] Shader,R.I.,"Covid-19 and depression", *Clinical Therapeutics*, Vol.42,No.6,2020,pp.962-963.

[4] Yücens,B.,Üzer,"The relationship between internet addiction, social anxiety, impulsivity, self-esteem, and depression in a sample of Turkish undergraduate medical students", *Psychiatry Research*, Vol.267,2018,pp.313-318.

[5] Jain,A.,et al,"Study of internet addiction and its association with depression and insomnia in university students", *Journal of Family Medicine and Primary Care*, Vol.9,No.3,2020,pp.1700-1706.

依据。3. 尽管已有两项研究采用追踪设计考察了抑郁与网络成瘾的双向关系[1],但其并未考察两者关系的动态发展过程。考察两者的动态关系不仅有助于厘清抑郁与网络成瘾关系的恶性循环机制,也可以为先前不一致结论提供佐证。出于以上研究不足,本书拟通过短期追踪探讨疫情期大学生抑郁与网络成瘾的发展轨迹以及两者的相互关系,并检验两者的关系是否存在性别差异。

二、方法

(一) 调查对象

采用整群抽样的方法选取山东某高校两个二级学院的大学生通过问卷星进行三次追踪调查,每次测查间隔一个月(三次测查按照时间顺序分别命名为T1、T2和T3)。第一次测量时间为2020年3月13日(T1),共有734名学生(男生344人)参与调查;第二次测量时间为4月11日(T2),共有656名学生(男生311人)参与调查;第三次测量时间为5月12日(T3),共有599名学生(男生295人)参与调查。同时参与三次测查的被试共481人,男生247人,平均年龄$[M]=20.31$,标准差$[SD]=1.63$。

(二) 测量工具

1. 网络成瘾量表

采用"中国版网络成瘾"对网络成瘾水平进行测量[2]。该量表分为"网络成瘾相关问题"分量表和"网络成瘾核心症状"分量表,共17道题目。量表采用4点计分(从1"从不"到5"总是"),总分代表个人网络成瘾的程度。在本书的三次测量中,该量表的Cronbach'α系数分别为0.94、0.96、0.97。

2. 抑郁量表

采用《中文抑郁自评量表CES-D》测量个体的抑郁水平[3]。该量表包括

---

[1] Yao,M.Z.,Zhong,Z.J.,"Loneliness, social contacts and internet addiction: a cross-lagged panel study", *Computers in Human Behavior*, Vol.30, 2014, pp.164-170.

[2] 白羽,樊富珉:《大学生网络依赖测量工具的修订与应用》,《心理发展与教育》2005年第4期。

[3] Radloff,L.S., "The CES-D scale a self-report depression scale for research in the general population", *Applied Psychological Measurement*, Vol.1, No.3, 1977, pp.385-401.

20道题目,采用4点计分(从1"几乎不"到4"经常或一直"),总分代表个体的抑郁水平。在本书的三次测量中,该量表的Cronbach'α系数分别为0.93、0.93、0.95。

(三)数据处理

采用SPSS 22.0进行描述统计、相关分析和差异检验;采用Mplus 7.0进行交叉滞后分析。本书采用Hu和Bentler[1]的评价体系对结构方程模型进行评价:TLI和CFI大于0.90拟合较好,RMSEA小于0.08模型较为简洁。此外,本书当中所有模型均为嵌套模型,因此采用$\triangle x^2/\triangle df$的方式进行模型比较[2]。

三、结果

(一)共同方法检验

通过因素分析抽取网络成瘾和抑郁所有题目的共同因子,结果共析出11个特征根大于1的公因子,且最大公因子的解释率为11.11%,小于Harman提出的共同方法偏差临界值40%[3],这说明本书不存在明显的共同方法偏差。

(二)抑郁与网络成瘾的相关分析和差异检验

由表2-1可知,T1、T2和T3的抑郁两两之间相关显著,相关系数在0.62—0.68之间;T1、T2和T3的网络成瘾两两之间相关显著,相关系数在0.54—0.64之间。以上数据说明抑郁与网络成瘾在三个月内相对稳定。此外,T1、T2和T3抑郁与网络成瘾同时性相关显著,T1、T2和T3抑郁与网络成瘾继时性相关也显著。

---

[1] Hu,L.,Bentler,P.M.,"Cutoff criteria for fit indexes in covariance structure analysis:Conventional criteria versus new alternatives", *Structural Equation*, Vol.6,No.1,1999,pp.1-55.

[2] Browne,M.W.,& Cudeck,R.(1993).Alternative ways of assessing model fit.In K.A.Bollen,& J.S.Long(Eds.),Testing structural equation models(pp.136-162).Newbury Park,CA:Sage.

[3] 周浩、龙立荣:《共同方法偏差的统计检验与控制方法》,《心理科学进展》2004年第6期。

表 2-1 抑郁与网络成瘾跨时间相关

变量	1	2	3	4	5	6
1. T1 抑郁	1					
2. T2 抑郁	0.64**	1				
3. T3 抑郁	0.62**	0.68**	1			
4. T1 网络成瘾	0.53**	0.44**	0.37**	1		
5. T2 网络成瘾	0.45**	0.61**	0.42**	0.63**	1	
6. T3 网络成瘾	0.48**	0.55**	0.61**	0.54**	0.64**	1

注：* 表示 $p<0.05$，** 表示 $p<0.01$，下同。

表 2-2 抑郁与网络成瘾跨时间点的性别差异检验

变量	男（$M±SD$）	女（$M±SD$）	t	d'
T1 抑郁	36.62±9.78	39.35±10.78	−2.91**	−0.27
T2 抑郁	37.64±9.90	39.36±11.25	−1.78	−0.16
T3 抑郁	37.76±11.26	40.42±11.57	−2.55*	−0.23
T1 网络成瘾	37.14±10.19	38.29±11.40	−1.17	−0.11
T2 网络成瘾	37.28±10.97	38.76±12.74	−1.37	−0.12
T3 网络成瘾	37.75±12.57	40.11±14.03	−1.95	−0.18

由表 2-2 可知,疫情期大学生抑郁在 T1 和 T2 时间存在性别差异,女大学生抑郁水平高于男大学生。

表 2-3 抑郁与网络成瘾跨时间点差异检验

变量	T1（$M±SD$）	T2（$M±SD$）	T3（$M±SD$）	F 检验	事后检验
抑郁	37.94±10.36	38.48±10.60	39.05±11.47	6.45*	T1=T2,T2=T3,T1<T3
网络成瘾	37.40±10.80	38.00±11.88	38.90±13.34	4.95*	T1=T2,T2=T3,T1<T3

由表 2-3 可知,单因素重复测量方差分析发现,抑郁[$F(1,480)=6.45$, $p=0.01, \eta p^2=0.01$]与网络成瘾[$F(1,480)=4.95, p=0.03, \eta p^2=0.01$]在 T1、T2 和 T3 三个时间点上存在差异。事后检验发现,T3 抑郁显著大于 T1 抑郁,T3 网络成瘾显著大于 T1 网络成瘾。

(三)抑郁与网络成瘾的交叉滞后分析

通过交叉滞后模型探讨抑郁与网络成瘾的跨时间关系。首先,建立抑郁与网络成瘾的基准模型来评估抑郁与网络成瘾的发展稳定性,如图 2-1 中的 M1 所示。M1 拟合一般:$\chi^2(8)=145.56, p<0.001, NFI=0.91, CFI=0.91, RMSEA=0.19$。然后在 M1 的基础上增加抑郁对网络成瘾的交叉滞后路径考察抑郁对网络成瘾的跨时间预测作用,如图 2-1 中的 M2 所示。M2 拟合较好:$\chi^2(6)=84.69, p<0.001, NFI=0.95, CFI=0.95, RMSEA=0.17$。通过模型比较发现,M2 优于 M1($\triangle\chi^2=60.87, \triangle df=2, p<0.01$)。以同样的方式,在 M1 的基础上增加网络成瘾对抑郁的交叉滞后路径考察网络成瘾对抑郁的跨时间预测作用,如图 2-11 中的 M3 所示。M3 拟合较好:$\chi^2(6)=123.06, p<0.001, NFI=0.92, CFI=0.92, RMSEA=0.20$。通过模型比较发现,M3 优于 M1($\triangle\chi^2=22.50, \triangle df=2, p<0.01$)。最后,在 M1 的基础上同时增加抑郁对网络成瘾的交叉滞后路径和网络成瘾对抑郁的交叉滞后路径考察抑郁与网络成瘾的相互预测作用,如图 2-1 中的 M4 所示。M4 拟合最好:$\chi^2(4)=73.19, p<0.001, NFI=0.95, CFI=0.96, RMSEA=0.20$,且 M4 优于 M2($\triangle\chi^2=11.50, \triangle df=4, p<0.01$)和 M3($\triangle\chi^2=49.87, \triangle df=4, p<0.01$)。因此 M4 被最终保留作为分析模型。

由 M4 可知,T1 抑郁能显著预测 T2 抑郁($\beta=0.56, p<0.01$),T2 抑郁能显著预测 T3 抑郁($\beta=0.68, p<0.01$);T1 网络成瘾能显著预测 T2 网络成瘾($\beta=0.54, p<0.01$),T2 网络成瘾能显著预测 T3 网络成瘾($\beta=0.49, p<0.01$);T1 抑郁能显著预测 T2 网络成瘾($\beta=0.17, p<0.01$),T2 抑郁能显著预测 T3 网络成瘾($\beta=0.27, p<0.01$);T1 网络成瘾能显著预测 T2 抑郁($\beta=0.14, p<0.01$)。另外,以 M4 为基准模型,对模型当中的所有交叉路径依次限定为男女组相等(限定模型),通过限定模型和基准模型的比较可以得知男女大学生在 T1 抑郁→T2 网络成瘾($\triangle\chi^2=0.08, \triangle df=1, p=0.78$)、T1 网络成瘾→T2 抑郁($\triangle\chi^2=0.37, \triangle df=1, p=0.54$)、T2 抑郁→T3 网络成瘾($\triangle\chi^2=0.29, \triangle df=1, p=0.59$)和 T2 网络成瘾→T3 抑郁($\triangle\chi^2=0.03, \triangle df=1, p=0.86$)四条路径并不存在差异,说明抑郁与网络成瘾的关系不存在性别差异。

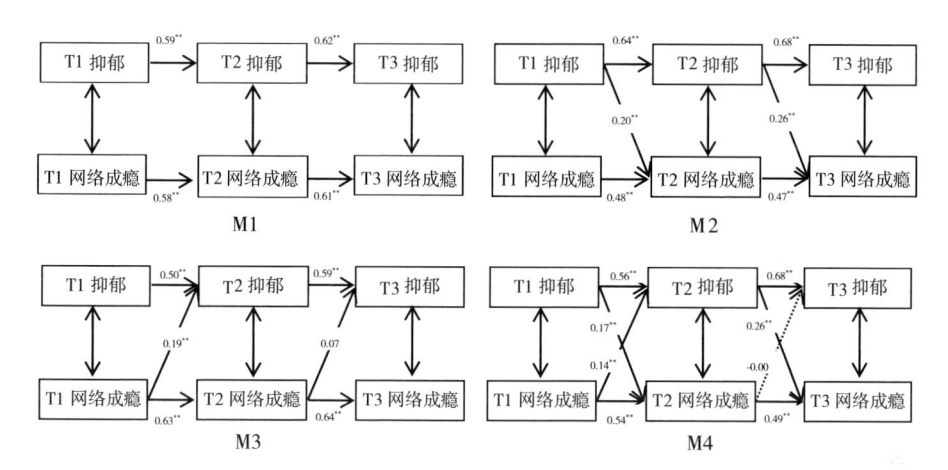

图 2-1　抑郁与网络成瘾的交叉滞后模型

注：实线代表路径显著，虚线代表路径不显著。

四、讨论

（一）疫情期大学生抑郁与网络成瘾的稳定性

相关分析结果显示，大学生抑郁与网络成瘾在三个测量时间点上的相关系数较高，这说明两者在疫情期有较高的稳定性。抑郁作为一种情绪障碍，其具有稳定的遗传和生理基础，因此不同气质类型说把抑郁列为一种重要的人格特质①。尽管已有研究发现在疫情期间大学生的负性情绪显著增加②，但其抑郁特质仍相对稳定，这说明个体的抑郁特质受环境影响较小。另外，大学生在疫情期间居家隔离，他们可能会选择上网打游戏、看视频或者阅读小说等方式来打发空闲时间，而这种上网行为在短期内成为他们的固有行为模式并具有一定的稳定性。除此之外，由于高校开通了网络授课平台，学生每天需要按部就班地进行网络学习，这也可能是导致大学生网络成瘾稳定性较高的一个原因。

---

① 彭聃龄：《普通心理学》，北京师范大学出版社 2012 年版。
② Cao, W., et al, "The psychological impact of the COVID-19 epidemic on college students in China", *Psychiatry Research*, Article, 287, 112934.

从方差分析角度来看,大学生抑郁与网络成瘾水平在疫情期间有一定的增长趋势,这说明个体的抑郁与网络成瘾水平在某种条件下会产生相应的变化。首先,抑郁作为一种消极的情绪可能会受到其他变量的影响,例如,大量研究证实孤独感、焦虑等消极情绪能显著提高个体的抑郁水平[1]。具体言之,由于足不出户的生活模式会减少大学生面对面的社交以及人际互动,相对孤立的交流方式会阻碍人际关系中的情感互动,进而引发较高的孤独体验[2];另外,有关疫情所传播的负面信息会大大降低个体的安全感,并产生焦虑等负性情绪[3],这些负性情绪的增加可能会导致个体的抑郁水平提高[4]。其次,网络作为大学生交流、学习和娱乐的重要工具,一旦对其形成依赖,个体会对其产生非适应性的认知(例如,"上网能让我愉快"),这些认知又会进一步增加其使用网络的频率并形成恶性循环,最终导致个体的网络成瘾水平提高[5]。

(二)疫情期大学生抑郁与网络成瘾的相互预测关系

交叉滞后分析显示,大学生抑郁与网络成瘾在 T1 到 T2 时间段能显著相互预测。先前研究仅在单方向上关注了抑郁对网络成瘾的影响,或者网络成

---

[1] Hsueh, Y.C., et al, "A longitudinal, cross-lagged panel analysis of loneliness and depression among community-based older adults", *Journal of Elder Abuse & Neglect*, Vol.31, No.4-5, 2019, pp.1-13; Chang, E.C., "Relationship between loneliness and symptoms of anxiety and depression in African American men and women: evidence for gender as a moderator", *Personality and Individual Differences*, Vol.120, No.1, 2018, pp.138-143; Fernandes, S., et al, "Changes in social engagement and depression predict incident loneliness among seriously ill home care clients", *Palliative and Supportive Care*, Vol.16, 2018, pp.170-179.

[2] Killgore, W.D.S., et al, "Loneliness: a signature mental health concern in the era of covid-19", *Psychiatry Research*, Vol.290, 2020, 113117.

[3] Cao, W., et al, "The psychological impact of the COVID-19 epidemic on college students in China", *Psychiatry Research*, Vol.287, 2020, 112934.

[4] Fernandes, S., et al, "Changes in social engagement and depression predict incident loneliness among seriously ill home care clients", *Palliative and Supportive Care*, Vol.16, 2018, pp.170-179.

[5] Davis, R.A. (2001). "A cognitive-behavioral model of pathological internet use", *Computers in Human Behavior*, Vol.17, No.2, 2001, pp.187-195; Tian, Y., et al, "Associations between psychosocial factors and generalized pathological internet use in Chinese university students: a longitudinal cross-lagged analysis", *Computers in Human Behavior*, Vol.72, No.6, 2017, pp.178-188.

瘾对抑郁的影响①,本研究在一定程度上整合了先前的研究结果。网络成瘾的认知—行为理论模型认为,社会孤立和缺乏社会支持的个体倾向于使用网络(例如玩游戏)缓解自身的消极情绪,当他们的消极情绪得以缓解时,他们会增加使用网络的频率并最终导致网络成瘾②。抑郁与社会孤立和低社会支持显著正相关,高抑郁水平个体同样倾向于通过上网缓解消极情绪并造成网络成瘾③。另外,该模型还指出抑郁的个体会通过增加对网络的非适应性认知而造成网络成瘾。这是因为,抑郁与社交焦虑显著关联,而网络的匿名性、符号性等特点使得高抑郁个体在网络社交中体验到更多的安全感和舒适感,从而降低了社交过程中的焦虑情绪④。这种短暂的舒适感和安全感会致使高抑郁的个体产生非适应性的认知,例如,"我更擅长网络社交",这种扭曲的认知又进一步导致他们网络成瘾水平提高⑤。

然而,网络成瘾会大大增加个体罹患抑郁症的风险⑥。"富者更富,贫者更贫"模型认为善于交际的人会利用频繁的交往结交更多的朋友,而缺乏朋友的人会因为不善交际而更加孤独。参照此模型,高抑郁的个体因与低社交技能、高社交焦虑、低自信等因素显著关联而不愿参与面对面的人

---

① 荀寿温等:《青少年网络成瘾与抑郁之间的双向关系》,《中国临床心理学杂志》2013年第4期;Li,C.K.,et al,"Intergenerational relationship,family social support,and depression among Chinese elderly:a structural equation modeling analysis",*Journal of affective disorders*,Vol.248,2019,pp.73-80;Mak,K.,et al,"Mediating Effect of Internet Addiction on the Association between Resilience and Depression among Korean University Students:A Structural Equation Modeling Approach",*Psychiatry Investig*,Vol.15,No.10,2018,pp.962-969.

② Davis,R.A.(2001)."A cognitive-behavioral model of pathological internet use",*Computers in Human Behavior*,Vol.17,No.2,2001,pp.187-195.

③ Hardie,E.,Tee,M.Y.,"Excessive internet use:the role of personality,loneliness and social support networks in internet addiction",*International Journal of Emerging Technologies & Society*,Vol.5,No.1,2007,pp.34-47.

④ Caplan,S.E.,Turner,J.S."Bringing theory to research on computer mediated comforting communication",*Computers in Human Behavior*,Vol.23,No.2,2007,pp.985-998.

⑤ Tian,Y.,et al,"Associations between psychosocial factors and generalized pathological internet use in Chinese university students:a longitudinal cross-lagged analysis",*Computers in Human Behavior*,Vol.72,No.6,2017,pp.178-188.

⑥ 荀寿温等:《青少年网络成瘾与抑郁之间的双向关系》,《中国临床心理学杂志》2013年第4期。

际互动①。当大量时间花费于网络必然会导致他们更少地参与到线下的人际交往当中,久而久之,个体会因无法从过少的人际互动中获得足够的社会支持和归属感而导致抑郁水平升高②。此外,也有研究采用"社会补偿"假说来解释网络成瘾的形成机制③。这些研究认为当个体心理需要无法在现实中满足时,他们会选择上网以弥补线下的心理缺失。然而本书结果证实,网络并不能补偿个体线下的心理缺失,反而会加剧这些缺失症状(例如抑郁水平增加)。因此,"社会补偿"假说更适合于解释个体上网的动机而非上网的结果。

交叉滞后结果还发现,T2 抑郁能显著预测 T3 网络成瘾,而 T2 网络成瘾并不能预测 T3 抑郁,这说明大学生抑郁与网络成瘾的关系是动态发展的。抑郁作为一种人格特质受到个体内部遗传基因与外部环境交互作用的影响④。T1 到 T3 的三次测量中,被试的遗传物质稳定不变,因此,环境是改变网络成瘾对抑郁影响的核心要素。对于以上发现本书给出以下解释,疫情期各个高校陆续开通了各种有关疫情的心理疏导专线,帮助大学生克服日常的焦虑、恐惧和压力等消极情绪,来自学校老师的帮助可能会大大改善网络成瘾对抑郁的影响。网络成瘾者之所以抑郁水平升高,是由于过多的时间花费于网络而

---

① Jacobson, N.S., Anderson, E.A., "Interpersonal skill and depression in college students: an analysis of the timing of self-disclosures", *Behavior Therapy*, Vol.13, No.3, 1982, pp.271-282; Zemore, R., Dell, L.W., "Interpersonal problem-solving skills and depression-proneness", *Personality & Social Psychology Bulletin*, Vol.9, No.2, 2016, pp.231-235; Reck, C., et al, "Effects of postpartum anxiety disorders and depression on maternal self-confidence", *Infant Behavior & Development*, Vol.35, No.2, 2012, pp.264-272.

② Li, C.K., et al, "Intergenerational relationship, family social support, and depression among Chinese elderly: a structural equation modeling analysis", *Journal of affective disorders*, Vol.248, 2019, pp.73-80; Marksteiner, T., et al, "Effects of a brief psychological intervention on students' sense of belonging and educational outcomes: the role of students' migration and educational background", *Journal of School Psychology*, Vol.75, 2019, pp.41-57.

③ 邓林园等:《大学生心理需求及其满足与网络成瘾的关系》,《心理科学》2012 年第 1 期;Morgan, C., Cotton, S.R., "The relationship between Internet activities and depressive symptoms in a sample of college freshmen", *CyberPsychology & Behavior*, Vol.6, No.2, 2004, pp.133-142.

④ Banny, A.M., et al, "Vulnerability to depression: A moderated mediation model of the roles of child maltreatment, peer victimization, and serotonin transporter linked polymorphic region genetic variation among children from low socioeconomic status backgrounds", *Development and Psychopathology*, Vol.25, No.3, 2013, pp.599-614.

无法正常获得现实中的归属感和社会支持所致。来自老师的关怀恰恰能够弥补成瘾者的线下缺失,从而改善网络成瘾的危害。然而,抑郁对网络成瘾的预测能力具有跨时间点的稳定性,这提示网络是抑郁大学生持续而又稳定的补偿手段之一。

五、局限

本书存在以下局限:首先,被试流失问题。尽管差异检验显示流失被试与保留被试在所有测变量上不存在明显差异,但被试流失依然可能对研究结论产生影响。其次,由于受伦理准则的约束,本书采用量表对大学生抑郁和网络成瘾进行测量,但由量表所带来的测量误差和社会期许效应可能会对本书的结论产生影响。最后,研究样本代表性不足。本书中的大学生样本仅来源于山东某高校,可能会影响其结论拓展到其他省市大学生群体当中。

六、结论

疫情期间,1.大学生抑郁与网络成瘾有缓慢增长趋势。2.大学生抑郁与网络成瘾相互影响,且关系动态发展。3.女大学生抑郁水平高于男大学生。4.大学生抑郁与网络成瘾的关系不存在性别差异。因此,学校和家长不仅要关注抑郁大学生的上网行为防止其网络成瘾,还要关注网络成瘾对大学生心理健康的影响;对大学生抑郁和网络成瘾进行同时干预,不仅可以防止两者的增长,还可以改善两者的关系。此外,学校和家长应重点关注女大学生的心理需要,防止其抑郁水平上升而网络成瘾。

第二节　大学生羞怯、孤独感与网络成瘾的交叉滞后分析

一、引言

随着人们对网络使用频率的迅速增长,网络成瘾已成为全球范围内严重

的公共卫生问题①。网络成瘾可以定义为强迫性或过度使用网络,并造成了负面的个人、社会和职业后果②。研究报告称,重度网络成瘾患者还表现出许多学业问题(例如,学习参与度低、学习动机不强和学习表现不佳③)、不良的生活习惯(例如,游戏成瘾、睡眠障碍和药物滥用)、身体健康问题(例如,睡眠障碍和进食障碍④)和心理功能障碍(例如,极度羞怯、高孤独感、焦虑和抑郁等⑤)。因此,探索网络成瘾的风险因素及其作用机制至关重要。

认知行为模型区分了特定网络成瘾和一般性网络成瘾⑥。特定网络成瘾被描述为过度使用网络的特定内容功能,如观看视频或购物,但如果用户无法

---

① Assunção, R.S., Matos, P.M., "The generalized problematic internet use scale 2: validation and test of the model to facebook use", *Journal of Adolescence*, Vol.54, 2017, pp.51-59; Lai, F.T.T., Kwan, J.L.Y., "The presence of heavy internet using peers is protective of the risk of problematic internet use(piu) in adolescents when the amount of use increases", *Children & Youth Services Review*, Vol. 73, 2017, pp.74-78; Schimmenti, A., et al, "Traumatic experiences, alexithymia, and internet addiction symptoms among late adolescents: a moderated mediation analysis", *Addictive Behaviors*, Vol.64, 2017, pp.314-320.

② Davis, R.A., "A cognitive-behavioral model of pathological internet use", *Computers in Human Behavior*, Vol.17, 2001, pp.187-195; Han, L., et al, "Relationship between shyness and mobile phone addiction in chinese young adults: mediating roles of self-control and attachment anxiety", *Computers in Human Behavior*, Vol.76, 2017, pp.363-371; Tian, Y., et al, "Associations between psychosocial factors and generalized pathological internet use in chinese university students: a longitudinal cross-lagged analysis", *Computers in Human Behavior*, Vol.72, 2017, pp.178-188.

③ Iyitoglu, Orhan, Çeliköz, Nadir. "Exploring the impact of internet addiction on academic achievement", *Online Submission*, Vol.3, 2017, pp.38-59.

④ Canan, D.F., etal, "Internet addiction and sleep disturbance symptoms among turkish high school students", *Sleep & Biological Rhythms*, Vol.11, No.3, 2013, pp.210-213; Ivezaj, V., et al, "An exploratory examination of at-risk/problematic internet use and disordered eating in adults", *Addictive Behaviors*, Vol.64, 2017, pp.301-307; Tan, Y., et al, "Exploring associations between problematic internet use, depressive symptoms and sleep disturbance among southern Chinese adolescents", *International Journal of Environmental Research & Public Health*, Vol.13, No.313, 2016, pp.1-12.

⑤ Han, L., et al, "Relationship between shyness and mobile phone addiction in chinese young adults: mediating roles of self-control and attachment anxiety", *Computers in Human Behavior*, Vol.76, 2017, pp.363-371; Tian, Y., et al, "Associations between psychosocial factors and generalized pathological internet use in chinese university students: a longitudinal cross-lagged analysis", *Computers in Human Behavior*, Vol.72, 2017, pp.178-188.

⑥ Davis, R.A., "A cognitive-behavioral model of pathological internet use", *Computers in Human Behavior*, Vol.17, 2001, pp.187-195.

使用网络,这些行为可以用其他方式代替。相比之下,一般性网络成瘾是指对网络的多维过度使用,这会给个人带来负面后果,例如非适应性认知和内外化问题行为等。这项研究考察的是一般性网络成瘾,而不是特定网络成瘾。研究表明,羞怯和孤独感是网络成瘾的两个重要预测因素[1]。例如,羞怯的个体更有可能发生网络成瘾以逃避线下社交互动中的面对面交往。低孤独感的个体倾向于产生网络成瘾以获得社会支持,从而缓解他们的负面情绪[2]。Huan等人[3]的研究发现,羞怯可以通过孤独感影响网络成瘾。他们认为孤独感是羞怯影响网络成瘾的中介机制,这一机制应该在未来的纵向研究中进行验证。最近,为了从纵向角度证明羞怯和孤独感是网络成瘾的关键预测因素,Tian等人[4]跟踪了361名大学生,探讨羞怯和网络成瘾以及孤独感和网络成瘾之间的跨时间关系。结果表明,不仅羞怯和孤独感可以跨时间预测网络成瘾,而且网络成瘾也可以跨时间预测羞怯和孤独感。这一发现与其他相关研究的结果一致[5]。尽管这些研究表明羞怯、孤独感和网络成瘾可能会随着时间的推移而相互影响,但没有追踪研究探讨孤独感在羞怯和网络成瘾之间的中介作

---

[1] Han, L., et al, "Relationship between shyness and mobile phone addiction in chinese young adults: mediating roles of self-control and attachment anxiety", *Computers in Human Behavior*, Vol.76, 2017, pp.363-371; Huan, V.S., "The impact of shyness on problematic internet use: the role of loneliness", *J Psychol*, Vol.148, No.6, 2014, pp.699-715; Lu, X., Yeo, K.J., "Pathological internet use among malaysia university students: risk factors and the role of cognitive distortion", *Computers in Human Behavior*, Vol.45, 2015, pp.235-242; Yao, M.Z., Zhong, Z., "Loneliness, social contacts and Internet addiction: A cross-lagged panel study", *Computers in Human Behavior*, Vol.30, 2014, pp.164-170.

[2] Han, L., et al, "Relationship between shyness and mobile phone addiction in chinese young adults: mediating roles of self-control and attachment anxiety", *Computers in Human Behavior*, Vol.76, 2017, pp.363-371; Huan, V.S., "The impact of shyness on problematic internet use: the role of loneliness", *J Psychol*, Vol.148, No.6, 2014, pp.699-715.

[3] Huan, V.S., "The impact of shyness on problematic internet use: the role of loneliness", *J Psychol*, Vol.148, No.6, 2014, pp.699-715.

[4] Tian, Y., et al, "Associations between psychosocial factors and generalized pathological internet use in chinese university students: a longitudinal cross-lagged analysis", *Computers in Human Behavior*, Vol.72, 2017, pp.178-188.

[5] Eroğlu, M., et al, "Investigation of problematic internet usage of university students with psychosocial levels at different levels", *Procedia-Social and Behavioral Sciences*, Vol.103, No.26, 2013, pp.551-557; Yao, M.Z., Zhong, Z., "Loneliness, social contacts and Internet addiction: A cross-lagged panel study", *Computers in Human Behavior*, Vol.30, 2014, pp.164-170.

用。因此,本书拟考察孤独感在羞怯和网络成瘾之间的跨时间中介作用。

(一)羞怯与孤独感的关系

羞怯是一种人格特征,其主要表现为在社交情景中感到恐惧和不适[1]。研究表明,羞怯与孤独感有关[2]。这是因为羞怯的人的核心表现为担心他人对自己的负面评价,为了减少对负面评价的担忧,他们对参与社会活动不感兴趣。因此,羞怯的人往往拥有较小的朋友网络,这可能会导致羞怯的人比非羞怯的人有更强的孤独感[3]。此外,研究表明,来自朋友的社会支持减少是孤独感提高的重要预测因素。由于他们的朋友网络较小,羞怯的人往往较少获得朋友的社会支持,因此他们比非羞怯的人具有更高水平的孤独感[4]。也有研究表明,对自己的社交能力水平感到满意的人更有可能参与社交网络和活动,他们的孤独感水平也会因此降低。然而,羞怯的人往往对自己持更负面的评价,更可能对自己的社交能力水平感到不满意,更倾向于较少参与社交网络和活动,从而体验更多的孤独感。

---

[1] Zimbardo, P.G. "Shyess: What it is, what to do about it. Reading, MA: Addison-Wesley Publishing Company" (Ed.), 1977.

[2] Huan, V.S., "The impact of shyness on problematic internet use: the role of loneliness", *J Psychol*, Vol.148, No.6, 2014, pp.699-715; Tan, Y., et al, "Exploring associations between problematic internet use, depressive symptoms and sleep disturbance among southern Chinese adolescents", *International Journal of Environmental Research & Public Health*, Vol.13, No.313, 2016, pp.1-12.

[3] Han, L., et al, "Relationship between shyness and mobile phone addiction in chinese young adults: mediating roles of self-control and attachment anxiety", *Computers in Human Behavior*, Vol.76, 2017, pp.363-371; Huan, V.S., "The impact of shyness on problematic internet use: the role of loneliness", *J Psychol*, Vol.148, No.6, 2014, pp.699-715; Tian, Y., et al, "Associations between psychosocial factors and generalized pathological internet use in chinese university students: a longitudinal cross-lagged analysis", *Computers in Human Behavior*, Vol.72, 2017, pp.178-188.

[4] Kwiatkowska, M.M., et al, "Polish adaptation of the revised cheek and buss shyness scale and a significance of shyness in the context of personality traits and metatraits", *Studia Psychologiczne*, Vol.54, No.3, 2016, pp.1-17; Tian, Y., et al, "Associations between psychosocial factors and generalized pathological internet use in chinese university students: a longitudinal cross-lagged analysis", *Computers in Human Behavior*, Vol.72, 2017, pp.178-188; Zhao, J., et al, "Shyness and loneliness: contributions of emotional intelligence and social support", *Current Psychology*, 2017, pp.1-7.

研究表明,遗传因素会影响个体的羞怯和孤独感①。例如,Battaglia 等人注意到,个体羞怯的情绪以及电生理信号受到了遗传基因的调节,个体羞怯在77%水平上受遗传基因影响②。Eggumwilkens 等人也发现了这种效应,他们的研究表明,遗传基因对个体羞怯的效应量为 0.72③。此外,Boomsma 等人确定,基因对成人孤独感变化的贡献为 0.48,这与之前在儿童中发现的遗传力估计值相似④。另一项研究表明,羞怯是一种特质,而孤独感则是一种状态⑤;这意味着羞怯可能更多地依赖于遗传而不是环境,而孤独感可能更多地依靠环境而不是遗传基因。然而,Tian 等人进行的研究追踪时间仅为 6 个月,这一研究成果需要追踪时间更长的研究予以证实。

此外,文化因素同样会影响个体的羞怯和孤独感⑥。例如,东方国家提倡集体主义,而西方国家提倡个人主义。集体主义被定义为面向群体的社会相互依赖、合作和社会规范,而个人主义被定义成面向个人的个人偏好、思想和情感⑦。

---

① Battaglia, M., et al, "Shared genetic influences among childhood shyness, social competences, and cortical responses to emotions", *Journal of Experimental Child Psychology*, Vol. 160, 2017, pp. 67-80; Eggumwilkens, N.D., et al, "Self-conscious shyness: growth during toddlerhood, strong role of genetics, and no prediction from fearful shyness", *Infancy*, Vol.20, No.2, 2015, pp.160-188; Boomsma, D. I., et al, "Genetic and environmental contributions to loneliness in adults: the netherlands twin register study", *Behavior Genetics*, Vol.35, No.6, 2005, pp.745-752.

② Battaglia, M., et al, "Shared genetic influences among childhood shyness, social competences, and cortical responses to emotions", *Journal of Experimental Child Psychology*, Vol. 160, 2017, pp. 67-80.

③ Eggumwilkens, N.D., et al, "Self-conscious shyness: growth during toddlerhood, strong role of genetics, and no prediction from fearful shyness", *Infancy*, Vol.20, No.2, 2015, pp.160-188.

④ Boomsma, D.I., et al, "Genetic and environmental contributions to loneliness in adults: the netherlands twin register study", *Behavior Genetics*, Vol.35, No.6, 2005, pp.745-752.

⑤ Tian, Y., et al, "Associations between psychosocial factors and generalized pathological internet use in chinese university students: a longitudinal cross-lagged analysis", *Computers in Human Behavior*, Vol.72, 2017, pp.178-188.

⑥ Aizawa, Y., Whatley, M.A., "Gender, shyness, and individualism-collectivism: a cross-cultural study", *Race Gender & Class*, Vol.13, No.1/2, 2006, pp.7-25; Gudino, O.G., et al, "Understanding racial/ethnic disparities in youth mental health services: do disparities vary by problem type?", *Journal of Emotional & Behavioral Disorders*, Vol.17, No.1, 2009, pp.3-16.

⑦ Hui, C.Harry., "Measurement of individualism-collectivism", *Journal of Research in Personality*, Vol.22, No.1, 1988, pp.17-36.

研究表明,羞怯在个人主义文化中可能不太普遍,而在集体主义文化中更普遍,因为集体主义文化重视相互依赖和自我调节,而个人主义文化重视自主和竞争,这与社会支持的增加和孤独感的减少有关①。由于大多数关于羞怯和孤独感的现有研究都是在西方国家进行的,因此需要在东方集体主义文化中进行更多的研究。

(二)羞怯与网络成瘾的关系

研究表明,羞怯与上网频率呈正相关②。自我呈现理论认为,个人试图通过控制自我形象或与自己身份相关的任何信息来给他人留下积极印象③。与非理性个体相比,羞怯的个体往往对自己给他人留下积极印象的能力不太自信④。互联网提供了基于文本的交流环境,这使羞怯的人能够仔细准备和修改他们的交流信息,从而提高了对自我形象的更大控制⑤。此外,在没有面对

---

① Gudino, O.G., et al, "Understanding racial/ethnic disparities in youth mental health services: do disparities vary by problem type?", *Journal of Emotional & Behavioral Disorders*, Vol.17, No.1, 2009, pp.3-16.

② Han, L., et al, "Relationship between shyness and mobile phone addiction in chinese young adults: mediating roles of self-control and attachment anxiety", *Computers in Human Behavior*, Vol.76, 2017, pp.363-371; Huan, V.S., "The impact of shyness on problematic internet use: the role of loneliness", *J Psychol*, Vol.148, No.6, 2014, pp.699-715; Tian, Y., et al, "Associations between psychosocial factors and generalized pathological internet use in chinese university students: a longitudinal cross-lagged analysis", *Computers in Human Behavior*, Vol.72, 2017, pp.178-188.

③ Huan, V.S., "The impact of shyness on problematic internet use: the role of loneliness", *J Psychol*, Vol.148, No.6, 2014, pp.699-715; Tan, Y., et al, "Exploring associations between problematic internet use, depressive symptoms and sleep disturbance among southern Chinese adolescents", *International Journal of Environmental Research & Public Health*, Vol.13, No.313, 2016, pp.1-12; Tian, Y., et al, "Associations between psychosocial factors and generalized pathological internet use in chinese university students: a longitudinal cross-lagged analysis", *Computers in Human Behavior*, Vol.72, 2017, pp.178-188.

④ Fallah, N., "Willingness to communicate in english, communication self-confidence, motivation, shyness and teacher immediacy among iranian english-major undergraduates: a structural equation modeling approach", *Learning & Individual Differences*, Vol.30, No.2, 2014, pp.140-147; Huan, V.S., "The impact of shyness on problematic internet use: the role of loneliness", *J Psychol*, Vol.148, No.6, 2014, pp.699-715; Poole, K.L., et al, "Exploring relations between shyness and social anxiety disorder: the role of sociability", *Personality & Individual Differences*, Vol.110, 2017, pp.55-59.

⑤ Huan, V.S., "The impact of shyness on problematic internet use: the role of loneliness", *J Psychol*, Vol.148, No.6, 2014, pp.699-715.

面互动的情况下,羞怯的人可以在互联网上匿名与他人交流,这可能会给他们带来更大的安全感。另外,延迟回复的充分思考,使羞怯的人在网上交流时比在网下交流更舒服①。由于这些好处,羞怯的人可能会在互联网上花费大量时间。

(三)孤独感与网络成瘾的关系

相关研究表明,孤独感更高的人倾向于在互联网上花费大量时间②。这类研究指出,高孤独感的人可能出于不同的目的使用互联网。例如,一些研究表明,高孤独感的人倾向于使用互联网,以从具有相似兴趣的人那里获得社会支持。在互联网上,高孤独感的人往往更友好、更开放,这使他们能够结交新朋友并获得社会信心③。由于由此产生的社交网络的扩大,高孤独感的个体可能会感受到更多的归属感和陪伴感,这可能会缓解他们的孤独感④。相反,

---

① Ebeling-Witte, S., et al, "Shyness, internet use, and personality", *CyberPsychology & Behavior*, Vol.10, No.5, 2007, pp.713-716; Han, L., et al, "Relationship between shyness and mobile phone addiction in chinese young adults: mediating roles of self-control and attachment anxiety", *Computers in Human Behavior*, Vol.76, 2017, pp.363-371; Tian, Y., et al, "Associations between psychosocial factors and generalized pathological internet use in chinese university students: a longitudinal cross-lagged analysis", *Computers in Human Behavior*, Vol.72, 2017, pp.178-188.

② Huan, V.S., "The impact of shyness on problematic internet use: the role of loneliness", *J Psychol*, Vol.148, No.6, 2014, pp.699-715; Lu, X., Yeo, K.J., "Pathological internet use among malaysia university students: risk factors and the role of cognitive distortion", *Computers in Human Behavior*, Vol.45, 2015, pp.235-242; Yao, M.Z., Zhong, Z., "Loneliness, social contacts and Internet addiction: A cross-lagged panel study", *Computers in Human Behavior*, Vol.30, 2014, pp.164-170; Ni, X., et al, "Factors affecting pathological internet use among chinese university students", *Social Behavior & Personality An International Journal*, Vol.45, No.7, 2017, pp.1057-1068; Casale, S., Fioravanti, G., "Psychosocial correlates of internet use among italian students", *International Journal of Psychology*, Vol.46, No.4, 2011, pp.288-298.

③ Huan, V.S., "The impact of shyness on problematic internet use: the role of loneliness", *J Psychol*, Vol.148, No.6, 2014, pp.699-715; Tian, Y., et al, "Associations between psychosocial factors and generalized pathological internet use in chinese university students: a longitudinal cross-lagged analysis", *Computers in Human Behavior*, Vol.72, 2017, pp.178-188.

④ Huan, V.S., "The impact of shyness on problematic internet use: the role of loneliness", *J Psychol*, Vol.148, No.6, 2014, pp.699-715; Casale, S., Fioravanti, G., "Psychosocial correlates of internet use among italian students", *International Journal of Psychology*, Vol.46, No.4, 2011, pp.288-298.

其他研究表明,高孤独感的人倾向于利用互联网进行娱乐,例如独自玩电脑游戏、在线购物或阅读[1]。这些互联网活动为高孤独感的个体提供了愉快的体验,可以缓解他们的孤独感[2]。总之,高孤独感的人最初可能会利用互联网,通过获得他人的社会支持或娱乐自己来调节自己的负面情绪;然而,他们可能会沉迷于互联网活动,因为长期使用互联网会带来上述好处。

(四)孤独感的中介作用

尽管研究表明羞怯会通过孤独感对网络成瘾产生正向预测作用,但这些研究也存在一些局限性。第一,使用横断设计来测试孤独感在羞怯和网络成瘾之间的中介作用。横断设计很难测试羞怯、孤独感和网络成瘾之间关联的方向性[3]。例如,羞怯、孤独感和网络成瘾可能会跨时间相互影响,而不是羞怯和孤独感会单向影响网络成瘾。因此,需要纵向研究来测试孤独感在网络成瘾到羞怯的路径中的中介作用。第二,中学生被纳入测试孤独感在羞怯和网络成瘾之间的中介作用。相关研究表明,大学生比中学生更可能在互联网上花费大量时间[4]。因此,大学生羞怯、孤独感和网络成瘾之间的相关系数可能高于中学生。第三,使用多元回归分析而不是结构方程模型(SEM)来探讨

---

[1] Kwon, J.H., et al, "The effects of escape from self and interpersonal relationship on the pathological use of internet games", *Community Mental Health Journal*, Vol.47, No.1, 2011, pp.113–125.

[2] Tian, Y., et al, "Associations between psychosocial factors and generalized pathological internet use in chinese university students: a longitudinal cross-lagged analysis", *Computers in Human Behavior*, Vol.72, 2017, pp.178–188; Ni, X., et al, "Factors affecting pathological internet use among chinese university students", *Social Behavior & Personality An International Journal*, Vol.45, No.7, 2017, pp.1057–1068.

[3] Tian, Y., et al, "Associations between psychosocial factors and generalized pathological internet use in chinese university students: a longitudinal cross-lagged analysis", *Computers in Human Behavior*, Vol.72, 2017, pp.178–188; Yao, M.Z., Zhong, Z., "Loneliness, social contacts and Internet addiction: A cross-lagged panel study", *Computers in Human Behavior*, Vol.30, 2014, pp.164–170.

[4] Ding, Q., et al, "Perceived parental monitoring and adolescent internet addiction: a moderated mediation model", *Addictive Behaviors*, Vol.74, 2017, pp.48–54; Tian, Y., et al, "Associations between psychosocial factors and generalized pathological internet use in chinese university students: a longitudinal cross-lagged analysis", *Computers in Human Behavior*, Vol.72, 2017, pp.178–188; Wartberg, L., et al, "Adolescent problematic internet use: is a parental rating suitable to estimate prevalence and identify familial correlates?", *Computers in Human Behavior*, Vol.67, 2017, pp.233–239.

孤独感在羞怯和网络成瘾之间的中介作用。SEM 可以从自变量和因变量控制测量误差,而多元回归分析只能从自变量控制测量误差。多元回归分析的这种局限性可能导致后续中介作用分析的测量误差偏差[1]。因此,本书拟采用纵向交叉滞后分析来检验孤独感在大学生羞怯和网络成瘾之间的中介作用。

(五)交叉滞后模型

研究表明,在伦理限制的情况下,交叉滞后设计可以用作实验设计的替代方法。例如,这种设计可以应用于评估焦虑和沉思如何相互影响的研究。关于焦虑,在实验室环境中控制它违反了人类研究伦理标准。然而,交叉滞后设计可以克服这些困难。在这个设计中,焦虑和沉思将在两个或更多的场合进行测量,并在控制焦虑和沉思可能对自己产生自回归效应的同时,测试它们的交叉滞后关系。"因果优势"将取决于交叉滞后回归系数的强度。最强的关系将被判断为因果关系。此外,焦虑或沉思的自回归效应将表明随着时间的推移,得分的个体差异有多稳定[2]。出于上述优点,本书使用交叉滞后设计来测试孤独感在网络成瘾到羞怯和羞怯到网络成瘾的路径中的中介作用。

(六)大学生

大学生时期属于成年初期或青少年后期(18—24 岁),大学生群体是中国和国际上互联网使用最多的人群[3]。先前的研究一致认为,青春期后期是个体身心发育的关键阶段,由于从青春期到成年的过渡,心理问题的发生往往更

---

[1] Schuurman, N.K., et al, "How to compare cross-lagged associations in a multilevel autoregressive model", *Psychological Methods*, Vol.21, No.2, 2016, pp.206-221.

[2] Schuurman, N.K., et al, "How to compare cross-lagged associations in a multilevel autoregressive model", *Psychological Methods*, Vol.21, No.2, 2016, pp.206-221; Talbot, L., et al, "A test of the bidirectional association between sleep and mood in bipolar disorder and insomnia", *Journal of Abnormal Psychology*, Vol.121, No.1, 2012, pp.39-50.

[3] Stavropoulos, V., et al, "Mmorpg gaming and hostility predict internet addiction symptoms in adolescents: an empirical multilevel longitudinal study", *Addictive Behaviors*, Vol.64, 2017, pp.294-300; China Internet Network Information Center(CNNIC):〈Statistical report on the development of Internet in China〉,2017,8(in Chinese), http://www.cnnic.net.cn/hlwfzyj/hlwxzbg/qsnbg/.

加普遍①。许多研究表明,青少年后期更可能经历高水平的孤独感,这种情况通常会持续到成年②。此外,研究表明,大学生时期父母和老师的监督减少,且充裕的闲暇时间和几乎无限的上网设备可能会导致大学生在互联网上花费大量时间③。因此,羞怯的大学生缺乏社交技能,缺少朋友和社会支持,这可能会导致他们经历更高水平的孤独感和网络成瘾④。

(七)研究变量关系的性别差异

此前的研究表明,性别在网络成瘾水平上存在差异,男大学生的分数高于女大学生⑤。这种差异可归因于使用互联网的动机的性别差异⑥。一般来

---

① Pace, U., et al, "The moderating role of father's care on the onset of binge eating symptoms among female late adolescents with insecure attachment", *Child Psychiatry & Human Development*, Vol.43, No.2, 2012, pp.282-292.

② Schimmenti, A., et al, "Traumatic experiences, alexithymia, and internet addiction symptoms among late adolescents: a moderated mediation analysis", *Addictive Behaviors*, Vol.64, 2017, pp.314-320; Stavropoulos, V., et al, "Mmorpg gaming and hostility predict internet addiction symptoms in adolescents: an empirical multilevel longitudinal study", *Addictive Behaviors*, Vol.64, 2017, pp.294-300.

③ Ding, Q., et al, "Perceived parental monitoring and adolescent internet addiction: a moderated mediation model", *Addictive Behaviors*, Vol.74, 2017, pp.48-54; Tian, Y., et al, "Associations between psychosocial factors and generalized pathological internet use in chinese university students: a longitudinal cross-lagged analysis", *Computers in Human Behavior*, Vol.72, 2017, pp.178-188; Wartberg, L., et al, "Adolescent problematic internet use: is a parental rating suitable to estimate prevalence and identify familial correlates?", *Computers in Human Behavior*, Vol.67, 2017, pp.233-239.

④ Han, L., et al, "Relationship between shyness and mobile phone addiction in chinese young adults: mediating roles of self-control and attachment anxiety", *Computers in Human Behavior*, Vol.76, 2017, pp.363-371; Tian, Y., et al, "Associations between psychosocial factors and generalized pathological internet use in chinese university students: a longitudinal cross-lagged analysis", *Computers in Human Behavior*, Vol.72, 2017, pp.178-188.

⑤ Tian, Y., et al, "Associations between psychosocial factors and generalized pathological internet use in chinese university students: a longitudinal cross-lagged analysis", *Computers in Human Behavior*, Vol.72, 2017, pp.178-188; Tian, Y., et al, "The effect of shyness on Internet addiction: The mediating effects of immersion tendency and network-related maladaptive cognition", *Chinese Journal of Special Education*, Vol.12, 2015, pp.83-89.

⑥ Bryant P., Jae W.S., "Gender, sexual affect, and motivations for internet pornography use", *International Journal of Sexual Health*, Vol.20, No.3, 2008, pp.187-199; Stark, R., et al. "Predictors for (problematic) use of internet sexually explicit material: role of trait sexual motivation and implicit approach tendencies towards sexually explicit material", *Sexual Addiction & Compulsivity*, Vol.31, 2017, pp.1-23.

说,女大学生更多地使用Facebook、QQ和微信等社交平台,在那里她们可以上传图片以进行自我表达和自我宣传。相比之下,男大学生表现出更多的兴趣玩电脑游戏来娱乐[1]。然而,电脑游戏需要将更多的时间用于网络;因此,男大学生更有可能成为网络成瘾者。因此,大学生羞怯与网络成瘾之间的关系可能存在性别差异。例如,当羞怯的男大学生感到孤独或经历人际关系挫折时,他们更倾向于通过玩电脑游戏来缓解负面情绪,而不是登录社交网站。因此,有必要通过探究羞怯、孤独感和网络成瘾之间关系和潜在机制的性别差异,进一步扩大先前研究的结果。

(八)本书

本书有两个目的。第一个是研究孤独感在中国大学生羞怯和网络成瘾之间的双向中介作用。我们假设(a)羞怯和孤独感可以跨时间相互正向预测,(b)羞怯和网络成瘾可以跨时间相互正向预测,(e)孤独感在网络成瘾到羞怯的路径中起着积极的中介作用。第二个是检验羞怯、孤独感和网络成瘾之间的交叉滞后关系模式在不同时间段内男女之间是否相同。

二、方法和材料

(一)方法

这项研究遵循了1964年《赫尔辛基宣言》及其后来的修正案或类似的伦理标准。

(二)被试

通过被试招募的方式,共计300人(153名女生和147名男生)参加首次测试。参与者来自山东省两所高校,所有参与者都是自愿参加本次调查。将大学一年级入学作为测量的起始时间(T1),6个月后(T2)进行第二次测量,

---

[1] Niculović, M., et al,"Study of pathological internet use, behavior and attitudes among students population at technical faculty bor, university of belgrade", *Computers in Human Behavior*, Vol.39, 2014,pp.78-87.

12个月之后(T3)进行第三次测量。在初始样本中,9名学生没有完成所有三次测量(参与率97%)。流失被试几乎完全是由于生病或请假所致。因此,最终样本包括291名学生(148名女生和143名男生),研究结束时的平均年龄为19.07岁(标准差[SD]=0.78)。通过一系列独立样本t检验,考察参与学生与未参与学生在本书中的研究变量是否存在差异,结果显示并没有显著差异。此外,在老师的帮助下,学生的ID被用来将他们的分数与每个测量值相匹配。

(三)分析策略

采用了交叉滞后设计,模型中均包括T1、T2和T3测量的羞怯、孤独感和网络成瘾。使用MPLUS 7.0通过最大似然(ML)估计对所有模型进行测试。在交叉滞后模型中,采用每个变量的时间相邻度量之间的稳定性系数(例如,T1网络成瘾预测T2网络成瘾,而T2网络成瘾反过来预测T3网络成瘾)对每个变量随时间的变化进行自回归分析;采用两个变量之间的交叉滞后效应反应变量间的因果关系(例如,T1羞怯预测T2网络成瘾,T1网络成瘾预测T2羞怯)。

采用多组比较方法来检验羞怯、孤独感和网络成瘾之间的交叉滞后关系在男生和女生之间是否存在差异。在无约束模型中,允许所有参数随性别而变化,而在约束模型中所有路径系数随性别而限定为相等。模型之间的显著差异可以反映羞怯、孤独感和网络成瘾之间的交叉滞后关联在男生和女生之间存在差异。

采用卡方(χ^2)统计、比较拟合指数(CFI)、塔克-刘易斯指数(TLI)和近似均方根误差(RMSEA)评估所有交叉滞后模型的拟合情况。由于卡方统计对大样本比较敏感,χ^2被用作模型评价的主要指标。TLI和CFI的范围介于0和1之间,当高于0.90时表明模型拟合良好[1]。RMSEA≥0.10表示模型拟合一般,在0.05和0.08之间表示拟合良好,RMSEA≤0.05表示模型拟合优异[2]。

---

[1] Hu, L., Bentler, P. M. "Cutoff criteria for fit indexes in covariance structureanalysis: conventional criteria versus new alternatives", *Structural Equation*, Vol.6, 1999, pp.1-55.

[2] Browne, M.W., & Cudeck, R, "Alternative ways of assessing model fit", in *Testing structural equation models*, K.A.Bollen & J.S.Long(Eds.), Newbury Park, CA: Sage, 1993, pp.136-162.

此外,使用因子算法的打包策略来提高指标的质量和模型拟合。根据 Rogers 和 Schmitt[1] 的建议,首先进行因素分析,将多个题目打包在一起。然后使用模型比较来选择最佳打包模型。卡方的差异检验($\Delta \chi^2$)用于比较嵌套模型的拟合的差异。$\Delta \chi^2$ 不显著表明,两个模型对数据的拟合程度相等,而差异显著的 $\Delta \chi^2$ 代表应保留限定较少的模型。

(四)测量

羞怯。中国版的 Cheek 和 Buss 羞怯量表[2]用于测量大学生羞怯。该量表由 17 个题目组成,采用 5 点计分,从 1(强烈不同意)到 5(强烈同意)。羞怯量表的例题如"我觉得向其他人询问信息并不困难"。该量表在本研究中的三次测量 α 系数分别为 0.79、0.89 和 0.86。

孤独感。采用中国版的 Cheek 和 Russell 孤独感量表测量大学生的孤独感[3]。该量表由 10 个项目组成,量表采用 4 点计分,从 1(从不)到 4(经常)。孤独感量表的例题如"你经常感到孤独吗"。该量表在本研究中的三次测量 α 系数分别为 0.87、0.84 和 0.86。

网络成瘾。采用"中国版网络成瘾"对网络成瘾水平进行测量[4]。该量表由 17 项组成,量表采用 6 点计分,从 1(从不)到 6(总是)。网络成瘾量表的例题如"当你在线时,你感觉时间过得很快,几个小时都没有意识到"。该量表在本研究中的三次测量 α 系数分别为 0.82、0.84 和 0.87。

---

[1] Rogers, W.M., Schmitt, N., "Parameter recovery and model fit using multidimensional composites: a comparison of four empirical parceling algorithms", *Multivariate Behavioral Research*, Vol.39, No.3, 2004, pp.379-412.

[2] Wang, Q.Q., et al, "The revision of college students' shyness Scale and its relevant study", *Psychological Science*, Vol.32, No.1, 2009, pp.204-206; Cheek, J.M., Buss, A.H., "Shyness and sociability", *Journal of Personality and Social Psychology*, Vol.41, 1981, pp.330-339.

[3] Wang, D., F., "A study on the reliability and validity of the Russel Loneliness Scale", *Chinese Journal of Clinical Psychology*, Vol.3, No.1, 1995, pp.23-25; Russell, D., et al, "Developing a measure of loneliness", *Journal of Personality Assessment*, Vol.42, No.3, 1978, pp.290-294.

[4] 白羽、樊富珉:《大学生网络依赖测量工具的修订与应用》,《心理发展与教育》2005 年第 4 期。

三、结果

(一)描述性统计与差异检验

羞怯、孤独感和网络成瘾的均值和标准差见表 2-4。通过独立样本 t 检验比较男生和女生在羞怯、孤独感和网络成瘾上的差异。结果表明,羞怯和孤独感在三次测量中没有性别差异,而男生在三次测量中的网络成瘾得分高于女生(见表 2-4)。

表 2-4　羞怯、孤独感和网络成瘾的描述统计和性别差异检验

变量	整体(N=291) M	整体(N=291) SD	男生(N=143) M	男生(N=143) SD	女生(N=148) M	女生(N=148) SD	t	df	p
1. T1 羞怯	49.43	11.25	49.25	11.10	49.17	11.04	−0.69	289	0.84
2. T1 孤独感	35.23	7.24	34.26	7.15	35.54	7.23	−0.97	289	0.31
3. T1 网络成瘾	39.54	11.06	41.27	11.14	38.86	10.21	2.52	289	<0.05
4. T2 羞怯	52.17	11.86	52.29	12.49	52.46	10.51	−0.87	289	0.29
5. T2 孤独感	37.52	17.68	36.29	9.25	38.29	21.68	−0.73	289	0.56
6. T2 网络成瘾	41.94	10.36	42.36	12.02	40.95	10.21	2.79	289	<0.01
7. T3 羞怯	51.93	9.67	49.69	10.32	52.29	9.40	−1.52	289	0.12
8. T3 孤独感	37.26	8.63	36.35	8.35	37.29	8.67	0.07	289	0.28
9. T3 网络成瘾	52.74	10.24	54.32	10.21	51.21	10.45	−3.01	289	<0.01

表 2-5 显示了所有变量之间的相关性。羞怯的 T1、T2 和 T3 测量值之间的相关性在 0.67—0.77 范围内。孤独感 T1、T2 和 T3 孤独感测量值之间的相关性在 0.42—0.68 范围内。网络成瘾的 T1、T2 和 T3 测量值之间的相关性在 0.62—0.72 范围内。此外,羞怯与孤独感和网络成瘾呈显著正相关,孤独感与网络成瘾呈显著正相关(见表 2-5)。

表 2-5 羞怯、孤独感和网络成瘾的跨时间相关分析

变量	1	2	3	4	5	6	7	8	9
1. T1 羞怯	1								
2. T1 孤独感	0.54**	1							
3. T1 网络成瘾	0.39**	0.34**	1						
4. T2 羞怯	0.77**	0.51**	0.35**	1					
5. T2 孤独感	0.31**	0.42**	0.21**	0.24**	1				
6. T2 网络成瘾	0.37**	0.31**	0.72**	0.38**	0.24**	1			
7. T3 羞怯	0.67**	0.48**	0.33**	0.67**	0.18**	0.36**	1		
8. T3 孤独感	0.41**	0.68**	0.31**	0.43**	0.42**	0.38**	0.42**	1	
9. T3 网络成瘾	0.32**	0.34**	0.62**	0.30**	0.23**	0.72**	0.41**	0.45**	1

注:* $p<0.05$,** $p<0.01$(2-tailed)。

最后,重复测量分析表明,T2 和 T3 的羞怯显著大于 T1 羞怯;T2 和 T3 的孤独感显著大于 T1 孤独感;T2 网络成瘾大于 T1 网络成瘾,T3 网络成瘾大于 T2 网络成瘾(见表 2-6)。

表 2-6 羞怯、孤独感和网络成瘾的跨时间差异检验

变量	T1(M,SD)	T2(M,SD)	T3(M,SD)	$F(1,290)$	两两比较
羞怯	49.43(11.25)	52.17(11.86)	51.93(9.67)	9.47**	T1<T2=T3
孤独感	35.23(7.24)	37.52(17.68)	37.26(8.63)	21.07**	T1<T2=T3
网络成瘾	39.54(11.06)	41.94(10.36)	52.74(10.24)	29.45**	T1<T2<T3

注:* $p<0.05$.** $p<0.01$(2-tailed)。

(二)孤独感对羞怯与网络成瘾关系的双向中介作用

首先,构建测量模型,该模型由九个潜在变量组成,对应于三次测量的三个研究变量(表 2-7 中提供了每个潜在变量的因子载荷)。该测量模型具有良好的拟合指数:$\chi^2(305)=468, p<0.001, RMSEA=0.06, TLI=0.95, CFI=0.94$。本研究对比了该模型与限定模型的差异,在限定模型中,潜在变量因子的所有

指标均被指定为在不同测量时间点上相等(即测量不变性):$\chi^2(321)=514, p<0.001$,RMSEA=0.06,TLI=0.94,CFI=0.93。尽管限定模型拟合良好,但模型比较表明两个模型之间仍存在差异($\triangle\chi^2=46, \triangle df=16, p<0.001$),这说明非限定模型更优。然后通过自由估计T1时羞怯的第一个因子指标来测试部分度量不变性(配对比较发现T1时羞怯第一个指标的因子载荷为为0.42,而在T3时间点的因子载荷0.62,差异最大)。因此通过释放该路径构建部分限定模型,部分限定模型拟合良好:[$\chi^2(313)=482, p<0.001$,RMSEA=0.06,TLI=0.96,CFI=0.95]。模型比较发现,非限定模型与部分限定模型不存在差异($\triangle\chi^2=14, \triangle df=8, p=0.08$)。因此,部分限定模型被用于后续的分析当中。

表2-7 羞怯、孤独感和网络成瘾在不同时间的因子载荷

变量	T1测量	因子载荷	T2测量	因子载荷	T3测量	因子载荷
1	羞怯→羞怯1	0.42	羞怯→羞怯1	0.59	羞怯→羞怯1	0.62
2	羞怯→羞怯2	0.56	羞怯→羞怯2	0.54	羞怯→羞怯2	0.54
3	羞怯→羞怯3	0.64	羞怯→羞怯3	0.66	羞怯→羞怯3	0.59
4	羞怯→羞怯4	0.55	羞怯→羞怯4	0.56	羞怯→羞怯4	0.55
5	孤独感→孤独感1	0.76	孤独感→孤独感1	0.71	孤独感→孤独感1	0.77
6	孤独感→孤独感1	0.69	孤独感→孤独感1	0.66	孤独感→孤独感1	0.71
7	网络成瘾→网络成瘾1	0.77	网络成瘾→网络成瘾1	0.74	网络成瘾→网络成瘾1	0.74
8	网络成瘾→网络成瘾2	0.81	网络成瘾→网络成瘾2	0.76	网络成瘾→网络成瘾2	0.77
9	网络成瘾→网络成瘾3	0.69	网络成瘾→网络成瘾3	0.70	网络成瘾→网络成瘾3	0.72
10	网络成瘾→网络成瘾4	0.74	网络成瘾→网络成瘾4	0.72	网络成瘾→网络成瘾4	0.76

然后,构建自回归模型,其中包括羞怯、孤独感和网络成瘾三种波动之间的自回归路径。所有自回归路径都是显著的,如图2-2所示。自回归模型的拟合指数良好:$\chi^2(319)=526, p<0.001$,RMSEA=0.06,TLI=0.94,CFI=0.96。

最后,在上述自回归模型的基础上构建假设的交叉滞后模型,并对假设模型的拟合进行检验。该模型包括从羞怯和孤独感到网络成瘾,从羞怯和网络成瘾到孤独感,以及从孤独感和网络成瘾跨时间到羞怯的交叉滞后预测路径。该模型的拟合指数良好:$\chi^2(326)=528, p<0.001$,RMSEA=0.06,TLI=0.94,

CFI=0.96(仅保留相关显著的路径)。结果表明,羞怯与孤独感之间的关系是双向且动态发展的:T1 羞怯正向预测 T2 孤独感,T2 羞怯正向预测 T3 孤独感,而 T2 孤独感正向预测 T3 羞怯;网络成瘾和孤独感之间的关系是双向且动态发展的:T1 网络成瘾正向预测 T2 孤独感,T2 网络成瘾正向预测 T3 孤独感,而 T2 孤独感正向预测 T3 网络成瘾(见图 2-2)。因此,假设(i)和(iii)得到了验证。

上述路径表明了一些中介机制。T1 羞怯能通过 T2 孤独感预测 T3 网络成瘾,T1 网络成瘾能通过 T2 孤独感预测 T3 羞怯。根据 Shrout 和 Bolger 的建议,"如果 bootstrapping 效应95%的置信水平不包括零,则0.05水平的中介效应是显著的"[①]。结果表明,所有中介路径都具有统计学意义:T1 羞怯通过 T2 孤独感对 T3 网络成瘾的间接影响效应显著(95%CI:0.13—0.18),以及 T1 网络成瘾通过 T2 孤独感间接影响 T3 羞怯效应显著(95%CI:0.11—0.17)。因此,假设(iv)和(v)得到了验证。

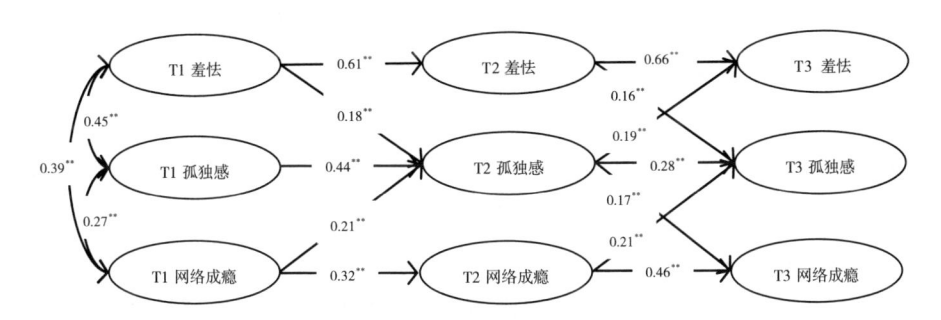

图 2-2 羞怯、孤独感和网络成瘾交叉滞后分析

注:回归系数均为标准化,仅呈现了显著的回归系数。
$^*p<0.05$; $^{**}p<0.001$.

(三)羞怯、孤独感和网络成瘾之间的关系在男女学生中是否存在差异

首先检验测量不变性,以检查男生和女生在羞怯、孤独感和网络成瘾的测

---

① Shrout,P.E.,Bolger,N.,"Mediation in experimental and nonexperimental studies:New procedures and recommendations", *Psychological Methods*, Vol.7, 2002, pp.422-445.

量模型中是否存在差异。在非完全限定的测量模型中,所有参数(潜在变量的所有观察指标和每个指标的误差)允许在两组之间自由估计,该模型拟合良好:$\chi^2(399)=520, p<0.001, \text{RMSEA}=0.07, \text{TLI}=0.95, \text{CFI}=0.96$。然后构建完全限定模型,其中两组的所有参数在男生群体和女生群体之间限定为相等,该模型拟合良好:$\chi^2(436)=546, p<0.001, \text{RMSEA}=0.07, \text{TLI}=0.95, \text{CFI}=0.95$。卡方差异检验显示,完全限定模型与自由估计模型之间不存在显著差异($\triangle\chi^2=37, \triangle df=26, p=0.08$)。因此,自由估计模型被用于后续分析。

为了实现研究目标 2,根据学生性别(男生与女生)进行了多组交叉滞后模型。测试了三种类型的参数,以检查它们是否在组间存在差异:观测变量的因子载荷、交叉滞后路径系数以及羞怯、孤独感和网络成瘾之间的协变量。根据先前限定方法结果发现,非限定模型拟合良好:$\chi^2(421)=519, p<0.001$,$\text{RMSEA}=0.07, \text{TLI}=0.95, \text{CFI}=0.96$。限定模型同样拟合良好:$\chi^2(531)=572, p<0.001, \text{RMSEA}=0.05, \text{TLI}=0.95, \text{CFI}=0.94$。卡方差异检验表明,限定模型和非限定模型均适合本研究数据,男女学生之间的路径模式是不变的。

为了进一步检验两组之间可能存在差异的路径系数,然后对一系列模型进行测试,一次释放一个男生和女生组的每个参数,并将这些模型与自由估计模型进行比较。六个路径系数在各组中被确定为不同的,结果发现男生和女生 T1 羞怯对 T2 孤独感的路径系数分别为 0.19 和 0.17;男生和女生 T2 羞怯对 T3 孤独感的路径系数分别为 0.17 和 0.15;男生和女生 T2 孤独感对 T3 羞怯的路径系数分别为 0.21 和 0.18;男生和女生 T2 孤独感对 T3 网络成瘾的路径系数分别为 0.19 和 0.16;男生和女生 T1 网络成瘾对 T2 孤独感的路径系数分别为 0.22 和 0.19;男生和女生 T2 网络成瘾对 T3 孤独感的路径系数分别为 0.23 和 0.18。因此,尽管羞怯、孤独感和网络成瘾之间的关系模式在两组中是相同的,但这些关系的强度在男生中更强。

四、讨论

本书采用追踪研究设计考察了大学生羞怯、孤独感和网络成瘾之间的纵向关系。我们发现了两个有价值的结果。一是孤独感在羞怯与网络成瘾之间起跨时间双向中介作用。具体而言,T1 羞怯可以通过 T2 孤独感影响 T3 网络成瘾,T1 网络成瘾可以通过 T2 孤独感影响 T3 羞怯。二是羞怯、孤独感和网络成瘾之间的关系强度不存在显著的性别差异,但该关系在男生群体当中更强。

(一)孤独感在羞怯与网络成瘾之间的双向中介作用

羞怯可以通过孤独感的中介作用影响网络成瘾。这一结果与之前的研究一致[①]。尽管有研究表明羞怯和高孤独感的人倾向于在互联网上花费大量时间,但没有研究表明羞怯个体的互联网使用量随着时间的推移而增加。这种关系可能是因为羞怯的学生因为担心他人对自己的负面评价,对参与社会活动不感兴趣,从而获得他人的社会支持较少,并因此比非羞怯的学生更容易产生孤独感[②]。具体而言,在高中毕业后,许多学生可能会离开父母到另一个城市或国家去读大学。由于与父母的互动减少,这些学生可能会感觉到父母的社会支持减少从而孤独感增加[③]。此外,大学提倡自主学习,这种学习方式也会减少学生与教师的互动,学生也可能会感觉到来自教师的社会支持减少从而孤独感增加[④]。因此,这些学生可能会通过网络社交寻求同龄人或朋友的社会支持。不幸的是,羞怯的大学生通常社交能力较差,很难获得他人的社会

---

① Huan, V.S., "The impact of shyness on problematic internet use: the role of loneliness", *J Psychol*, Vol.148, No.6, 2014, pp.699–715.

② Kwiatkowska, M.M., et al, "Polish adaptation of the revised cheek and buss shyness scale and a significance of shyness in the context of personality traits and metatraits", *Studia Psychologiczne*, Vol.54, No.3, 2016, pp.1–17; Tian, Y., et al, "Associations between psychosocial factors and generalized pathological internet use in chinese university students: a longitudinal cross-lagged analysis", *Computers in Human Behavior*, Vol.72, 2017, pp.178–188; Zhao, J., et al, "Shyness and loneliness: contributions of emotional intelligence and social support", *Current Psychology*, 2017, pp.1–7.

③ Ding, Q., et al, "Perceived parental monitoring and adolescent internet addiction: a moderated mediation model", *Addictive Behaviors*, Vol.74, 2017, pp.48–54; Wartberg, L., et al, "Adolescent problematic internet use: is a parental rating suitable to estimate prevalence and identify familial correlates?", *Computers in Human Behavior*, Vol.67, 2017, pp.233–239.

④ Jia, J., et al, "Psychological security and deviant peer affiliation as mediators between teacher-student relationship and adolescent internet addiction", *Computers in Human Behavior*, Vol.12, 2017, pp.345–352.

支持。因此,他们可能会变得更具孤独[1]。然而,羞怯的大学生可能会更多地使用社交平台(如 Facebook、QQ 和微信)交朋友,并获得社会支持,以缓解他们的孤独感。此外,羞怯的大学生可能会利用其他互联网活动(如游戏、在线购物和浏览信息)来娱乐自己,缓解孤独感[2]。

本书发现网络成瘾可以通过孤独感进而影响个体羞怯,该结果拓展了先前研究的结果[3]。高孤独感的学生可能会更多地利用互联网获得社会支持(如结交新朋友和获得社会信任)或娱乐(如玩电脑游戏和网上购物)。因为这些网络活动可以缓解他们的孤独感负面情绪,所以高孤独感的学生倾向于在网络上花费更多的时间。然而,在互联网上花费大量时间可能会导致这些高孤独感的学生较少参与面对面的互动(线下互动)[4]。面对面交流的频率降低可能会导致高孤独感的学生失去练习和提高社交技能的机会,导致他们在社交互动中更容易受到他人的负面评价。不幸的是,其他人的这些负面评价可能会导致高孤独感的学生害怕参与社交活动,而体验到更多的社交焦虑。

---

[1] Fallah, N., "Willingness to communicate in english, communication self-confidence, motivation, shyness and teacher immediacy among iranian english-major undergraduates:a structural equation modeling approach", *Learning & Individual Differences*, Vol.30, No.2, 2014, pp.140–147;Huan, V.S., "The impact of shyness on problematic internet use:the role of loneliness", *J Psychol*, Vol.148, No.6, 2014, pp.699–715.

[2] Han, L., et al, "Relationship between shyness and mobile phone addiction in chinese young adults:mediating roles of self-control and attachment anxiety", *Computers in Human Behavior*, Vol.76, 2017, pp.363–371;Tian, Y., et al, "Associations between psychosocial factors and generalized pathological internet use in chinese university students:a longitudinal cross-lagged analysis", *Computers in Human Behavior*, Vol.72, 2017, pp.178–188.

[3] Huan, V.S., "The impact of shyness on problematic internet use:the role of loneliness", *J Psychol*, Vol.148, No.6, 2014, pp.699–715.

[4] Huan, V.S., "The impact of shyness on problematic internet use:the role of loneliness", *J Psychol*, Vol.148, No.6, 2014, pp.699–715;Lu, X., Yeo, K.J., "Pathological internet use among malaysia university students:risk factors and the role of cognitive distortion", *Computers in Human Behavior*, Vol.45, 2015, pp.235–242;Tian, Y., et al, "Associations between psychosocial factors and generalized pathological internet use in chinese university students:a longitudinal cross-lagged analysis", *Computers in Human Behavior*, Vol.72, 2017, pp.178–188;Yao, M.Z., Zhong, Z., "Loneliness, social contacts and Internet addiction:A cross-lagged panel study", *Computers in Human Behavior*, Vol.30, 2014, pp.164–170.

然而社交焦虑是羞怯的核心特征,进而个体羞怯水平升高[1]。因此,网络成瘾也可以通过孤独感增加羞怯。

羞怯、孤独感和网络成瘾之间的关系是双向且动态发展的。这表明,羞怯、孤独感和网络成瘾之间的关系形成了恶性循环机制:羞怯与孤独的个体试图通过使用网络减少自我的羞怯和孤独感,但不幸的是过多使用网络非但没有减少他们的羞怯和孤独感,反而进一步升高了他们的羞怯与孤独感水平[2]。这一机制的发现有助于了解大学生活中产生的"雪球"或"级联"效应。通过这一"雪球"或"级联"效应,网络成瘾(0.61→0.66)和羞怯(0.32→0.46)稳定性增加,而孤独感稳定性减少(0.44→0.28)。

(二)羞怯、孤独感与网络成瘾关系的性别差异

本书另一项重要发现为羞怯、孤独感和网络成瘾之间的关系模式不存在性别差异,男生和女生均适应于该双向且动态发展模型,但在模型路径上男生的作用显著强于女生,这说明该模型更加适用于女生。

使用网络显然是由消费者的特定需求驱动的有意行为,他们认为通过网络可以有效地满足个人的目的性需求[3]。在不同的人群当中个体使用网络的目的有所差异,性别刻板印象可以用来解释互联网使用动机的性别差异。更

---

[1] Fallah, N., "Willingness to communicate in english, communication self-confidence, motivation, shyness and teacher immediacy among iranian english-major undergraduates: a structural equation modeling approach", *Learning & Individual Differences*, Vol.30, No.2, 2014, pp.140–147; Poole, K.L., et al, "Exploring relations between shyness and social anxiety disorder: the role of sociability", *Personality & Individual Differences*, Vol.110, 2017, pp.55–59.

[2] Lu, X., Yeo, K.J., "Pathological internet use among malaysia university students: risk factors and the role of cognitive distortion", *Computers in Human Behavior*, Vol.45, 2015, pp.235–242; Tian, Y., et al, "Associations between psychosocial factors and generalized pathological internet use in chinese university students: a longitudinal cross-lagged analysis", *Computers in Human Behavior*, Vol.72, 2017, pp.178–188; Yao, M.Z., Zhong, Z., "Loneliness, social contacts and Internet addiction: A cross-lagged panel study", *Computers in Human Behavior*, Vol.30, 2014, pp.164–170.

[3] Bryant P., Jae W.S., "Gender, sexual affect, and motivations for internet pornography use", *International Journal of Sexual Health*, Vol.20, No.3, 2008, pp.187–199; Stark, R., et al. "Predictors for (problematic) use of internet sexually explicit material: role of trait sexual motivation and implicit approach tendencies towards sexually explicit material", *Sexual Addiction & Compulsivity*, Vol.31, 2017, pp.1–23.

具体地说,羞怯的女学生的特点是相互依赖、陪伴和关心他人。当她们的孤独感升高时,她们更喜欢使用 Facebook、QQ 和微信等社交媒体平台,从其他人(如分享类似经历的家庭成员和同龄人)那里获得社交或情感支持①。然而,羞怯的男学生通常是独立、自主和自给自足的,当他们感受到他人较少的社会或情感支持并经历更多的孤独感时,他们更有可能使用电脑游戏来补偿或缓解这些体验②。

此外,先前的研究发现,男生在观看色情信息、玩网络游戏和网络成瘾总分方面得分显著高于女生,在网络社交方面得分低于女生③。这可能是因为男生对色情信息和网络游戏的动机比在线交流的动机更强④。更具体地说,7.2%的 14 岁至 24 岁网络成瘾女性使用网络玩在线视频游戏,相比之下,

---

① Tian, Y., et al, "The effect of shyness on Internet addiction: The mediating effects of immersion tendency and network-related maladaptive cognition", *Chinese Journal of Special Education*, Vol.12, 2015, pp.83-89; Huan, V.S., "The impact of shyness on problematic internet use: the role of loneliness", *J Psychol*, Vol.148, No.6, 2014, pp.699-715; Tian, Y., et al, "Associations between psychosocial factors and generalized pathological internet use in chinese university students: a longitudinal cross-lagged analysis", *Computers in Human Behavior*, Vol.72, 2017, pp.178-188; Han, L., et al, "Relationship between shyness and mobile phone addiction in chinese young adults: mediating roles of self-control and attachment anxiety", *Computers in Human Behavior*, Vol.76, 2017, pp.363-371.

② Huan, V.S., "The impact of shyness on problematic internet use: the role of loneliness", *J Psychol*, Vol.148, No.6, 2014, pp.699-715; Tian, Y., et al, "Associations between psychosocial factors and generalized pathological internet use in chinese university students: a longitudinal cross-lagged analysis", *Computers in Human Behavior*, Vol.72, 2017, pp.178-188.

③ Tian, Y., et al, "The effect of shyness on Internet addiction: The mediating effects of immersion tendency and network-related maladaptive cognition", *Chinese Journal of Special Education*, Vol.12, 2015, pp.83-89; Tian, Y., et al, "Associations between psychosocial factors and generalized pathological internet use in chinese university students: a longitudinal cross-lagged analysis", *Computers in Human Behavior*, Vol.72, 2017, pp.178-188; Lu, X., Yeo, K.J., "Pathological internet use among malaysia university students: risk factors and the role of cognitive distortion", *Computers in Human Behavior*, Vol.45, 2015, pp.235-242.

④ Bryant P., Jae W.S., "Gender, sexual affect, and motivations for internet pornography use", *International Journal of Sexual Health*, Vol.20, No.3, 2008, pp.187-199; Tian, Y., et al "The effect of shyness on Internet addiction: The mediating effects of immersion tendency and network-related maladaptive cognition", *Chinese Journal of Special Education*, Vol.12, 2015, pp.83-89.

7.9%的网络成瘾女性表示她们观看了色情信息,而男性为19.7%①。然而,使用互联网制作色情材料和网络游戏的男性也表示,他们无法阻止自己使用色情信息和网络游戏,这导致他们网络成瘾②。已有研究指出,男性过度使用互联网会产生许多不利后果,如人际关系不佳、睡眠不足和饮食失调③。此外,在互联网上花费太多时间已被确定会对男生的学习成绩和生活满意度产生负面影响④。因此,应该更多地关注羞怯的男生网络成瘾行为。

(三)网络成瘾的干预

本研究的发现对大学生网络成瘾的治疗和预防具有重要意义。首先,羞怯和孤独感,以及孤独感和网络成瘾,可以跨时间相互影响。因此,针对羞怯、孤独感和网络成瘾的干预可以变得更有效。第二,网络成瘾倾向于更稳定,并导致类似特质的风险。先前的研究表明,自回归效应可以为干预提供最合适的时期⑤。早期干预被提倡用于特征类变量(如羞怯和网络成瘾,其自回归系数倾向于增加),而后期干预则被提倡用于状态类变量(例如孤独感,自回归系数趋向于减少⑥)。因此,干预大学生网络成瘾的最合适时期应该是尽早。第三,孤独感在羞怯和网络成瘾之间起着双向中介作用。因此,羞怯的大学生可以通过减少孤独感来减少网络成瘾。因此,建议定期进行集体咨询和集体

---

① Rumpf, H., Meyer, C., Kreuzer, A., John, U., & Merkeerk, G. (2011). *Prävalenz der internetabhängigkeit(PINTA).Bericht an Das Bundesministerium Für Gesundheit.Greifswald Und Lübeck*. 31.(12ff).

② Bryant P., Jae W.S., "Gender, sexual affect, and motivations for internet pornography use", *International Journal of Sexual Health*, Vol.20, No.3, 2008, pp.187–199.

③ Stolarski, M., Fieulaine, N., & Beek, W.V. (2015). *Time Perspective Theory; Review, Research and Application*, Springer International Publishing.

④ Iyitoglu, Orhan, Çeliköz, Nadir., "Exploring the impact of internet addiction on academic achievement", *Online Submission*, Vol.3, 2017, pp.38–59.

⑤ Guo, Y., et al, "Behavioral engagement and reading achievement in elementary-school-age children: a longitudinal cross-lagged analysis", *Journal of Educational Psychology*, Vol.107, No.2, 2015, pp.332–347; Schuurman, N.K., et al, "How to compare cross-lagged associations in a multilevel autoregressive model", *Psychological Methods*, Vol.21, No.2, 2016, pp.206–221.

⑥ Guo, Y., et al, "Behavioral engagement and reading achievement in elementary-school-age children: a longitudinal cross-lagged analysis", *Journal of Educational Psychology*, Vol.107, No.2, 2015, pp.332–347.

活动,这些活动可以促进学生之间的积极互动,例如相互尊重、鼓励和帮助,这可以帮助他们保持积极的人际关系并克服孤独感。此外,这项研究还表明,孤独感对羞怯和网络成瘾之间的关系的双向中介作用在时间上对男性更强。这一发现表明,羞怯的男生更容易通过孤独感产生网络成瘾,这表明在任何干预之前都应该考虑性别差异。例如,通过降低大学生的羞怯和孤独感程度来降低大学生的网络成瘾,对男生来说可能比女生更有用。

(四)局限与启示

我们的研究有一些需要解决的局限性。首先,我们探讨了羞怯、孤独感和网络成瘾之间的关系,而不是具体的网络使用活动(如网购、网络利他行为和网络攻击行为等)。因此,需要对其他网络活动进行更多的研究。其次,由于目前的样本仅包括中国大学生,因此目前研究结果的可推广性也存在局限。中国大学生更倾向于使用QQ或微信交流或上传照片,而西方国家的学生更倾向于利用Facebook或其他社交媒体平台。因此,需要进行跨文化研究。最后,本书采用问卷法探讨了羞怯和孤独感对大学生网络成瘾的影响,未来的研究应该通过纵向设计来检验羞怯、孤独感和网络成瘾之间的关系。

第三节　大学生大五人格与网络成瘾的交叉滞后分析

一、引言

根据第45次《中国互联网络发展状况统计报告》,超过9.04亿中国人每周平均花30.8小时在互联网上,他们通过网络购物、玩游戏、社交和从事其他日常活动(中国互联网络信息中心,2020年)。然而,在网络上花费太多的时间会导致个体网络成瘾,其是指因过度使用网络以及对这种使用的专注和失控[1]。大量研究指出,大学生在新冠疫情期间更多地使用网络来缓解他们的焦虑水平,

---

[1] Davis, R. A., "A cognitive-behavioral model of pathological internet use", *Computers in Human Behavior*, Vol.17, No.2, 2001, pp.187−195.

这导致网络成瘾水平增加①。先前的研究表明,网络成瘾与许多负面心理和行为问题呈正相关,包括学业成绩下降②、情绪障碍③、睡眠障碍④,在一些严重的案例中,甚至会出现自杀意念和行为⑤。因此,有必要对新冠疫情期间网络成瘾的影响因素进行研究,以期为这一时期网络成瘾预防提供科学依据。

先前的研究表明,大五人格特质,即外倾性、宜人性、尽责性、神经质和开放性,与网络成瘾显著相关⑥。一项元分析综述研究表明,外倾性、宜人性、尽责性和开放性与网络成瘾呈负相关,而神经质与网络成瘾呈正相关⑦。尽管

---

① Garcia-Priego, B.A., et al, "Anxiety, depression, attitudes, and internet addiction during the initial phase of the 2019 coronavirus disease (COVID-19) epidemic: A cross-sectional study in Mexico", *Preprints from medRxiv and bioRxiv*, 2020; Jiang, L.L., "The Effect of Information Anxiety on Mobile Phone Addiction of College Students in the COVID-19 Epidemic Context: An Mediating Moderating Model", *Journal of Dalian University*, Vol.41, No.2, 2020, pp.106-110; Nagaur, A., "Internet Addiction and Mental Health among University students during CVOID-19 lockdown", *Mukt Shabd Journal*, Vol.9, No.5, 2020, pp.684-692.

② Stavropoulos, V., et al, "Recognizing internet addiction: prevalence and relationship to academic achievement in adolescents enrolled in urban and rural greek high schools", *Journal of Adolescence*, Vol.36, No.3, 2013, pp.565-576.

③ Kim, D.J., et al, "Internet game addiction, depression, and escape from negative emotions in adulthood", *Journal of Nervous & Mental Disease*, Vol.205, No.7, 2017, pp.568-573.

④ Ladner, J., "Internet addiction, mental stress, eating and sleeping disorders: new public health challenges among french university students?", *European Journal of Public Health*, Vol.20, 2010, p.28.

⑤ Sami, H., et al, "The effect of sleep disturbances and internet addiction on suicidal ideation among adolescents in the presence of depressive symptoms", *Psychiatry Research*, Vol.267, 2018, pp.327-332; Steinbüchel, T.A., "Internet addiction, suicidality and non-suicidal self-harming behavior—a systematic review", *Psychotherapie, Psychosomatik, Medizinische Psychologie*, Vol.68, No.11, 2017, pp.451-461.

⑥ Agbaria, Q., Bdier, D. "The association of big five personality traits and religiosity on internet addiction among israeli-palestinian muslim college students in israel", *Mental Health Religion & Culture*, Vol.22, No.6, 2020, pp.1-16; Arpaci, I., Unver, T.K., "Moderating role of gender in the relationship between big five personality traits and smartphone addiction", *Psychiatric Quarterly*, Vol.91, No.2, 2020, pp.577-585; Hou, J., ry al, "The effect of adolescents' big five personality on internet addiction: the mediating role of family function", *Psychological Exploration*, Vol.38, No.3, 2018, pp.279-288; Kircaburun, K., Griffiths, M.D. "Instagram addiction and the big five of personality: the mediating role of self-liking", *Journal of Behavioral Addictions*, Vol.7, No.1, 2018, pp.158-170; Zhou, Y.Y., et al, "Big five personality and adolescent internet addiction: the mediating role of coping style", *Addictive Behaviors*, Vol.64, 2017, pp.42-48.

⑦ Kayiş, A.R., et al, "Big five-personality trait and internet addiction: a meta-analytic review", *Computers in Human Behavior*, Vol.63, 2016, pp.35-40.

先前的研究强调了大五人格特质与网络成瘾之间的明显关系,但相关文献仍存在一些空白。首先,大多数研究考察大五人格特质对网络成瘾影响都采用了横断设计,因此很难得出因果推断。因此,需要进行更多纵向设计的研究,以进一步验证先前研究的结果。其次,大五人格特质影响网络成瘾的机制受到了有限的研究关注。尽管一些研究强调了应对方式[1]、自我喜欢[2]和家庭功能[3]可以调节大五人格特质与网络成瘾之间的关系,但有关两者关系的中介因素需要进一步探讨。最后,没有研究探讨过网络成瘾对大五人格特质的影响;已有研究已表明,网络成瘾会影响个人的性格特征,如害羞和抑郁[4]。因此,网络成瘾对个人大五人格特质的影响值得进一步研究。考虑到上述局限性,本书拟对这一主题进行深入探讨。

(一)大五人格特质与网络成瘾的双向关系

先前的研究表明,外倾性、宜人性、尽责性和开放性与网络成瘾的积极预测因素呈负相关,例如自卑[5]、孤独[6]、抑郁[7]和社交焦虑[8],而神经质与这些

---

[1] Zhou, Y.Y., et al, "Big five personality and adolescent internet addiction: the mediating role of coping style", *Addictive Behaviors*, Vol.64, 2017, pp.42-48.

[2] Kircaburun, K., Griffiths, M.D. "Instagram addiction and the big five of personality: the mediating role of self-liking", *Journal of Behavioral Addictions*, Vol.7, No.1, 2018, pp.158-170.

[3] Hou, J., ry al, "The effect of adolescents'big five personality on internet addiction: the mediating role of family function", *Psychological Exploration*, Vol.38, No.3, 2018, pp.279-288.

[4] Soulioti, E., et al, "The relationship of internet addiction with anxiety and depressive symptomatology", *Psychiatrike = Psychiatriki*, Vol.29, No.2, 2018, pp.160-171; Tian, Y., "Associations between psychosocial factors and generalized pathological internet use in Chinese university students: A longitudinal crosslagged analysis", *Computers in Human Behavior*, Vol.72, 2017, pp.178-188.

[5] Wang, J.L., "The relationships among the big five personality factors, self-esteem, narcissism, and sensation-seeking to chinese university students'uses of social networking sites(snss)", *Computers in Human Behavior*, Vol.28, No.6, 2012, pp.2313-2319.

[6] Buecker, S., et al, "Loneliness and the big five personality traits: a meta-analysis", *European Journal of Personality*, Vol.34, No.1, 2020, pp.8-28.

[7] Bunevicius, A., et al, "Symptoms of anxiety and depression in medical students and in humanities students: relationship with big-five personality dimensions and vulnerability to stress", *The International Journal of Social Psychiatry*, Vol.54, No.6, 2008, pp.494-501.

[8] Lee, S., et al, "Mobile phone usage preferences: the contributing factors of personality, social anxiety and loneliness", *Social Indicators Research*, Vol.118, No.3, 2014, pp.1205-1228.

预测因子呈正相关。因此根据这些研究结果,外倾性、宜人性、尽责性和开放性是网络成瘾的显著负预测因子,而神经质是网络成瘾的显著正预测因子[1]。然而,一些研究提出了不同的结论。例如,有研究发现开放性和网络成瘾[2]以及外倾性和网络成瘾[3]发现了正或无相关性。出于这些研究结论的分歧,大五人格与网络成瘾的关系需要进一步探讨。

网络成瘾同样可能会影响大五人格特质。尽管个人的性格特征是稳定的,但它们可能在一定范围内波动[4]。大量研究表明,网络成瘾可能会影响个人的性格特征,如孤独[5]、抑郁[6]和自尊问题[7]。此外,大五人格特质与个人的孤独、抑郁和自尊显著相关[8],从而表明大五人格特质可能是网络成瘾的结果

---

[1] Kayiş, A.R., et al, "Big five-personality trait and internet addiction: a meta-analytic review", *Computers in Human Behavior*, Vol.63, 2016, pp.35-40.

[2] Rahmani, S., & Lavasani, M.G. (2011). The relationship between internet dependency with sensation seeking and personality. *Procedia-Social and Behavioral Sciences*, 30, 272–277. https://doi.org/10.1016/j.sbspro.2011.10.054; Servidio, R., "Exploring the effects of demographic factors, Internet usage and personality traits on Internet addiction in a sample of Italian university students", *Computers in Human Behavior*, Vol.35, 2014, pp.85-92.

[3] Andreassen, C., et al, "The relationships between behavioral addictions and the five-factor model of personality", *Journal of Behavioral Addictions*, Vol.2, No.2, 2013, pp.90-99; Rahmani, S., & Lavasani, M.G. (2011). The relationship between internet dependency with sensation seeking and personality. *Procedia-Social and Behavioral Sciences*, 30, 272–277. https://doi.org/10.1016/j.sbspro.2011.10.054.

[4] Asendorpf, J.B., Aken, M.A.G.V., "Validity of big five personality judgments in childhood: A 9 year longitudinal study", *European Journal of Personality*, Vol.17, No.1, 2010, pp.1-17.

[5] Tian, Y., "Associations between psychosocial factors and generalized pathological internet use in Chinese university students: A longitudinal crosslagged analysis", *Computers in Human Behavior*, Vol.72, 2017, pp.178-188; Yao, M.Z., Zhong, Z., "Loneliness, social contacts and Internet addiction: A cross-lagged panel study", *Computers in Human Behavior*, Vol.30, 2014, pp.164-170.

[6] Bengü, Y., Ahmet, U., "The relationship between internet addiction, social anxiety, impulsivity, self-esteem, and depression in a sample of turkish undergraduate medical students", *Psychiatry Research*, Vol.267, 2018, pp.313-318.

[7] Fioravanti, G., et al, "Adolescent Internet Addiction: Testing the Association Between Self-Esteem, the Perception of Internet Attributes, and Preference for Online Social Interactions", *Cyberpsychology, Behavior, and Social Networking*, Vol.15, No.6, 2012, pp.318-323.

[8] Buecker, S., et al, "Loneliness and the big five personality traits: a meta-analysis", *European Journal of Personality*, Vol.34, No.1, 2020, pp.8-28; Bunevicius, A., et al, "Symptoms of anxiety and depression in medical students and in humanities students: relationship with big-five personality dimensions and vulnerability to stress", *The International Journal of Social Psychiatry*, Vol.54, No.6, 2008, pp.494-501.

变量。然而,对相关文献进行综述可以发现,网络成瘾对个人大五人格特质的影响目前仍是空白的,尚待研究;因此,本书拟对其进行考察。

(二)非适应性认知的双向中介作用

本书采用认知—行为模型作为理论模型,以阐明大五人格特质对网络成瘾的影响及作用机制。该模型表明,精神病理学(如物质依赖、抑郁和社交焦虑)是导致网络成瘾症状的一个重要原因[1]。然而,精神病学本身并不能导致个体网络成瘾,它只是网络成瘾病因中的一个必要因素。非适应性认知,被定义为对自我(如"我只在互联网上很好")和世界(如"互联网是我唯一受尊重的地方")的认知扭曲,是导致网络成瘾的充分因素,远端必要因素可以通过近端充分因素影响网络成瘾。先前的研究强调,大五人格特质与抑郁[2]和社交焦虑[3]显著相关;因此,大五人格特质是构成网络成瘾的远端必要因素,这也说明大五人格特质可能通过非适应性认知影响网络成瘾。尽管许多研究发现,个体的人格特征,如害羞[4]、动机、压力、孤独和抑郁[5],可以通过非适应性认知影响网络成瘾,但没有研究探讨非适应性认知在大五人格特质与网络成瘾之间的中介作用;因此,本书拟对其进行考察。

认知—行为模型表明,网络成瘾的症状可能会通过恶性循环表现出来,这会进一步影响个人的性格[6]。例如,许多研究表明,网络成瘾会对个

---

[1] Davis, R. A., "A cognitive-behavioral model of pathological internet use", *Computers in Human Behavior*, Vol.17, No.2, 2001, pp.187-195.

[2] Langguth, B., "Tinnitus severity, depression, and the big five personality traits", *Progress in Brain Research*, Vol.166, No.1, 2007, pp.221-225.

[3] Kaplan, S.C., et al, "Social anxiety and the big five personality traits: the interactive relationship of trust and openness", *Cognitive Behaviour Therapy*, Vol.44, No.3, 2015, pp.212-222.

[4] Tian, Y., "The effect of shyness on Internet addiction: The mediating effects of immersion tendency and network-related maladaptive cognition", *Chinese Journal of Special Education*, Vol.12, 2015, pp.83-89.

[5] Lu, X., Yeo, K.J., "Pathological internet use among Malaysia university students: Risk factors and the role of cognitive distortion", *Computers in Human Behavior*, Vol.45, 2015, pp.235-242.

[6] Davis, R. A., "A cognitive-behavioral model of pathological internet use", *Computers in Human Behavior*, Vol.17, No.2, 2001, pp.187-195.

人的羞怯①、自尊②和抑郁③产生负面影响，从而反映出网络成瘾也会对个人大五人格特质产生负面影响。此外，认知—行为模型解释了网络成瘾影响个人大五人格特质的机制。该模型强调，网瘾的核心症状构成了非适应性认知，网瘾患者倾向于将网络视为他们自我感觉良好的唯一场所④。更具体地说，具有非适应性认知的人倾向于花更多的时间或金钱在互联网上，而花更少的时间在他们以前可能感到愉快的活动上。当个人减少与朋友或家庭成员的面对面互动时，他们会变得更孤立，并获得较少的社会支持和日益增多的人际问题，这可能会影响他们的人格特质⑤。基于网络成瘾所经历的恶性循环，非适应性认知也往往是决定网络成瘾对个人大五人格特质影响的关键因素。因此，这一观点在本书中也将得到验证。

（三）新冠疫情大流行背景

已有研究强调，在新冠疫情期间，个人网络成瘾水平有所上升⑥。这是因

---

① Tian, Y., "Associations between psychosocial factors and generalized pathological internet use in Chinese university students: A longitudinal crosslagged analysis", *Computers in Human Behavior*, Vol. 72, 2017, pp.178-188.

② Mo, P. K. H., et al, "Gender difference in the association between internet addiction, self-esteem and academic aspirations among adolescents: A structural equation modelling", *Computers & Education*, Vol.155, 2020, 103921.

③ Soulioti, E., et al, "The relationship of internet addiction with anxiety and depressive symptomatology", *Psychiatrike = Psychiatriki*, Vol.29, No.2, 2018, pp.160-171.

④ Davis, R. A., "A cognitive-behavioral model of pathological internet use", *Computers in Human Behavior*, Vol.17, No.2, 2001, pp.187-195.

⑤ Soulioti, E., et al, "The relationship of internet addiction with anxiety and depressive symptomatology", *Psychiatrike = Psychiatriki*, Vol. 29, No. 2, 2018, pp. 160-171; Tian, Y., "Associations between psychosocial factors and generalized pathological internet use in Chinese university students: A longitudinal crosslagged analysis", *Computers in Human Behavior*, Vol.72, 2017, pp.178-188.

⑥ Garcia-Priego, B.A., et al, "Anxiety, depression, attitudes, and internet addiction during the initial phase of the 2019 coronavirus disease (COVID-19) epidemic: A cross-sectional study in Mexico", *Preprints from medRxiv and bioRxiv*. 2020; Jiang, L.L., "The Effect of Information Anxiety on Mobile Phone Addiction of College Students in the COVID-19 Epidemic Context: An Mediating Moderating Model", *Journal of Dalian University*, Vol.41, No.2, 2020, pp.106-110; Nagaur, A., "Internet Addiction and Mental Health among University students during CVOID-19 lockdown", *Mukt Shabd Journal*, Vol.9, No.5, 2020, pp.684-692.

为,对于疫情大流行何时结束以及如何应对这一挑战性的问题,缺乏明确答案可能会导致个人产生更多的焦虑、抑郁和其他负面情绪①。为了减少这种负面情绪的影响,个人倾向于更多地使用互联网来释放这些情绪;然而,在互联网上花费太多时间可能会导致网络成瘾程度增加②。此外,禁止/建议不必要不出行等政策的实施,如尽量待在家里,使个体与个体之间难以面对面交流;因此,个体可能在互联网上花费更多的时间来保持社交联系,这反过来会加剧他们的网络成瘾③。由于这一时期的特定特征,大五人格特质之间的联系以及影响网络成瘾的机制各不相同。例如,已有研究发现外倾性、宜人性、尽责性和开放性与焦虑、抑郁和其他负面情绪负相关④,而神经质与这些负面情绪正相关。在新冠疫情大流行的背景下,大五人格特质与网络成瘾之间的关系可能会得到进一步强化,非适应性认知在其中的作用也会有所不同。然而,这些假设需要在本书当中得到进一步验证。

(四)研究设计

本书采用追踪研究设计考察大五人格特质、非适应性认知和网络成瘾之间的相互关系,并考察非适应性认知在大五人格特质和网络成瘾关系中的双

---

① ÖZdin, S., Özdin, Ş.B., "Levels and predictors of anxiety, depression and health anxiety during covid-19 pandemic in turkish society: the importance of gender", *International Journal of Social Psychiatry*, 2020, pp.1-8.

② Garcia-Priego, B.A., et al, "Anxiety, depression, attitudes, and internet addiction during the initial phase of the 2019 coronavirus disease (COVID-19) epidemic: A cross-sectional study in Mexico", *Preprints from medRxiv and bioRxiv*. 2020; Jiang, L.L., "The Effect of Information Anxiety on Mobile Phone Addiction of College Students in the COVID-19 Epidemic Context: An Mediating Moderating Model", *Journal of Dalian University*, Vol.41, No.2, 2020, pp.106-110.

③ Nagaur, A., "Internet Addiction and Mental Health among University students during CVOID-19 lockdown", *Mukt Shabd Journal*, Vol.9, No.5, 2020, pp.684-692.

④ Wang, J.L., "The relationships among the big five personality factors, self-esteem, narcissism, and sensation-seeking to chinese university students'uses of social networking sites(snss)", *Computers in Human Behavior*, Vol.28, No.6, 2012, pp.2313-2319; Bunevicius, A., et al, "Symptoms of anxiety and depression in medical students and in humanities students: relationship with big-five personality dimensions and vulnerability to stress", *The International Journal of Social Psychiatry*, Vol.54, No.6, 2008, pp.494-501; Lee, S., et al, "Mobile phone usage preferences: the contributing factors of personality, social anxiety and loneliness", *Social Indicators Research*, Vol.118, No.3, 2014, pp.1205-1228.

向中介作用。基于上述文献综述,我们提出以下假设:(i)外倾性、非适应性认知和网络成瘾可以跨时间相互预测,而非适应性认知在外倾性和网络成瘾之间起双向中介作用;(ii)宜人性、非适应性认知和网络成瘾可以跨时间相互预测,而非适应性认知在宜人性和网络成瘾之间起双向中介作用;(iii)尽责性、非适应性认知和网络成瘾可以跨时间相互预测,而非适应性认知在尽责性和网络成瘾之间起双向中介作用;(iv)神经质、非适应性认知和网络成瘾可以跨时间相互预测,而非适应性认知在神经质和网络成瘾之间起双向中介作用;(v)开放性、非适应性认知和网络成瘾可以跨时间相互预测,而非适应性认知在开放性和网络成瘾之间起双向中介作用。

二、方法

(一)被试和研究程序

本书招募的所有学生都来自同一所大学。在新冠疫情大流行期间,总共测量三次,每次间隔一个月。在第一次测量中,共收集了734份有效问卷,其中390份由男生填写。在第二次测量中,共收集了656份有效问卷,其中345份由男生填写。在第三次测量中,共收集了599份有效问卷,其中304份由男生填写。共有481名学生完成了所有三次测量,同时完成三次测验的被试数据被用于随后的数据分析。最终样本包括247名男生和234名女生,样本的平均年龄为20.31岁(标准差[SD]=1.63)。被试流失的原因包括生病、没有正确接收信息或网络连接不便而无法参加调查等。本书进行了一系列独立样本t检验来检验参与学生和未参与学生在研究变量中的差异,结果发现两者不存在显著差异。

由于疫情期间大学生居家隔离,因此三次测量都在网上进行。第一,教师通过网络向学生发送测验链接,要求他们在规定时间内完成所有测验。在学生作答之前,他们需要填写知情同意书,只有同意并签署的学生才可以进行测验。知情同意书告知了本研究总共需要进行三次测验,只有完成三次测验的学生才有机会获得相应的礼物作为补偿。此外,学生们被告知,调查的分数不会被记录为他们在该学期的最终成绩,且调查结果将会被严格保密。第二,在施测过程中,所有教师被要求与学生同步在线,并回答学生提出的任何问题。第三,教师在最后测量时向学生简要介绍了本次调查的主要目标,并向他们分发了礼物作为回馈。

(二)测量

1. 大五人格特质

中国版的大五人格量表被用来测量参与者的大五人格特质[1]。修订后的量表包含44个项目,包括外倾性、宜人性、开放性、尽责性和神经质5个维度。修订后的量表采用Likert量表5点计分,范围从1(强烈不同意)到5(强烈同意)。在本书的三个时间点上,外倾性量表的Cronbach α值分别为0.69、0.64和0.68。此外,宜人性量表的Cronbach α值分别为0.74、0.77和0.73;尽责性量表的Cronbach α值分别为0.77、0.75和0.77;神经质量表的Cronbach α值分别为0.70、0.69和0.71;开放性量表的Cronbach α值分别为0.73、0.74和0.77;总量表的Cronbach α值分别为0.77、0.79和0.81。

2. 非适应性认知

使用中文版在线认知量表(OCS)测量个体的非适应性认知[2]。这一量表包括互联网络舒适程度(例如,"我在互联网上时感到非常安全")、互联网的使用欲望和控制能力(例如,"我经常在有限的程度之外使用互联网")以及他们使用互联网来逃避压力(例如,"我经常上网以避免做不愉快的事情")多个维度。该量表包含14个题目,采用Likert量表4点计分方式,范围从1(强烈不同意)到4(强烈同意)。本书中非适应性量表三个时间点的Cronbach α值分别为0.92、0.95和0.95。

---

[1] John, O.P., et al, (1991). *The Big Five Inventory-Versions* 4a and 54. Berkeley, CA: University of California, Berkeley, Institute of Personality and Social Research; Carciofo, R., et al, "Psychometric evaluation of Chinese-language 44-item and 10-item big five personality inventories, including correlations with chronotype, mindfulness and mind wandering", *PLoS ONE*, Vol.11, No.2, 2016, e0149963.

[2] Davis, R.A., et al, "Validation of a new scale for measuring problematic internet use: Implications for pre-employment screening", *CyberPsychology & Behavior*, Vol.5, No.4, 2002, pp.331-345.

3. 网络成瘾

"中国版网络成瘾"①对网络成瘾水平进行测量。该量表包含 4 个维度:强迫上网和戒断反应(例如,"无论我有多累,上网时总是感觉精力充沛")、网络使用容忍度(例如,"我发现自己在互联网上花费的时间越来越多")、时间管理问题(例如,"由于互联网,我的闲暇时间减少了")以及人际关系和健康问题(例如,"我不止一次被告知我在网上花费了太多时间")。量表包含 17 个题目,采用 Likert 量表 4 点计分,范围从 1(强烈不同意)到 5(强烈同意),用于评估个人的网络成瘾程度。本书中三个时间点的 Cronbach α 值分别为 0.94、0.96 和 0.97。

4. 分析策略

使用 SPSS 20.0 进行相关分析(皮尔逊相关)和差异检验(重复测量方差分析)。此外,Mplus 7.0 用于路径分析(交叉滞后模型)的结构方程建模(SEM)。在所有分析中,外倾性、宜人性、尽责性、神经质、开放性、非适应性认知和网络成瘾的总分被用作观察变量。在交叉滞后模型中,使用时间相邻测量之间的自回归效应来评估所研究变量在时间上的稳定性(例如,T1 外倾性预测 T2 外倾性,T2 外倾性预测 T3 外倾性);两个变量之间的单向效应被用作研究变量之间的因果关系(例如,T1 外倾性预测 T2 网络成瘾,T2 外倾性预测 T3 网络成瘾);两个变量之间的双向效应被用作研究变量之间的交叉滞后关系(例如,T1 外倾性预测 T2 网络成瘾,T1 网络成瘾预测 T2 外倾性)。采用 1000 次随机抽样的 bootstrapping 法,来检验非适应性认知在大五人格特质与网络成瘾之间双向中介作用。此外,根据 Hu 和 Bentler(1999)的建议,卡方(χ^2)统计、自由度(df)、Tucker-Lewis 指数(TLI)、比较拟合指数(CFI)和近似均方根误差(RMSEA)的拟合优度指数被用于评估每个 SEM。

三、结果

(一)相关分析和差异检验

表 2-8 呈现了所有研究变量之间的相关性。T1、T2 和 T3 外倾性之间的

---

① 白羽、樊富珉:《大学生网络依赖测量工具的修订与应用》,《心理发展与教育》2005 年第 4 期。

关系范围介于 0.64 至 0.68,T1、T2、T3 宜人性之间的相关性范围介于 0.55 至 0.65,T1、T2 和 T3 尽责性之间的关系范围介于 0.58 至 0.72,T1、T2、T3 神经质之间的关系范围介于 0.57 至 0.65,T1、T2 和 T3 开放性之间的关系范围介于 0.53 至 0.54,T1、T2、T3 非适应性认知之间的关系范围介于 0.50 至 0.59,T1、T2 和 T3 网络成瘾之间的关系范围介于 0.53 至 0.63。外倾性、宜人性、尽责性、神经质、开放性、非适应性认知和网络成瘾指标之间的关系与预期的关系一致——外倾性、宜人性、尽责性和开放性与非适应性认知和网络成瘾呈负相关,而神经质与非适应性认知和网络成瘾呈正相关。此外,非适应性认知和网络成瘾呈正相关。

重复测量方差分析的结果表明,不同时间段的网络成瘾存在显著差异,没有发现其他差异。此外,成对比较的结果表明,随着时间的推移,外倾性、尽责性和非适应性认知没有显著差异;然而,宜人性和开放性在 T2 时降低,神经质在 T2 时增加,网络成瘾在 T3 时增加(见表 2-9)。

(二)大五人格特质、非适应性认知和网络成瘾之间的交叉滞后分析

为了验证上述假设,我们建立了五个模型(M1-M5)来测试大五人格特质、非适应性认知和网络成瘾之间的交叉滞后关系。第一,M1 被构建来检验外倾性、非适应性认知和网络成瘾之间的交叉滞后关系。路径分析的结果表明,M1 具有良好的模型拟合指数(见表 2-10 中的 M1)。此外,研究结果表明,T1 外倾性对 T2 非适应性认知具有负向预测作用;外倾性对网络成瘾跨时间负向预测;非适应性认知和网络成瘾可以跨时间相互正向预测;外倾性、非适应性认知和网络成瘾的所有自回归效应均显著(见表 2-10 和图 2-3 中的 M1)。Bootstrapping 效应检验表明,T1 外倾性可以通过 T2 非适应性认知的中介作用影响 T3 网络成瘾(95%CI:-0.031 至-0.002)。

第二,M2 被用于探讨宜人性、非适应性认知和网络成瘾之间的交叉滞后关系。路径分析结果表明,M2 具有良好的模型拟合指数(见表 2-10 中的 M2)。此外,研究结果还表明,T2 宜人性对 T3 非适应性认知显著负向预测,而宜人性和网络成瘾相互之间显著负向预测。此外,非适应性认知和网络成瘾可以跨时间相互正向预测,T2 非适应性认知可以负向预测 T3 非适应性。

第二章 大学生智能手机成瘾（网络成瘾）的危害

表 2-8 大五人格特质、非适应认知和网络成瘾的相关性分析

Variables	1	2	3	4	5	6	7	8	9	10	11	12	13	14	15	16	17	18	19	20	21
1.T1 外倾性	1																				
2.T1 宜人性	0.36**	1																			
3.T1 尽责性	0.50**	0.52**	1																		
4.T1 神经质	-0.47	-0.51**	-0.44**	1																	
5.T1 开放性	0.53**	0.49**	0.52**	-0.38	1																
6.T1 非适应性认知	-0.21**	-0.39**	-0.36**	0.32**	-0.20**	1															
7.T1 网络成瘾	-0.29**	-0.38**	-0.46**	0.36**	-0.28**	0.67**	1														
8.T2 外倾性	0.68**	0.35**	0.39**	-0.43**	0.39**	-0.25**	-0.30**	1													
9.T2 宜人性	0.28**	0.61**	0.37**	-0.38**	0.29**	-0.37**	-0.41**	0.51**	1												
10.T2 尽责性	0.38**	0.42**	0.65**	-0.39**	0.37**	-0.33**	-0.42**	0.59**	0.58**	1											
11.T2 神经质	-0.37**	-0.36**	-0.34**	0.59**	-0.27**	0.30**	0.33**	-0.57**	-0.55**	-0.59**	1										
12.T2 开放性	0.38**	0.38**	0.35**	-0.30**	0.53**	-0.20**	-0.26**	0.58**	0.55**	0.55**	-0.34**	1									
13.T2 非适应性认知	-0.25**	-0.30**	-0.35**	0.29**	-0.20**	0.59**	0.53**	-0.31**	-0.38**	-0.38**	0.41**	-0.21**	1								
14.T2 网络成瘾	-0.29**	-0.36**	-0.42**	0.36**	-0.25**	0.54**	0.63**	-0.37**	-0.43**	-0.47**	0.44**	-0.30**	0.70**	1							
15.T3 外倾性	0.64**	0.29**	0.38**	-0.36**	0.39**	-0.23**	-0.28**	0.66**	0.36**	0.46**	-0.47**	0.43**	-0.26**	-0.28**	1						
16.T3 宜人性	0.28**	0.55**	0.38**	-0.33**	0.32**	-0.37**	-0.43**	0.40**	0.65**	0.49**	-0.46**	0.42**	-0.40**	-0.43**	0.55**	1					
17.T3 尽责性	0.37**	0.41**	0.58**	-0.33**	0.37**	-0.33**	-0.42**	0.50**	0.48**	0.72**	-0.51**	0.42**	-0.43**	-0.45**	0.63**	0.66**	1				
18.T3 神经质	-0.35**	-0.34**	-0.34**	0.57**	-0.25**	0.29**	0.36**	-0.49**	-0.44**	-0.49**	0.65**	-0.36**	0.36**	0.40**	-0.60**	-0.57**	-0.61**	1			
19.T3 开放性	0.41**	0.38**	0.41**	-0.28**	0.54**	-0.24**	-0.31**	0.44**	0.41**	0.45**	-0.40**	0.53**	-0.30**	-0.29**	0.63**	0.64**	0.62**	-0.43**	1		
20.T3 非适应性认知	-0.19**	-0.25**	-0.28**	0.23**	-0.20**	0.50**	0.49**	-0.28**	-0.39**	-0.32**	0.33**	-0.23**	0.57**	0.53**	-0.30**	-0.47**	-0.45**	0.41**	-0.28**	1	
21.T3 网络成瘾	-0.25**	-0.35**	-0.36**	0.30**	-0.26**	0.46**	0.54**	-0.35**	-0.48**	-0.41**	0.38**	-0.36**	0.54**	0.64**	-0.31**	-0.52**	-0.50**	0.47**	-0.34**	0.73**	1

注：*** $p<0.001$，** $p<0.01$，* $p<0.05$。

宜人性、非适应性认知和网络成瘾的所有自回归效应均显著(见表2-10和图2-3中的M2)。Bootstrapping效应检验表明,T1网络成瘾可以通过T2非适应性认知的中介作用影响T3的宜人性(95%CI:-0.051至-0.002)。

第三,M3被用于检验尽责性、非适应性认知和网络成瘾之间的交叉滞后关系。路径分析结果表明,M3具有良好的模型拟合指数(见表2-10中的M3)。此外,研究结果表明,T1尽责性对T2非适应性认知具有负向预测作用,尽责性对网络成瘾有跨时间负向预测。非适应性认知和网络成瘾可以跨时间相互正向预测,T2非适应性认知可以负向预测T3尽责性。此外,T1网络成瘾可以负向预测T2尽责性,尽责性、非适应性认知和网络成瘾的所有自回归效应均显著(见表2-10和图2-3中的M3)。Bootstrapping效应检验表明,T1尽责性可以通过T2非适应性认知的中介作用影响T3网络成瘾(95%CI:-0.035—-0.002),T1网络成瘾可以通过T2非适应性认知的中介作用影响T3尽责性(95%CI:-0.055—-0.01)。

第四,M4被用于检验神经质、非适应性认知和网络成瘾之间的交叉滞后关系。路径分析的结果表明,M4具有良好的模型拟合指数(见表2-10中的M4)。此外,研究结果表明,神经质跨时间可以正向预测网络成瘾,非适应性认知和网络成瘾可以跨时间相互正向预测,T2网络成瘾可以正向预测T3神经质;神经质、非适应性认知和网络成瘾的所有自回归效应均显著(见表2-10和图2-3中的M4)。

第五,M5被用于检验开放性、非适应性认知和网络成瘾之间的交叉滞后关系。路径分析的结果表明,M5具有良好的模型拟合指数(见表2-10中的M5)。此外,研究结果表明,T2开放性可以负向预测T3网络成瘾,T2非适应性认知对T3开放性有负向预测作用,非适应性认知和网络成瘾可以跨时间相互正向预测,开放性、非适应性认知和网络成瘾的所有自回归效应均显著(见表2-10和图2-3中的M5)。Bootstrapping效应检验表明,T1网络成瘾可以通过T2非适应性认知的中介作用影响T3开放性(95%CI:-0.08至-0.015)。

表2-9 大五认知、非适应性认知和网络成瘾的跨时间差异检验

变量	T1($M±SD$)	T2($M±SD$)	T3($M±SD$)	$F(1,480)$	p
外倾性	26.01±4.41	26.05±4.25	26.20±4.58	1.09	0.30
宜人性	34.45±4.86	33.72±5.14	34.17±4.64	1.75	0.19
尽责性	29.91±5.03	29.76±5.07	30.08±5.33	0.57	0.45
神经质	21.55±4.80	21.99±4.60	21.89±4.84	2.75	0.10
开放性	34.76±4.98	34.19±5.20	34.33±5.47	3.57	0.06
非适应性认知	33.70±10.15	34.00±11.12	34.69±11.89	3.81	0.05
网络成瘾	37.70±10.80	38.00±11.87	38.90±13.34	4.95	0.03

表2-10 大五认知、非适应性认知和网络成瘾的交叉滞后模型拟合指数

Models	χ^2	df	p	TLI	CFI	RMSEA
M1	98.32	9	<0.001	0.84	0.96	0.14
M2	65.81	9	<0.001	0.90	0.97	0.12
M3	52.07	9	<0.001	0.92	0.98	0.10
M4	83.57	9	<0.001	0.86	0.96	0.13
M5	96.33	9	<0.001	0.82	0.95	0.14

注:大量研究显示以上模型拟合指数可以接受(eg.,Hu & Bentler,1999)。

表2-11 外倾性、非适应性认知和网络成瘾的交叉滞后分析(M1)

项目路径	T1→T2 β	T1→T2 SE	T1→T2 P	T2→T3 β	T2→T3 SE	T2→T3 P
外倾性的自回归	0.65	0.03	<0.001	0.64	0.04	<0.001
非适应性认知的自回归	0.42	0.05	<0.001	0.38	0.06	<0.001
网络成瘾的自回归	0.45	0.05	<0.001	0.47	0.06	<0.001
外倾性→非适应性认知	−0.10	0.09	0.008	−0.07	0.11	>0.05
外倾性→网络成瘾	−0.12	0.10	<0.001	−0.12	0.12	<0.001
非适应性认知→网络成瘾	0.21	0.06	<0.001	0.17	0.06	<0.001
网络成瘾→非适应性认知	0.23	0.05	<0.001	0.24	0.05	<0.001
网络成瘾→外倾性	−0.06	0.02	>0.05	0.01	0.02	>0.05
非适应性认知→非适应性认知	−0.07	0.02	>0.05	−0.07	0.02	>0.05

表2-12 宜人性、非适应性认知和网络成瘾的交叉滞后分析(M2)

项目路径	T1→T2			T2→T3		
	β	SE	P	β	SE	P
宜人性的自回归	0.53	0.05	<0.001	0.57	0.04	<0.001
非适应性认知的自回归	0.41	0.06	<0.001	0.36	0.07	<0.001
网络成瘾的自回归	0.46	0.07	<0.001	0.43	0.07	<0.001
宜人性→非适应性认知	−0.05	0.12	>0.05	−0.16	0.11	0.001
宜人性→网络成瘾	−0.11	0.12	0.020	−0.24	0.12	<0.001
非适应性认知→网络成瘾	0.19	0.06	<0.001	0.15	0.07	0.017
网络成瘾→非适应性认知	0.24	0.07	<0.001	0.21	0.06	0.001
网络成瘾→宜人性	−0.18	0.02	<0.001	−0.11	0.02	0.037
非适应性认知→非适应性认知	−0.04	0.03	>0.05	−0.11	0.02	0.028

表2-13 尽责性、非适应性认知和网络成瘾的交叉滞后分析(M3)

项目路径	T1→T2			T2→T3		
	β	SE	P	β	SE	P
尽责性的自回归	0.57	0.05	<0.001	0.64	0.04	<0.001
非适应性认知的自回归	0.41	0.06	<0.001	0.38	0.07	<0.001
网络成瘾的自回归	0.42	0.07	<0.001	0.46	0.07	<0.001
尽责性→非适应性认知	−0.11	0.09	0.006	−0.06	0.11	>0.05
尽责性→网络成瘾	−0.16	0.08	<0.001	−0.13	0.11	0.002
非适应性认知→网络成瘾	0.20	0.06	<0.001	0.17	0.08	0.008
网络成瘾→非适应性认知	0.21	0.07	0.001	0.23	0.06	<0.001
网络成瘾→尽责性	−0.14	0.02	0.003	−0.04	0.02	>0.05
非适应性认知→非适应性认知	−0.03	0.02	>0.05	−0.16	0.02	0.001

表2-14 神经质、非适应性认知和网络成瘾的交叉滞后分析(M4)

项目路径	T1→T2			T2→T3		
	β	SE	P	β	SE	P
神经质的自回归	0.54	0.05	<0.001	0.58	0.05	<0.001
非适应性认知的自回归	0.41	0.06	<0.001	0.37	0.07	<0.001

续表

项目路径	T1→T2			T2→T3		
	β	SE	P	β	SE	P
网络成瘾的自回归	0.45	0.08	<0.001	0.48	0.07	<0.001
神经质→非适应性认知	0.08	0.11	>0.05	0.07	0.13	>0.05
神经质→网络成瘾	0.13	0.11	0.002	0.11	0.13	0.014
非适应性认知→网络成瘾	0.20	0.06	<0.001	0.16	0.08	0.012
网络成瘾→非适应性认知	0.23	0.07	<0.001	0.24	0.06	<0.001
网络成瘾→神经质	0.10	0.02	>0.05	0.11	0.02	0.019
非适应性认知→非适应性认知	0.07	0.02	>0.05	0.04	0.02	>0.05

表2-15 开放性、非适应性认知和网络成瘾的交叉滞后分析（M5）

项目路径	T1→T2			T2→T3		
	β	SE	P	β	SE	P
开放性的自回归	0.50	0.04	<0.001	0.49	0.05	<0.001
非适应性认知的自回归	0.42	0.06	<0.001	0.39	0.07	<0.001
网络成瘾的自回归	0.46	0.07	<0.001	0.45	0.07	<0.001
开放性→非适应性认知	-0.04	0.09	>0.05	-0.09	0.11	>0.05
开放性→网络成瘾	-0.07	0.10	>0.05	-0.18	0.11	<0.001
非适应性认知→网络成瘾	0.21	0.06	<0.001	0.18	0.07	0.003
网络成瘾→非适应性认知	0.24	0.07	<0.001	0.23	0.07	<0.001
网络成瘾→开放性	-0.10	0.03	>0.05	-0.00	0.03	>0.05
非适应性认知→非适应性认知	-0.04	0.03	>0.05	-0.20	0.03	0.001

四、讨论

本书首次采用追踪设计考察了新冠疫情期间大五人格特质、非适应性认知和网络成瘾之间的双向关系。结果表明，大五人格特质、非适应性认知和网络成瘾之间的关系是动态和双向的。此外，研究结果表明，非适应性认知在外倾性、宜人性、尽责性、开放性和网络成瘾之间起着重要的中介作用。这些结果不仅通过横断设计验证了先前研究的结论，还检验了非适应性认知在大五

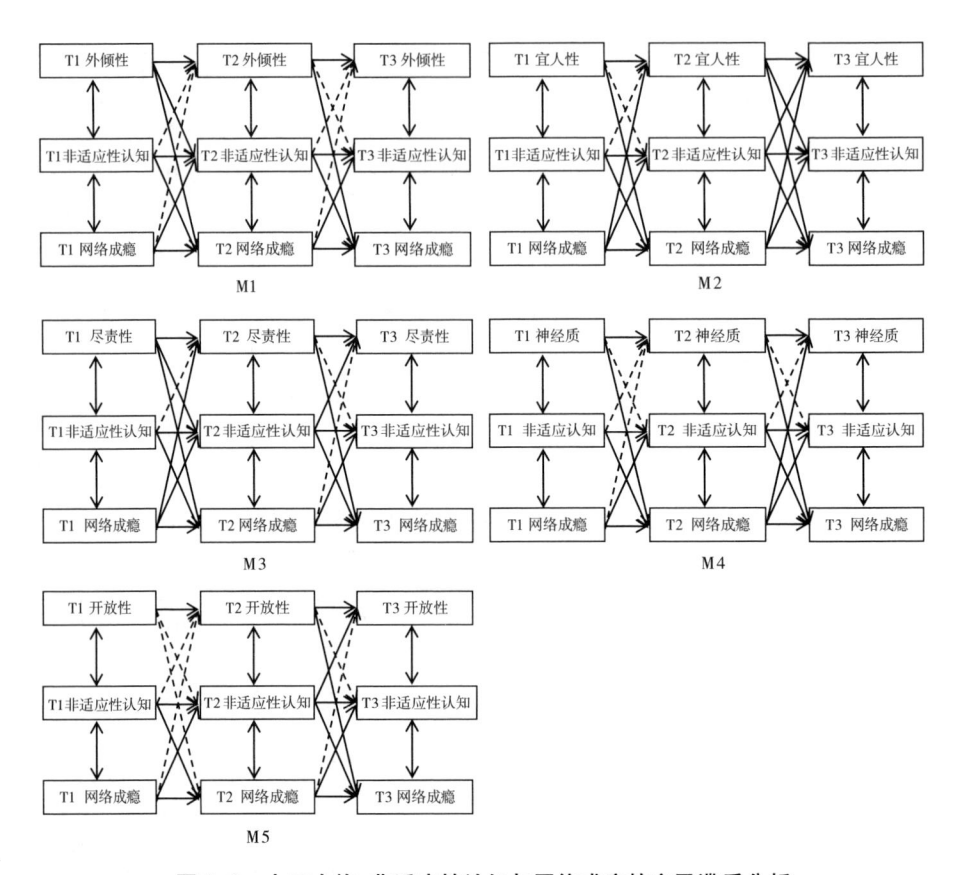

图 2-3 大五人格、非适应性认知与网络成瘾的交叉滞后分析

注：实线代表显著路径，虚线代表不显著路径。

人格特质与网络成瘾之间的双向中介作用。

首先，本书表明，外倾性对个人的网络成瘾有单向影响。更特别的是，外倾性不仅直接影响个人的网络成瘾，而且通过非适应性认知间接作用影响他们的网络成瘾。这支持了认知—行为模型。外倾性被定义为人们社会互动的强度和数量，它表明人们是否能够以竞争和自信的态度行事[①]。根据上述定义，外倾性的个体社交互动更多、竞争或自信水平更高，从而表现出较低的网

[①] McCrae, R.R., Costa, P.T., "Personality trait structure as a human universal", *American Psychogist*, Vol.5, No.52, 1997, pp.509-516.

络成瘾水平,这与先前的研究结果一致①。此外,先前的研究表明,具有与外倾性呈负相关的问题性行为的个体在互联网使用方面表现出更多的非适应性认知②。本研究发现外倾性通过非适应性认知负向预测网络成瘾,这进一步验证和扩展了先前研究的结果。然而,一些先前的研究发现,外倾性与网络成瘾之间没有或存在正向的关系③。这些不一致的结果可能是因为不同研究使用了不同的施测人群;例如,一项研究发现,与西方国家的人相比,中国人的网络成瘾程度更高④。因此,本书中的结果应在未来研究当中在不同的人群当中得以验证。

其次,宜人性、非适应性认知和网络成瘾两两之间显著相互预测,这在一定程度上与先前研究的结果一致⑤。McCrae 和 Costa⑥ 建议,具有高度宽容特征的人不喜欢使用武力,避免给他人施加压力。先前的研究表明,许多网瘾患者倾向于使用网络来逃避负面情绪或缓解压力。此外,宜人性与负面情绪和

---

① Baturay, M. H., Toker, S., "Internet addiction among college students: some causes and effects", *Education and Information Technologies*, Vol.24, No.5, 2019, pp.1-23.

② Davis, R. A., "A cognitive-behavioral model of pathological internet use", *Computers in Human Behavior*, Vol.17, No.2, 2001, pp.187-195; Tian, Y., "The effect of shyness on Internet addiction: The mediating effects of immersion tendency and network-related maladaptive cognition", *Chinese Journal of Special Education*, Vol.12, 2015, pp.83-89.

③ Andreassen, C., et al, "The relationships between behavioral addictions and the five-factor model of personality", *Journal of Behavioral Addictions*, Vol.2, No.2, 2013, pp.90-99; Rahmani, S., & Lavasani, M.G. (2011). The relationship between internet dependency with sensation seeking and personality. *Procedia-Social and Behavioral Sciences*, 30, 272-277. https://doi.org/10.1016/j.sbspro.2011.10.054.

④ Hu, J.P., et al, "A comparative study of internet addiction of adolescents in china and the united states", *Journal of South China Normal University*, Vol.5, 2012, pp.54-60.

⑤ Hou, J., ry al, "The effect of adolescents'big five personality on internet addiction: the mediating role of family function", *Psychological Exploration*, Vol.38, No.3, 2018, pp.279-288; Kayiş, A.R., et al, "Big five-personality trait and internet addiction:a meta-analytic review", *Computers in Human Behavior*, Vol.63, 2016, pp.35-40; Kircaburun, K., Griffiths, M.D., "Instagram addiction and the big five of personality:the mediating role of self-liking", *Journal of Behavioral Addictions*, Vol.7, No.1, 2018, pp.158-170; Zhou, Y.Y., et al, "Big five personality and adolescent internet addiction:the mediating role of coping style", *Addictive Behaviors*, Vol.64, 2017, pp.42-48.

⑥ McCrae, R.R., Costa, P.T., "Personality trait structure as a human universal", *American Psychogist*, Vol.5, No.52, 1997, pp.509-516.

压力呈负相关①,这使宜人性成为非适应性认知和网络成瘾的保护性预测因素。然而,在互联网上花费过多的时间或金钱会增加社交压力、学业压力和经济压力(而友善则会阻止个人施加压力),因此,非适应性认知和网络成瘾会对宜人性产生负面影响。这些结果扩展了认知—行为模型,该模型仅指出了个体因素、非适应性认知和网络成瘾之间的单向关系,而没有阐明它们之间的双向关系。此外,本书的结果表明,网络成瘾可以通过非适应性认知影响个体的宜人性,说明非适应性认知也是网络成瘾对个人人格影响的关键因素。

第三,尽责性、非适应性认知和网络成瘾两两之间有显著的双向关系,这在某种程度上与先前研究的结果一致②。有责任心的人具有谨慎、自律、有计划、果断、有组织、遵守规则和原则以及勤奋的特点③。因此,具有较高尽责性的人很难因为他们的特点而在互联网上花费大量时间。然而,尽责性、非适应性认知和网络成瘾之间的关系形成了恶性循环,其中,具有较高水平的非适应性认知或网络成瘾的个人受到较低水平的尽责性的影响,这是一个重要的发现。此外,研究结果表明,非适应性认知在尽责性与网络成瘾之间起到双向中介作用,表明尽责性与互联网成瘾之间的双向关系具有相同的影响机制。这些结果同样进一步扩展了认知—行为模型,证明了非适应性认知是人格特质与网络成瘾之间的双向中介因素。

第四,神经质和网络成瘾之间显著双向正向预测,并且在神经质和非适应

---

① Greenidge, D., Coyne, I., "Job stressors and voluntary work behaviours: mediating effect of emotion and moderating roles of personality and emotional intelligence", *Human Resource Management Journal*, Vol.24, No.4, 2014, pp.479-495; Suzuki, C., Matsuda, E., "A study of individual differences on dream recall: influence of stressful life events and big five personality traits on dream recall frequency", *Stress Science Research*, Vol.27, 2012, pp.71-79.

② Hou, J., ry al, "The effect of adolescents' big five personality on internet addiction: the mediating role of family function", *Psychological Exploration*, Vol.38, No.3, 2018, pp.279-288; Kayiş, A.R., et al, "Big five-personality trait and internet addiction: a meta-analytic review", *Computers in Human Behavior*, Vol.63, 2016, pp.35-40; Kircaburun, K., Griffiths, M.D., "Instagram addiction and the big five of personality: the mediating role of self-liking", *Journal of Behavioral Addictions*, Vol.7, No.1, 2018, pp.158-170; Zhou, Y.Y., et al, "Big five personality and adolescent internet addiction: the mediating role of coping style", *Addictive Behaviors*, Vol.64, 2017, pp.42-48.

③ McCrae, R.R., Costa, P.T., "Personality trait structure as a human universal", *American Psychogist*, Vol.5, No.52, 1997, pp.509-516.

性认知之间没有发现显著的关系。神经质被定义为情绪平衡丧失与负面情绪（如孤独和抑郁①）显著正相关。先前的研究表明，具有负面情绪的个体比同龄人更容易患上网瘾。这是因为这些人倾向于使用互联网来缓解负面情绪，并获得社会支持和逃避压力②。然而，在神经质和网络成瘾之间的关系中，没有发现非适应性认知的中介作用，这表明神经质和网络成瘾之间的关系与其他交叉滞后关系具有不同的影响机制。不同的中介因素可能对大五人格特质与网络成瘾之间的关系产生了不同的影响。例如，Zhou和她的同事③提出，情绪应对策略在神经质和网络成瘾之间的关系中发挥了更大的中介作用，而在其他人格特质和网络成瘾的关系中作用相对较弱。尽管大五人格特质彼此之间呈正相关，但它们对网络成瘾表现出不同的影响机制。

第五，开放性被发现对个人的网络成瘾产生单向负面影响，这与先前研究的结果一致④。然而，一些研究已经确定了开放性与网络成瘾之间的正向或不相关关系⑤。例如，Servidio建议，开放程度较高的个人表现出更高的新颖

---

① Buecker, S., et al, "Loneliness and the big five personality traits: a meta-analysis", *European Journal of Personality*, Vol.34, No.1, 2020, pp.8-28; Bunevicius, A., et al, "Symptoms of anxiety and depression in medical students and in humanities students: relationship with big-five personality dimensions and vulnerability to stress", *The International Journal of Social Psychiatry*, Vol.54, No.6, 2008, pp.494-501.

② Tian, Y., "Associations between psychosocial factors and generalized pathological internet use in Chinese university students: A longitudinal crosslagged analysis", *Computers in Human Behavior*, Vol.72, 2017, pp.178-188; Yao, M.Z., Zhong, Z., "Loneliness, social contacts and Internet addiction: A cross-lagged panel study", *Computers in Human Behavior*, Vol.30, 2014, pp.164-170.

③ Zhou, Y.Y., et al, "Big five personality and adolescent internet addiction: the mediating role of coping style", *Addictive Behaviors*, Vol.64, 2017, pp.42-48.

④ Hou, J., ry al, "The effect of adolescents' big five personality on internet addiction: the mediating role of family function", *Psychological Exploration*, Vol.38, No.3, 2018, pp.279-288; Kayiş, A.R., et al, "Big five-personality trait and internet addiction: a meta-analytic review", *Computers in Human Behavior*, Vol.63, 2016, pp.35-40; Kircaburun, K., Griffiths, M.D., "Instagram addiction and the big five of personality: the mediating role of self-liking", *Journal of Behavioral Addictions*, Vol.7, No.1, 2018, pp.158-170; Zhou, Y.Y., et al, "Big five personality and adolescent internet addiction: the mediating role of coping style", *Addictive Behaviors*, Vol.64, 2017, pp.42-48.

⑤ Rahmani, S., Lavasani, "The relationship between internet dependency with sensation seeking and personality", *Procedia-Social and Behavioral Sciences*, Vol.30, 2011, pp.272-277; Servidio, R., "Exploring the effects of demographic factors, Internet usage and personality traits on Internet addiction in a sample of Italian university students", *Computers in Human Behavior*, Vol.35, 2014, pp.85-92.

性喜爱,并愿意在互联网上花费更多的时间来寻求新颖的信息[1]。相比之下,Kayis 及其同事[2]坚持认为,虚拟和真实活动都为个人提供了满足好奇心的机会,开放的个人更喜欢现实生活中的活动,而不是虚拟活动。虽然目前的研究结果与 Kayis 的研究一致,但我们希望从一个新的角度解释他们结果的不同之处。首先,开放性与网络成瘾的正向预测因素(如孤独、抑郁和社交焦虑)呈负相关[3],从而表明开放性对个人预防网络成瘾具有积极影响。第二,除了猎奇或好奇之外,开放的个体是独立的,这意味着这些个体较少依赖外部事物,如互联网;因此,开放性负向预测网络成瘾。与宜人性相似,本书的结果还强调,网络成瘾可能通过非适应性认知影响开放性,这进一步发展了认知—行为模型。花太多时间在互联网上会降低个人的开放程度,而非适应性认知则是这种影响的关键驱动因素。

本书有几个局限性。首先,使用自我报告的问卷测量所有研究变量。自我报告问卷通常与社会期许有关,且记忆的回忆提取会影响正确作答。其次,每个研究的总分作为观测变量,这使得研究无法检验每个变量在不同时间上的测量不变性。尽管本书使用了相同的测量工具来测量不同时间上的相同变量,但每个项目的预测能力和测量误差在不同时间上可能有所不同。没有对测量不变性进行检验可能会在后续数据分析中引入更多的测量误差。第三,研究分别检验了大五人格特质、非适应性认知和网络成瘾之间的交叉滞后关系,这可能会导致多重共线性风险增加。先前的研究通过使用一个模型检验

---

[1] Servidio,R.,"Exploring the effects of demographic factors, Internet usage and personality traits on Internet addiction in a sample of Italian university students", *Computers in Human Behavior*, Vol.35,2014,pp.85-92.

[2] Kayis,A.R.,et al,"Big five-personality trait and internet addiction:a meta-analytic review", *Computers in Human Behavior*, Vol.63,2016,pp.35-40.

[3] Buecker,S.,et al,"Loneliness and the big five personality traits:a meta-analysis", *European Journal of Personality*, Vol.34,No.1,2020,pp.8-28;Bunevicius,A.,et al,"Symptoms of anxiety and depression in medical students and in humanities students:relationship with big-five personality dimensions and vulnerability to stress", *The International Journal of Social Psychiatry*, Vol.54,No.6,2008,pp.494-501;Lee,S.,et al,"Mobile phone usage preferences:the contributing factors of personality, social anxiety and loneliness", *Social Indicators Research*, Vol.118,No.3,2014,pp.1205-1228.

了大五人格特质与网络成瘾之间的关系①,而本书在多个模型中检验了所研究变量之间的交叉滞后关系,这可能会造成研究变量之间关系有所差异。第四,由于数据是在新冠疫情大流行开始后收集的,因此无法进行基线比较来揭示疫情前后研究变量之间的关系变异。因此,未来的研究可以比较新冠疫情大流行期间大五人格特质、非适应性认知和网络成瘾之间的关系与疫情结束后研究变量关系的差异。最后,本书仅测试了非适应性认知在大五人格特质与网络成瘾之间的双向中介作用。其他一些研究发现,应对方式②、自我喜爱③和家庭功能④在大五人格特质与网络成瘾之间起中介作用;因此,未来研究应该通过纵向研究来验证更多中介因素的跨时间中介作用。

尽管这项研究有几个局限性,但它对相关领域的研究作出了一些重要贡献。第一,本书的结果提供了重要的纵向证据,以支持关于大五人格特质(特别是外倾性和开放性)与网络成瘾之间关系的结论分歧。不一致的结论可能是由于使用了不同的样本、不同的测量工具或不同的数据分析方法造成的。然而,纵向研究和荟萃分析都提供了一致的结论,得出了不同的结论,并表明外倾性和开放性都是网络成瘾的保护因素。第二,本书首次测试了网络成瘾对大五人格特质的影响,表明个人人格特质与网络成瘾之间的关系是在恶性循环中进行的,其中网络成瘾也是大五人格特质的预测因素。第三,非适应性认知倾向于在个人的性格特征(如尽责性)和网络成瘾之间发挥双向中介作用,进一步扩展了认知—行为模型。特别是,有个性问题的人通过非适应性认知发展成网瘾,而有网瘾的人通过发展不适应的认识发展成个性问题。此外,在新冠疫情大流行期间测试大五人格特质、非适应性认知和网络成瘾之间的

---

① Kircaburun, K., Griffiths, M.D., "Instagram addiction and the big five of personality: the mediating role of self-liking", *Journal of Behavioral Addictions*, Vol.7, No.1, 2018, pp.158-170; Zhou, Y.Y., et al, "Big five personality and adolescent internet addiction: the mediating role of coping style", *Addictive Behaviors*, Vol.64, 2017, pp.42-48.

② Zhou, Y.Y., et al, "Big five personality and adolescent internet addiction: the mediating role of coping style", *Addictive Behaviors*, Vol.64, 2017, pp.42-48.

③ Kircaburun, K., Griffiths, M.D., "Instagram addiction and the big five of personality: the mediating role of self-liking", *Journal of Behavioral Addictions*, Vol.7, No.1, 2018, pp.158-170.

④ Hou, J., ry al, "The effect of adolescents'big five personality on internet addiction: the mediating role of family function", *Psychological Exploration*, Vol.38, No.3, 2018, pp.279-288.

纵向关系有助于家庭和学校在新冠疫情大流行期间干预网络成瘾。例如,非适应性认知是大五人格特质与网络成瘾之间关系的关键因素,这表明家庭和学校可以通过减少个人对网络的非适应性认知来减少具有不同人格特质的个人的网络成瘾。

第四节　大学生负性生活事件与智能手机成瘾的交叉滞后分析

一、引言

截至2022年12月,我国网民规模达10.67亿,手机依然是网络使用的最大终端(约占99.8%)[1]。手机的社交、娱乐等功能为新生适应大学生活提供了重要渠道,然而手机在给他们带来便利的同时,也存在因过度使用而成瘾的风险[2]。手机成瘾是指个体由于对手机的过度使用且无法控制该行为而导致社会功能受损并带来心理和行为问题的成瘾行为[3]。大量研究表明,手机成瘾会导致大学生睡眠质量降低、视力变差、学业成绩下降、不良人际关系等问题[4]。由于大学新生适应期是手机成瘾的高发时期,探讨大学新生手机成瘾的影响因素及干预机制更加具有针对性。

负性生活事件是指使个体产生不安、消极、焦虑等情绪情感体验,导致个

---

[1] 中国互联网络信息中心:第51次《中国互联网络发展状况统计报告》,2023年3月2日,见 https://www.cnnic.net.cn/NMediaFile/2023/0322/MAIN16794576367190GBA2HA1KQ.pdf。

[2] Mason M.C., et al, "Glued to your phone? Generation Z's smartphone addiction and online compulsive buying", *Computers in Human Behavior*, Vol.136, 2022, Article 107404;赫兵等:《学生智能手机成瘾行为研究进展》,《校园心理》2020年第19期。

[3] 刘勤学等:《智能手机成瘾:概念、测量及影响因素》,《中国临床心理学杂志》2017年第25期。

[4] Ghosh T., et al, "A study on smartphone addiction and its effects on sleep quality among nursing students in a municipality town of west Bengal", *Journal of family medicine and primary care*, Vol.10, No.1, 2021, pp.378–386; Nayak J.K., "Relationship among smartphone usage, addiction, academic performance and the moderating role of gender: a study of higher education students in india", *Computers & Education*, Vol.123, No.8, 2018, pp.164–173;张毅等:《大学生手机成瘾危害与控制建议》,《教育教学论坛》2018年第25期。

体的情绪向消极方面发展的不愉快事件①。尽管已有研究证实遭受负性生活事件的个体更易产生精神病理学问题②,且与网络成瘾显著关联③,但有关负性生活事件与手机成瘾的关系及作用机制的研究较少。关于手机成瘾的作用机制,Davis 的认知—行为模型进行了系统的阐述(大量研究证实该模型同样适用于手机成瘾④)。该模型认为非适应性认知和社会孤立/或缺少社会支持是手机成瘾的近端因素,而精神病理学因素(如抑郁、社会焦虑等)则是远端因素,远端因素会通过近端因素导致手机成瘾⑤。由于负性生活事件会导致个体精神病理学问题,其很可能属于认知—行为模型中的远端因素并通过近端因素影响手机成瘾。

该模型中的社会孤立和/或缺乏社会支持强调环境的作用更多反映的是客观社会支持,但大量研究证实个体领悟的社会支持在遭受负性生活事件时远比客观社会支持更有助于其身心健康⑥。尽管两者显著关联,但关注领悟社会支

---

① 贺莹莹:《高中生活事件、应对方式与心理健康的关系研究》,四川师范大学 2008 年,硕士学位论文。

② Geng Y., et al, "Negative life events and depressive symptoms among Chinese adolescents: mediating role of resilience and moderating role of psychopathy", *Current Psychology*, Vol.41, No.3, 2022, pp.1486-1493; Jhang, F.H., "Uncontrollable and controllable negative life events and changes in mental health problems: Exploring the moderation effects of family support and self-efficacy in economically disadvantaged adolescents", *Children and Youth Services Review*, Vol.118, 2020, Article 105417.

③ Gao Q., et al, "Parent-adolescent relationships, peer relationships, and adolescent mobile phone addiction: the mediating role of psychological needs satisfaction", *Addictive behaviors*, Vol.129, 2022, Article 107260.

④ Liu C.H., et al, "Smartphone gaming and frequent use pattern associated with smartphone addiction", *Medicine*, Vol.95, No.28, 2016, pp.4068-4071; Wu-Ouyang Biying, "Are smartphones addictive? Examining the cognitive-behavior model of motivation, leisure boredom, extended self, and fear of missing out on possible smartphone addiction", *Telematics and Informatics*, Vol.71, 2022, Article 101834.

⑤ Davis R.A., "A cognitive-behavioral model of pathological Internet use", *Computers in Human Behavior*, Vol.17, No.2, 2001, pp.187-195.

⑥ Chang Q., et al, "Mechanisms connecting objective and subjective poverty to mental health: Serial mediation roles of negative life events and social support", *Social Science & Medicine*, Vol.265, 2020, Article 113308; Wang P., et al, "The exacerbating role of perceived social support and the 'buffering' role of depression in the relation between sensation seeking and adolescent smartphone addiction", *Personality and Individual Differences*, Vol.130, 2018, pp.129-134.

持对于个体自我成长更有意义。此外,已有研究证实精神病理学问题与网络成瘾互为因果[1],且非适应性认知在两者之间起双向中介作用[2],但领悟社会支持同样作为近端因素,其双向中介作用尚待考察。因此,本书拟采用追踪设计考察负性生活事件与手机成瘾的双向关系及领悟社会支持的中介作用。

(一)负性生活事件与手机成瘾相互预测作用

负性生活事件可能会导致大学新生手机成瘾问题。大学新生从高中进入大学,学习和生活环境发生了深刻的变化[3],例如,结交新同学、自主式学习代替督导式学习等。在这个过程中如若个体不能快速适应角色,将会导致人际关系问题、情绪或学习障碍等负性事件的发生[4]。在此情况下,个体的自我防御机制将会发生作用促使个体采用不同的应对方式去降低负性生活事件的影响,比如将使用手机作为一种临时疗法[5]。其中,手机的社交功能可以满足大学新生情感交流和人际交往的需要;娱乐功能可以宣泄情绪和缓解压力;后台

---

[1] Lukács A.,"Predictors of severe problematic internet use in adolescent students", *Contemporary Educational Technology*, Vol.13, No.4, 2021, pp.315-356.

[2] *Lau J. T. F., et al*, "Bidirectional predictions between Internet addiction and probable depression among Chinese adolescents", *Journal of Behavioral Addictions*, Vol. 7, No. 3, 2018, pp. 633-643; Tian Y., et al, "Associations between psychosocial factors and generalized pathological internet use in Chinese university students: A longitudinal cross-lagged analysis", *Computers in Human Behavior*, Vol.72, 2017, pp.178-188; Zhou H.L., et al, "Social anxiety, maladaptive cognition, mobile phone addiction, and perceived social support: A moderated mediation model", *Journal of Psychology in Africa*, Vol.31, No.3, pp.248-253;田雨等:《羞怯对网络成瘾的影响:沉浸倾向和网络非适应性认知的中介作用》,《中国特殊教育》2015年第12期。

[3] 任冉:《我国当代大学生学校适应性研究的回顾与展望》,《教育教学论坛》2020年第42期。

[4] Situ Q.M., et al, "Bidirectional association between self-control and internalizing problems among college freshmen: A cross-lagged study", *Emerging Adulthood*, Vol.9, No.4, 2019, pp.401-407.

[5] Li S., et al, "CNegative life events and internet addiction among mainland chinese teenagers and young adults: a meta-analysis", *Social Behavior and Personality An International Journal*, Vol.48, No.10, 2020, pp.1-10;吴欢:《某市大学生手机依赖与负性生活事件的相关性分析》,《中国卫生产业》2020年第17期。

第二章 大学生智能手机成瘾(网络成瘾)的危害

互动的服务功能为学习、生活提供便利①。显然手机的强大功能为遭遇负性生活事件的大学新生提供了一种应对方式②,当他们的适应问题得以改善,使用手机行为将得到强化,进而造成依赖而成瘾③。

手机成瘾同样可能增加大学新生遭遇负性生活事件的风险④。媒介依赖理论指出,一种媒介所提供的服务越多,受众和社会对该媒介的依赖性就越大,当个体过于依赖该媒介来满足自身的需求时,媒介使用会对个体造成消极影响⑤。基于该理论,手机作为一种媒介,当个体过度依赖同样会造成不良事件发生。已有研究证实长期沉浸于手机而忽视体育锻炼会导致个体身体健康水平下降⑥;过度采用手机游戏等方式宣泄情绪会导致情绪调节能力降低,从而引发抑郁、焦虑等心理问题⑦;用线上交往代替面对面的交往将会严重影响同伴关

---

① Deborah D., et al, "Psychological pain in suicidality: A meta-analysis", *The journal of clinical psychiatry*, Vol.79, No.3, 2018, pp.44-51;祖静等:《大学生自尊与手机依赖的关系:应对方式的多重中介作用》,《中国特殊教育》2016 年第 10 期。

② 刘勤学等:《智能手机成瘾:概念、测量及影响因素》,《中国临床心理学杂志》2017 年第 25 期。

③ Huang S., et al, "Parent-children relationship and internet addiction of adolescents: The mediating role of self-concept", *Current Psychology*, Vol.40, 2015, pp.2510-2517; Ran G., et al, "The association between social anxiety and mobile phone addiction: A three-level meta-analysis", *Computers in Human Behavior*, Vol.130, 2022, Article 107198; Sihombing E., et al, "The relationship between peer acceptance and online game addiction in adolescents", *International Journal of Progressive Sciences and Technologies*, Vol.24, No.2, 2021, pp.290-293;冯克曼等:《认知情绪调节和领悟社会支持在大学生情绪表达冲突与抑郁间的作用》,《中国临床心理学杂志》2018 年第 26 期;吴才智等:《基本心理需要及其满足》,《心理科学进展》2018 年第 26 期。

④ Omer O., "Smartphone addiction and fear of missing out: does smartphone use matter for students'academic performance?", *Journal of Computer and Education Research*, Vol.8, No.15, 2020, pp.344-355;刘勤学等:《大学生智能手机成瘾与抑制控制能力的关系:手机位置和认知负荷的调节作用》,《心理发展与教育》2021 年第 37 期。

⑤ Ball-Rokeach S.J., DeFleur, M.L., "A dependency model of mass-media effects", *Communication Research*, Vol.3, No.1, 1976, pp.3-21.

⑥ 冯红新、王红雨:《大学生手机依赖及对体质健康的影响》,《中国健康教育》2018 年第 34 期;张铭等:《手机依赖的前因、结果与干预研究进展》,《中国特殊教育》2019 年第 11 期。

⑦ Elhai J.D., et al, "Fear of missing out, need for touch, anxiety and depression are related to problematic smartphone use", *Computers in Human Behavior*, Vol.63, 2016, pp.509-516; Hou J., et al, "Mobile phone addiction and depression: multiple mediating effects of social anxiety and attentional bias to negative emotional information", *ActaPsychologica Sinica*, Vol.53, No.4, 2021, pp.362-373.

系、师生关系甚至会造成学业关系、亲子关系成绩下降、攻击行为增多等问题①。当前有关手机成瘾对负性生活事件影响的研究大多仅从单方面考察其效应(例如,学习、人际关系②),这不利于一般性的推论。本书拟从人际关系、学习压力、受惩罚、亲友与财产丧失、健康与适应问题等多个方面,考察手机成瘾对负性生活事件的影响。

(二)领悟社会支持的双向中介作用

领悟社会支持是指个体在主观上感受到的各种支持,能够帮助个体处理应激事件,释放消极情绪,促进个体的身心健康发展③。社会支持的退化模型指出,负性生活事件会降低个体领悟到的社会支持水平,从而诱发需求增多并形成强大的行为动机④。人际关系理论认为个体社交网络的范围、频率等客观特征是提高领悟社会支持的决定性因素⑤,而访问互联网有助于拓展社交范围、增加社交频率。这是因为个体在网络世界中可以根据偏好选择乐于交

---

① Van den Eijnden, R.J.J.M., et al, "Compulsive internet use among adolescents: Bidirectional parent-child relationships", *Journal of Abnormal Child Psychology*, Vol.38, No.1, 2010, pp.77-89; Yaln, L., et al, "Effect of smartphone addiction on loneliness levels and academic achievement of Z generation", *International Journal of Psychology and Educational Studies*, Vol.7, No.1, 2020, pp.208-214;刘亚娜、高英彤:《青少年沉迷网络游戏及引发犯罪的实证研究与应对机制》,《山东大学学报(哲学社会科学版)》2020年第3期;杨笑颜等:《大学生孤独感、社交焦虑与手机依赖的交叉滞后分析》,《中国临床心理学杂志》2022年第30期;张铭等:《手机依赖的前因、结果与干预研究进展》,《中国特殊教育》2019年第11期。

② Damiao J., & Cavaliere, C., "The relationship between smartphone addiction and academic performance in college students", *Global Journal of Health Science*, Vol.13, No.9, 2021, pp.10-15; Gupta G., "Mobile usage and its impact on interpersonal relationships and work efficiency", *South Asian Research Journal of Business and Management*, Vol.3, No.1, 2021, pp.23-33.

③ Brissette I., et al, "The role of optimism in social network development, coping, and psychological adjustment during a life transition", *Journal of Personality and Social Psychology*, Vol.82, No.1, 2022, pp.102-111; Zimet G.D., et al, "The multidimensional scale of perceived social support", *Journal of Personality Assessment*, Vol.52, No.1, 1988, pp.30-41.

④ Barrera M., "Distinctions between social support concepts, measures, and models", *American Journal of Community Psychology*, Vol.14, No.4, 1986, pp.413-445.

⑤ Wegmann E., et al, "Online-specific fear of missing out and Internet-use expectancies contribute to symptoms of Internet-communication disorder", *Addictive Behaviors Reports*, Vol.5, 2017, pp.33-42.

往的群体来提高领悟社会支持水平,补偿现实生活中因人际关系问题所造成的无助和沮丧①。基于上述理论,大学新生在遭遇负性生活事件后将难以在现实生活中获得足够的社会支持,降低了社会支持的期望和满意度,手机的娱乐、社交等功能为该人群提供交流、合作、宣泄的虚拟场所;当个体的需求得到有效回应时,个体会因领悟社会支持提升而感到舒适并沉浸其中②。依赖理论认为,当个体发现手机能够提供现实生活中无法获得的社会支持时,其依恋系统会被激活从而对手机形成依赖③。综上所述,负性生活事件会通过降低领悟社会支持而增加手机成瘾风险。

当前手机成瘾对领悟社会支持影响的研究结论仍存在理论分歧④。刺激理论(Stimulation Theory)指出,手机作为一种搭载了各种程序和平台的便携式移动设备,不仅维持还拓展了个体原有的社会关系,极大地推动了个体的社会化,增加了社会支持的获得途径,有利于提高领悟社会支持⑤;相反,位移理论(Displacement Theory)指出,过度使用手机进行在线活动,会使个体社会排斥增加,损害个体在现实生活中的正常交往活动,导致周围人群对个体的社会支持减少,降低领悟社会支持水平⑥。本书认为,以上理论分歧在于手机使用程度的不同,刺激理论强调合理适度地使用,而位移理论则强调过度使用。手机成瘾作为一种过度使用行为,其将会影响个体原有的社会关系,造成领悟社

---

① Liu C.Y,Kuo,F.Y,"A study of Internet addiction through the lens of the interpersonal theory", *CyberPsychology & Behavior*,Vol.10,No.6,2007,pp.799-804.

② Vuji A,Szabo A,"Hedonic use,stress,and life satisfaction as predictors of smartphone addiction", *Addictive behaviors reports*,Vol.15,2022,Article 100411;高峰强等:《孤独感对手机成瘾的影响:安全感与沉浸的中介作用》,《中国特殊教育》2017年第7期。

③ Huber F.A.,et al,"The association between adverse life events, psychological stress, and pain-promoting affect and cognitions in native americans: Results from the Oklahoma study of native American pain risk", *Journal of Racial and Ethnic Health Disparities*,Vol.9,2021,pp.215-226.

④ Valkenburg P.M,Peter J.,"Online communication among adolescents:An integrated model of its attraction,opportunities,and risks", *Journal of Adolescent Health*,Vol.48,No.2,2011,pp.121-127.

⑤ Liu D.,et al,"Digital communication media use and psychological well-being:A meta-analysis", *Journal of Computer-Mediated Communication*,Vol.24,No.5,2019,pp.259-273.

⑥ Tan K.A.,"The effects of personal susceptibility and social support on internet addiction:An application of Adler's theory of individual psychology", *International Journal of Mental Health and Addiction*,Vol.17,2018,pp.806-816.

会支持水平降低,但这一结论仍待进一步验证。此外,Dignam 的"应激预防模型"指出主观的社会支持在不同的层面直接影响负性生活事件[1],领悟社会支持水平低的个体会因更容易受到应激刺激的影响,出现心理健康受损、社交退缩、家庭矛盾等问题,增加负性生活事件发生概率[2]。综上所述,手机成瘾同样可能通过降低领悟社会支持水平增加负性生活事件发生的概率。

基于以上文献综述,本书作出以下假设。假设1:大学新生负性生活事件与手机成瘾跨时间相互正向预测;假设2:领悟社会支持在负性生活事件与手机成瘾关系间起双向中介作用。

二、方法

(一)被试

采用整群抽样的方式,选取山东省五所高校大一新生作为研究对象。在大学新生完成军训后进行第一次测量(T1),共计1575人参与(33.8%为男生);一年后进行第二次测量(T2),共计1511人参与(32%为男生)。被试流失的原因主要包括转学、转专业、因病请假、主动放弃测量等。由于流失被试与非流失被试在研究变量上不存在显著差异,因此缺失数据为随机缺失并予以剔除。最终样本平均年龄为18.38岁($SD=0.71$,范围介于17—20岁);城镇户籍学生833人(55.1%)。被试家庭年收入分布如下:<2000元,62人(4.1%);2000—5000元,19人(1.3%);5001—10000元,139人(9.2%);10001—30000元,233人(15.4%);30001—50000元,334人(22.1%);50001—100000元,245人(16.2%);100001—150000元,257人(17.0%);>15万,222人(14.7%)。

---

[1] Dignam J.T., et al, "Occupational stress, social support, and burnout among correctional officers", *American Journal of Community Psychology*, Vol.14, No.2, 1986, pp.177-193.

[2] Guo J., et al, "Social support as a mediator between internet addiction and quality of life among Chinese high school students", *Children and Youth Services Review*, Vol. 129, 2021, Article 106181; Mahmoud A.S., et al, "Relationship between social support and the quality of life among psychiatric patients", Fortune Journals, Vol.1, No.2, 2017, pp.57-75; Wu A.M.S., et al, "Potential impact of internet addiction and protective psychosocial factors onto depression among Hong Kong Chinese adolescents-direct, mediation and moderation effects", *Comprehensive Psychiatry*, Vol.70, 2016, pp.41-52.

(二) 工具

1. 青少年生活事件量表

采用刘贤臣等[①]编制的"青少年生活事件量表"进行测量。该量表分为六个维度,共 27 个题目。六个维度分别为:人际关系(例如,"与同学或好友发生纠纷"等 6 个题目)、学习压力[例如,"预期的评选(如三好学生)落空"等 5 个题目]、受惩罚(例如,"受批评或处分"等 7 个题目)、亲友与财产丧失(例如,"亲友死亡"等 3 个题目)、健康与适应问题(例如,"意外惊吓事故"等 5 个题目)和其他(例如,"不喜欢上学"等 3 个题目)。该量表采用 5 点计分(1 = "没有",5 = "极重"),所有题目累加得分代表个体受负性生活事件影响的程度,得分越高,受影响程度越大。在本研究中,该量表两次测量的 Cronbach's α 系数分别为 0.90、0.94。

2. 领悟社会支持量表

采用 Zimet 等人[②]编制、姜乾金[③]中国化修订的"领悟社会支持量表"进行测量。该量表包含三个维度,共 12 个题目。三个维度分别为:家人支持(例如,"在需要时我能够从家庭获得感情上的帮助和支持"等 4 个题目)、朋友支持(例如,"在发生困难时我可以依靠我的朋友们"等 4 个题目)和其他支持[例如,"在我遇到问题时有些人(领导、亲戚、同事)会出现在我的身旁"等 4 个题目]。该量表采用 7 点计分(1 = "极不同意",7 = "极同意"),所有题目累加得分代表个体领悟社会支持水平,得分越高,领悟社会支持水平越高。在本研究中,该量表两次测量的 Cronbach's α 系数分别为 0.96、0.97。

3. 手机成瘾指数量表

采用 Leung[④]编制的"手机依赖指数量表"进行测量。该量表包括四个维

[①] 刘贤臣等:《青少年生活事件量表的编制与信度效度测试》,《山东精神医学》1997 年第 1 期。

[②] Zimet G.D., et al, "Psychometric characteristics of the multidimensional scale of perceived social support", *Journal of Personality Assessment*, Vol.5, No.3-4, 1990, pp.610-617.

[③] 汪向东等:《心理卫生评定量表手册(增订版)》,《中国心理卫生杂志》1993 年。

[④] Leung Louis, "Linking psychological attributes to addiction and improper use of the mobile phone among adolescents in hongkong", *Journal of Children & Media*, Vol.2, No.2, 2008, pp.93-113.

度,共17个题目。四个维度分别为:戒断性(例如,"你很难做到将手机关机"等4个题目)、失控性(例如,"你发现自己使用手机的时间比本来打算的要长"等7个题目)、低效性(例如,"你发现自己在有其他必须要做的事时却沉迷手机,为此给你带来些麻烦"等3个题目)和逃避性(例如,"当感到孤独的时候,你会用手机与别人聊天"等3个题目)。该量表采用5点计分(1="几乎没有",5="总是"),所有题目累加得分代表个体手机成瘾水平,得分越高,手机成瘾水平越高。在本研究中,该量表两次测量的Cronbach's α系数分别为0.93、0.95。

(三)分析方法

已有研究证实,大学生性别、户籍、年龄、家庭年收入与手机成瘾显著关联[1],因此本研究将这四个因素作为控制变量。采用SPSS 23.0进行描述统计和差异检验,Mplus 7.0进行交叉滞后分析和中介效应检验。模型的评价指标包括:χ^2/df、CFI、TLI和RMSEA。根据先前研究的建议,$\chi^2/df \leq 5$,CFI和TLI≥ 0.95,RMSEA≤ 0.05表明模型拟合良好[2]。

(四)共同方法偏差检验

采用Harman单因子检验对共同方法偏差进行事后的统计检验[3],按照测量时间分别将三个量表所有题目进行因子分析,结果显示,T1时间特征根大于1的因子共有9个,最大公因子解释率为22.76%;T2时间特征根大于1的因子共有7个,最大公因子解释率为27.9%。两个时间点最大公因子均小于40%,说明不存在明显的共同方法偏差问题。

---

[1] Sundaya O.J., et al, "The effects of smartphone addiction on learning: A meta-analysis", *Computers in Human Behavior Reports*, Vol.4, 2021, Article 100114.

[2] Browne, M.W., & Cudeck, R, "Alternative ways of assessing model fit", in *Testing structural equation models*, K.A.Bollen, & J.S.Long(Eds.), Newbury Park, CA: Sage, 1993, pp.136–162.

[3] Podsakoff P.M., et al, "Common method biases in behavioral research: A critical review of the literature and recommended remedies", *Journal of Applied Psychology*, Vol.88, No.5, 2003, pp.879–903.

三、结果

(一)描述统计与相关分析

由表 2-16 可知,性别与 T1、T2 负性生活事件和 T1 手机成瘾显著负相关,与 T1、T2 领悟社会支持显著正相关;户籍与 T1、T2 领悟社会支持显著负相关,与 T1 负性生活事件显著正相关;年龄与 T1 负性生活事件显著负相关;家庭年收入与 T1、T2 领悟社会支持显著正相关,与 T2 负性生活事件显著负相关。T1 负性生活事件与 T1 手机成瘾、T2 负性生活事件、T2 手机成瘾显著正相关,与 T1、T2 领悟社会支持显著负相关;T1 领悟社会支持与 T2 领悟社会支持显著正相关,与 T1 手机成瘾、T2 负性生活事件、T2 手机成瘾显著负相关;T1 手机成瘾与 T2 负性生活事件、T2 手机成瘾显著正相关,与 T2 领悟社会支持显著负相关;T2 负性生活事件与 T2 手机成瘾显著正相关,与 T2 领悟社会支持显著负相关;T2 领悟社会支持与 T2 手机成瘾显著负相关。

配对样本 t 检验结果显示,T2 负性生活事件显著小于 T1 负性生活事件($t=2.16, SE=0.32, p<0.05$);T2 领悟社会支持显著小于 T1 领悟社会支持($t=5.44, SE=0.38, p<0.001$);T2 手机成瘾显著小于 T1 手机成瘾($t=5.16, SE=0.41, p<0.001$)。

表 2-16 研究变量的平均数、标准差和相关系数

变量	1	2	3	4	5	6	7	8	9	10
1. T1 性别	1									
2. T1 户籍	0.07**	1								
3. T1 年龄	0.00	0.05*	1							
4. T1 家庭年收入	-0.09***	-0.21***	-0.07*	1						
5. T1 负性生活事件	-0.13***	0.06*	-0.06*	-0.03	1					
6. T1 领悟社会支持	0.15***	-0.05*	0.01	0.13***	-0.25***	1				
7. T1 手机成瘾	-0.05*	0.03	-0.04	-0.01	0.35***	-0.15***	1			
8. T2 负性生活事件	-0.09***	0.01	0.00	-0.06*	0.33***	-0.15***	0.18***	1		
9. T2 领悟社会支持	0.15***	-0.07*	-0.02	0.11***	-0.13***	0.44***	-0.10***	-0.26***	1	

续表

变量	1	2	3	4	5	6	7	8	9	10
10. T2 手机成瘾	0.00	0.05	-0.04	-0.01	0.24***	-0.10***	0.38***	0.34***	-0.15***	1
M	—	—	18.38	5.40	34.85	64.58	40.54	34.16	62.51	38.44
SD	—	—	0.71	1.82	9.67	13.02	13.82	11.46	14.69	14.69

注：* $p<0.05$，** $p<0.01$，*** $p<0.001$，下同。$N=1511$。变量1—4为控制变量。性别和户籍所在地为虚拟变量，0=男生和城市，1=女生和农村。

（二）负性生活事件与手机成瘾的双向关系

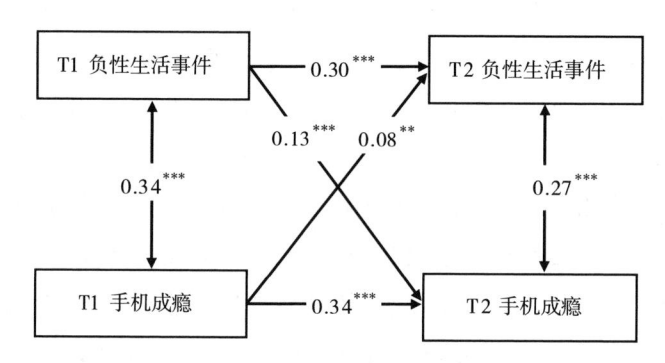

图2-4 负性生活事件与手机成瘾的交叉滞后模型

以T1负性生活事件和T1手机成瘾为自变量，T2负性生活事件和T2手机成瘾为因变量，进行交叉滞后分析。结果显示模型拟合良好：$x^2/df=4.29$，$CFI=0.96$，$TLI=0.90$，$RMSEA=0.05$。此外，在控制性别、户籍、年龄、家庭年收入效应后，T1负性生活事件能够正向预测T2负性生活事件（$\beta=0.30,p<0.001$）和T2手机成瘾（$\beta=0.13,p<0.001$）；T1手机成瘾能够正向预测T2负性生活事件（$\beta=0.08,p=0.003$）和T2手机成瘾（$\beta=0.34,p<0.001$）。因此负性生活事件与手机成瘾双向关系成立，假设1得到验证。

（三）领悟社会支持的双向中介作用

以T1负性生活事件和T1手机成瘾为自变量，T1领悟社会支持和T2领悟社会支持为中介变量，T2负性生活事件和T2手机成瘾为因变量，进行交叉滞后分析。结果显示模型拟合良好：$x^2/df=3.56$，$CFI=0.97$，$TLI=0.92$，RM-

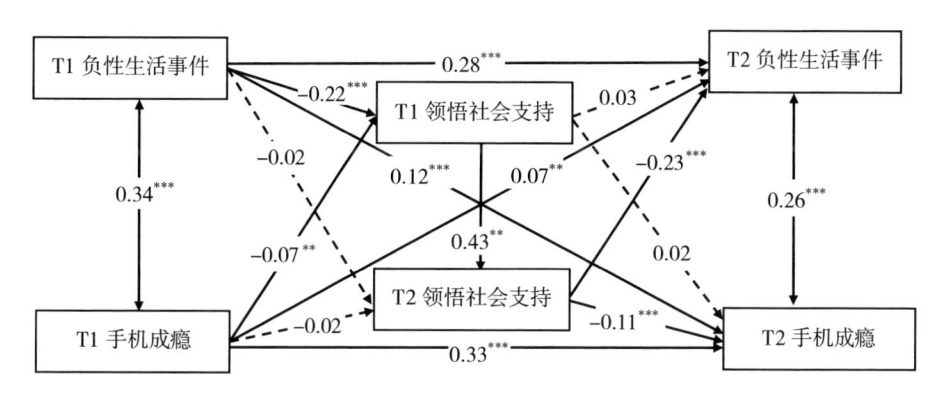

图 2-5　负性生活事件、领悟社会支持与手机成瘾的交叉滞后模型

注：实线为显著路径，虚线为不显著路径。

SEA=0.04。在控制性别、户籍、年龄、家庭年收入效应后，T1 负性生活事件负向预测 T1 领悟社会支持（$\beta=-0.22, p<0.001$），正向预测 T2 手机成瘾（$\beta=0.12, p<0.001$）和 T2 负性生活事件（$\beta=0.28, p<0.001$）；T1 手机成瘾负向预测 T1 领悟社会支持（$\beta=-0.07, p=0.01$），正向预测 T2 手机成瘾（$\beta=0.33, p<0.001$）和 T2 负性生活事件（$\beta=0.07, p=0.01$）；T1 领悟社会支持正向预测 T2 领悟社会支持（$\beta=0.43, p<0.001$）；T2 领悟社会支持负向预测 T2 负性生活事件（$\beta=-0.23, p<0.001$）和 T2 手机成瘾（$\beta=-0.11, p<0.001$）。

采用偏差校正百分位 Bootstrap 检验（温忠麟、叶宝娟，2014），进行中介效应分析，结果见表 2-17。各路径中介效应 95% 的置信区间均不包含 0，表明 T1、T2 领悟社会支持的中介效应显著，假设 2 得到验证。

表 2-17　中介效应显著性检验

路径	效应值	效果量	95%的置信区间 下限	95%的置信区间 上限
T1 负性生活事件→T1 领悟社会支持→T2 领悟社会支持→T2 手机成瘾	0.02	7.98%	0.01	0.02
T1 手机成瘾→T1 领悟社会支持→T2 领悟社会支持→T2 负性生活事件	0.01	9.00%	0.001	0.01

四、讨论

本书探讨了大学新生负性生活事件与手机成瘾的关系以及领悟社会支持的中介作用。结果显示，负性生活事件与手机成瘾不仅能够跨时间点直接相互影响，而且还能通过领悟社会支持的双向中介作用间接相互影响：T1 负性生活事件→T1 领悟社会支持→T2 领悟社会支持→T2 手机成瘾；T1 手机成瘾→T1 领悟社会支持→T2 领悟社会支持→T2 负性生活事件。该结果支持并拓展了网络成瘾的认知—行为模型。

（一）负性生活事件与手机成瘾的双向关系

本书发现负性生活事件能正向预测一年后的手机成瘾，这与已有的研究结果一致[1]。社会补偿假说（Social Compensation Hypothesis）认为消极的生活环境会导致个体在现实生活中严重缺乏舒适场所，进而引发上网动机以补偿线下缺失[2]。当大学新生面对学业压力、新型人际关系问题等事件时，会因适应困难产生情绪问题，这就促使他们寻找其他途径来弥补线下缺失。网络世界得天独厚的优势为他们提供了情感寄托的舒适场所，而手机作为最便捷的移动上网设备成为其最喜爱的上网工具[3]。然而，使用—满足理论指出，手机能给个体带来满足感和快乐体验，当他们因这份满足沉迷其中并无法自拔时

---

[1] Chiu S.I, "The relationship between life stress and smartphone addiction on taiwanese university student: A mediation model of learning self-efficacy and social self-efficacy", *Computers in Human Behavior*, Vol.34, 2014, pp.49-57; Morgan C, Cotton S.R, "The relationship between internet activities and depressive symptoms in a sample of college freshmen", *CyberPsychology & Behavior*, Vol.6, No.2, 2004, pp.133-142.

[2] Kardefelt-Winther D, "A conceptual and methodological critique of internet addiction research: Towards a model of compensatory internet use", *Computers in Human Behavior*, Vol.31, 2014, pp.351-354.

[3] Situ Q.M., et al, "Bidirectional association between self-control and internalizing problems among college freshmen: A cross-lagged study", *Emerging Adulthood*, Vol.9, No.4, 2019, pp.401-407; Wang B., et al, "The influence of loneliness on the mobile phone addiction of contemporary college students: The mediating role of online social support", *Journal of Psychology & Behavior Research*, Vol.3, No.1, 2021, pp.1-8.

会造成手机成瘾①。此外,遭遇负性生活事件的大学新生因离家寄宿学校,陌生环境使得他们可能会使用手机与家人及原有的朋友交流,或通过手机游戏打发空闲的无聊时间。由于父母及教师监督减少,且大学生自我控制能力相对较低,致使手机使用失控而成瘾②。

本书同样发现手机成瘾能正向预测一年后的负性生活事件,这说明手机成瘾对个体的负性影响具有一般性。过多使用手机取代了其他适应性、有意义的社会活动,其负性影响将反映到生活多个方面③。媒介依赖理论指出个体越依赖通过媒介(如手机)来满足自身的需求,媒介对其"副作用"就越大④。当大学生沉溺于手机去释放压力寻找"舒适场所"时,借助传统交往形式维系的社会关系就会变得疏远,进而带来人际关系紧张、家庭矛盾增多、心理健康受损等负性生活事件⑤。此外,社会补偿假说指出,补偿结果分为建设性补偿和病理性补偿,建设性补偿能够弥补个体需要的缺失使个体恢复常态发展,而病理性补偿则不能弥补个体需要的缺失进而阻碍个体的身心发展⑥。负性生活事件作为手机成瘾的产物将会严重阻碍个体身心发展,这说明手机成瘾是一种病理性补偿。

---

① Chiu S.I,"The relationship between life stress and smartphone addiction on taiwanese university student: A mediation model of learning self-efficacy and social self-efficacy", *Computers in Human Behavior*, Vol.34, 2014, pp.49-57; Linnhoff S, Smith K.T, "An examination of mobile app usage and the user's life satisfaction", *Journal of Strategic Marketing*, Vol.25, No.7, 2016, pp.581-617; Parker B.J, Plank R.E, "A uses and gratifications perspective on the Internet as a new information source", *Latin American Business Review*, Vol.18, No.2, 2000, pp.43-49.

② Meshi D, Ellithorpe M.E, "Problematic social media use and social support received in real-life versus on social media: Associations with depression, anxiety and social isolation", *Addictive Behaviors*, Vol.119, 2021, Article 106949;张晓州、彭婷:《大学新生正念对手机成瘾倾向的影响:社交焦虑的中介作用》,《中国健康心理学杂志》2023年第31期。

③ Belfort E.L, "Editorial: Did goldilocks have it right? How do we define too little, too much, or just right?", *Journal of the American Academy of Child & Adolescent Psychiatry*, Vol.59, No.9, 2020, pp.1025-1027.

④ Ball-Rokeach S.J, DeFleur M.L, "A dependency model of mass-media effects", *Communication Research*, Vol.3, No.1, 1976, pp.3-21.

⑤ Ramjan L.M., et al, "The negative impact of smartphone usage on nursing students: An integrative literature review", *Nurse Education Today*, Vol.102, 2021, Article 104909.

⑥ Morgan C, Cotton S.R, "The relationship between internet activities and depressive symptoms in a sample of college freshmen", *CyberPsychology & Behavior*, Vol.6, No.2, 2004, pp.133-142.

(二)领悟社会支持的双向中介作用

本书发现负性生活事件通过领悟社会支持跨时间的中介作用正向预测手机成瘾,证明了负性生活事件在认知—行为模型中是引起手机成瘾的远端因素。自我决定理论(Self-determination Theory)指出人类有三种基本心理需要,即胜任需要、关系需要和自主需要,其中关系需要反映的是对社会支持的需求,它是个体身心健康发展的必要元素之一。当该需要不能被及时满足时,个体会产生强大的行为动机予以应对①。对遭遇负性生活事件的大学生而言,客观社会支持将会严重减少,个体领悟社会支持水平相应降低,从而产生对社会支持的心理需要及行为动机以应对该事件。手机的社交、娱乐、分享等功能会帮助他们拓展或重新建立人际关系网络,获得网络社会支持从而满足需求,而过度依赖最终导致成瘾行为②。因此,手机成瘾是"外部环境"和"内部需要"共同作用的结果。

研究还发现,手机成瘾通过领悟社会支持跨时间中介作用正向预测负性生活事件,验证了认知—行为模型中领悟社会支持作为近端因素的双向中介作用,也支持了位移理论。社会支持分为现实社会支持和网络社会支持两种,二者均对个体领悟社会支持水平存在影响③。但是有研究表明现实社会支持更有利于领悟社会支持水平的提高,网络社会支持只是一种补偿,显然两者作用有所区别④。本书发现手机成瘾非但没有提升反而降低了大学新生一年后的领悟社会支持,这证明网络中的社会支持不具有延续性,补偿效应是一种临

---

① Deci E.L, Ryan R.M, "The 'what' and 'why' of goal pursuits: Human needs and the self-determination of behavior", *Psychological Inquiry*, Vol.11, No.4, 2000, 227-268.

② Rozgonjuk D., et al, "The association between problematic smartphone use, depression and anxiety symptom severity, and objectively measured smartphone use over one week", *Computers in Human Behavior*, Vol.87, 2018, pp.10-17;王亚可等:《大学生孤独感与手机成瘾的关系》,《中国心理卫生杂志》2023年第37期。

③ 朱芬等:《现实利他行为与网络利他行为对大学生主观幸福感的影响:多重中介模型》,《心理科学》2022年第45期。

④ 张永强等:《失补偿理论下社会支持与网络成瘾的关系:基本心理需要与应对方式的链式中介作用》,《工程技术研究》2017年第11期;周华丽等:《大学生现实社会支持、网络成瘾及社交退缩的关系研究》,《生活教育》2022年第7期。

时且短暂的现象,真正的长时效应是一种病理性补偿①。这是因为手机成瘾的大学生沉溺于虚拟世界而与现实世界分离,忽视来自家人、同伴等所给予的现实社会支持,仅依靠网络社会支持难以充分满足他们领悟社会支持的需要。期望激励理论指出个体的主观感受会影响其身心发展②,领悟社会支持水平的不足会导致个体自我激励的缺乏影响个体获得感的满足,进而难以形成面对生活和学习的正向态度,由此陷入封闭孤独的状态,引起抑郁焦虑、亲子矛盾、人际关系疏远等负性生活事件发生,阻碍了大学生健康成长③。

综上所述,领悟社会支持在负性生活事件与手机成瘾的关系中起双向中介作用。大一新生刚完成从高中生到大学生的身份转变,生活环境发生了巨大的变化,适应和交往能力强的大学新生能够迅速构建起新的社交网络满足领悟社会支持需要,但适应不足和交际困难的大学新生则会转向手机世界寻求领悟社会支持的补偿并成瘾,这一成瘾行为又导致两年间领悟社会支持水平降低而遭受更多的负性生活事件。

(三)研究意义与局限

本书通过构建交叉滞后模型,考察了负性生活事件与手机成瘾之间的双向关系以及领悟社会支持的中介作用,具有重要的研究意义。首先,本书基于Davis 的认知—行为模型,探讨了负性生活事件在此模型中的位置以及领悟社会支持的双向中介作用,这在一定程度上支持和发展了该模型。其次,本书在

---

① McDougall M.A.,et al,"The effect of social networking sites on the relationship between perceived social support and depression", *Psychiatry Research*, Vol.246,2016,pp.223-229;Shensa, A., et al,"Social media use and perceived emotional support among us young adults", *J Community Health*, Vol.41,No.3,2016,pp.541-549.

② Li J.,et al,"Satisfaction and the coach-athlete relationship:the mediating role of trust", *Social Behavior and Personality An International Journal*, Vol.49,No.2,2021,pp.1-11.

③ Guo J., et al,"Social support as a mediator between internet addiction and quality of life among Chinese high school students", *Children and Youth Services Review*, Vol.129, 2021, Article 106181;Mahmoud,A.S.,et al,"Relationship between social support and the quality of life among psychiatric patients", *Fortune Journals*, Vol.1, No.2, 2017, pp.57-75;Wu X.S., et al, "Prevalence of internet addiction and its association with social support and other related factors among adolescents in China", *Journal of Adolescence*,Vol.52,2016,pp.103-111.

以往横断研究的基础上,通过追踪设计检验了变量之间的纵向关系,研究结果加深了我们对于负性生活事件、领悟社会支持和手机成瘾之间双向关系的认识。最后,本书还为大学新生手机成瘾问题的学校和家庭干预提供了启示。第一,降低负性生活事件的影响。关注大学新生适应问题,及时发现学生情绪异常,做好动态监测和心理疏导。第二,提高领悟社会支持水平。给予经历负性生活事件的大学生更多的社会支持,提高他们的领悟社会支持水平,发挥其缓冲和保护作用。第三,关注手机成瘾大学生的身心健康。及时引导成瘾大学新生走入现实生活中感受幸福,帮助他们摆脱手机成瘾枷锁。

本书也存在一些局限。首先,本书选取的被试者均是来自××省五所高校的大一新生,而手机成瘾的发生率存在较大的年级和地区差异,未来研究可以扩大样本范围对于研究结论进一步验证。其次,本书只对大一新生进行了两次追踪调查,时间跨度仅为一年,未来研究可以将时间扩大到整个大学阶段,更深入地去揭示变量之间的因果关系。最后,本书只探究了领悟社会支持跨时间的中介作用,但是以往研究表明负性生活事件与手机成瘾之间存在多种中介变量,因此未来可以更多地研究这些中介变量之间是否还存在链式中介或多重中介的关系。

第五节　网络成瘾与在校大学新生适应的双向关系

一、问题提出

截至 2018 年 9 月底,中国在校大学生人数为 3700 万人,占中国总人口的 2.66%[①]。作为社会新技术、新思想的前沿群体、国家培养的高级专业人才,大学生的适应问题关乎着一个民族的发展与兴衰。大学生适应是指"大学生的心理状态无论是在何种境遇条件下,无论自身条件的优劣,都能客观地

[①] 教育部高等教育教学评估中心:《中国高等教育质量报告》,2018 年,见 http://www.pg-zx.edu.cn/。

加以认识,并从行动上进行积极的调整,使自身的心理状态很好地适应环境"①。方晓义等人认为,在校大学生的适应包括多个方面,其中主要包括学习适应、校园适应、人际关系适应、情绪适应、自我适应、择业适应和满意度7个方面。良好的适应能够帮助在校大学生社交能力、学习能力和问题处理能力等能力及学业成绩的提升,并促进其形成良好的人际关系,最终自我满意度和幸福感提高②。然而,适应困难会导致一系列的人际关系不适、学习表现欠佳等问题,这些问题可能会影响到其身心健康(例如焦虑、抑郁等③),甚至产生一些逆反行为(例如逃课、辍学等④)。因此,深入探索影响在校大学生适应的因素至关重要。

大学生作为年轻有活力的一族,对新鲜事物充满好奇与探索,他们能够快速地学习和掌握当今最为先进、最为潮流的事物。其中,互联网的新颖性、便捷性和娱乐性等特点赢得了广大在校大学生的喜爱与依赖⑤。网络直播、网络游戏、社交网站、网络购物等,让当代大学生足不出户就可以购物、聊天和娱

---

① 方晓义等:《〈中国大学生适应量表〉的编制》,《心理与行为研究》2005年第3期。

② Montgomery S., et al, "Intrapersonal variables associated with academic adjustment in united states college students", *Current Psychology*, Vol.38, 2019, pp.40-49; Nguyen T.V.T., et al, "Embracing me-time: motivation for solitude during transition to college", *Motivation and Emotion*, Vol.2, 2019, pp.1-11.

③ Chui C.F, Chan C.K, "School adjustment, social support, and mental health of mainland Chinese college students in hong kong", *Journal of College Student Development*, Vol.58, No.1, 2017, pp.88-100; Larose S., et al, "Adjustment trajectories during the college transition: types, personal and family antecedents, and academic outcomes", *Research in Higher Education*, Vol.9, 2018, pp.1-12; Leung, Hung C, "University support, adjustment, and mental health in tertiary education students in hong kong", *Asia Pacific Education Review*, Vol.18, No.1, 2017, pp.115-122.

④ Xiao H., et al, "Are we in crisis? National mental health and treatment trends in college counseling centers", *Psychological Services*, Vol.14, No.4, 2017, pp.407-415; Bowman N.A., et al, "The unfolding of student adjustment during the first semester of college", *Research in Higher Education*, Vol.60, 2018, pp.273-292.

⑤ Tian Y., et al, "Associations between psychosocial factors and generalized pathological internet use in Chinese university students: a longitudinal cross-lagged analysis", *Computers in Human Behavior*, Vol.72, 2017, pp.178-188; Tian Y., et al, "Bidirectional mediating role of loneliness in the association between shyness and generalized pathological internet use in chinese university students: a longitudinal cross-lagged analysis", *The Journal of Psychology*, Vol.12, 2018, pp.1-19.

乐。然而，互联网在给人带来便利的同时，也隐藏着巨大的危害①。大量心理学研究发现，过量使用网络会导致网络成瘾，其指因长时间使用网络所导致的一种慢性的着迷状态，并产生网络使用耐受性、强迫性及时间管理或人际关系问题等现象②。网络成瘾会给个体造成一系列负面的影响，例如，人际关系问题、时间管理问题、学业障碍、情绪障碍等，甚至有研究还发现，过度使用网络会增加个体产生自杀的念头③。综上所述，便不难发现网络成瘾可能是影响大学生适应的重要因素之一。

所可憾者，时至今日有关网络成瘾与在校大学生适应关系的研究较少。我们对 Addictive Behaviors，Cyberpsychology，Behavior，and Social Networking，Computers in Human Behavior 和 Journal of Behavioral Addictions 四个发表过网络成瘾且 JCR 一区的外文杂志进行了文献梳理。结果发现，已有研究大多关注于个体的人际关系、情绪问题（例如孤独和抑郁）、自我适应等对网络成瘾的预测作用及影响机制④。这说明大多数国内外研究人员倾向于把个体的适

---

① Bozoglan B.，et al，"Loneliness，self - esteem，and life satisfaction as predictors of internet addiction：a cross - sectional study among turkish university students"，*Scandinavian Journal of Psychology*，Vol.54，No.4，pp.313-319；Lachmann B.，et al，"Commuting，life-satisfaction and internet addiction"，*International Journal of Environmental Research and Public Health*，Vol.1176，2017，pp.1-13.

② Davis R.A，"A cognitive-behavioral model of pathological internet use"，*Computers in Human Behavior*，Vol.17，No.2，2001，pp.187-195.

③ Mamun M.A.，et al，"Prevalence and psychiatric risk factors of excessive internet use among northern bangladeshi job-seeking graduate students：a pilot study"，*International Journal of Mental Health and Addiction*，Vol.3，2019，pp.1-12；Trojak B.，et al，"Brain stimulation to treat internet addiction：a commentary"，*Addictive Behaviors*，Vol.64，2017，pp.363-364；Ivezaj V.，et al，"An exploratory examination of at-risk/problematic internet use and disordered eating in adults"，*Addictive Behaviors*，Vol.64，2017，pp.301-313；Bengü Y，Ahmet U，"The relationship between internet addiction，social anxiety，impulsivity，self-esteem，and depression in a sample of Turkish undergraduate medical students"，*Psychiatry Research*，Vol.267，2018，pp.313-318.

④ Tian Y.，et al，"Bidirectional mediating role of loneliness in the association between shyness and generalized pathological internet use in chinese university students：a longitudinal cross-lagged analysis"，*The Journal of Psychology*，Vol.12，2018，pp.1-19；Song W.J，Park J.W，"The influence of stress on internet addiction：mediating effects of self-control and mindfulness"，*International Journal of Mental Health and Addiction*，Vol.2，2019，pp.1-10；Lin M.P.，et al，"Association between online and offline social support and internet addiction in a representative sample of senior high school students in taiwan：the mediating role of self-esteem"，*Computers in Human Behavior*，Vol.84，2018，pp.1-17；Yao M.Z，

应问题作为网络成瘾的前因变量。然而,也有一部分研究发现网络成瘾能对个体学业成绩、人际关系、情绪适应、生活满意度等产生影响①。这又在一定程度上说明,个体的适应是网络成瘾的结果变量。依照前人观点,本书认为网络成瘾与个体适应的关系是双向的——两者相互影响。

认知—行为模型认为,网络成瘾者是通过不断发展其对网络的非适应性认知而逐渐形成对网络的依赖的,而这一过程是一个恶性循环的过程②。例如,"网络使我更加快乐"这种认知会增加其使用网络的频率,而当其在网络中获得快乐时,这种认知又被进一步强化,最终表现为网络成瘾③。从这个角度出发,我们认为网络成瘾与个体的适应的关系也可能与之类似。举例而言,已有研究发现存在人际关系适应问题的个体(例如羞怯者)倾向于使用社交软件进行社交。网络的匿名性、符号性等特点使得该群体在网络社交中体验到更多的舒适性和安全感,导致他们对网络产生了更多的非适应性认知(例

Zhong Z.J,"Loneliness,social contacts and internet addiction:a cross-lagged panel study",*Computers in Human Behavior*,Vol.30,2014,pp.164-170.

① Tian Y.,et al,"Associations between psychosocial factors and generalized pathological internet use in Chinese university students:a longitudinal cross-lagged analysis",*Computers in Human Behavior*,Vol.72,2017,pp.178-188;Mamun M.A.,et al,"Prevalence and psychiatric risk factors of excessive internet use among northern bangladeshi job-seeking graduate students:a pilot study",*International Journal of Mental Health and Addiction*,Vol.3,2019,pp.1-12;Trojak B.,et al,"Brain stimulation to treat internet addiction:a commentary",*Addictive Behaviors*,Vol.64,2017,pp.363-364;Bengü Y,Ahmet U,"The relationship between internet addiction,social anxiety,impulsivity,self-esteem,and depression in a sample of Turkish undergraduate medical students",*Psychiatry Research*,Vol.267,2018,pp.313-318.

② Davis R.A,"A cognitive-behavioral model of pathological internet use",*Computers in Human Behavior*,Vol.17,No.2,2001,pp.187-195.

③ Tian Y.,et al,"Associations between psychosocial factors and generalized pathological internet use in Chinese university students:a longitudinal cross-lagged analysis",*Computers in Human Behavior*,Vol.72,2017,pp.178-188;Cevik G.B,Yildiz M.A,"The roles of perceived social support,coping,and loneliness in predicting internet addiction in adolescents",*Journal of Education & Practice*,Vol.8,No.12,2017,pp.1222-1735;Casale S,Fioravanti G,"Psychosocial correlates of internet use among italian students",*International Journal of Psychology*,Vol.46,No.4,2011,pp.288-298;Huan V.S.,"The impact of shyness on problematic internet use:the role of loneliness",*Journal of Psychology*,Vol.148,No.6,2014,pp.699-715.

如,"我更擅长网络社交"),这种非适应性认知进而引发了其网络成瘾行为①。过多的时间被耗费在网络社交中,其线下的面对面交往必然减少。然而,面对面的社交才是获得社会支持并形成良好人际关系的关键,因此,其人际关系又会遭到进一步的恶化。基于此,本书认为大学生适应与网络成瘾的关系也可能是一个动态发展的过程。

在校大学新生是一个有关网络成瘾和适应这一研究课题的特殊群体。首先,为了方便沟通交流,大部分学生的父母在其入学时为其购买了智能手机,这使得他们上网成为可能;大学生多数寄宿于学校,脱离了老师和父母的严格管控,其对网络的使用更加自由、灵活;自主学习模式使得他们拥有了更多的自由时间②,这些因素为在校大学新生上网提供了必要条件。其次,由高中进入大学是求学生涯的一个重要转折阶段。其主要表现在:寄宿学校使得交流重心由父母变为同学或者舍友;老师监督式学习变为自主式学习;父母帮助式生活起居变为自力更生等③,这一系列的变化要求大学新生不断提升自己的适应水平以应对当前环境。而此时,网络可能成为大学新生适应的有力工具,例如,利用社交软件与他人沟通,通过网络购买生活用品,通过在线学习平台掌握新知识等,这为大学新生使用网络提供了顺畅的使用动机和合理

---

① Tian Y., et al, " Associations between psychosocial factors and generalized pathological internet use in Chinese university students: a longitudinal cross-lagged analysis", *Computers in Human Behavior*, Vol.72, 2017, pp.178-188; Tian Y., et al, "Bidirectional mediating role of loneliness in the association between shyness and generalized pathological internet use in chinese university students: a longitudinal cross-lagged analysis", *The Journal of Psychology*, Vol.12, 2018, pp.1-19.

② Huang S., "Parent-children relationship and internet addiction of adolescents: the mediating role of self-concept", *Current psychology*, Vol.3, 2019, pp.1-12; Rebisz S, Sikora L, "Internet addiction in adolescents", *Practice & Theory in Systems of Education*, Vol.11, No.3, 2018, pp.194-204; Bowman N.A., et al, "The unfolding of student adjustment during the first semester of college", *Research in Higher Education*, Vol.60, 2018, pp.273-292; Serife I., Ergüner-Tekinalp B, "The effects of gratitude journaling on turkish first year college students' college adjustment, life satisfaction and positive affect", *International Journal for the Advancement of Counselling*, Vol.39, No.2, 2017, pp.164-175.

③ Bowman N.A., et al, "The unfolding of student adjustment during the first semester of college", *Research in Higher Education*, Vol. 60, 2018, pp. 273-292; Larose S., et al, "Adjustment trajectories during the college transition: types, personal and family antecedents, and academic outcomes", *Research in Higher Education*, Vol.9, 2018, pp.1-12.

的理由①。那么,在这一特殊时期里,过度使用网络会不会影响大学新生的适应水平? 存在适应问题的大学生会不会更多地使用网络而成瘾? 对于这一问题仍有待进一步探讨。

大学新生通过开学后的军训,任课老师、辅导员的指导和帮助,专业知识的学习,同学之间彼此熟悉和帮助等经历,其适应水平在一定程度上不断提升②。适应水平的提升可能对个体正确使用网络起到一定积极作用。因此,我们认为大学新生随着年级的增长其网络成瘾水平可能会降低。此外,网络成瘾与学习适应、校园适应、人际关系适应、情绪适应、自我适应、择业适应和满意度的相互关系有所不同。例如,由于大学初期的学生并未面对找工作或者考研等问题,因此,大学生择业适应与网络成瘾关系较弱;而由于从高中进入大学,陌生的环境会导致大学生产生消极情绪(例如孤独和抑郁等③),他们可能会因之借助网络宣泄情绪或者与家人和朋友沟通交流,进而表现为网络成瘾与情绪适应关系较强。

实验设计和交叉滞后设计均能够考察变量之间的双向关系,但由于伦理

---

① Chui C.F, Chan C.K, "School adjustment, social support, and mental health of mainland Chinese college students in hong kong", *Journal of College Student Development*, Vol.58, No.1, 2017, pp.88-100; Leung, Hung C, "University support, adjustment, and mental health in tertiary education students in hong kong", *Asia Pacific Education Review*, Vol.18, No.1, 2017, pp.115-122; Xiao H., et al, "Are we in crisis? National mental health and treatment trends in college counseling centers", *Psychological Services*, Vol.14, No.4, 2017, pp.407-415; Bowman N.A., et al, "The unfolding of student adjustment during the first semester of college", *Research in Higher Education*, Vol.60, 2018, pp.273-292; Şerife I., Ergüner-Tekinalp B, "The effects of gratitude journaling on turkish first year college students' college adjustment, life satisfaction and positive affect", *International Journal for the Advancement of Counselling*, Vol.39, No.2, 2017, pp.164-175.

② 高峰强等:《大一新生羞怯与适应的交叉滞后分析》,《心理科学》2017 年第 40 期。

③ Tian Y., et al, "Associations between psychosocial factors and generalized pathological internet use in Chinese university students: a longitudinal cross-lagged analysis", *Computers in Human Behavior*, Vol.72, 2017, pp.178-188; Chui C.F, Chan C.K, "School adjustment, social support, and mental health of mainland Chinese college students in hong kong", *Journal of College Student Development*, Vol.58, No.1, 2017, pp.88-100; Larose S., et al, "Adjustment trajectories during the college transition: types, personal and family antecedents, and academic outcomes", *Research in Higher Education*, Vol.9, 2018, pp.1-12.

准则的规范,实验法在考察某些变量双向关系时会受到某种程度的限制[①]。例如,如果想通过实验法操控网络成瘾和适应来考察两者的双向关系,但又不能通过实验控制,使得被试成为网络成瘾或者适应问题产生者。在这种情况下,交叉滞后设计能够在不违反伦理准则的前提下,通过前一时间点网络成瘾和适应分别预测后一时间点的适应和网络成瘾,利用线性回归的方式获得两者的双向关系(两个时间点)。此外,大于两个时间点的交叉滞后设计的自回归效应能够显现某一变量的变化特质倾向。例如,人格变量作为一种稳定的特质,其在多个测量时间点上相对稳定;然而,状态性的变量(例如孤独感),其稳定性较差。当某一变量自回归系数跨时间点增大时,说明这一变量具有人格特质发展倾向,反之则表现为状态特质倾向[②]。因此,采用多时间点的交叉滞后设计不仅能够考察变量之间的关系,还可以考察变量的发展方向。

  本书以大学新生为调查对象,进行两年的追踪调查,采用交叉滞后设计考察其网络成瘾与适应的双向和动态关系。根据前人的研究结果,我们对网络成瘾与适应的关系作出以下假设:网络成瘾与学习适应能够跨时间点相互负向预测且预测关系动态发展;网络成瘾与校园适应能够跨时间点相互负向预测且预测关系动态发展;网络成瘾与人际关系适应能够跨时间点相互负向预测且预测关系动态发展;网络成瘾与情绪适应能够跨时间点相互负向预测且预测关系动态发展;网络成瘾与自我适应能够跨时间点相互负向预测且预测关系动态发展;网络成瘾与择业适应能够跨时间点相互负向预测且预测关系动态发展;网络成瘾与满意度能够跨时间点相互负向预测且预测关系动态发展。

---

  ① Rogosa D,"A critique of cross-lagged correlation", *Psychological Bulletin*, Vol.88, 1980, pp.245-258; Schuurman N.K., "How to compare cross-lagged associations in a multilevel autoregressive model", *Psychological Methods*, Vol.21, No.2, 2016, pp.206-221.

  ② Rogosa D,"A critique of cross-lagged correlation", *Psychological Bulletin*, Vol.88, 1980, pp.245-258; Schuurman N.K., "How to compare cross-lagged associations in a multilevel autoregressive model", *Psychological Methods*, Vol.21, No.2, 2016, pp.206-221; Guo Y, "Behavioral engagement and reading achievement in elementary-school-age children: A longitudinal cross-lagged analysis", *Journal of Educational Psychology*, Vol.107, No.2, 2014, pp.332-347.

二、方法

(一)调查对象

从山东某高校选取四个二级学院的478名入学新生(平均年龄[M] = 18.25;标准差[SD] = 0.45)进行追踪调查。其中男生202名(M = 18.43; SD = 0.47),女生276名(M = 18.12; SD = 0.44);文科学院211名(M = 18.51; SD = 0.48),理科学院289名(M = 18.07; SD = 0.42)。在所有大学生入学的第一周进行第一次测试(T1),12个月后进行第二次测试(T2),24个月后进行第三次测试(T3)。在T2时间点参与测试的被试共有421名,其中男生169名(M = 19.27; SD = 0.48),女生252名(M = 19.45; SD = 0.44);文科学院153名(M = 19.64; SD = 0.50),理科学院268名(M = 19.36; SD = 0.47)。在T3时间点参与测试的被试共有368名,其中男生162名(M = 20.32; SD = 0.49),女生206名(M = 20.29; SD = 0.48);文科学院137名(M = 20.37; SD = 0.47),理科学院231名(M = 20.26; SD = 0.50)。同时参与三个时间点测试的被试共312名,其中男生139名(M = 20.30; SD = 0.49),女生173名(M = 20.47; SD = 0.52);文科学院121名(M = 20.15; SD = 0.47),理科学院191名(M = 20.53; SD = 0.49)。通过独立样本t检验来考察被试流失与现存被试在网络成瘾和适应得分的差异,结果发现两者差异均不显著。

(二)程序

测试团队由两位心理学专业老师、三位博士生和四位硕士生组成。在征得班主任许可的情况下,利用学生班会时间进行大约30分钟的问卷调查。在发放问卷之前,被试阅读知情同意书,同意并签署知情同意书的被试参与后续测试。在此期间,所有被试被告知他们的答题结果不会计入学期末考试成绩,且除研究人员之外,不会有其他人知道他们的作答情况。在所有被试作答结束后,发放为被试精心准备的礼物。此外,在三次测量的过程中,所有变量的测查使用同一套测量工具。

(三)工具

1.网络成瘾量表

采用"中国版网络成瘾"[①]对网络成瘾水平进行测量。该量表分为戒断性、失控性、低效性和逃避性四个维度,代表性题目包括"如果你不上网,你的朋友会很难联系到你"。量表采用5点计分(从1"几乎没有"到5"总是"),总分代表个人网络成瘾的程度。在本次研究的三次测量中,该量表的Cronbach'α系数分别为0.89、0.86、0.82。

2.大学生适应量表

本研究采用《中国大学生适应量表》测量大学生的适应情况(方晓义、沃建中、蔺秀云,2005)。该量表包括"人际关系适应""学习适应""校园生活适应""择业适应""情绪适应""自我适应""满意度"7个分量表。量表采用5点计分(从1"不同意"到5"同意"),总分代表个体整体适应情况。在本次研究的三次测量中该量表的Cronbach'α系数分别为0.84、0.93、0.91。

(四)数据处理

采用SPSS 22.0进行描述统计、相关分析和差异检验;采用Mplus 7.0进行测量等值性分析、自回归效应分析和交叉滞后分析。本书的缺失值采用全息最大似然估计(Full Information Maximum Likelihood,FIML)进行处理。采用Hu和Bentler[②]的评价体系对结构方程模型进行评价:TLI和CFI大于0.90拟合较好;RMSEA小于0.08模型较为简洁。在本研究当中所有模型均为嵌套模型,因此采用$\triangle x^2/\triangle df$的方式进行模型比较(Browne & Cudeck,1993)。

三、结果

(一)共同方法检验

通过因素分析抽取网络成瘾和大学生适应所有题目的最大解释因子,

[①] 白羽、樊富珉:《大学生网络依赖测量工具的修订与应用》,《心理发展与教育》2005年第21期。

[②] Hu L, Bentler P. M, "Cutoff criteria for fit indexes in covariance structure analysis: Conventional criteria versus new alternatives", *Structural Equation*, Vol.6, No.1, 1999, pp.1-55.

第二章　大学生智能手机成瘾(网络成瘾)的危害

表2-18　网络成瘾与大学生适应各维度的跨时间相关

变量	1	2	3	4	5	6	7	8	9	10	11	12	13	14	15	16	17	18	19	20	21	22	23	24
1.T1人际关系适应	1																							
2.T1学习适应	0.46**	1																						
3.T1校园生活适应	0.61**	0.53**	1																					
4.T1择业适应	0.52**	0.65**	0.58**	1																				
5.T1情绪适应	0.58**	0.57**	0.65**	0.52**	1																			
6.T1自我适应	0.57**	0.50**	0.62**	0.48**	0.62**	1																		
7.T1满意度	0.42**	0.40**	0.56**	0.34**	0.42*	0.46**	1																	
8.T1网络成瘾	-0.32**	-0.43**	-0.35**	-0.45**	-0.41**	-0.32**	-0.30**	1																
9.T2人际关系适应	0.53**	0.28**	0.36**	0.34**	0.31**	0.38**	0.31**	-0.19**	1															
10.T2学习适应	0.35**	0.57**	0.34**	0.39**	0.37**	0.40**	0.28**	-0.28**	0.58**	1														
11.T2校园生活适应	0.36**	0.35**	0.44**	0.37**	0.34**	0.41**	0.31**	-0.21**	0.64**	0.59**	1													
12.T2择业适应	0.40**	0.47**	0.37**	0.53**	0.29**	0.36**	0.24**	-0.26**	0.58**	0.70**	0.60**	1												
13.T2情绪适应	0.38**	0.34**	0.33**	0.33**	0.45**	0.44**	0.30**	-0.26**	0.69**	0.64**	0.68**	0.61**	1											

续表

变量	1	2	3	4	5	6	7	8	9	10	11	12	13	14	15	16	17	18	19	20	21	22	23	24
14. T2 自我适应	0.35**	0.27**	0.29**	0.28**	0.32**	0.51**	0.26**	-0.18**	0.73**	0.54**	0.62**	0.54**	0.72**	1										
15. T2 满意度	0.34**	0.29**	0.29**	0.25**	0.35**	0.31**	0.45**	-0.17**	0.51**	0.48**	0.52**	0.43**	0.56**	0.47**	1									
16. T2 网络成瘾	-0.21**	-0.31**	-0.22**	-0.25**	-0.31**	-0.25**	-0.24**	0.53**	-0.30**	-0.44**	-0.37**	-0.41**	-0.43**	-0.36**	-0.26**	1								
17. T3 人际关系适应	0.41**	0.27**	0.28**	0.20**	0.31**	0.26**	0.17**	-0.15**	0.39**	0.24**	0.27**	0.27**	0.25**	0.25**	0.30**	-0.16**	1							
18. T3 学习适应	0.22**	0.47**	0.26**	0.24**	0.29**	0.24**	0.18**	-0.21**	0.20**	0.42**	0.27**	0.28**	0.23**	0.16**	0.21**	-0.30**	0.47**	1						
19. T3 校园生活适应	0.28**	0.30**	0.32**	0.19**	0.27**	0.27**	0.28**	-0.21**	0.26**	0.30**	0.34**	0.27**	0.25**	0.20**	0.25**	-0.24**	0.65**	0.63**	1					
20. T3 择业适应	0.24**	0.37**	0.24**	0.35**	0.22**	0.18**	0.13**	-0.26**	0.20**	0.29**	0.27**	0.34**	0.20**	0.14**	0.16**	-0.19**	0.50**	0.59**	0.62**	1				
21. T3 情绪适应	0.26**	0.30**	0.25**	0.17**	0.37**	0.25**	0.17**	-0.20**	0.21**	0.26**	0.26**	0.17**	0.29**	0.22**	0.16**	-0.21**	0.63**	0.56**	0.61**	0.55**	1			
22. T3 自我适应	0.30**	0.28**	0.27**	0.19**	0.34**	0.35**	0.23**	-0.22**	0.26**	0.20**	0.27**	0.17**	0.26**	0.33**	0.25**	-0.21**	0.64**	0.54**	0.63**	0.50**	0.68**	1		
23. T3 满意度	0.23**	0.29**	0.24**	0.14**	0.31**	0.22**	0.40**	-0.17**	0.17**	0.16**	0.19**	0.14**	0.17**	0.15**	0.32**	-0.22**	0.46**	0.55**	0.62**	0.35**	0.47**	0.54**	1	
24. T3 网络成瘾	-0.19**	0.24**	-0.19**	-0.17**	-0.23**	-0.17**	-0.12*	0.47**	-0.12**	-0.17**	-0.16**	-0.12**	-0.14**	-0.16**	-0.19**	0.44**	-0.21**	-0.30**	-0.36**	-0.34**	-0.34**	-0.39**	-0.23**	1

注：*** $p<0.001$，** $p<0.01$，* $p<0.05$，下同。

其对总方差的解释率为13.5,结果小于Harman提出的共同方法偏差临界值。此外,以共同方法偏差为潜变量,网络成瘾和大学生适应所有题目为观测变量进行验证因素分析,结果显示,该模型拟合较差:$\chi^2(176)=547, p<0.01$, RMSEA=0.12, TLI=0.81, CFI=0.78。综合以上结果可以说明本研究不存在明显的共同方法偏差。

(二)网络成瘾与大学生适应各维度的跨时间相关

由表2-18可知,人际关系适应、学习适应、校园生活适应、择业适应、情绪适应、自我适应和满意度在T1、T2和T3三个时间点上均两两显著正相关;人际关系适应、学习适应、校园生活适应、择业适应、情绪适应、自我适应和满意度在T1、T2和T3三个时间点上均与网络成瘾显著负相关;人际关系适应、学习适应、校园生活适应、择业适应、情绪适应、自我适应、满意度和网络成瘾的跨时间自相关分布于0.39—0.53、0.42—0.57、0.32—0.44、0.34—0.53、0.29—0.45、0.33—0.51、0.32—0.45、0.44—0.53之间。

(三)网络成瘾与大学生适应各维度跨时间的差异检验

表2-19 网络成瘾与大学生适应各维度跨时间的差异检验

项目	T1($M\pm SD$)	T2($M\pm SD$)	T3($M\pm SD$)	$F(1,311)$	事后检验
人际关系适应	34.08±4.94	36.75±5.03	36.01±6.59	7.22**	T1<T2=T3
学习适应	36.88±5.79	38.99±5.54	40.42±7.62	12.37**	T1<T2<T3
校园生活适应	26.93±3.92	29.00±3.71	30.05±4.66	6.20*	T1<T2=T3
择业适应	32.05±5.82	30.61±4.69	29.98±4.25	2.74	T1=T2=T3
情绪适应	31.05±3.75	34.29±4.08	34.84±5.45	9.15**	T1<T2=T3
自我适应	28.12±3.66	29.71±4.13	29.61±4.87	15.71**	T1<T2=T3
满意度	15.92±2.91	17.53±2.80	17.52±3.98	23.56**	T1<T2=T3
网络成瘾	36.01±9.68	35.76±9.55	40.40±9.02	11.95**	T3>T1<T2

由表2-19可知,在T1到T2的一年中,大学生人际关系适应、学习适应、校园生活适应、情绪适应、自我适应和满意度有增长趋势,而网络成瘾有下降趋势;在T2到T3的一年中,大学生人际关系适应、学习适应、校园生活适应、

情绪适应、自我适应和满意度相对稳定,而网络成瘾有增长趋势;大学生择业适应在 T1 到 T3 的两年中保持相对稳定。

(四)网络成瘾的测量不变性检验

首先,对网络成瘾的测量不变性进行检验。以网络成瘾的四个因子作为观测变量,同一观测变量和潜变量在不同时间点通过双箭头(相关)连接构成一个整体,该模型被称作自由估计模型(见图 2-6)。自由估计模型拟合良好: $\chi^2(39) = 73.12, p<0.001, RMSEA = 0.05, TLI = 0.98, CFI = 0.99$。在自由估计模型的基础上限定所有相同观测变量在不同时间点的因子载荷相等,该模型被称作限定模型。限定模型拟合同样良好: $\chi^2(43) = 89.37, p<0.001, RMSEA = 0.05, TLI = 0.98, CFI = 0.99$。模型比较发现自由估计模型与限定模型差异显著: $\triangle\chi^2 = 26.25, \triangle df = 4, p<0.01$。由图 2-6 可知,T1 因子 1 和 T2 因子 1,T1 因子 2 和 T3 因子 2 因子载荷差异较大,因此限定以上两条路径相等,其他路径自由估计,该模型被称作部分限定模型。部分限定模型拟合良好: $\chi^2(41) = 77.45, p<0.001, RMSEA = 0.05, TLI = 0.98, CFI = 0.98$,且与自由估计模型差异不显著: $\triangle\chi^2 = 4.33, \triangle df = 2, p>0.05$,因此,部分限定模型可用于后续分析。

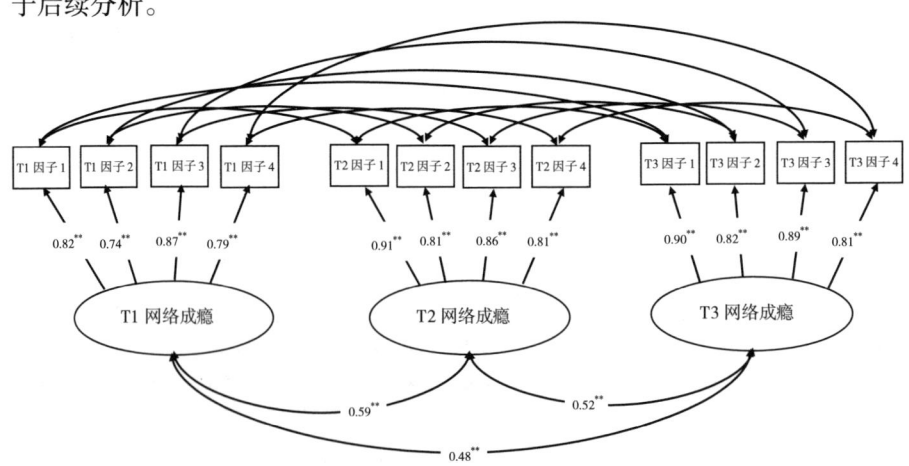

图 2-6 网络成瘾的测量模型

注:因子 1 为强迫性上网及网络成瘾戒断反应,因子 2 为网络成瘾耐受性,因子 3 为时间管理问题,因子 4 为人际与健康问题。

图 2-7 自回归模型

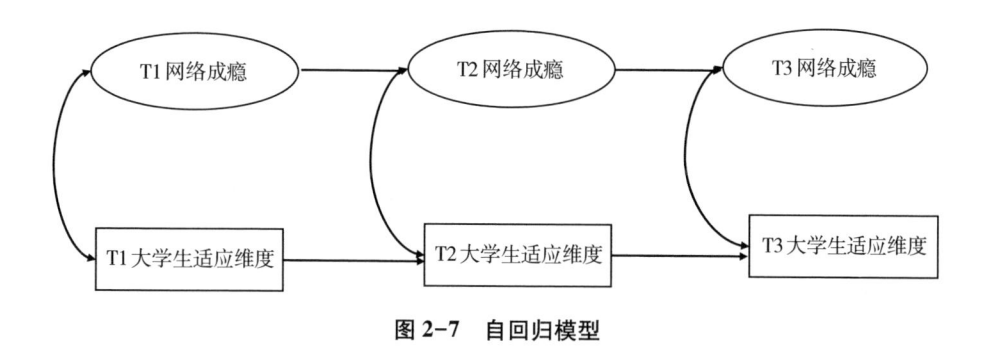

（五）网络成瘾与大学生适应各维度自回归效应检验

在部分限定模型的基础上分别添加人际关系适应、学习适应、校园生活适应、择业适应、情绪适应、自我适应和满意度的总分组成 7 个自回归模型（M1—M7）。该模型中，不同时间点的网络成瘾和适应各维度分别使用单箭头连接（回归），且前一时间点指向后一时间点；同一时间点网络成瘾和适应各维度分别使用双箭头关联（见图 2-7）。结果显示 7 个自回归模型拟合良好（见表 2-20），且前一时间点的人际关系适应、校园生活适应、择业适应、情绪适应、自我适应、满意度和网络成瘾均能显著正向预测后一时间点的人际关系适应、校园生活适应、择业适应、情绪适应、自我适应、满意度和网络成瘾，且 T1 到 T2 的自回归系数均小于 T2 到 T3 的自回归系数（见表 2-20）。

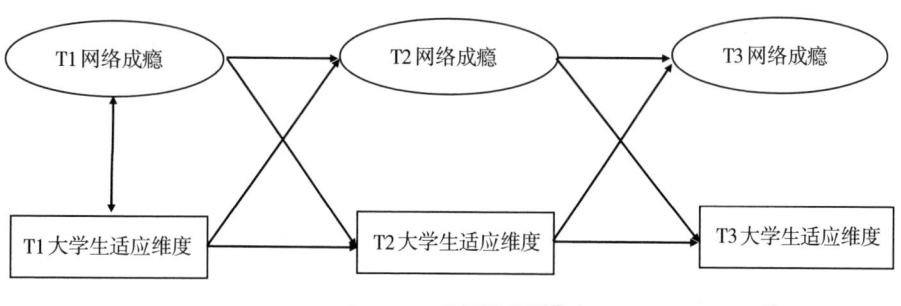

图 2-8 交叉滞后模型

（六）网络成瘾与大学生适应各维度双向关系检验

在自回归模型的基础上分别添加人际关系适应、学习适应、校园生活适应、择业适应、情绪适应、自我适应和满意度与网络成瘾的交叉关系组成7个交叉滞后模型(M8—M14;见图2-8)。结果显示7个交叉滞后模型均拟合良好(见表2-22)。模型比较发现,除 M5 与 M12 差异显著外(M12 优于 M5),其他自回归模型与交叉滞后模型差异不显著,该结果表明交叉滞后模型能够用相同模型考察更多变量关系,因此交叉滞后模型为最优模型[1](见表2-22)。交叉滞后模型显示 T1 学习适应能够显著负向预测 T2 网络成瘾,T2 网络成瘾显著负向预测 T3 学习适应;T2 网络成瘾显著负向预测 T3 校园生活适应;T1 和 T2 情绪适应能够显著负向预测 T2 和 T3 网络成瘾,T1 和 T2 网络成瘾能够显著负向预测 T2 和 T3 情绪适应;T1 自我适应能够显著负向预测 T2 网络成瘾,T2 网络成瘾显著负向预测 T3 自我适应;T2 网络成瘾显著负向预测 T3 满意度(见表2-21)。

表2-20 网络成瘾与大学生适应各维度自回归效应

模型	路径	T1→T2 β	SE	P	T2→T3 β	SE	P
M1	人际关系适应	0.36	0.04	<0.001	0.53	0.05	<0.001
M1	网络成瘾	0.46	0.06	<0.001	0.56	0.05	<0.001
M2	学习适应	0.42	0.06	<0.001	0.55	0.06	<0.001
M2	网络成瘾	0.45	0.06	<0.001	0.55	0.06	<0.001
M3	校园生活适应	0.33	0.04	<0.001	0.44	0.05	<0.001
M3	网络成瘾	0.43	0.06	<0.001	0.55	0.05	<0.001
M4	择业适应	0.36	0.04	<0.001	0.53	0.05	<0.001
M4	网络成瘾	0.45	0.06	<0.001	0.55	0.05	<0.001
M5	情绪适应	0.32	0.04	<0.001	0.43	0.05	<0.001
M5	网络成瘾	0.44	0.06	<0.001	0.54	0.05	<0.001

[1] Browne,M.W.,& Cudeck,R,"Alternative ways of assessing model fit",*in Testing structural equation models*,K.A.Bollen,& J.S.Long(Eds.),Newbury Park,CA:Sage,1993,pp.136-162.

续表

模型	项目路径	T1→T2 β	SE	P	T2→T3 β	SE	P
M6	自我适应	0.33	0.04	<0.001	0.49	0.05	<0.001
	网络成瘾	0.44	0.06	<0.001	0.56	0.05	<0.001
M7	满意度	0.32	0.04	<0.001	0.44	0.06	<0.001
	网络成瘾	0.45	0.06	<0.001	0.56	0.06	<0.001

表 2-21 网络成瘾与大学生适应各维交叉滞后效应

模型	项目路径	T1→T2 β	SE	P	T2→T3 β	SE	P
M8	人际关系适应→网络成瘾	-0.02	0.02	0.75	-0.02	0.03	0.72
	网络成瘾→人际关系适应	-0.03	0.11	0.60	-0.05	0.10	0.41
M9	学习适应→网络成瘾	-0.13	0.06	0.02	0.04	0.06	0.52
	网络成瘾→学习适应	-0.05	0.12	0.38	-0.12	0.09	0.03
M10	校园生活适应→网络成瘾	-0.03	0.03	0.63	0.01	0.04	0.82
	网络成瘾→校园生活适应	-0.07	0.08	0.23	-0.14	0.09	0.02
M11	择业适应→网络成瘾	0.02	0.03	0.78	0.10	0.03	0.09
	网络成瘾→择业适应	-0.03	0.11	0.65	-0.06	0.10	0.36
M12	情绪适应→网络成瘾	-0.12	0.03	0.04	-0.14	0.04	0.02
	网络成瘾→情绪适应	-0.11	0.10	0.05	-0.11	0.09	0.04
M13	自我适应→网络成瘾	-0.13	0.03	0.02	-0.01	0.04	0.86
	网络成瘾→自我适应	-0.03	0.09	0.65	-0.11	0.08	0.04
M14	满意度→网络成瘾	-0.08	0.04	0.13	00.03	0.05	0.61
	网络成瘾→满意度	-0.04	0.06	0.54	-0.15	0.06	0.009

表 2-22　M1—M14 的拟合指数及模型比较

模型	χ^2	df	p	TLI	CFI	RMSEA	模型比较	$\triangle \chi^2$	$\triangle df$	p
M1	144.64	74	<0.001	0.97	0.98	0.055	M1vs M8	1.17	4	0.82
M2	166.14	74	<0.001	0.96	0.97	0.063	M2vs M9	5.65	4	0.21
M3	150.92	74	<0.001	0.96	0.97	0.058	M3vs M10	7.2	4	0.14
M4	143.74	74	<0.001	0.97	0.98	0.055	M4vs M11	3.33	4	0.51
M5	164.76	74	<0.001	0.96	0.97	0.063	M5vs M12	13.51	4	<0.001
M6	155.31	74	<0.001	0.96	0.97	0.059	M6vs M13	5.77	4	0.20
M7	153.99	74	<0.001	0.96	0.97	0.059	M7vs M14	9.55	4	<0.05
M8	143.47	70	<0.001	0.96	0.98	0.058				
M9	160.49	70	<0.001	0.96	0.97	0.064				
M10	143.72	70	<0.001	0.96	0.97	0.058				
M11	140.41	70	<0.001	0.97	0.98	0.057				
M12	151.25	70	<0.001	0.96	0.97	0.061				
M13	149.54	70	<0.001	0.96	0.97	0.060				
M14	144.44	70	<0.001	0.96	0.97	0.058				

四、讨论

本书通过对历时3年的追踪数据进行分析,结果发现(1)大学生在大学的前两年中,网络成瘾、人际关系适应、学习适应、情绪适应、自我适应和满意度均有递增趋势,其变化主要表现于大一期间,大二相对稳定。(2)网络成瘾与大学生学习适应、情绪适应和自我适应具有双向关系。其中,网络成瘾与学习适应和自我适应能跨时间点动态地相互负向预测,而网络成瘾与情绪适应能跨时间点地相互负向预测。(3)网络成瘾单方面显著负向预测大学生校园生活适应和满意度。(4)网络成瘾与大学生人际关系适应和择业适应跨时间点关系不显著。下面针对以上结果展开讨论。

(一)网络成瘾与大学生适应各维度跨时间的差异检验

大学生人际关系适应、学习适应、情绪适应、自我适应和满意度在大学第一年呈现出递增趋势,这是因为大一是大学生适应的关键期[①]。由高中进入大学,大一新生进入了一个陌生的环境,甚至部分新生是第一次离开父母寄宿于学校,他们也因之需要更多的适应调整。面对新同学、新老师,他们需要更多的人际关系适应;面对新的学习环境、新的学习方法,他们需要更多的学习适应;离开父母和朋友寄宿于学校,他们需要更多的情绪适应和自我适应[②]。为了加快新生对大学生活的适应,学校通常会举办各种联谊、竞赛和各类学习等活动以促进学生之间、学生与老师之间的沟通与交流;学生辅导员、班主任和学生会成员也会积极为大学新生排忧解难。经历了一年的大学生活后,大学新生结交了新朋友,认识了新老师,学习了新知识,再加上参加了各种素质拓展活动,他们在入学的第一年中人际关系适应、学习适应、情绪适应、自我适应和满意度会显著提高[③]。

相比而言,在大学生入学的第二年中,他们与同学、老师和家人形成了新

[①] Huang S., "Parent-children relationship and internet addiction of adolescents: the mediating role of self-concept", *Current psychology*, Vol. 3, 2019, pp. 1–12; Rebisz S, Sikora L., "Internet addiction in adolescents", *Practice & Theory in Systems of Education*, Vol. 11, No. 3, 2018, pp. 194–204; Bowman N.A., et al, "The unfolding of student adjustment during the first semester of college", *Research in Higher Education*, Vol.60, 2018, pp.273–292; Şerife I., Ergüner-Tekinalp B, "The effects of gratitude journaling on turkish first year college students' college adjustment, life satisfaction and positive affect", *International Journal for the Advancement of Counselling*, Vol.39, No.2, 2017, pp. 164–175.

[②] Colarossi L.G, Eccles J.S, "Differential effects of support providers on adolescents' mental health", *Social Work Research*, Vol.27, No.1, 27(1), 2003, pp.19–30; Reddy R., et al, "The influence of teacher support on student adjustment in the middle school years: A latent growth curve study", *Development and Psychopathology*, Vol. 15, No. 1, 2003, pp. 119–138; Huang S., "Parent-children relationship and internet addiction of adolescents: the mediating role of self-concept", *Current psychology*, Vol.3, 2019, pp.1–12; Beeber L.S, "Testing an explanatory model of the development of depressive symptoms in young women during a life transition", *Journal of America College Health*, Vol. 47, 1999, pp. 227–235; Marcotte D., et al, "Resilience factors in students presenting depressive symptoms during the post-secondary school transition", *Procedia—Social and Behavioral Sciences*, Vol. 159, 2014, pp. 91–95.

[③] Leung, Hung C, "University support, adjustment, and mental health in tertiary education students in hong kong", *Asia Pacific Education Review*, Vol.18, No.1, 2017, pp.115–122; 高峰强等:《大一新生羞怯与适应的交叉滞后分析》,《心理科学》2017 年第 40 期; Marcotte, D., et al, "Adjustment to college and prediction of depression during post-secondary transition", *European Journal of Psychology of Education*, Vol.8, 2017, pp.1–22.

的、相对稳定的互动模式,与周围的生活、学习环境变得熟悉,此时,他们已有的适应水平能够从容应对当前的困难和挑战,因此他们的人际关系适应、情绪适应、自我适应和满意度也变得相对稳定[1]。此外,在自回归模型中,大二到大三人际关系适应、情绪适应、自我适应和满意度的自回归系数显著大于大一到大二的自回归系数,这也在一定程度上说明大二学生已经形成了稳定的人际关系适应、情绪适应、自我适应和满意度水平[2]。然而,大二学习任务较为繁忙,学生仍需要不断提升自己的学习适应水平才能应对难度不断提升的专业知识。在入学的前两年,大学生只有不断提高学习适应水平才能为后续顺利完成英语四六级考试、考公和考研等任务做好准备,因此学习适应在大二到大三期间仍在持续增长。

大学生网络成瘾水平在入学后的两年中呈"V"型变化。由高中升大学准备期,大学新生经历了为期近三个月的暑假。假期间,大量学生会选择使用网络打发自己的空闲时间,然而这一行为可能会延续到大学入学后,他们可能会因之使得初始网络成瘾水平较高。此后,在大学的第一年里,上课和晚自习占用了大学生的大部分时间,他们的上网时间可能也会因之大大缩短。然而进入大二后,晚自习取消,他们可能又会把一部分时间用于上网,因此大二学期末大学生的网络成瘾水平又进一步提高了[3]。

---

[1] Marcotte, D., et al, "Adjustment to college and prediction of depression during post-secondary transition", *European Journal of Psychology of Education*, Vol.8, 2017, pp.1-22; Beeber L.S, "Testing an explanatory model of the development of depressive symptoms in young women during a life transition", *Journal of America College Health*, Vol.47, 1999, pp.227-235; Marcotte D., et al, "Resilience factors in students presenting depressive symptoms during the post-secondary school transition", *Procedia—Social and Behavioral Sciences*, Vol.159, 2014, pp.91-95.

[2] Rogosa D, "A critique of cross-lagged correlation", *Psychological Bulletin*, Vol.88, 1980, pp.245-258; Schuurman N.K., "How to compare cross-lagged associations in a multilevel autoregressive model", *Psychological Methods*, Vol.21, No.2, 2016, pp.206-221; Guo Y., et al, "Behavioral engagement and reading achievement in elementary-school-age children: A longitudinal cross-lagged analysis", *Journal of Educational Psychology*, Vol.107, No.2, 2014, pp.332-347.

[3] Tian Y., et al, "Bidirectional mediating role of loneliness in the association between shyness and generalized pathological internet use in chinese university students: a longitudinal cross-lagged analysis", *The Journal of Psychology*, Vol.12, 2018, pp.1-19.

（二）网络成瘾与大学生学习适应、情绪适应和自我适应的双向关系

笔者发现，网络成瘾与大学生学习适应、情绪适应和自我适应具有双向关系。尽管已有研究证实，网络成瘾能够影响个体的学习适应、情绪适应和自我适应，但这些研究并未揭示网络成瘾与学习适应、情绪适应和自我适应之间的前因后果以及随时间发展的恶性循环过程。"失补偿"假设认为，网络成瘾是个体心理常态发育受阻的表现，若完成补偿，恢复常态，则形成"建设性补偿"，表现为正常上网；若非有效补偿，进而导致心理发展受阻或中断，则形成"病理性补偿"，表现为网络成瘾[1]。不幸的是，本书发现具有学习适应、情绪适应和自我适应的大学生均表现出了病理性补偿[2]。此外，本书还证实病理性补偿又会进一步导致大学生学习适应、情绪适应和自我适应问题。下面将对以上结果具体展开讨论。

首先，大学新生入学的学习适应水平能够显著负向预测大二初的网络成瘾水平。学习适应困难的学生，由于对学习兴趣不高且自信心不足，他们对学习抱有厌倦心理[3]。在大学里，高中督导式的教学代之以讲座式的授课，这种自主式学习给学习适应困难者提供了学习拖延、逃课等恶习的可乘之机。网络是一个充斥着新鲜事物的广阔空间，酣畅淋漓的网络游戏、神秘的网络社

---

[1] Lin X.,et al,"Development of an online and offline integration hypothesis for healthy internet use:theory and preliminary evidence",*Frontiers in Psychology*,Vol.9,2018,pp.492-503；Shang W.,et al,"Eco-compensation in china:theory,practices and suggestions for the future",*Journal of Environmental Management*,Vol.210,2018,pp.162-170；Doorn J.V.,"An exploration of third parties' preference for compensation over punishment:six experimental demonstrations",*Theory & Decision*,Vol.85,No.3,2018,pp.(3),1-19.

[2] Chui C.F,Chan C.K,"School adjustment,social support,and mental health of mainland Chinese college students in hong kong",*Journal of College Student Development*,Vol.58,No.1,2017,pp.88-100；Larose S.,et al,"Adjustment trajectories during the college transition:types,personal and family antecedents,and academic outcomes",*Research in Higher Education*,Vol.9,2018,pp.1-12.

[3] Xie X.,et al,"Academic adaptation and pursuit of the symbolic function of mobile phones among adolescents:moderating role of self-identity and mediating role of academic performance",*Child Indicators Research*,Vol.1,2018,pp.1-12；Trost K.,et al,"Mapping swedish females'educational pathways in terms of academic competence and adjustment problems",*Journal of Social Issues*,Vol.64,No.1,2008,pp.157-174.

交、海量的网络小说等可能更会赢得他们的兴趣①。鉴于此,学习适应较差的大学生可能更愿意把时间用于上网并导致其网络成瘾水平提高。此外,大二学生初始的网络成瘾水平能够显著负向预测大三初始的学习适应水平。长期沉溺于网络后,大二学生对网络有了强烈的依赖感和需求感,而对学习缺乏兴趣或难以集中精力,缺乏时间感,记忆力减退,甚至丧失自尊和自信,学习适应又进一步降低②。然而以上两个过程会演化为一种恶性循环:自入学起,不愿意学习的学生更愿意把时间花费于网络,由于上网占据了学习的时间,他们的学习适应水平又会进一步降低。

其次,情绪适应能够与网络成瘾跨时间点相互负向预测。网络能够让人任意抒发情感并从中获得社会支持,例如,大学生可以通过社交软件发布自己的心情或者经历以获得他人鼓励和支持,这种情感的抒发或者他人的支持可以暂时缓解他们的消极情绪③。这种暂时的满足会导致大学生错误地认为自己只有在网络中才能获得归属感和安全感,他们也会因此更多地使用网络④。

---

① Tian Y., et al, "Associations between psychosocial factors and generalized pathological internet use in Chinese university students: a longitudinal cross-lagged analysis", *Computers in Human Behavior*, Vol.72, 2017, pp.178-188; Cevik G.B, Yildiz M.A, "The roles of perceived social support, coping, and loneliness in predicting internet addiction in adolescents", *Journal of Education & Practice*, Vol.8, No.12, 2017, pp.1222-1735; Casale S, Fioravanti G, "Psychosocial correlates of internet use among italian students", *International Journal of Psychology*, Vol.46, No.4, 2011, pp.288-298; Huan V.S., "The impact of shyness on problematic internet use: the role of loneliness", *Journal of Psychology*, Vol.148, No.6, 2014, pp.699-715.

② Zhou P., et al, "The relationship between resilience and internet addiction: a multiple mediation model through peer relationship and depression", *Cyberpsychology Behavior & Social Networking*, Vol 20, No.10, 2017, pp.634-647; Kumar S., et al, "Relationship of internet addiction with depression and academic performance in indian dental students", *Clujul Medical*, Vol.91, No.3, 2018, pp.300-306; Akhter N, "Relationship between internet addiction and academic performance among university undergraduates", *Educational Research & Reviews*, Vol.8, 2013, pp.1793-1796.

③ Tian Y., et al, "Bidirectional mediating role of loneliness in the association between shyness and generalized pathological internet use in chinese university students: a longitudinal cross-lagged analysis", *The Journal of Psychology*, Vol.12, 2018, pp.1-19; Huan V.S., "The impact of shyness on problematic internet use: the role of loneliness", *Journal of Psychology*, Vol.148, No.6, 2014, pp.699-715.

④ Tian Y., et al, "Associations between psychosocial factors and generalized pathological internet use in Chinese university students: a longitudinal cross-lagged analysis", *Computers in Human Behavior*, Vol.72, 2017, pp.178-188.

然而,网络具有一定的虚幻性、想象性,很多信息和观点与现实生活不符,例如,网购买到假货、网友照片与真人不符等。当大学生在网上经历了类似挫折,他们难免会产生失落、痛苦等消极情绪,进而导致他们的情绪适应水平降低[1]。此外,笔者发现网络成瘾和情绪适应能够同时相互预测,这说明网络成瘾和情绪适应互为因果。先前有关孤独、抑郁等消极情绪与网络成瘾的追踪研究中同样发现了这一关系[2]。

最后,笔者还发现自我适应与网络成瘾的关系动态发展。一方面,大学新生入学的学习适应水平能够显著负向预测大二初的网络成瘾水平。自我适应较差的个体通常伴有自卑情结,在与他人相处时畏首畏尾,生怕别人笑话自己。而网络世界所具有的可编辑性、匿名性和去抑制性恰巧迎合了这类群体满足精神生活的需求,他们可以在虚拟世界中尽情地表达自己的思想和感情,而不必担心任何的敌意与嘲笑,他们也因之更愿意花费大量时间于网络,最终网络成瘾水平提高[3]。另一方面,大二学生初始的网络成瘾水平能够显著负向预测大三初始的自我适应水平。长期沉溺于网络世界必然会导致大学生线下的人际交往减少,而人际交往是个体学习社交技能、建立良好人际关系的重要方式之一。缺乏社交技能和稳定的人际关系会导致个体在人际互动中产生焦虑、紧张和不自信等心理体验,久而久之便产生自卑心理,这种自卑心理又

---

[1] Langenderfer J, Shimp T.A., "Consumer vulnerability to scams, swindles, and fraud: a new theory of visceral influences on persuasion", *Psychology & Marketing*, Vol.18, No.7, 2010, pp.763-783; Buchanan T, Whitty M.T, "The online dating romance scam: causes and consequences of victimhood", *Psychology Crime & Law*, Vol.20, No.3, 2014, pp.261-283; Yu T.K, Chao C.M, "Internet misconduct impact adolescent mental health in taiwan: the moderating roles of internet addiction", *International Journal of Mental Health & Addiction*, Vol.14, No.6, 2016, pp.1-16.

[2] Yao M.Z, Zhong Z.J, "Loneliness, social contacts and internet addiction: a cross-lagged panel study", *Computers in Human Behavior*, Vol.30, 2014, pp.164-170.

[3] Usta E., ey al, "The examination of individuals' virtual loneliness states in internet addiction and virtual environments in terms of inter-personal trust levels", *Computers in Human Behavior*, Vol.36, 2014, pp.214-224; Ran Y.Y, Han S.J, "Effects of psychosocial interventions for school-aged children's internet addiction, self-control and self-esteem: meta-analysis", *Health care Informatics Research*, Vol.22, No.3, 2014, pp.217-230.

会导致个体自我适应水平降低[①]。

(三)网络成瘾与大学生校园生活适应和满意度的单向关系

调查结果证明,大学生校园生活适应和满意度是网络成瘾的结果变量而非前因变量,且这种因果关系表现于 T2 至 T3 之间而非 T1 至 T2 之间。对产生以上结果的原因,笔者作以下解释:众所周知,高中生学习任务繁忙且老师、家长监管严格,他们很难获得长时间上网的机会。但进入大学后,学习负担骤减使得他们获得了充足的上网时间;家长为学生购买智能手机、笔记本电脑等设备使得他们可以随处上网;老师给学生更多的自由空间。这种翻天覆地的变化,对于大一新生来说是新颖的、神秘的和有趣的,他们对这种全新的生活方式充满了热情和期待[②]。在这一关键的转折期中,大学生过度使用网络对于校园生活适应和满意度所造成的危害,可能会被网络给大一新生带来的新鲜感、便利等"美妙"体验所掩盖,因此,T1 网络成瘾并不能显著预测 T2 校园生活适应和满意度。然而,在大学的第二学年,大学生对于网络有了更深入的了解后,他们意识到了网络的两面性。甚至有一部分同学亲身经历了过度使用网络所带来的危害,例如,花费过多时间于网络游戏耽误了学业成绩、发展个人爱好和与他人交往等导致校园生活适应降低;网络购物买到假货,遭受网

[①] Ehrensaft M.K., "Interpersonal relationships and sex differences in the development of conduct problems", *Clinical Child & Family Psychology Review*, Vol.8, No.1, 2005, pp.39-63; Wentzel K.R, Mcnamara C.C, "Interpersonal relationships, emotional distress, and prosocial behavior in middle school", *Journal of Early Adolescence*, Vol.19, No.1, 1999, pp.114-125; Tian Y., et al, "Associations between psychosocial factors and generalized pathological internet use in Chinese university students: a longitudinal cross-lagged analysis", *Computers in Human Behavior*, Vol.72, 2017, pp.178-188.

[②] Huang S., "Parent-children relationship and internet addiction of adolescents: the mediating role of self-concept", *Current psychology*, Vol.3, 2019, pp.1-12; Rebisz S, Sikora L, "Internet addiction in adolescents", *Practice & Theory in Systems of Education*, Vol.11, No.3, 2018, pp.194-204; Bowman N.A., et al, "The unfolding of student adjustment during the first semester of college", *Research in Higher Education*, Vol.60, 2018, pp.273-292; Şerife I., Ergüner-Tekinalp B, "The effects of gratitude journaling on turkish first year college students' college adjustment, life satisfaction and positive affect", *International Journal for the Advancement of Counselling*, Vol.39, No.2, 2017, pp.164-175.

络诈骗和传销等降低了对当前生活的满意度①。因此,T2 网络成瘾能显著负向预测 T3 校园生活适应和满意度。

五、不足、意义和启示

本书的创新点在于通过对大一新生的网络成瘾和适应水平进行了三次追踪测查,探讨了网络成瘾与 7 种大学生适应的双向和动态关系。与以往网络成瘾的追踪研究相比,本书考察了网络成瘾在不同时间点的测量不变性,采用部分限定模型能够在一定程度上控制由测量所带来的误差,更能真实地揭示网络成瘾与 7 种适应类型的相互关系。但本书也存在几点不足:第一,尽管所有被试均签订知情同意书并承诺完成三次网络成瘾和适应的追踪测量,但由于生病请假、参加其他活动、参加选修课程等造成了较大的被试量流失。虽然独立样本 t 检验的结果显示,流失的被试与现存被试在网络成瘾和适应得分不存在差异,但对于该结果的推广还需谨慎。第二,被试均来自山东的普通本科高校,由于不同的学校对于学生的课程设置、晚自习安排等存在较大差异,例如,某些高校大二仍要求学生按时上晚自习。因此,对于结果解释还要考虑学校所在地、类型和课程安排等因素。第三,本书的所有变量均采用量表测量,尽管共同方法偏差检验证明本研究不存在明显共同方法偏差,但结果仍有受影响的可能性,因此,未来研究可以通过实验法对本研究结果加以验证。第四,尽管本研究采用了交叉滞后设计考察网络成瘾与适应间的动态和双向关系,但本研究并未控制由网络成瘾和适应随时间的变化对两者关系的影响。因此,未来研究可以采用 Latent Change Score 设计来进一步考察网络成瘾和适应的相互关系②。

尽管存在以上不足,本书仍然具有重要的现实意义和启示:第一,注重大一新生适应能力的培养。大一是大学生适应提升的重要时期,而到了大二学

---

① Bozoglan B.,"Loneliness,self-esteem,and life satisfaction as predictors of internet addiction:a cross-sectional study among turkish university students",*Scandinavian Journal of Psychology*,Vol.54,No.4,2013,pp.313-319;Lachmann B.,et al,"Commuting,life-satisfaction and internet addiction",*International Journal of Environmental Research and Public Health*,Vol.1176,2017,pp.1-13.

② McArdle J.J,"Latent variable modeling of differences and changes with longitudinal data",*Annual Review of Psychology*,Vol.60,No.1,2009,pp.577-605.

年,大学生的适应提高缓慢甚至停滞,这要求学校老师和家长要注重大一新生适应能力的培养。有研究证明,老师与学生的良性沟通可以增加学生的归属感和安全感,有助于新生情绪适应和人际关系适应(Bowman et al.,2018)[①]。因此,高校老师可以定期与学生谈心或者实施以老师为核心的团体辅导以帮助新生提高适应能力。第二,干预要注重个体差异。本研究发现在大一期间,学习适应、情绪适应和自我适应较差的个体更喜欢使用网络并成瘾,这要求学校老师和家长要更加关注学习适应、情绪适应和自我适应较差的个体。只有提高大学新生初始的学习适应、情绪适应和自我适应水平才能打破网络成瘾对个体学习适应、情绪适应和自我适应影响的恶性循环。第三,对不同年级大学生的干预主题要有所不同。大一期间学习适应、情绪适应和自我适应能够增加网络成瘾,而在大二期间网络成瘾能够降低学生学习适应、情绪适应、自我适应、校园生活适应和满意度。这提示老师和家长,在大一期间要更多关注学生学习适应、情绪适应和自我适应对网络成瘾的影响,而大二期间要更多关注网络成瘾对学生学习适应、情绪适应、自我适应、校园生活适应和满意度的影响。

第六节 父母教养方式与网络成瘾的双向作用及机制

一、引言

截至2021年12月,我国约有10.32亿网民,其中,大学生是网络使用的重要群体之一[②]。然而,已有研究指出大学生会因沉迷网络而成瘾[③]。网络

---

① Bowman N.A., et al, "The unfolding of student adjustment during the first semester of college", *Research in Higher Education*, Vol.60, 2018, pp.273-292.
② 中国互联网络信息中心:第49次《中国互联网络发展状况统计报告》,2022年2月25日,见http://www.cnnic.net.cn/hlw fzyj/hl-w xzbg/hlw tjbg/202202/t20220225_71727.html。
③ Tian Y., "Associations between psychosocial factors and generalized pathological internet use in Chinese university students, A longitudinal cross-lagged analysis", *Computers in Human Behavior*, Vol.72, No.6, 2017, pp.178-188; Yang W., et al, "Associations between sense of coherence, psychological distress, escape motivation of internet use, and Internet addiction among Chinese college students: A structural equation model", *Current Psychology*, 2021.

成瘾是指因过度使用网络而导致个体心理和社会功能的损害,并对个体的学习和工作产生严重影响[1]。已有研究发现不良的父母教养方式会增加个体罹患网络成瘾的风险[2]。然而,长时间上网会减少亲子沟通频率,阻碍情感传递甚至亲子关系恶化[3],又会进一步影响父母教养方式。尽管已有横断研究考察了父母教养方式对网络成瘾的影响[4],但很少有研究关注网络成瘾对父母教养方式的影响。基于此,本书拟采用追踪设计探讨大学生父母教养方式与网络成瘾的双向关系及作用机制。

父母教养方式与孩子行为的理论基础经历了一个较长的发展期。最早洛克的"白板说"认为孩子天生是一张白板,孩子的行为受父母教养方式的影响[5],但后来"不同气质类型说"认为孩子天生就有不同的气质类型,反过来会对父母的教育方式产生影响[6]。直到今天,家庭系统理论认为父母教养方式与孩子行为之间是相互影响的,两者既是影响者,又是受影响者[7]。网络成瘾作为病理性网络使用行为与孩子的身心健康显著关联,厘清其与父母教养方式的相互关系及作用机制对于网络成瘾的家庭防治具有重要指导意义。因

---

[1] Davis R.A, "A cognitive Behavioral model of pathological internet use", *Computers in Human Behavior*, Vol.17, No.2, 2001, pp.187-195.

[2] Karaer Y, Akdemir D, "Parenting styles, perceived social support and emotion regulation in adolescents with Internet addiction", *Comprehensive Psychiatry*, Vol.92, 2019, pp.22-27; Lo C., et al, "Association of harsh parenting and maltreatment with Internet addiction, and the mediating role of bullying and social support", *Child Abuse & Neglect*, Vol.113, No.4, 2021, Article 104928; Zhang R.P., et al, "Parenting styles and Internet addiction in Chinese adolescents: Conscientiousness as a mediator and teacher support as a moderator", *Computers in Human Behavior*, Vol.101, 2019, pp.144-150.

[3] Van den Eijnden R.J.J.M., "Compulsive internet use among adolescents: Bidirectional parent-child relationships", *Journal of Abnormal Child Psychology*, Vol.38, No.1, 2010, pp.77-89.

[4] Karaer Y, Akdemir D, "Parenting styles, perceived social support and emotion regulation in adolescents with Internet addiction", *Comprehensive Psychiatry*, Vol.92, 2019, pp.22-27; Lo C., et al, "Association of harsh parenting and maltreatment with Internet addiction, and the mediating role of bullying and social support", *Child Abuse & Neglect*, Vol.113, No.4, 2021, Article 104928.

[5] Lecky P, "Self-consistency: A theory of personality", *New York: Island Press*, 1945.

[6] Rothbart M.K, "Measurement of temperament in infancy", *Child Development*, Vol.52, No.2, 1981, pp.569-578.

[7] Belsky J, "Early human experience: A family perspective", *Developmental Psychology*, Vol.17, No.1, 1981, pp.3-23; White J.M, "Understanding family process: basics of family systems theory (book)", *Journal of Comparative Family Studies*, Vol.26, No.2, 1993, pp.281-282.

此,本书拟以家庭系统理论为基础考察父母教养方式与网络成瘾的双向关系及作用机制。

(一)父母教养方式与网络成瘾的双向关系

已有研究证实父母教养方式对网络成瘾有重要影响。具体而言,来自于父母的情感温暖可以有效缓解个体的网络成瘾症状,而父母拒绝或过度保护会显著增加其网络成瘾行为[1]。"失补偿"假说认为个体的网络成瘾行为是为了补偿线下的缺失所致[2]。父母拒绝会导致个体缺乏社会支持,而网络强大的社交功能能有效扩大社交范围并弥补他们的社会支持缺失,从而致其依赖并成瘾[3]。同样,过度保护会让个体损失线下"自由",网络的虚拟性、便利性和匿名性能让他们彻底摆脱父母的束缚,在网络世界当中随心所欲而不能自拔[4]。另外,缺乏父母情感温暖也同样如此,情感缺失会引发个体产生大量的消极情绪[5],而网络的娱乐功能,比如看视频、玩游戏和浏览网页等能暂时缓

---

[1] Karaer Y, Akdemir D, "Parenting styles, perceived social support and emotion regulation in adolescents with Internet addiction", *Comprehensive Psychiatry*, Vol.92, 2019, pp.22-27; Lo C., et al, "Association of harsh parenting and maltreatment with Internet addiction, and the mediating role of bullying and social support", *Child Abuse & Neglect*, Vol.113, No.4, 2021, Article 104928.

[2] Morgan C, Cotton S.R, "The relationship between Internet activities and depressive symptoms in a sample of college freshmen", *CyberPsychology & Behavior*, Vol.6, No.2, 2004, pp.133-142; Song I., et al, "Internet gratifications and Internet addiction: On the uses and abuses of new media", *Cyberpsychology & Behavior*, Vol.7, No.4, 2004, pp.384-394.

[3] Li J., et al, "Parent-adolescent communication, school engagement, and Internet addiction among Chinese adolescents: The moderating effect of rejection sensitivity", *International Journal of Environmental Research and Public Health*, Vol.18, No.7, 2021, Article 3542; Thompson N., et al, "Do privacy concerns determine online information disclosure? the case of Internet addiction", *Information and Computer Security*, 2021, ahead-of-print(ahead-ofDprint).

[4] Li C., et al, "Internet addiction among Chinese adolescents: The effect of parental behavior and self-control", *Computers in Human Behavior*, Vol.41, No.12, 2014, pp.1-7; Siomos K., et al, "Evolution of Internet addiction in Greek adolescent students over a two-year period: The impact of parental bonding", *European Child & Adolescent Psychiatry*, Vol.21, No.4, 2012, pp.211-219.

[5] Argyroula E.K, Birtchnell J, "The impact of early parenting bonding on young adults' Internet addiction, through the mediation effects of negative relating to others and sadness", *Addictive Behaviors*, Vol.39, No.3, 2014, pp.733-736.

解他们的消极情绪,这种短暂的快乐能让其沉迷并成瘾①。

网络成瘾可能同样对父母教养方式有重要影响。"失补偿"假说认为,补偿可以分为建设性补偿和病理性补偿。建设性补偿是指个体的需要被其他活动所转移,且该活动能对个体的需要进行修复并促进个体的身心发展,而病理性补偿则不能修复个体的需要且阻碍个体的身心发展②。大量的研究证实网络成瘾会对个体身心及行为产生严重危害,这些恶性后果显然证实网络成瘾是一种病理性补偿③。根据这一观点不难推测网络成瘾对父母教养方式的影响同样可能是病理性补偿。已有研究证明个体长时间上网会减少与家人沟通的频率,这会致使亲子关系恶化④,进而导致父母拒绝和过度保护增多,而情感温暖减少⑤。

综上所述,父母教养方式与网络成瘾可能互为因果,但这一结论尚未得到证实。尽管有少量追踪研究发现有效的亲子沟通可以显著减少孩子两年后的网络成瘾行为⑥,而不良的亲子关系会提高孩子六周后⑦甚至是三年后⑧的网

---

① Huang X., et al, "Mental health, personality, and parental rearing styles of adolescents with Internet addiction disorder", *Cyberpsychology Behavior & Social Networking*, Vol.13, No.4, 2010, pp.401-406; Lioupi C., et al, "Predictors of excessive internet use among adolescents in Greece after the economic recession: The role of psychopathology, parental rearing practices, self-efficacy and internet-related activities", *Current Psychology*, 2021, pp.1-14.

② Morgan C, Cotton S.R, "The relationship between Internet activities and depressive symptoms in a sample of college freshmen", *CyberPsychology & Behavior*, Vol.6, No.2, 2004, pp.133-142.

③ Yao M.Z, Zhong Z, "Loneliness, social contacts and Internet addiction: A cross-lagged panel study", *Computers in Human Behavior*, Vol.30, No.30, 2014, pp.164-170.

④ Van den Eijnden R.J.J.M., "Compulsive internet use among adolescents: Bidirectional parent-child relationships", *Journal of Abnormal Child Psychology*, Vol.38, No.1, 2010, pp.77-89.

⑤ Karaer Y, Akdemir D, "Parenting styles, perceived social support and emotion regulation in adolescents with Internet addiction", *Comprehensive Psychiatry*, Vol.92, 2019, pp.22-27; Zhu J., et al, "Early adolescent internet game addiction in context: How parents, school, and peers impact youth", *Computers in Human Behavior*, Vol.50, No.9, 2015, pp.159-168.

⑥ Ko C.H., et al, "Predictive values of psychiatric symptoms for Internet addiction in adolescents: A 2-year prospective study", *Archives of pediatrics & adolescent medicine*, Vol.163, No.10, 2009, pp.937-943.

⑦ Van den Eijnden R.J.J.M., "Compulsive internet use among adolescents: Bidirectional parent-child relationships", *Journal of Abnormal Child Psychology*, Vol.38, No.1, 2010, pp.77-89.

⑧ Shek D., et al, "The influence of parental control and parent-child relational qualities on adolescent Internet addiction: A 3-year longitudinal study in Hong Kong", *Frontiers in Psychology*, Vol.9, 2018, Article 642.

络成瘾水平,但并未有追踪研究直接探讨父母教养方式与网络成瘾的纵向关系。有效的亲子沟通是传递情感温暖的纽带,而不良的亲子关系会导致父母拒绝或过度保护[1],因此父母教养方式可能会跨时间影响网络成瘾。另外,基于家庭系统理论,孩子是父母教养方式的接受者也是父母教养方式的创造者,父母教养方式会受孩子气质类型、外貌、行为等因素的影响[2]。然而,孩子气质类型、外貌、行为等因素会随时间变化而发生改变,这说明父母教养方式并非一成不变,其很可能受到网络成瘾的影响而动态发展。因此,父母教养方式与网络成瘾能跨时间相互预测。

(二)安全感的跨时间双向中介作用

安全感是指对可能出现的心理危险或风险的预感,以及个体在作出应对时的有力或无力感[3]。情绪安全感理论[4]指出,低安全感的个体主要有三个方面的表现。第一是消极情绪多。低安全感个体因消极情绪唤醒增强,会产生更多的害怕、恐惧、悲伤等消极情绪。第二是消极认知多。低安全感的个体会有更多"现实世界是痛苦的"等消极认知。第三是逃避行为多。低安全感的个体会对威胁刺激具有更多的逃避行为。已有研究证实父母教养方式会影响孩子的安全感,父母拒绝和过度保护均会降低孩子的安全感,而情感温暖会增加他们的安全感[5]。基于

---

[1] Portner L. C, Riggs S. A, "Sibling relationships in emerging adulthood: Associations with parent-child relationship", *Journal of Child & Family Studies*, Vol.25, No.6, 2016, pp.1755-1764; Waters A.M., "The relationships of child and parent factors with children's anxiety symptoms: Parental anxious rearing as a mediator", *Journal of Anxiety Disorders*, Vol.26, No.7, 2012, pp.737-745.

[2] Belsky J, "Early human experience: A family perspective", *Developmental Psychology*, Vol.17, No.1, 1981, pp.3-23; White J.M, "Understanding family process: basics of family systems theory (book)", *Journal of Comparative Family Studies*, Vol.26, No.2, 1993, pp.281-282.

[3] Davies P.T, Cummings E.M, "Marital conflict and child adjustment: An emotional security hypothesis", *Psychological Bulletin*, Vol.116, No.3, 1994, pp.387-411.

[4] Davies P.T, Cummings E.M, "Marital conflict and child adjustment: An emotional security hypothesis", *Psychological Bulletin*, Vol.116, No.3, 1994, pp.387-411.

[5] Malik N., et al, "Effect of parenting style, academic environment and gender on feeling of security-insecurity in adolescents", *The International Journal of Indian Psychology*, Vol.2, No.2, 2015, pp.28-33; Pearson J.L., et al, "Earned-and continuous-security in adult attachment: Relation to depressive symptomatology and parenting style", *Development & Psychopathology*, Vol.6, No.2, 1994, pp.359-373.

安全感理论,当个体遭遇父母拒绝和过度保护时,他们会因安全感的降低在现实生活中严重缺乏"舒适场所",这时网络很可能成为他们缓解消极情绪和逃避现实的场所。当他们从网络中获得短暂的快乐时,就会对网络产生扭曲的认知(例如,"网络中的世界远比现实快乐")从而成瘾[1]。与之相对,父母的情感温暖会增加个体的安全感,减少其网络成瘾行为[2]。因此,父母教养方式会通过安全感的中介作用影响网络成瘾。

网络成瘾同样可能通过安全感影响父母教养方式。已有研究显示,网络成瘾非但没有帮助低安全感个体排解消极情绪[3],反而削弱了他们的情绪调节能力,使得安全感进一步降低[4]。然而扭曲的认知使他们认为只有网络才能让他们逃离现实获得安全,他们又会进一步沉迷于网络而形成"贫者更贫"的恶性循环[5]。低安全感所诱发孩子的消极情绪、扭曲认知以及逃避行为均会严重影响亲子关系[6],这种影响会阻碍父母情感温暖的传递甚至父母会拒

---

[1] Tian Y., "Associations between psychosocial factors and generalized pathological internet use in Chinese university students, A longitudinal cross-lagged analysis", *Computers in Human Behavior*, Vol.72, No.6, 2017, pp.178-188.

[2] Huang X., et al, "Mental health, personality, and parental rearing styles of adolescents with Internet addiction disorder", *Cyberpsychology Behavior & Social Networking*, Vol.13, No.4, 2010, pp.401-406; Lioupi C., et al, "Predictors of excessive internet use among adolescents in Greece after the economic recession: The role of psychopathology, parental rearing practices, self-efficacy and internet-related activities", *Current Psychology*, 2021, pp.1-14.

[3] Yao M.Z, Zhong Z., "Loneliness, social contacts and Internet addiction: A cross-lagged panel study", *Computers in Human Behavior*, Vol.30, No.30, 2014, pp.164-170.

[4] Wang W., et al, "Parent-adolescent relationship and adolescent Internet addiction: a moderated mediation model", *Addictive Behaviors*, Vol.84, 2018, pp.171-177.

[5] Tian Y., "Associations between psychosocial factors and generalized pathological internet use in Chinese university students, A longitudinal cross-lagged analysis", *Computers in Human Behavior*, Vol.72, No.6, 2017, pp.178-188.

[6] Atsuko F, Mii O, "The effect of invalidation of negative emotion and somatic sensation by mother on aggression: Relation to family violence", *Bulletin of Tokyo Gakugei University Educational Sciences*, Vol.64, 2013, pp.179-188; Anat M., "Parent-child negative emotion reciprocity and children's school success: an emotion-attention process model", *Social Development*, Vol.26, No.3, 2017, pp.560-574.

绝或忽视孩子[①]。然而,可怜天下父母心,当父母意识到孩子是因为缺乏安全感而过度上网时,他们可能会出于"爱"而过度保护孩子。

认知—情境理论认为,个体的安全感水平受其对外界刺激认知评估(cognitive appraisal)的影响,当刺激被评估为威胁刺激且与自我关联性较高时,个体安全感降低;而被知觉成为保护性刺激且与自我显著关联时,个体安全感提高[②]。根据该理论,当父母的教育方式发生改变时,个体同样会对其进行认知评估。父母拒绝与过度保护由于其负面影响会被个体知觉成为具有威胁性且与自我显著关联的刺激,当两者增加时个体安全感降低;而情感温暖的增加会因其保护作用从而提高个体的安全感。另外,个体除对父母教养方式的变化进行评估外,其也会对网络成瘾水平的变化进行评估。网瘾水平的增加会带来消极后果(例如时间管理或人际关系问题等),当这些消极后果被知觉成为威胁刺激后个体安全感同样会降低。然而安全感的变化又会导致网络成瘾行为与父母教养方式的进一步改变。综上所述,安全感可能在父母教养方式与网络成瘾之间起跨时间双向中介作用。

(三)研究概括

有关网络成瘾的研究发现,大学生由于受父母的管控减少[③],其网络成瘾水平会在大学期间产生显著变化[④]。因此,对大学生网络成瘾进行追踪并考察其与父母教养方式的双向关系及作用机制更具典型性。针对以上分析,本

[①] Portner L. C, Riggs S. A, "Sibling relationships in emerging adulthood: Associations with parent-child relationship", *Journal of Child & Family Studies*, Vol. 25, No. 6, 2016, pp. 1755 – 1764; Waters A.M., "The relationships of child and parent factors with children's anxiety symptoms: Parental anxious rearing as a mediator", *Journal of Anxiety Disorders*, Vol.26, No.7, 2012, pp.737–745.

[②] Grych J.H., et al, "Assessing marital conflict from the child's perspective: The Children's Perception of Interparental Conflict Scale", *Child Development*, Vol.63, No.3, 1992, pp.558–572.

[③] Liu Q.X., et al, "Parent-adolescent communication, parental internet use and internet-specific norms and pathological Internet use among Chinese adolescents", *Computers in Human Behavior*, Vol. 28, No.4, 2012, pp.1269–1275.

[④] Tian Y., "Associations between psychosocial factors and generalized pathological internet use in Chinese university students, A longitudinal cross-lagged analysis", *Computers in Human Behavior*, Vol.72, No.6, 2017, pp.178–188.

书拟构建理论模型(详见图2-9)考察父母教养方式、安全感与网络成瘾三者的纵向关系并假设H1:父母拒绝和过度保护与网络成瘾跨时间正向相互预测,情感温暖与网络成瘾跨时间负向相互预测。H2:父母拒绝和过度保护与网络成瘾可以通过安全感的跨时间双向中介作用正向显著相互预测,情感温暖与网络成瘾可以通过安全感的跨时间双向中介作用负向显著相互预测。

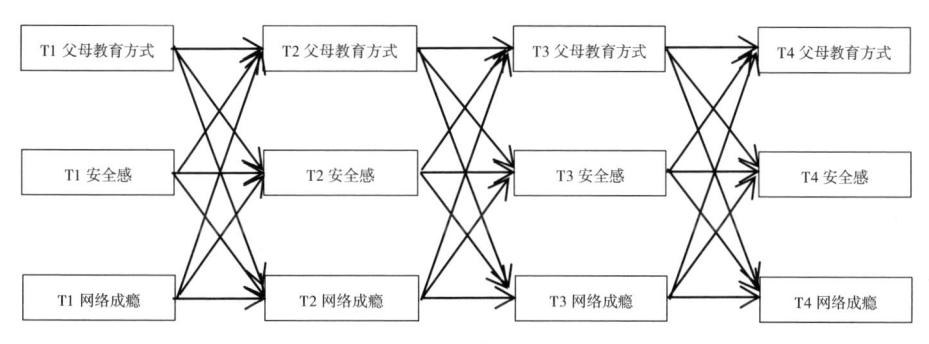

图 2-9 理论模型

二、方法

(一)被试

采用整群抽样的方式,从××省××大学随机选取两所学院的大一学生作为研究对象。在征得高校学院领导和辅导员的同意和帮助下,所有被试须签订知情同意书,并自愿利用手机或者电脑进行电子化测评,作答时间控制为20分钟左右。所有被试无明显身心疾病。第一次测量时间为2020年10月(T1),共计892人参加测试,男生384人(占43.0%)。2021年4月(T2),共计871人参加测试,男生368人(占42.3%)。2021年10月(T3),共计887人参加测试,男生357人(占40.2%)。2022年4月(T4),共计848人参加测试,男生344人(占40.6%)。同时参加四次测试的被试共计774人,其中男生331人(占42.8%)。被试流失的原因主要包括因病请假、因上课无法参与或中途主动放弃测量等。独立样本t检验显示流失被试与全程参与被试在各时间点的主要研究变量上不存在显著差异。

四次测试前后共计912人提供有效数据,男生396人(占43.4%),城市户籍311人(占34.1%),被试在第一次测试中的平均年龄为18.36岁($SD=0.82$)。家庭无稳定收入者23人(占2.5%),2000元以下14人(占1.5%),2001—5000元54人(占5.9%),5001—10000元112人(占12.3%),10001—30000元198人(占21.7%),30001—50000元141人(占15.5%),50001—100000元173人(占19.0%),100001—150000元110人(占12.1%),150001—200000元31人(占3.4%),200000元以上46人(占5.0%)。本研究经过××大学伦理委员会审核并获得批准。

(二)工具

1. 父母教养方式

采用Perris等人[1]编制、蒋奖等人[2]中国化修订的"简式父母教养方式问卷"进行测量。该问卷共21个题目,由拒绝(6个题目,例如,"父/母亲经常当着别人的面批评我既懒惰又无用")、情感温暖(7个题目,例如,"父/母亲总试图鼓励我,使我成为佼佼者")和过度保护(8个题目,例如,"父/母亲要求我回到家里必须得向他/她说明我在外面做了什么事")三个维度组成,问卷采用4点计分(1="从不",4="总是")。在本研究中,该问卷四次测量的Cronbach's α系数分别为0.91、0.94、0.96、0.96。

2. 安全感

采用丛中和安莉娟[3]编制的"安全感量表"进行测量。该量表共16个题目,由人际安全感(8个题目,例如,"我感到生活总是充满不确定性和不可预测性")和确定控制感(8个题目,例如,"我总是担心自己的生活会变得一团糟")两个维度组成,量表采用4点计分(1="完全符合",4="完全不符")。在本次调查中,该量表四次测量的Cronbach's α系数分别为0.73、0.80、0.79、0.82。

---

[1] Perris C., et al, "Development of a new inventory for assessing memories of parental rearing behaviour", *Acta Psychiatrica Scandinavica*, Vol.61, No.4, 1980, pp.265-274.

[2] 蒋奖等:《简式父母教养方式问卷中文版的初步修订》,《心理发展与教育》2010年第26期。

[3] 丛中、安莉娟:《安全感量表的初步编制及信度、效度检验》,《中国心理卫生杂志》2004年第18期。

3. 网络成瘾

采用"中国版网络成瘾"①对网络成瘾水平进行测量。该量表共17个题目,由网络成瘾耐受性(例如,"我发现自己上网的时间越来越长")、人际及健康问题(例如,"曾不止一次有人告诉我,我花了太多时间在网络上")、时间管理问题(例如,"上网对我的学业或工作已造成一些负面的影响")、强迫性上网和戒断反应(例如,"不管多累,上网时总觉得很有精神")四个维度组成,量表采用5点计分(1="完全不符合",5="完全符合")。在本次调查中,该量表四次测量的Cronbach's α 系数分别为0.95、0.96、0.97、0.97。

4. 控制变量

鉴于以往研究表明大学生性别、年龄、户籍所在地和家庭社会经济地位均与网络成瘾存在关联②。本书将性别、年龄、户籍所在地和家庭年收入作为控制变量。

(三)缺失值处理和数据分析及步骤

由于流失被试与全程参与被试在各时间点的主要研究变量上不存在显著差异,为保证数据信息的最大化利用,采用序列均值对流失被试数据进行填补。

数据分析。采用SPSS 20.0进行共同方法偏差检验、描述统计与相关分析。采用AMOS 24.0进行结构方程模型分析。结构方程模型评价体系包括:χ^2/df、CFI、TLI、NFI、RMSEA、AIC和BIC。χ^2/df 和 RMSEA 为绝对拟合指数,χ^2/df 小于5和RMSEA小于0.08时代表模型拟合良好;CFI、TLI和NFI为比较拟合指数,三者大于0.90时表示模型拟合良好;AIC和BIC分别代表Akaike信息量准则和贝叶斯信息量准则,两者值越小模型越好。

数据分析包含3个步骤。第一,共同方法偏差检验。第二,描述统计和相关分析。第三,采用交叉滞后模型分别考察父母拒绝、情感温暖、过度保护与安全感和网络成瘾的跨时间关系,并检验安全感的跨时间双向中介作用。

---

① Leung L,"Linking psychological attributes to addiction and improper use of the mobile phone among adolescents in Hong Kong",*Journal of Children and Media*,Vol.2,No.2,2008,pp.93-113.

② Davis R.A,"A cognitive Behavioral model of pathological internet use",*Computers in Human Behavior*,Vol.17,No.2,2001,pp.187-195.

三、结果

(一)共同方法偏差检验

采用 Harman 单因子检验对共同方法偏差进行事后的统计检验①。按测量时间分四次将父母教养方式、安全感和网络成瘾的所有题目进行因子分析。结果显示,T1 共有 8 个特征根大于 1 的因子,最大公因子解释率为 26.11%。T2 共有 6 个因子,最大公因子解释率为 30.28%。T3 共有 6 个因子,最大公因子解释率为 33.56%。T4 共有 6 个因子,最大公因子解释率为 35.89%。4 次测量最大公因子解释率均小于 40%的临界值,证明本书无显著共同方法偏差。

(二)描述统计与相关分析

表 2-23 中呈现了研究变量在各个时间点的平均数、标准差以及变量间的相关系数。其中,拒绝、过度保护和网络成瘾在 4 个时间点均两两显著正相关;情感温暖与拒绝、过度保护和网络成瘾在 4 个时间点均两两显著负相关;情感温暖与安全感在 4 个时间点均两两显著正相关;安全感与拒绝、过度保护和网络成瘾在 4 个时间点均两两显著负相关。

(三)父母教养方式与网络成瘾的双向关系及安全感的双向中介作用检验

首先,分别将 4 次测量的父母拒绝、情感温暖和过度保护与安全感和网络成瘾同时纳入结构方式模型,分别构建模型 1—3 来考察父母教养方式与网络成瘾的双向关系及安全感的双向中介作用(详见图 2-10),模型 1—3 拟合良好(详见表 2-24)。

由模型 1 可知,除"T1 安全感→T2 拒绝"、"T2 拒绝→T3 安全感"、"T2 安全感→T3 网络成瘾"、"T3 拒绝→T4 安全感"和"T3 拒绝→T4 网络成瘾"5 条路径不显著之外,其他路径均显著(详见表 2-25)。因此,拒绝与网络成瘾跨

---

① Podsakoff P.M.,et al,"Common method biases in behavioral research:A critical review of the literature and recommended remedies",*Journal of Applied Psychology*,Vol.88,No.5,2003,pp.879-903.

第二章 大学生智能手机成瘾(网络成瘾)的危害

表2-23 四次测试中研究变量的均值、标准差和相关系数

变量	1	2	3	4	5	6	7	8	9	10	11	12	13	14	15	16	17	18	19	20
1. T1拒绝	1																			
2. T1情感温暖	-0.41***	1																		
3. T1过度保护	0.59***	-0.20***	1																	
4. T1安全感	-0.38***	0.24***	-0.36***	1																
5. T1网络成瘾	0.35***	-0.18***	0.33***	-0.50***	1															
6. T2拒绝	0.46***	-0.27***	0.30***	-0.22***	0.23***	1														
7. T2情感温暖	-0.27***	0.39***	-0.19***	0.17***	-0.14***	-0.29***	1													
8. T2过度保护	0.34***	-0.20***	0.47***	-0.26***	0.27***	0.69***	-0.12***	1												
9. T2安全感	-0.28***	0.22***	-0.26***	0.55***	-0.36***	-0.34***	0.17***	-0.37***	1											
10. T2网络成瘾	0.27***	-0.20***	0.23***	-0.32***	0.46***	0.42***	-0.18***	0.41***	-0.47***	1										
11. T3拒绝	0.37***	-0.22***	0.26***	-0.19***	0.19***	0.45***	-0.33***	0.34***	-0.20***	0.25***	1									
12. T3情感温暖	-0.24***	0.33***	-0.16***	0.11**	-0.13***	-0.24***	0.45***	-0.16***	0.25***	-0.09**	-0.30***	1								
13. T3过度保护	0.29***	-0.19***	0.43***	-0.25***	0.27***	0.36***	-0.24***	0.51***	-0.24***	0.31***	0.71***	-0.17***	1							
14. T3安全感	-0.23***	0.15***	-0.22***	0.44***	-0.32***	-0.25***	0.19***	-0.32***	0.53***	-0.40***	-0.36***	0.12***	-0.42***	1						
15. T3网络成瘾	0.23***	-0.15***	0.20***	-0.26***	0.44***	0.32***	-0.19***	0.31***	-0.31***	0.48***	0.41***	-0.18***	0.42***	-0.48***	1					
16. T4拒绝	0.39***	-0.22***	0.26***	-0.19***	0.20***	0.40***	-0.26***	0.32***	-0.19***	0.24***	0.44***	-0.29***	0.39***	-0.25***	0.31***	1				
17. T4情感温暖	-0.21**	0.30***	-0.16***	0.16***	-0.13***	-0.22***	0.39***	-0.14***	0.17***	-0.15***	-0.29***	0.42***	-0.25***	0.15***	-0.13***	-0.28***	1			
18. T4过度保护	0.28***	-0.10**	0.32***	-0.18***	0.22***	0.30***	-0.10**	0.42***	-0.22***	0.24***	0.30***	-0.12***	0.41***	-0.29***	0.31***	0.70***	-0.09**	1		
19. T4安全感	-0.19***	0.15***	-0.17***	0.42***	-0.33***	-0.22***	0.23***	-0.25***	0.45***	-0.30***	-0.26***	0.21***	-0.32***	0.55***	-0.37***	-0.34***	0.22***	-0.35***	1	
20. T4网络成瘾	0.23***	-0.11**	0.17***	-0.29***	0.44***	0.23***	-0.15***	0.27***	-0.32***	0.45***	0.29***	-0.22***	0.32***	-0.39***	0.55***	0.46***	-0.17***	0.44***	-0.54***	1
SD	10.14	24.64	19.07	61.51	32.93	10.47	23.73	18.59	62.68	32.51	9.94	24.49	17.68	66.63	30.24	9.59	24.29	18.16	67.78	29.83
M	3.57	3.77	4.80	10.41	10.36	3.98	4.64	5.049	11.32	10.94	3.84	4.288	4.93	11.60	10.58	3.65	4.54	4.66	11.13	10.53

注：$N=912$。 * $p<0.05$， ** $p<0.01$， *** $p<0.001$。

时间正向相互预测。另外,在模型1中T1拒绝可以通过"T1拒绝→T2安全感→T3安全感→T4网络成瘾"中介路径影响T4网络成瘾。另外,T1网络成瘾可以通过"T1网络成瘾→T2安全感→T3拒绝→T4拒绝"、"T1网络成瘾→T2安全感→T3安全感→T4拒绝"和"T1网络成瘾→T2网络成瘾→T3安全感→T4拒绝"3条中介路径影响T4拒绝。由于以上4条跨时间中介路径bootstrapping效应均显著(详见表2-26)且拒绝与网络成瘾跨时间相互影响,因此安全感在拒绝与网络成瘾之间起跨时间双向中介作用。

由模型2可知,除"T1网络成瘾→T2情感温暖","T2网络成瘾→T3情感温暖"和"T3网络成瘾→T4安全感"3条路径不显著之外,其他路径均显著(详见表2-25)。因此,父母情感温暖与网络成瘾跨时间负向相互预测。另外,在模型2中T1情感温暖可以通过"T1情感温暖→T2安全感→T3网络成瘾→T4网络成瘾"、"T1情感温暖→T2安全感→T3安全感→T4网络成瘾"和"T1情感温暖→T2情感温暖→T3安全感→T4网络成瘾"3条中介路径影响T4网络成瘾。另外,T1网络成瘾可以通过"T1网络成瘾→T2安全感→T3情感温暖→T4情感温暖"、"T1网络成瘾→T2安全感→T3安全感→T4情感温暖"和"T1网络成瘾→T2网络成瘾→T3安全感→T4情感温暖"3条中介路径影响T4情感温暖。由于以上6条跨时间中介路径bootstrapping效应均显著(详见表2-26)且情感温暖与网络成瘾跨时间相互影响,因此安全感在情感温暖与网络成瘾之间起跨时间双向中介作用。

由模型3可知,除"T1过度保护→T2安全感"和"T2安全感→T3网络成瘾"两条路径不显著外,其他路径均显著(详见表2-25)。因此,父母过度保护与网络成瘾跨时间正向相互预测。另外,在模型3中T1过度保护可以通过"T1过度保护→T2过度保护→T3安全感→T4网络成瘾"中介路径影响T4网络成瘾。另外,T1网络成瘾可以通过"T1网络成瘾→T2安全感→T3过度保护→T4过度保护"、"T1网络成瘾→T2安全感→T3安全感→T4过度保护"和"T1网络成瘾→T2网络成瘾→T3安全感→T4过度保护"3条中介路径影响T4过度保护。由于以上4条跨时间中介路径bootstrapping效应均显著(详见表2-26)且过度保护与网络成瘾跨时间相互影响,因此安全感在过度保护与网络成瘾之间起跨时间双向中介作用。

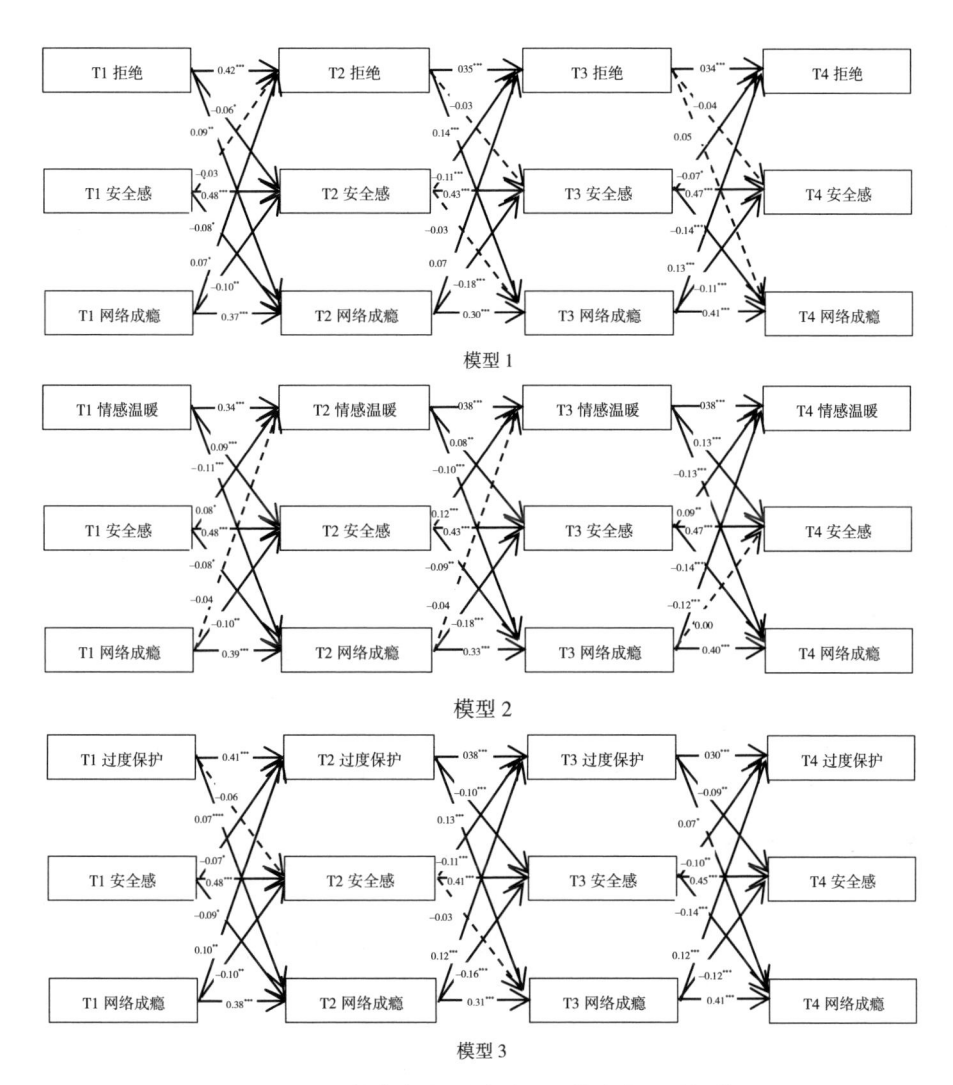

图 2-10 父母教养方式、安全感和网络成瘾跨时间关系

注:图中虚线为不显著路径,实线为显著路径。

表 2-24 模型 1—3 的拟合指数

模型	模型拟合指数						
	$\chi^2(df)$	CFI	TLI	NFI	RMSEA	AIC	BIC
模型 1	255.80(57)	0.95	0.90	0.94	0.062	413.795	794.230
模型 2	262.40(57)	0.95	0.88	0.93	0.063	420.402	800.838
模型 3	270.91(57)	0.95	0.90	0.94	0.064	428.912	809.348

表 2-25 模型 1—3 中各路径的回归系数及效应量

模型	路径	T1→T2					T2→T3					T3→T4				
		b	SE	β	t	R²	b	SE	β	t	R²	b	SE	β	t	R²
模型1	拒绝自回归	0.46	0.04	0.42	13.14***	0.11	0.34	0.04	0.35	10.08***	0.14	0.32	0.03	0.34	10.21***	0.13
	安全感自回归	0.52	0.04	0.48	14.69***	0.23	0.44	0.03	0.43	13.55***	0.20	0.45	0.03	0.47	14.65***	0.24
	网络成瘾自回归	0.40	0.04	0.37	11.10***	0.16	0.29	0.03	0.30	8.49***	0.15	0.41	0.03	0.41	12.76***	0.23
	拒绝→安全感	−0.20	0.09	−0.06	−2.07*	0.03	−0.09	0.08	−0.03	−0.97	0.01	−0.12	0.09	−0.04	−1.35	0.01
	拒绝→网络成瘾	0.28	0.10	0.09	2.89**	0.04	0.36	0.08	0.14	4.26***	0.07	0.15	0.08	0.05	1.84	0.03
	安全感→拒绝	−0.08	0.04	−0.08	−2.29*	0.03	−0.01	0.01	−0.03	−0.87	0.02	−0.13	0.03	−0.14	−4.48***	0.07
	安全感→网络成瘾	−0.01	0.01	−0.03	−0.94	0.08	−0.10	0.03	−0.11	−3.38***	0.04	−0.02	0.01	−0.07	−1.99*	0.03
	网络成瘾→拒绝	−0.11	0.04	−0.10	−3.10**	0.05	−0.19	0.04	−0.18	−5.58***	0.09	−0.04	0.01	−0.11	−3.19***	0.06
	网络成瘾→安全感	0.03	0.01	0.07	2.14*	0.02	0.02	0.01	0.07	1.97*	0.03	0.14	0.03	0.13	3.97***	0.05
模型2	情感温暖自回归	0.42	0.04	0.34	11.11***	0.10	0.35	0.03	0.38	12.21***	0.14	0.40	0.03	0.38	12.43***	0.12
	安全感自回归	0.52	0.03	0.48	15.06***	0.23	0.44	0.03	0.43	13.65***	0.19	0.45	0.03	0.47	15.22***	0.26
	网络成瘾自回归	0.41	0.04	0.39	11.69***	0.16	0.32	0.03	0.33	9.71***	0.15	0.40	0.03	0.40	12.79***	0.20
	情感温暖→安全感	0.27	0.08	0.09	3.20**	0.04	0.20	0.07	0.08	2.88**	0.04	0.35	0.07	0.13	4.83***	0.07
	情感温暖→网络成瘾	−0.33	0.09	−0.11	−3.83***	0.05	−0.23	0.07	−0.10	−3.39***	0.05	−0.32	0.07	−0.13	−4.89***	0.07
	安全感→网络成瘾	−0.08	0.04	−0.08	−2.40*	0.03	−0.03	0.01	−0.09	−2.62**	0.04	−0.13	0.03	−0.14	−4.75***	0.07
	安全感→情感温暖	0.03	0.02	0.08	2.21*	0.05	0.11	0.03	0.12	3.84***	0.04	0.04	0.01	0.09	2.80**	0.03
	网络成瘾→安全感	−0.12	0.03	−0.10	−3.34***	0.03	−0.19	0.03	−0.18	−5.85***	0.08	0.00	0.02	0.00	0.00	0.00
	网络成瘾→情感温暖	−0.02	0.02	−0.04	−1.07	0.03	−0.01	0.01	−0.04	−1.10	0.02	−0.13	0.03	−0.12	−3.90***	0.04

第二章 大学生智能手机成瘾（网络成瘾）的危害

续表

模型	路径	T1→T2				T2→T3				T3→T4			
		b	SE	β	t	R²	b	SE	β	t	R²	b	SE	β	t	R²
	过度保护自回归	0.43	0.03	0.41	13.15***	0.16	0.37	0.03	0.38	11.32***	0.15	0.28	0.03	0.30	8.76***	0.12
	安全感自回归	0.52	0.04	0.48	14.89***	0.23	0.42	0.03	0.41	12.93***	0.19	0.44	0.03	0.45	13.97***	0.22
	网络成瘾自回归	0.40	0.04	0.38	11.28***	0.16	0.30	0.03	0.31	8.81***	0.16	0.41	0.03	0.41	12.64***	0.22
	过度保护→安全感	−0.13	0.07	−0.06	−1.91	0.03	−0.24	0.07	−0.10	−3.30***	0.05	−0.19	0.07	−0.09	−2.74**	0.04
模型3	过度保护→网络成瘾	0.15	0.07	0.07	2.13*	0.03	0.27	0.07	0.13	4.07***	0.07	0.14	0.06	0.07	2.22*	0.04
	安全感→网络成瘾	−0.09	0.04	−0.09	−2.55*	0.04	−0.01	0.01	−0.03	−0.88	0.01	−0.12	0.03	−0.14	−4.29***	0.07
	安全感→过度保护	−0.03	0.02	−0.07	−1.98*	0.03	−0.10	0.03	−0.11	−3.22***	0.05	−0.04	0.01	−0.10	−2.69**	0.04
	网络成瘾→安全感	−0.11	0.04	−0.10	−3.14**	0.05	−0.17	0.03	−0.16	−5.01***	0.07	−0.06	0.02	−0.12	−3.57***	0.06
	网络成瘾→过度保护	0.05	0.02	0.10	2.89**	0.04	0.06	0.02	0.12	3.77***	0.07	0.12	0.03	0.12	3.64***	0.04

表 2-26 安全感跨时间中介路径 bootstrapping 效应检验

模型	中介路径	β	SE	t	95%CI 下限	95%CI 上限
模型1	T1 拒绝→T2 安全感→T3 安全感→T4 网络成瘾	0.17	0.03	5.79***	0.12	0.23
	T1 网络成瘾→T2 安全感→T3 拒绝→T4 拒绝	0.01	0.00	3.667***	0.01	0.02
	T1 网络成瘾→T2 安全感→T3 安全感→T4 拒绝	0.017	0.00	5.667***	0.01	0.02
	T1 网络成瘾→T2 网络成瘾→T3 安全感→T4 拒绝	0.016	0.00	5.33***	0.01	0.02
模型2	T1 情感温暖→T2 安全感→T3 网络成瘾→T4 网络成瘾	−0.11	0.02	−5.14***	−0.16	−0.07
	T1 情感温暖→T2 安全感→T3 安全感→T4 网络成瘾	−0.13	0.02	−5.57***	−0.18	−0.08
	T1 情感温暖→T2 情感温暖→T3 安全感→T4 网络成瘾	−0.08	0.02	−4.00***	−0.12	−0.04
	T1 网络成瘾→T2 安全感→T3 情感温暖→T4 情感温暖	−0.01	0.00	−3.33***	−0.02	−0.01
	T1 网络成瘾→T2 安全感→T3 安全感→T4 情感温暖	−0.01	0.00	−3.00***	−0.02	−0.01
	T1 网络成瘾→T2 网络成瘾→T3 安全感→T4 情感温暖	−0.01	0.00	−3.00***	−0.02	−0.01
模型3	T1 过度保护→T2 过度保护→T3 安全感→T4 网络成瘾	0.01	0.02	6.50***	0.09	0.17
	T1 网络成瘾→T2 安全感→T3 过度保护→T4 过度保护	0.02	0.00	4.00***	0.01	0.02
	T1 网络成瘾→T2 安全感→T3 安全感→T4 过度保护	0.02	0.00	6.00***	0.02	0.03
	T1 网络成瘾→T2 网络成瘾→T3 安全感→T4 过度保护	0.02	0.00	6.00***	0.02	0.03

四、讨论

基于家庭系统理论,笔者发现父母教养方式与网络成瘾双向相互影响,这也说明孩子不仅在被动地接受父母教养方式,也在主动地创造父母教养方式。另外,该研究还揭示父母教养方式与网络成瘾的关系是一种病理性补偿,安全感在该机制中起跨时间双向中介作用,这为阻断父母教养方式与网络成瘾的恶性循环提供了干预依据。

(一)父母教养方式与网络成瘾的双向关系

笔者发现父母拒绝和过度保护跨时间正向预测网络成瘾,而情感温暖负向预测网络成瘾,这与已有的研究结果一致[1]。父母拒绝会使亲子联结降低从而影响亲子关系,当孩子因不良亲子关系而无法使心理需要得到满足时,他们会转向网络寻求补偿而成瘾[2]。与之相反,情感温暖会促进亲子联结从而改善亲子关系,良好的亲子关系有助于孩子心理需要满足,线下的心理满足会大大改善孩子的网络成瘾行为[3]。另外,父母的过度保护会使孩子无法形成独立和自主的处事风格,在遭遇困难时通常采用依赖和服从的应对方式[4],当他们面对学业压力、同学矛盾等问题时同样会因不敢独自面对而向网络寻求帮助并形成依赖而成瘾[5]。综上所述,大学生的网络成瘾行为与父母的教养

---

[1] Karaer Y, Akdemir D, "Parenting styles, perceived social support and emotion regulation in adolescents with Internet addiction", *Comprehensive Psychiatry*, Vol.92, 2019, pp.22-27; Lo C., et al, "Association of harsh parenting and maltreatment with Internet addiction, and the mediating role of bullying and social support", *Child Abuse & Neglect*, Vol.113, No.4, 2021, Article 104928; Yang X., et al, "Parent marital conflict and Internet addiction among Chinese college students: The mediating role of father-child, mother-child, and peer attachment", *Computers in Human Behavior*, Vol.59, No.6, 2016, pp.221-229; Zhang R.P., et al, "Parenting styles and Internet addiction in Chinese adolescents: Conscientiousness as a mediator and teacher support as a moderator", *Computers in Human Behavior*, Vol.101, 2019, pp.144-150.

[2] Li J., et al, "Parent-adolescent communication, school engagement, and Internet addiction among Chinese adolescents: The moderating effect of rejection sensitivity", *International Journal of Environmental Research and Public Health*, Vol.18, No.7, 2021, Article 3542.

[3] Liu D., et al, "Perceived autonomy-supportive parenting and Internet addiction: Respiratory sinus arrhythmia moderated the mediating effect of basic psychological need satisfaction", *Current Psychology*, Vol.40, No.6, 2019, pp.4255-4264.

[4] Chorpita B.F, Barlow D.H, "The development of anxiety: The role of control in the early environment", *Psychological Bulletin*, Vol.124, 1998, pp.3-21.

[5] Li C., et al, "Internet addiction among Chinese adolescents: The effect of parental behavior and self-control", *Computers in Human Behavior*, Vol.41, No.12, 2014, pp.1-7; Siomos K., et al, "Evolution of Internet addiction in Greek adolescent students over a two-year period: The impact of parental bonding", *European Child & Adolescent Psychiatry*, Vol.21, No.4, 2012, pp.211-219.

方式息息相关,减少父母拒绝和过度保护,增加情感温暖有助于减少大学生网络成瘾行为。

笔者同样发现网络成瘾跨时间正向预测父母拒绝和过度保护,而负向预测情感温暖,这说明网络成瘾的结果是一种病理性补偿。已有研究证实网络成瘾会严重影响父母与孩子之间的关系,不良的亲子关系又会阻碍父母与孩子间的情感传递、沟通交流甚至会导致亲子冲突,这使得父母拒绝增多而情感温暖减少[1]。另外,当父母发现孩子因过度使用网络而成瘾时,他们会因担心成瘾的危害而过分干涉孩子日常生活而形成过度保护。大量研究已发现网络成瘾在个体情绪、认知、行为等领域的负面影响[2],而笔者将这一影响拓展到父母教养方式领域,因此网络成瘾的负面影响具有跨领域一致性。

综上所述,大学生父母教养方式与网络成瘾跨时间相互预测。大量研究采用"贫者愈贫,富者愈富"模型来对网络成瘾的前因后果进行解释,该模型认为善于交际的人会利用频繁的交往结交更多的朋友,而缺乏朋友的人会因为不善交际而更加孤独[3]。本书结果显示,遭受父母拒绝和过度保护的大学生("贫者")更倾向使用网络来补偿自己线下的缺失,然而补偿的结果却是父母拒绝与过度保护增多("愈贫"),这符合"贫者愈贫"模式。父母的情感温暖会降低大学生("富者")罹患网络成瘾的风险,但当他们因其他因素而网络成瘾后,父母的情感温暖会减少("变贫"),从而形成"富者变贫"模式。

---

[1] Karaer Y, Akdemir D, "Parenting styles, perceived social support and emotion regulation in adolescents with Internet addiction", *Comprehensive Psychiatry*, Vol. 92, 2019, pp. 22–27; Van den Eijnden R. J. J. M., "Compulsive internet use among adolescents: Bidirectional parent-child relationships", *Journal of Abnormal Child Psychology*, Vol. 38, No. 1, 2010, pp. 77–89; Zhu J., et al, "Early adolescent internet game addiction in context: How parents, school, and peers impact youth", *Computers in Human Behavior*, Vol. 50, No. 9, 2015, pp. 159–168.

[2] Tian Y., "Associations between psychosocial factors and generalized pathological internet use in Chinese university students, A longitudinal cross-lagged analysis", *Computers in Human Behavior*, Vol. 72, No. 6, 2017, pp. 178–188; Yao M. Z, Zhong Z, "Loneliness, social contacts and Internet addiction: A cross-lagged panel study", *Computers in Human Behavior*, Vol. 30, No. 30, 2014, pp. 164–170.

[3] Elhai J. D., et al, "Non-social features of smartphone use are most related to depression, anxiety and problematic smartphone use", *Computers in Human Behavior*, Vol. 69, No. 4, 2017, pp. 75–82.

因此,本书认为,父母教养方式与网络成瘾之间是一种"贫者愈贫,富者变贫"的发展模式,即良好与不良的父母教养方式均会受到网络成瘾的消极影响。

(二)安全感的跨时间双向中介作用

笔者发现父母拒绝和过度保护通过安全感跨时间中介作用正向预测网络成瘾,而情感温暖负向预测网络成瘾。马斯洛需要层次理论认为,寻求安全感是仅次于生理需要的心理需求,安全感的缺失会带给个体强大的行为动机[①]。而网络作为一个开放的虚拟世界,其极大的包容性、自由性能帮助个体逃避现实的压力并获得安全感,这会致使他们形成强大的网络使用动机,在强大的动机驱动下他们会因过度使用网络而成瘾[②]。依恋理论认为,父母拒绝是亲子距离太远的回避行为,而过度保护是亲子距离太近的干涉行为,距离太近或太远均会降低孩子的安全感;而来自亲子之间的沟通、关爱、重视、鼓励等情感温暖行为有助于建立亲密的亲子联结从而提升安全感[③]。父母拒绝和过度保护会使孩子因安全感不足产生强大的网络使用动机而成瘾,但父母的情感温暖会大大削弱网络使用动机,从而降低了罹患网络成瘾的风险[④]。

[①] Maslow A. H., et al, "A clinically derived test for measuring psychological security-insecurity", *Journal of General Psychology*, Vol.33, No.1, 1945, pp.21-41.

[②] 李董平等:《累积生态风险与青少年网络成瘾:心理需要满足和积极结果预期的中介作用》,《心理学报》2016年第48期;Floros G, Siomos K, "The relationship between optimal parenting, Internet addiction and motives for social networking in adolescence", *Psychiatry Research*, Vol.209, No.3, 2013, pp.529-534; Yang W., et al, "Associations between sense of coherence, psychological distress, escape motivation of internet use, and Internet addiction among Chinese college students: A structural equation model", *Current Psychology*, 2021.

[③] Bowlby, J. (1988). *A secure base: Parent-child attachment and healthy human development*. New York: Basic Books.

[④] Li C., et al, "Internet addiction among Chinese adolescents: The effect of parental behavior and self-control", *Computers in Human Behavior*, Vol.41, No.12, 2014, pp.1-7; Li J., et al, "Parent-adolescent communication, school engagement, and Internet addiction among Chinese adolescents: The moderating effect of rejection sensitivity", *International Journal of Environmental Research and Public Health*, Vol.18, No.7, 2021, Article 3542; Siomos K., et al, "Evolution of Internet addiction in Greek adolescent students over a two-year period: The impact of parental bonding", *European Child & Adolescent Psychiatry*, Vol.21, No.4, 2012, pp.211-219.

笔者还发现网络成瘾通过安全感跨时间中介作用正向预测父母拒绝和过度保护,而负向预测情感温暖,这在一定程度上揭示了网络成瘾病理性补偿的内在机制。情绪安全感理论[1]认为,低安全感的个体主要表现为消极情绪、扭曲认知和逃避行为增多,网络成瘾作为成瘾行为其能显著削弱个体的情绪、认知和行为调节能力,使成瘾者消极情绪、扭曲认知和逃避行为增多从而严重降低个体安全感[2]。然而父母作为孩子的监护人,孩子的一举一动会反作用于父母的教养行为[3]。本书提示不同的父母对孩子安全感降低给予的反馈会有所不同,遭受父母拒绝与过度保护的孩子会被父母进一步拒绝和过度保护,父母情感温暖充足的孩子也会因此父母情感温暖减少。

总而言之,安全感在父母教养方式与网络成瘾的双向关系中起跨时间双向中介作用。一方面,父母拒绝和过度保护会通过安全感跨时间中介作用增加个体两年后的网络成瘾行为,而情感温暖会通过安全感的跨时间中介作用减少个体两年后的网络成瘾行为。该结果证明安全感在父母教养方式对网络成瘾的影响中的作用具有跨时间的稳定性,遭受父母拒绝和过度保护的大学生在两年后仍会因过度使用网络而成瘾,这与两年间安全感因父母拒绝和过度保护降低有关。与之相对,父母的情感温暖会增加个体两年间的安全感而减少两年后的成瘾行为。另一方面,网络成瘾会通过安全感跨时间中介作用增加父母两年后的拒绝和过度保护行为,而网络成瘾会通过安全感跨时间中介作用减少个体两年后的情感温暖。该结果揭示了"贫者愈贫,富者变贫"的内在机制,即遭受父母拒绝和过度保护的个体试图通过网络寻求补偿并成瘾,这一成瘾行为会导致他们两年间的安全感降低致其两年后遭受更多的父母拒绝和过度保护,从而形成"贫者愈贫"模式。同样,父母情感温暖充足的个体也会因网络成瘾行为使其两年间的安全感降低,并付出两年后父母情感温暖减少的代价,从而形成"富者变贫"模式。无论是"贫者愈贫"还是"富者变

---

[1] Davies P.T, Cummings E.M, "Marital conflict and child adjustment: An emotional security hypothesis", *Psychological Bulletin*, Vol.116, No.3, 1994, pp.387-411.

[2] Wang W., et al, "Parent-adolescent relationship and adolescent Internet addiction: a moderated mediation model", *Addictive Behaviors*, Vol.84, 2018, pp.171-177.

[3] Belsky J, "Early human experience: A family perspective", *Developmental Psychology*, Vol.17, No.1, 1981, pp.3-23.

贫"均证明父母教养方式与网络成瘾是病理性补偿关系,而安全感是这一补偿关系的内在机制。

(三)研究不足与展望

本书列举4点主要局限,望对未来研究有所启示。第一,本书所有数据均来自大学生自我报告,尽管共同方法偏差效应并不明显,但该效应仍需进一步控制。未来的研究可以从多个信息源(父母、教师、大学生)收集数据控制共同方法偏差的影响,进一步验证本书的结果。第二,尽管本研究对大学生进行了4次追踪,但时间跨度仅为两年,这使得研究结果无法推广到整个大学阶段。未来研究可以对大学生进行为期4年的追踪,通过考察研究变量四年间的变化及关系,进一步验证和推广本书结论。第三,父母教养方式的改变体现了变量的情境性,只有排除个体间特质成分才能获得其与网络成瘾的净相关,否则会导致两者关系的混淆。因此,未来研究可以同时采用交叉滞后模型与随机截距交叉滞后模型对比分离"特质因子"与"情景因子"前后父母教养方式与网络成瘾的双向关系及作用机制的差异性,充分揭示由不同方法论在追踪研究中所带来的解释偏差。第四,本书中的调查对象均为中国大学生,其结论的国际推广仍受样本束缚。未来研究可以对比国内外研究样本对本书结果的影响,从而将研究的结论推向国外。

五、结论

本书可以得出以下结论:

父母拒绝和过度保护与网络成瘾跨时间相互正向预测,情感温暖与网络成瘾跨时间负向相互预测。该结果一方面提示个体不仅是父母教养方式被动的接受者,也是特定父母教养方式的创造者。另一方面还提示父母教养方式与网络成瘾之间是一种病理性补偿并符合"贫者愈贫,富者变贫"的发展模式。因此,父母要重视教育孩子的方式,避免陷入网络成瘾恶性循环的旋涡。

父母拒绝和过度保护与网络成瘾可以通过安全感的跨时间中介作用正向相互预测,情感温暖与网络成瘾可以通过安全感的跨时间中介作用负向相互预测。该结果提示不良的父母教养方式会导致孩子安全感缺失,进而增加罹患网络成瘾的风险;良好的父母教养方式会增加孩子的安全感,进而减少网路成瘾行为。该结果还提示,网络成瘾会严重降低孩子的安全感并导致不良的父母教养方式。因此,父母要重视培养孩子的安全感,积极打破网络成瘾的恶性循环。

第三章　大学生生态风险因素与智能手机成瘾的双向作用及机制

第一节　温暖接纳与智能手机成瘾的双向作用及机制(家庭)

一、引言

就目前研究来看,父母教养方式主要有两种类型,即类型说与维度观。其中后者包含温暖接纳和父母控制两个方面。曹睿桐[1]将温暖接纳解释为父母在教育子女的过程中采用温暖的语言、行为等方式对子女的接纳程度以及参与孩子教养的程度。已有研究证实,温暖接纳对个体的健康成长会起到促进作用。曹睿桐[2]指出,父母采用温暖接纳的教养方式将会降低孩子的孤独感。学者钱铭怡、肖广兰[3]的研究提示,父母以温暖的情感关心子女,有利于提升子女的自我效能感,保证子女的心理健康。张鸿浩[4]的研究显示,父母以温暖的情感对待子女,有利于培养子女的共情能力,有助于子女利他行为的发生。

---

[1] 曹睿桐:《教养方式对青少年孤独感的影响》,《科学咨询(科技·管理)》2020年第1期。
[2] 曹睿桐:《教养方式对青少年孤独感的影响》,《科学咨询(科技·管理)》2020年第1期。
[3] 钱铭怡、肖广兰:《青少年心理健康水平、自我效能、自尊与父母养育方式的相关研究》,《心理科学》1998年第6期。
[4] 张鸿浩:《父母积极教养方式对大学生利他行为的影响——共情的中介作用》,《教育理论研究与实践网络研讨会论文集(高等教育)》,2022年。

同时有研究表明,父母若不采取温暖接纳的教养方式,将对孩子的成长造成不利影响。严厉冷漠的教育方式容易使子女产生自我怀疑的自卑心理①。父母以严厉控制、冷漠的态度对待子女更容易助长子女的自杀意念②。已有研究显示,父母的温暖接纳与手机成瘾之间存在关联,父母温暖接纳的教养方式能够显著调节智能手机成瘾③,但目前对温暖接纳与手机成瘾间的作用机制研究较少,笔者拟对智能手机成瘾的影响因素及内在机制进行深入探讨,从而为智能手机成瘾的防范与干预提出相应对策。

(一)温暖接纳与手机成瘾的双向关系

父母的温暖接纳可能会导致大学生的智能手机成瘾问题。已有研究提示,个体智能手机成瘾的影响因素大多与环境因素和个体因素有关④。首先,依据家庭系统理论⑤和依恋理论⑥,温暖融洽的家庭氛围与亲子关系有利于子女的心理健康和人格完善。在家庭环境中,父母的教养行为是影响个体社会化的重要因素之一⑦。其次,父母的教养行为也是大学生智能手机成瘾的

---

① 张帅佳:《父母教养方式与大学生社交焦虑的关系:负面评价恐惧的中介作用》,《昭通学院学报》2021年第6期。
② 王晗:《父母教养方式、应对方式与自杀态度对大学生自杀意念的影响研究》,天津大学2017年,硕士学位论文;尹丹丹等:《父母教养方式与大学生自杀意念的关系及性别差异研究》,《伤害医学(电子版)》2017年第2期。
③ 赵月鹏:《父母教养方式与初中生智能手机成瘾的关系》,山东师范大学2022年,硕士学位论文。
④ Bae S.M,"The relationships between perceived parenting style, learning motivation, friendship satisfaction, and the addictive use of smartphones with elementary school students of south korea:using multivariate latent growth modeling", *School Psychology International*, Vol.36, No.5, 2015, pp.513-531; Chiu S.I, "The relationship between life stress and smartphone addiction on taiwanese university student:a mediation model of learning self-efficacy and social self-efficacy", *Computers in Human Behavior*, Vol.34, No.1, 2014, pp.49-57.
⑤ Hampson R.B,"The beavers systems model of family functioning", *Journal of family therapy*, Vol.22, No.2, 2000, pp.128-143.
⑥ Shaver P.R, Mikulincer M,"Attachment theory and research:Resurrection of the psychodynamic approach to personnality", *Journal of Research in personality*, Vol.39, No.1, 2005, pp.22-45.
⑦ Whitchurch, G., & Constantine, L,"Systems theory", In G.Boss, W.Doherty, R.LaRossa, W.Schumm, & S.Tenmetz(Eds.), Sourcebook of family theories and methods: A contextual approach, New York:Plenum, 1993, pp.325-355.

第三章 大学生生态风险因素与智能手机成瘾的双向作用及机制

重要影响因素之一。实证研究发现,父母温暖、理解、接纳等行为可以有效减少青少年的成瘾行为及风险,包括技术性成瘾[1],如网络成瘾[2]、游戏成瘾[3];吸毒等。当父母不能提供给孩子足够的温暖与接纳,这会使孩子产生大量消极情绪,如抑郁[4]、焦虑等;还会导致学业成绩下降[5];甚至使孩子产生自杀意念[6]。最后,当青少年经历不良家庭关系时,会利用网络结交网友以补偿其在现实生活中的情感缺失。"失补偿"假说[7]认为,部分青少年通过智能手机、网络游戏等不恰当的补偿方式并不能满足青少年的发展需求,反而会形成"病理性补偿",造成个体智能手机成瘾问题。

大学生的手机成瘾问题同样可能会导致父母的教养方式产生问题。随着互联网的发展,智能手机越来越成为大学生的必需品,也给大学生的生活带来极大的娱乐和便利,但由于大学生相比高中时期更加自由、空闲时间增加,花费在智能手机上的时间难以控制,因此也造成了智能手机成瘾等问题。手机成瘾对大学生的生活有着多方面的负面影响。首先,手机成瘾对个人身心健康有着严重的负面影响。国内外均有研究表明,手机成瘾已成为失眠症状的重要原因之一[8],同时

---

[1] 杨雨萌、邓林园:《父母教养方式与子女技术性成瘾行为关系的元分析》,《第二十四届全国心理学学术会议摘要集》,2022年。

[2] 王平等:《大学生手机成瘾与孤独感、父母教养方式的关系研究》,《当代教育科学》2015年第1期;Zhang R.P., et al, "Parenting styles and internet addiction in Chinese adolescents: Conscientiousness as a mediator and teacher support as a moderator", Computers in Human Behavior, Vol.101, 2019, pp.14-150.

[3] 李蒙蒙:《父母教养方式、抑郁与青少年网络游戏成瘾》,长江大学2020年,硕士学位论文。

[4] 龙可等:《高中生抑郁症状与父母教养方式:感恩的中介作用》,《中国临床心理学杂志》2014年第5期。

[5] 曾鹭:《父母教养方式对初中生学业成绩影响研究》,江西农业大学2022年,硕士学位论文。

[6] 余思、刘勤学:《父母忽视对青少年自杀意念的影响:自尊和希望的中介作用》,《心理发展与教育》2020年第3期;高峰等:《中国青少年父母教养方式与自杀意念的元分析》,《心理发展与教育》2023年第1期。

[7] 高文斌等:《网络成瘾的心理机制——"发展性失补偿假说"》,《中国心理学会第十届全国心理学学术大会论文摘要集》,2005年。

[8] 陈雪红等:《医专大学生手机使用行为、手机依赖综合征与睡眠质量的相关研究》,《现代预防医学》2016年第21期;Khan M.M, "Adverse effects of excessive mobile phone use", Int J Occup Med Environ Health, Vol.21, No.4, 2018, pp.289-293.

还会导致视觉疲劳、免疫力下降等问题[1]。手机成瘾会加重个体的孤独感[2],影响个体的主观幸福感[3]。其次,大学生将过多的时间花费在智能手机上,不利于个体的人际交往,他们极有可能对于同学的关心与督促表现出愤怒和不耐烦的情绪[4],这种情绪也十分容易表现给父母,从而影响父母对子女的教养方式发生转变。

学界对于父母教养方式与大学生手机成瘾的研究主要集中在前者对后者的影响上,研究手机成瘾对父母教养方式影响的成果较少,因此,笔者拟在现有研究的基础上,探究父母的温暖接纳与大学生智能手机成瘾的双向作用机制。

(二)非适应性认知的双向中介作用

父母温暖接纳能够通过非适应性认知的中介作用负向预测手机成瘾。根据生态系统理论[5],个体的发展将会受到环境的影响,其中家庭是影响个体发展的微观环境,对个体的发展有着较为直接的影响。大学新生步入陌生的校园环境,来自家庭的社会支持对他们适应大学生活起着重要作用。有研究表明,社会支持能够有效降低大学生的负性体验,提升大学生在学习、人际交往等方面的适应能力[6]。同时,父母的温暖、理解的教养方式能够正向预测大学生的社会支持[7]。

---

[1] Hong W., et al, "Mobile phone addiction and cognitive failures in daily life: The mediating roles of sleep duration an quality and the moderating role of trait selfregulation", *Addictive Behaviors*, Vol.107, 2020, pp.106-383; Xie X.C., et al, "Sleep quality as a mediator of problematic smartphone use and clinical health symptoms", *Journal of Behavioral Addictions*, Vol.7, No.2, 2018, pp.466-472.

[2] 刘红、王洪礼:《大学生手机成瘾与孤独感、手机使用动机的关系》,《心理科学》2011年第34期。

[3] 李思梦:《大学生手机成瘾与主观幸福感的关系研究》,吉林大学2019年,硕士学位论文。

[4] 李思梦:《大学生手机成瘾与主观幸福感的关系研究》,吉林大学2019年,硕士学位论文。

[5] Bronfenbrenner U, "The ecology of human development: Experiments by nature and design", Cambridge, MA: Harvard University Press, 1979.

[6] 陶沙:《社会支持与大学生入学适应关系的研究》,《心理科学》2003年第5期。

[7] 蒋湘祁等:《父母教养方式与大学生寻求社会支持的关系研究》,《中国健康心理学杂志》2010年第11期。

第三章 大学生生态风险因素与智能手机成瘾的双向作用及机制

依据依赖理论,学者王小辉[1]的研究发现,如果个体在生活中得不到足够的支持,便可能转而借助手机来作为寻求社会支持的新的来源。Davis[2]通过认知—行为模型揭示了网络成瘾的形成过程,其中,非适应性认知这一近端因素作为中介影响网络成瘾。非适应性认知既包括对自我认知的歪曲,也包括对外界认知的歪曲。对自我认知的歪曲表现为自我效能感低、自我怀疑和否定等,对外界的歪曲认知则表现为"现实生活中没有人爱我"等。魏华等人[3]的研究显示,父母粗暴式的养育方式会使青少年产生对社会和家庭的负面认知,并且会加重大学生的网络成瘾,这也验证了认知—行为模型的科学性。综上得出假设:如果父母以过分严厉、冷漠的教养方式对待大学新生,而致使他们入学后得不到足够的社会支持,这会使他们产生对家人、学校的非适应性认知,最终加剧手机成瘾问题。

手机成瘾可能通过非适应性认知的中介作用负向预测父母温暖接纳。大学新生入学后面临着一个新奇而又陌生的环境,他们面临着环境、学习、人际关系、心理等各方面的适应问题[4]。Young[5]提出了 ACE 模型,其中的 E 指的是 Escape(逃避现实),即当个体在现实生活中压力等负性情绪较多时,他们会通过网络来寻求安慰。因此,大学新生面临的交往、学习等方面压力都有可能导致大学新生手机成瘾[6]。从大学新生的自身来看,他们已经发展到了心智逐步成熟的状态,离开高中校园的他们对新鲜事物十分敏感,也更容易出现手机成瘾问题[7]。

---

[1] 王小辉:《中学生手机依赖现状及与社会支持、社会适应性的关系研究》,福建师范大学 2011 年,硕士学位论文。

[2] Davis R.A, "A cognitive behavioral model of pathological Internet use(2001)", *Computers in Human Behavior*, 2001, Vol.17, No.2, pp.187-195.

[3] 魏华等:《粗暴养育对网络成瘾的影响:非适应性认知的中介作用与孝道信念的调节作用》,《中国特殊教育》2020 年第 4 期。

[4] 段兴利等:《大学新生入学适应问题浅析》,《思想理论教育导刊》2008 年第 4 期。

[5] Young K.S, "What makes on-line usage stimulating:potential explanations for pathological Internet use", *The 105th Annual Convention of the American Psychological Association*, Chicago.

[6] 田原等:《某医科大学大一新生手机成瘾现状及相关因素分析》,《中国预防医学杂志》2020 年第 7 期。

[7] 臧慧等:《南宁市某高校大学生手机成瘾影响因素分析》,《中国继续医学教育》2018 年第 33 期。

学者田秀菊等人[1]的研究显示,大学生手机成瘾能够正向预测非适应性认知。即,大学生越沉溺于手机,便越容易对外界产生歪曲的认知。手机和网络的普及使大学生忽略了现实的人际交往的重要性[2]。他们认为,手机和网络中的虚幻世界等同于现实世界,甚至更愿意停留在虚幻世界中逃避现实[3]。大学新生离家后与父母之间的联系相对减少,越孤独的大学生感受到的社会支持越少[4],进而可能产生"父母并不在乎自己"的非适应性认知,造成自己和父母关系的疏离,影响温暖融洽的亲子关系的持续。

(三)大学新生的温暖接纳

大学新生离开了熟悉的成长环境,来到陌生的城市和校园,难免会产生不适应感、孤独感。大学新生与高年级的学生相比,情感等各方面的得分明显偏低[5]。有研究显示,安全型的亲子依恋关系更有助于大学生结成满意的人际关系[6],父母的温暖、理解、接纳是大学生适应校园生活的重要影响因素。在情感温暖的父母教养方式下成长起来的个体更容易产生人际适应与安全感[7]。步入大学生活之后,个体将面临与高中时期不同的情况:文化观念的差异、生活条件的降低、自主学习能力不足、人际交往能力欠缺等,大学生会将自己大部分的精力放在适应自我和社会上[8],这导致大学新生入学后与父母相

---

[1] 田秀菊、陈汉英:《大学生智能手机沉迷与非适应性认知的相关研究》,《卫生职业教育》2016年第17期。

[2] 秦华等:《网络游戏成瘾的形成因素探析》,《中国临床心理学杂志》2007年第2期。

[3] 李宁、梁宁:《大学生网络成瘾者非适应性认知研究》,《心理科学》2007年第1期。

[4] 陈雪峰、时勘:《孤独感与领悟社会支持对大学生心理健康的影响》,《中国临床心理学杂志》2008年第5期。

[5] Lapsley D.K., et al, "Psychological separation and adjustment to college", *Journal of Counseling Psychology*, Vol.36, No.3, 1989, pp.286-294; Rice K.G, "Separation individuation and adjustment to college: A longitudinal study", *Journal of Counseling Psychol*, Vol.39, No.2, 1992, pp.203-213.

[6] 靳义君:《亲子依恋、社交焦虑及主动性人格对大学新生人际关系的影响》,《西北师大学报(社会科学版)》2019年第5期。

[7] 汪小凡:《高职新生父母教养方式、安全感和人际适应的关系研究》,《武汉交通职业学院学报》2018年第4期;张慧等:《父母教养方式对大学新生人际适应的影响:心理资本的中介作用》,《教育观察》2021年第13期。

[8] 雷环:《从社会心理学角度看大学新生的适应问题》,《思想教育研究》2008年第3期。

第三章 大学生生态风险因素与智能手机成瘾的双向作用及机制

处、沟通的时间减少,从而减少了父母对子女的温暖与接纳。

(四)研究假设

假设1:大学新生父母的温暖接纳与智能手机成瘾跨时间相互预测。

假设2:大学新生父母的温暖接纳与智能手机成瘾通过非适应性认知跨时间相互预测。

二、方法

(一)被试

参与者的数据来自"累积风险与大学生智能手机成瘾的双向机制"项目,该项目是一项纵向调查,旨在检查智能手机成瘾轨迹,以及非适应性认知在累积风险与智能手机成瘾之间的双向中介作用。这项大型研究的参与者来自山东省的5所大学。数据是在大学新生从一年级升到二年级的两个时间点收集的,二年级相隔一年。在第一次调查(T1)中,共有1575名学生(33.8%为男性)完成了问卷调查。一年后(T2),共有1511名学生(32%为男性)完成了调查。T2的所有学生也在T1完成了问卷调查,其数据用于后期分析。1511名学生的更详细信息是,平均年龄为18.38岁($SD=0.71$,从17岁到20岁);城市户籍学生833人(55.1%)。关于家庭年收入,分布如下:<2000元,62(4.1%);2001—5000元,19(1.3%);5001—10000元,139(9.2%);10001—30000元,233(15.4%);30001—50000元,334(22.1%);50001—100000元,245(16.2%);100001—150000元,257(17.0%);>150000元,222(14.7%)。

(二)程序

受新冠疫情影响,所有调查问卷都通过互联网分发,学生可以使用电脑、ipad或智能手机完成。在调查之前,向所有学生及其老师分发了知情同意书,只有向研究人员返回同意书的学生才被允许参与随后的测量。调查程序得到了青岛科技大学道德审查委员会的批准。在数据收集过程中,所有学生应在50分钟内完成所有问卷,所有学生被告知每个问卷的表现对他们期末的最终评估没有任何影响。在第二次调查结束时,学生们被告知了他们的身份绝对匿名以及研究的目的。所有参加调查的学生得到了一支中性笔作为礼物。由于学校密切关注学生的智能手机成瘾问题,测量结果将反馈给学校,以制定智能手机成瘾的相关干预方案。

(三)测量

1. 父母的温暖接纳

用 Block[1] 开发的"中国版育儿行为量表"通过"父母温暖"维度来衡量父母的温暖程度。该量表的一个样本题目是"当我感到不安或害怕时,我的父母会给我安慰和理解"。克罗恩巴赫在这两个时间点父母温暖接纳的内部一致性系数 α 分别为 0.89 和 0.93。

2. 非适应性认知

非适应性认知采用"中文版网络非适应性认知量表"进行评估[2]。该量表是基于认知—行为模型开发的,用于测量对互联网的非适应性认知。该量表在中国大学生中具有良好的信度和效度[3]。该量表由 14 个项目组成,其中代表性题目如"我觉得智能手机中的世界比现实世界更令人兴奋和兴奋"。参与者采用 1(强烈不同意)到 5(强烈同意)点计分作答。量表总分代表个体的非适应性认知水平,分数越高表明对智能手机的非适应性认知水平越高。两个时间点非适应性认知量表的内部一致性系数 α 为 0.95 和 0.93。

3. 智能手机成瘾

采用"中版智能手机成瘾"[4]对智能手机成瘾水平进行测量。该量表也是

---

[1] Block J.H,"The Child-Rearing Practices Report(CRPR):A set of Q items for the description of parental socialization attitudes and values",*Berkeley*,CA:University of California,Institute of Human Development,1981.

[2] Liang X.Y,"A study on the effect mechanism of online social support on adolescents' mental health",*Doctoral dissertation*.East China Normal University,2008.

[3] Tian Y., et al, "Associations between psychosocial factors and generalized pathological internet use in Chinese university students:A longitudinal cross-lagged analysis",*Computers in Human Behavior*,Vol.72,2017,pp.178-188.

[4] Leung L,"Linking psychological attributes to addiction and improper use of the mobile phone among adolescents in Hong Kong",*Journal of Children and Media*,Vol.2,No.2,2008,pp.93-113.

第三章　大学生生态风险因素与智能手机成瘾的双向作用及机制

基于认知—行为模型开发的,用于测量个人的手机成瘾水平。该量表由17个项目组成,其中代表性题目如"花在智能手机上的时间会直接降低你的工作效率"。参与者采用1(从不)到5(总是)点计分作答。量表总分代表个体的手机成瘾水平,分数越高表示智能手机成瘾水平越高。该量表在中国大学生被试中具有良好的信度和效度[①]。量表采用8个项目来确定个体是否患有智能手机成瘾。更具体地说,报告"总是"患有上述8个项目中任何一个的个体被分为智能手机成瘾组。两个时间点的智能手机成瘾量表的内部一致性系数 α 为0.93和0.95。

(四)控制变量

先前的研究发现,性别、户籍、年龄和家庭年收入与智能手机成瘾相关,因此,这些变量被控制为协变量。性别是一个二分变量(0=男性,1=女性)。户籍也是一个二分变量(0=城市户籍,1=农村户籍)。此外,学生来自5所学校,因此,对学校和智能手机成瘾之间的类内相关性进行了研究,以确定学校之间是否存在差异。结果显示,学生智能手机成瘾在学校之间没有显著差异(T1时,$r=0.01, p=0.80$;T2时,$r=-0.02, p=0.35$)。

(五)缺失值处理

纵向研究总是与参与者在时间上的流失有关。同样,有85名学生参加了T1调查,而没有在T2调查中提供数据。参与者流失的主要原因包括生病、无法参加课堂以及自愿退出。我们进行了一系列独立样本 t 检验,以检验参与者和非参与者之间研究变量的差异。结果表明,没有发现显著差异,这表明缺失数据的模式是随机的。此外,还进行了 χ^2 检验,以探讨非参与者人数在性别和户籍方面是否存在差异,但没有发现差异。由于缺失数据是随机的,且比例很小(4.1%),因此未将非参与者的数据用于后期分析,以尽量减少缺失值处理方法的影响。使用该方法处理缺失数据的研究数量有所滞后。

[①] Chen Y.M., et al, "The relationship between shyness and mobile phone dependence in middle school students: A moderated mediation model", *Psychological Development and Education*, Vol.37, No.1, 2021, pp.46-53.

(六)数据分析策略

采用 SPSS 22.0 进行描述统计、差异检验、相关分析和逐步回归;GrahphPad Prism 8.0 用于在图表上绘制适应非适认知和智能手机成瘾的曲线;执行 AMOS 24.0 以建立交叉滞后模型,以检查所研究变量之间的关联。在交叉滞后模型步骤中,为分析建立了三个特定的交叉滞后模型。第一个模型用于检验假设1和假设2,其中涉及累积风险、累积风险的二次项和智能手机成瘾(M1)。更具体地说,T1 累积风险预测 T2 累积风险和智能手机成瘾;T1 智能手机成瘾预测 T2 智能手机成瘾和累积风险;T1 累积风险的二次项预测 T2 智能手机成瘾。第二个和第三个模型用于检验假设3和假设4,通过将 T1 和 T2 非适应性认知作为 M1(M2)内的双向中介,并且没有删除 M2 构建 M3 以呈现最终关联的重要路径。此后,使用自举抽样方法进一步估计间接效应的强度和重要性(Hayes,2018)。越来越多的研究使用这种方法来减少关于估计效应的抽样分布形状或标准误差所需假设的统计误差。采用 χ^2(卡方检验)、df(自由度)、GFI(拟合优度指数)、CFI(比较拟合指数)、NFI(赋范拟合指数)和 RMSEA(逼近均方根误差)等指标来评估每个模型的优度。根据先前研究的建议,$\chi^2/df \leqslant 3$,GFI、CFI 和 NFI $\geqslant 0.95$,RMSEA $\leqslant 0.05$,表明模型指标令人满意。此外,对 $\chi^2(\triangle \chi^2)$ 和 $df(\triangle df)$,显著 $\triangle \chi^2 / \triangle df$ 建议,约束较小的模型更好地拟合数据。

三、结果

(一)共同方法偏差检验

采用 Harman 单因子检验对共同方法偏差进行事后的统计检验[①]。将不同测量时间的温暖接纳、非适应性认知和手机成瘾测量题目同时纳入模型后,T1 时间数据共析出6个特征根大于1的因子,第一个因子解释的变异为37.29%;T2 时间数据共析出8个特征根大于1的因子,第一个因子解释的变

[①] Podsakoff P.M.,et al,"Common method biases in behavioral research:A critical review of the literature and recommended remedies", *Journal of Applied Psychology*, Vol.88, No.5, 2003, pp.879-903.

异为39.55%。T1和T2时间最大公因子解释率均小于40%的临界值,证明无显著共同方法偏差。

(二)描述统计和相关分析

表3-1呈现了研究变量的平均数、标准差和相关系数。相关分析显示,性别与T1温暖接纳、T2温暖接纳和T2非适应性认知显著正相关,与家庭年收入和T1手机成瘾显著负相关。户籍所在地与T2非适应性认知正相关,在T1和T2时间点,温暖接纳均与非适应性认知和手机成瘾两两显著负相关(详见表3-1)。

表3-1 研究变量的平均数、标准差和相关系数

变量	1	2	3	4	5	6	7	8	9	10
1.性别	1									
2.户籍所在地	0.07**	1								
3.年龄	-0.00	0.05*	1							
4.家庭年收入	-0.09***	-0.21***	-0.07**	1						
5.T1温暖接纳	0.06*	-0.03	-0.02	0.04	1					
6.T1非适应性认知	-0.02	0.03	-0.06*	-0.02	-0.16***	1				
7.T1手机成瘾	-0.05*	0.03	-0.04	-0.01	-0.15***	0.72***	1			
8.T2温暖接纳	0.07**	0.03	0.01	0.02	0.30***	-0.09***	-0.11***	1		
9.T2非适应性认知	0.05*	0.05*	-0.04	-0.03	-0.14***	0.44***	0.37***	-0.14***	1	
10.T2手机成瘾	0.00	0.04	-0.04	-0.01	-0.11***	0.36***	0.38***	-0.13***	0.70***	1
M	—	—	18.38	5.40	16.90	37.08	40.54	16.76	36.02	38.44
SD	—	—	0.71	1.82	3.56	11.71	13.82	3.77	12.56	14.69

注:$N=1511$。变量1—4为控制变量。性别和户籍所在地为虚拟变量,0=男和城市,1=女和农村。* $p<0.05$,** $p<0.01$,*** $p<0.001$。

(三)温暖接纳与手机成瘾的双向关系

通过交叉滞后模型探讨温暖接纳与手机成瘾的跨时间关系。首先,建立温暖接纳与手机成瘾的基准模型来评估温暖接纳与手机成瘾的发展稳定性,如图3-1中的M1所示。M1拟合一般:$\chi^2(12)=33.81, p<0.001, NFI=0.94, CFI=0.96, RMSEA=0.035$。然后在M1的基础上增加温暖接纳对手机成瘾的交叉滞后路径考察温暖接纳对手机成瘾的跨时间预测作用,如图3-1中的M2所示。M2拟合较好:$\chi^2(11)=28.52, p<0.001, NFI=0.95, CFI=0.97, RMSEA=0.32$。通过模型比较发现,M2优于M1($\triangle\chi^2=5.29, \triangle df=1, p<0.01$)。以同样的方式,在M1的基础上增加手机成瘾对温暖接纳的交叉滞后路径考察手机成瘾对温暖接纳的跨时间预测作用,如图3-1中的M3所示。M3拟合较好:$\chi^2(11)=28.05, p<0.001, NFI=0.95, CFI=0.97, RMSEA=0.32$。通过模型比较发现,M3优于M1($\triangle\chi^2=5.76, \triangle df=1, p<0.01$)。最后,在M1的基础上同时增加温暖接纳对手机成瘾的交叉滞后路径和手机成瘾对温暖接纳的交叉滞后路径考察温暖接纳与手机成瘾的相互预测作用,如图3-1中的M4所示。M4拟合最好:$\chi^2(10)=22.91, p<0.001, NFI=0.98, CFI=0.98, RMSEA=0.029$,且M4优于M2($\triangle\chi^2=11.50, \triangle df=1, p<0.01$)和M3($\triangle\chi^2=49.87, \triangle df=1, p<0.01$)。因此M4被最终保留作为分析模型。由M4可知,T1温暖接纳能显著预测T2温暖接纳($\beta=0.29, p<0.001$),T1手机成瘾能显著预测T2手机成瘾($\beta=0.37, p<0.001$);T1温暖接纳能显著预测T2手机成瘾($\beta=-0.06, p<0.05$),T1手机成瘾能显著预测T2温暖接纳($\beta=-0.06, p<0.05$)。

(四)非适应性认知的双向中介作用

我们将T1和T2非适应性认知纳入模型M4中构建模型M5(见图3-2),考察T1和T2非适应性认知在温暖接纳与手机成瘾双向关系中的双向中介作用。在控制性别、年龄、户籍所在地和家庭年收入效应后,模型M5各项指标拟合良好:$\chi^2(16)=30.15, p<0.001, NFI=0.99, CFI=1.00, RMSEA=0.024$。由于模型中T1温暖接纳到T2手机成瘾,T1手机成瘾到T2温暖接纳和T1非

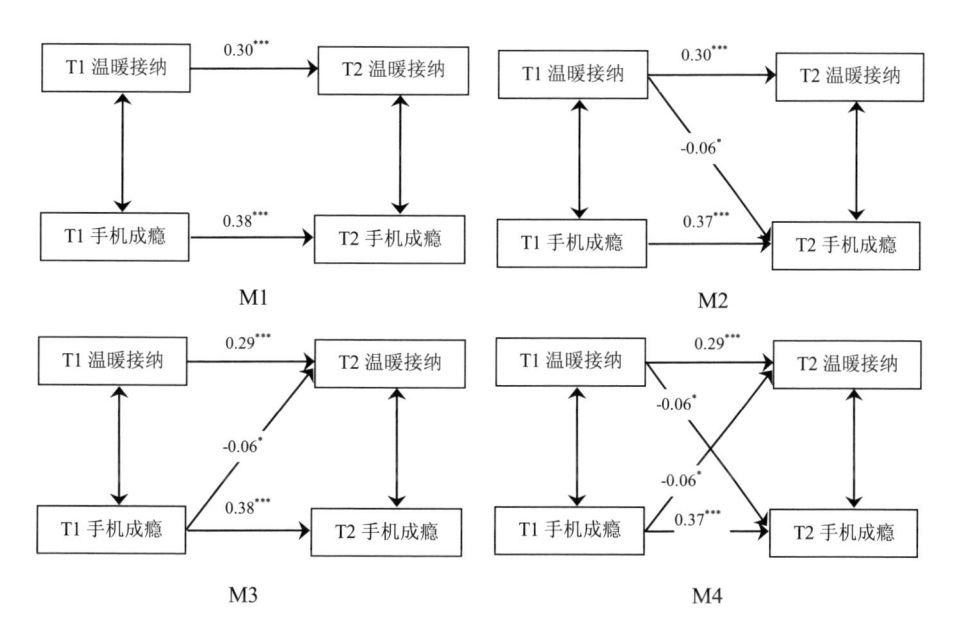

第三章 大学生生态风险因素与智能手机成瘾的双向作用及机制

图 3-1 温暖接纳与手机成瘾的交叉滞后模型

注:实线代表路径显著,虚线代表路径不显著。

适应性认知到 T2 温暖接纳 3 条路径不显著,删除该 3 条路径得到模型 M6,该模型拟合良好:$\chi^2(19) = 31.81, p < 0.001, NFI = 0.99, CFI = 1.00, RMSEA = 0.021$。尽管两个模型之间并没有显著差异:$\triangle\chi^2/\triangle df = 2.22, p = 0.08$,但简洁模型的 χ^2/df 和 RMSEA 进一步减小,模型得到改善,因此简洁模型予以保留(见图 3-2)。

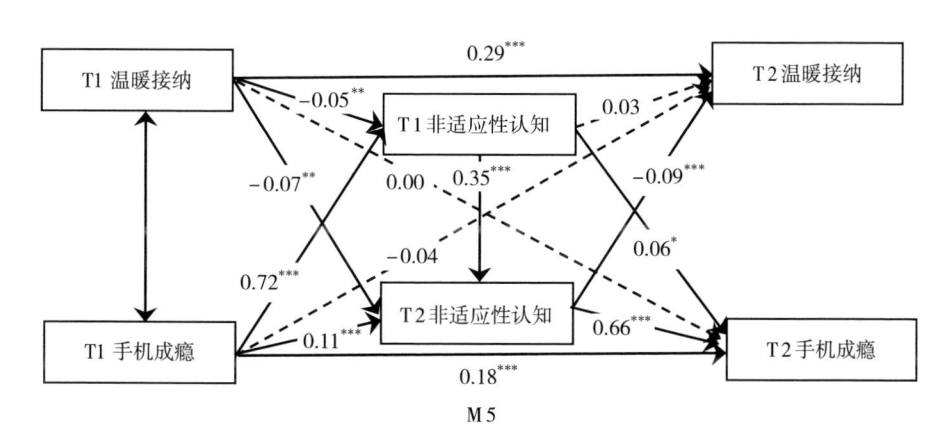

143

图 3-2

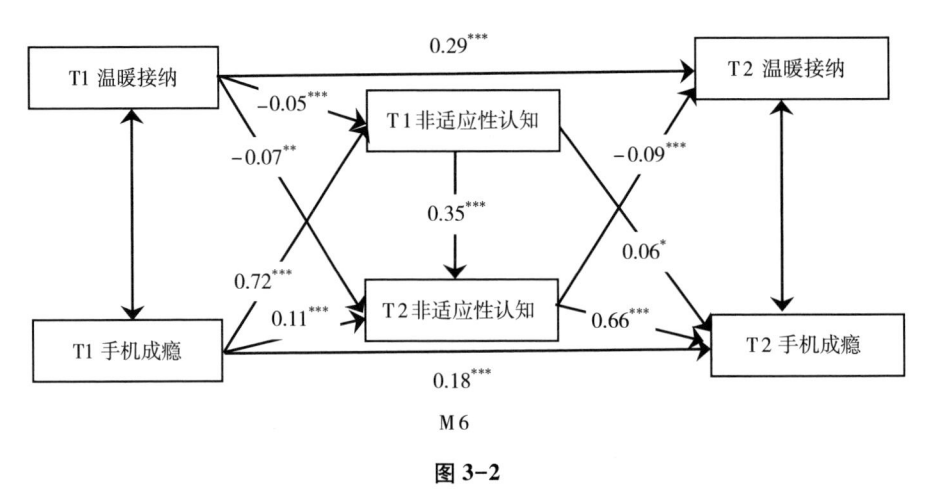

注:实线代表路径显著,虚线代表路径不显著。

该模型还显示 T1 温暖接纳显著正向预测 T2 温暖接纳($\beta=0.29,p<0.001$),显著负向预测 T1 非适应性认知($\beta=-0.05,p<0.01$)和 T2 非适应性认知($\beta=-0.07,p<0.01$);T1 手机成瘾显著正向预测 T2 手机成瘾($\beta=0.18,p<0.001$)、T1 非适应性认知($\beta=0.72,p<0.001$)和 T2 非适应性认知($\beta=0.11,p<0.001$);T1 非适应性认知显著正向预测 T2 非适应性认知($\beta=0.35,p<0.001$)和手机成瘾($\beta=0.06,p<0.05$);T2 非适应性认知显著负向预测 T2 温暖接纳($\beta=-0.09,p<0.001$)和显著正向预测 T2 手机成瘾($\beta=0.66,p<0.001$)。T2 温暖接纳和手机成瘾的效应量分别为 0.32 和 0.51。

另外,该模型揭示了 10 条中介机制,对该 10 条路径进行 bootstrap 效应检验发现:(1)T1 温暖接纳→T1 非适应性认知→T2 非适应性认知→T2 温暖接纳;(2)T1 温暖接纳→T2 非适应性认知→T2 温暖接纳;(3)T1 温暖接纳→T1 非适应性认知→T2 手机成瘾;(4)T1 温暖接纳→T1 非适应性认知→T2 非适应性认知→T2 手机成瘾;(5)T1 温暖接纳→T2 非适应性认知→T2 手机成瘾;(6)T1 手机成瘾→T1 非适应性认知→T2 非适应性认知→T2 温暖接纳;(7)T1 手机成瘾→T2 非适应性认知→T2 温暖接纳;(8)T1 手机成瘾→T1 非适应性认知→T2 手机成瘾;(9)T1 手机成瘾→T1 非适应性认知→T2 非适应性认知→T2 手机成瘾;(10)T1 手机成瘾→T2 非适应性认知→T2 手机成瘾。所有路径置信区间均不包含0,证明中介效应成立。

四、讨论

通过追踪设计考察大学新生父母的温暖接纳与手机成瘾的双向关系及非适应性认知的中介作用,结果发现,父母的温暖接纳跨时间负向预测智能手机成瘾,且智能手机成瘾负向预测父母的温暖接纳。另外,非适应性认知在温暖接纳对智能手机成瘾的影响中起中介作用,该结果拓展了认知—行为模型,为大学新生智能手机成瘾的干预提供了重要参考。

(一)温暖接纳与手机成瘾的双向关系

笔者发现温暖接纳负向预测大学新生一年后的手机成瘾。心理学家马斯洛于1943年发表了一篇论文,文章阐述了马斯洛的需要层次理论。他将人的需要分为7种,其中归属于爱的需要指的是个体对亲情、友情和爱情的需要,家人、朋友的关心和理解能够使个体感受到对家庭和社会的归属感。家庭是影响个体的微观系统,父母的温暖接纳直接关系到个体归属与爱的需要是否得到满足。大学新生步入大学难免会面对一系列的适应问题,而且大学新生离家后由于学业等方面的事务,与父母联系的亲密度相对降低[1],随着手机和互联网的普及,大学生往往通过手机媒体来寻求情绪发泄的渠道和心理上的安慰。数字恰到好处假说(Digital Goldilocks Hypothesis)认为,适度地使用数字媒体对个体是有益的。但当个体过度地依赖手机等媒体,便会出现手机成瘾问题[2]。

调查发现手机成瘾负向预测大学新生一年后的温暖接纳。已有研究发现,大学生的手机成瘾将会影响其人际交往[3]。当大学新生过度地沉浸于手机世界中,难免会造成正常人际关系的疏离。父母与子女之间的关系也是人

---

[1] 于潇:《中职学生家庭亲密度、心理弹性与手机依赖倾向的关系研究》,哈尔滨师范大学2016年,硕士学位论文。

[2] Bruggeman H.,et al,"Does the use of digital media affect psychological well-being? An empirical test among children aged 9 to 12", *Computers in Human Behavior*, Vol.101, 2019, 104-113.

[3] 王薇:《手机成瘾大学生的人际交往问题》,浙江师范大学2012年,硕士学位论文。

际关系的一种,因此手机成瘾难免会影响父母对子女的温暖接纳。

(二)非适应性认知的双向中介作用

根据认知—行为模型,智能手机成瘾的影响因素可以分为远端因素和近端因素,远端因素可以通过近端因素影响智能手机成瘾。而在近端因素中,非适应性认知是核心变量,是导致智能手机成瘾的充分必要条件。温暖接纳可以通过非适应性认知影响智能手机成瘾,说明在认知—行为模型中,温暖接纳属于模型中的远端因素。在过度使用智能手机而成瘾后,个体对于自己和网络的认知会产生巨大变化,一方面,个体认为自己适合使用网络进行社交或网络能够让自己变得更加自信;另一方面,个体认为网络中的生活才是自己想要的生活,自己能在网络中得到更公平对待,而这种扭曲的认知是导致智能手机成瘾的关键要素。另外,个体的认知扭曲还可能是因为大学新生所感知到的父母的温暖接纳与关怀减少,从而导致个体认为自己更加孤立无援,形成扭曲认知并导致智能手机成瘾行为。大学时期是个体逐渐离开父母与家庭,开始独立成长的重要阶段,他们在入学时会遇到适应问题,往往更需要父母的温暖接纳与关怀。如果此时父母不能及时理解与疏导他们,他们容易产生自己"不被重视"的错误认知,更倾向于在智能手机世界中寻求自己存在的意义,致使手机成瘾问题出现。

(三)研究不足与启示

尽管本次调查通过追踪研究设计考察了大学新生父母的温暖接纳与智能手机成瘾的双向关系及非适应性认知的中介作用,对已有研究结论进行了拓展和深化,但本研究仍存在以下不足。第一,所有研究变量均通过量表进行测量,研究结论仍然会受到共同方法偏差效应的影响,尽管本研究并未发现显著的共同方法偏差效应,但未来研究可以通过多种测量方法(例如,父母报告和同伴报告)对本研究结果加以验证。第二,尽管通过交叉滞后分析发现大学新生父母的温暖接纳与智能手机成瘾可以相互预测,但由于相关研究的局限性,仍不能作出因果推论。为了更好地验证本研究结果,未来研究可以通过实验设计对父母温暖接纳和智能手机成瘾加以操控从而实现因果推论进一步验证本研究结果。最后,本研究被试均为大一新生,其结论并不能推广到全部大学生群体。未来研究可以对大学生进行为期4年的追踪,拓展本书结论的适用性。

五、结论

调查可以得出以下结论:

第一,大学新生父母的温暖接纳与大学新生的智能手机成瘾行为可以跨时间相互预测。

第二,大学新生父母的温暖接纳与大学新生智能手机成瘾行为可以通过非适应性认知跨时间相互预测。

第二节 父母监控与智能手机成瘾的双向作用及机制(家庭)

一、引言

根据生物生态理论,个体的网络成瘾行为受其家庭生态因素的影响,良好的家庭环境有助于个体的网络适应,而不良的家庭环境不利于网络适应[1]。在家庭环境诸多因素当中,高质量的亲子关系至关重要,良好的亲子关系意味着父母会更多地监控孩子的上网行为,一旦孩子行为出现偏差,他们会及时予以矫正。然而,当孩子过多使用智能手机上网而父母却没有发现时,孩子的该行为会进一步发展最终导致智能手机成瘾行为。已有研究显示,青少年81.1%的上网行为均发生在家庭当中[2],因此父母能否及时发现且制止孩子过度使用智能手机对青少年智能手机成瘾的预防和干预起到重要作用。

---

[1] 金灿灿等:《中学生的父母监控、自我控制和网络适应的关系:一个有调节的中介效应》,《中国特殊教育》2019年第7期。

[2] 中国互联网络信息中心:第43次《中国互联网络发展状况统计报告》,2019年,见http://www.Cnnic.Net.cn/hlwfzyj/hlwxzbg/hlwtjbg/201902/t20190228 70645。

大学新生在学校适应过程中,由于自我控制能力相对较低,其很可能因为缺乏父母的监控而过度使用手机并成瘾。一项研究发现,父母监控能够提高个体的抵制效能感从而减少网络成瘾或智能手机成瘾行为[1]。另外也有研究发现,父母监控与父母低头使用手机行为存在交互作用进而影响个体智能手机成瘾行为,父母监控水平低的个体更容易受到父母低头使用手机行为的影响而形成智能手机成瘾[2]。也有研究通过追踪设计考察了父母监控与智能手机成瘾的双向关系,发现父母监控能够跨时间预测个体的智能手机成瘾行为[3]。尽管大量研究考察了父母监控对智能手机成瘾的影响以及两者的双向关系,但这些研究仍存在以下局限。第一,绝大多数研究关注初中生和高中生父母监控对个体智能手机成瘾的影响,而忽略了大学生尤其是大学新生群体。由于大学生智能手机使用水平显著高于其他学段,父母监控与智能手机成瘾的关系可能更加紧密。第二,非适应性认知显然是智能手机成瘾的核心变量,但少有研究考察其在父母监控与智能手机成瘾关系中的双向中介作用。为了弥补先前的研究缺陷,本书通过追踪研究设计考察大学新生父母监控与智能手机成瘾的双向关系以及非适应性认知的中介作用。

(一)父母监控与手机成瘾的双向关系

父母干预理论认为父母监控也是父母管理孩子媒介使用的教养方式之一,合理的监控可以有效减少网络成瘾的发生率,也是目前最为行之有效的网络成瘾干预手段。已有研究发现,如果父母发现孩子过度使用网络,而且父母认为使用网络可以帮助孩子开发智力,提高社会适应能力,父母会与孩子一起使用网络;但父母认为过度使用网络有害,不利于孩子的身心健康,他们就会

---

[1] 许颖等:《父母因素、抵制效能感与青少年新媒介依赖行为的关系》,《心理发展与教育》2012年第28期。

[2] 丁倩等:《父母低头族与中学生手机成瘾的关系:父母监控的调节作用》,《中国特殊教育》2019年第38期。

[3] 陈艳等:《父母干预与青少年手机成瘾的关系:一项追踪研究》,《中国特殊教育》2021年第8期。

加强监控,进而阻止孩子过多使用网络①。智能手机作为网络使用的最大终端,父母监控与其关系与网络成瘾类似。尽管大量研究考察了父母监控对网络成瘾的影响②,但有关父母监控对智能手机成瘾的研究尤其是追踪研究较少。横断研究设计不利于因果推论,通过追踪研究设计考察前一时间父母监控对后一时间的智能手机成瘾的影响,更加有助于两者的因果推论。

已有研究发现,孩子并不是在被动地接受父母的教养方式,他们的行为也在主动地塑造父母的教养方式③。父母监控作为特定的父母教养方式,其也受到智能手机成瘾行为的影响。例如,孩子将大量时间花费于网络,从而减少了与父母沟通、交流的时间,进而会影响亲子关系④,不良的亲子关系又会导致父母监控减少。从这个角度讲,智能手机成瘾会减少父母监控。但从另外一个角度讲,父母会出于爱而关心孩子,当孩子因智能手机成瘾而造成学业成绩下滑、情绪问题或人际关系问题时,他们会因此更加关注孩子的一举一动,进而加强对孩子的管控,这又提示智能手机成瘾能够增加父母监控。一项追踪研究发现,手机成瘾并不能跨时间预测父母监控。而该研究中的被试为初中生⑤。已有研究证实大学生网络使用水平显著高于初中生,这提示在大学生群体中智能手机成瘾对父母监控的影响可能有所不同,因此本书拟对其展开验证。

---

① Hwang Y., et al, "Parental mediation regarding children's smartphone use: role of protection motivation and parenting style", *Cyberpsychology Behavior & Social Networking*, Vol.20, No.6, 2017, pp.1-7.

② 金灿灿等:《中学生的父母监控、自我控制和网络适应的关系:一个有调节的中介效应》,《中国特殊教育》2019年第7期;许颖等:《父母因素、抵制效能感与青少年新媒介依赖行为的关系》,《心理发展与教育》2012年第28期;丁倩:《父母低头族与中学生手机成瘾的关系:父母监控的调节作用》,《中国特殊教育》2019年第38期。

③ Belsky J, "Early human experience: A family perspective", *Developmental Psychology*, Vol.17, No.1, 1981, pp.3-23; White J.M, "Understanding family process: basics of family systems theory (book)", *Journal of Comparative Family Studies*, Vol.26, No.2, 1993, pp.281-282.

④ Van den Eijnden R.J.J.M., et al, "Compulsive internet use among adolescents: Bidirectional parent-child relationships", *Journal of Abnormal Child Psychology*, Vol.38, No.1, 2010, pp.77-89.

⑤ 陈艳等:《父母干预与青少年手机成瘾的关系:一项追踪研究》,《中国特殊教育》2021年第8期。

(二)非适应性认知的双向中介作用

尽管已有研究考察了父母监控对网络成瘾或者智能手机成瘾的作用机制,但少有研究从非适应性认知入手。认知—行为模型强调,非适应性认知是智能手机成瘾的核心要素。父母监控可以改变大学生扭曲的认知从而实现对智能手机成瘾的干预。例如,父母可以通过监控孩子的智能手机使用行为从而实现孩子对智能手机的认知重建。例如,当孩子认为自己只有通过手机在网络世界中才能获得尊重时,父母能够通过监控其智能手机使用行为使之更多参与到线下生活中来,当个体真正融入线下生活时,他们对于现实世界产生更真实的认知,而不再错误地认为自己不适合面对面交流,在现实中不能够得到公平对待等。当个体的认知得以改善,他们就会更愿意参加现实活动而非网络活动。因此,父母监控可能会通过改变非适应性认知进而减少个体的智能手机成瘾行为。

另外,智能手机成瘾行为可能会通过非适应性认知影响父母监控。"不同气质类型说"认为孩子天生就有不同的气质类型,反过来会对父母的教养方式产生影响[1]。尽管已有研究证实智能手机成瘾对个体的人际交往、社会适应等产生重要影响,但有关智能手机成瘾对父母教养方式影响的研究较少。一项研究通过追踪研究设计考察智能手机成瘾对父母监控的影响,结果发现智能手机成瘾并不能显著预测一年后的父母监控[2]。这可能与父母监控相对严格有关,初中生因未成年而受到父母更加严格的监控。在高强度的监控下,他们智能手机成瘾水平相对较低,这也会导致他们智能手机成瘾水平对父母监控的影响相对减弱。但大学生一方面寄宿于学校,父母监控相对较难。另一方面,出于学习交流的需要,父母会给他们购买智能手机作为上网设备,从而使得监控减少而成瘾风险增加。因此,在大学生群体当中智能手机成瘾对父母监控的影响应当进一步验证。另外,已有研究证实非适应性认知在网络

---

[1] Rothbart M.K,"Measurement of temperament in infancy",*Child Development*,Vol.52,No.2,1981,pp.569-578.

[2] 陈艳等:《父母干预与青少年手机成瘾的关系:一项追踪研究》,《中国特殊教育》2021年第8期。

成瘾与其影响因素之间起双向中介作用,这说明网络成瘾等行为会反作用于个体的认知,从而达到对个体行为的进一步影响。假设在智能手机成瘾的影响下个体非适应性认知增多,这会导致个体更加认为网络生活优于现实生活而不愿参与到线下生活当中。而这种思维方式会严重影响亲子关系,进而造成父母监控减少。

(三)大学新生的父母监控

通常情况下,中国大学生为了能够培养独立的学习、人际交往等能力,绝大多数人会选择寄宿学校。寄宿行为会使得父母监控相对降低,甚至有些大学生直接脱离了父母的监控。例如,大学新生在进入大学后,他们的社会支持来源会发生巨大改变。由于与父母和原有的朋友联系减少,他们必须融入新的集体和同学关系中来,只有尽快适应才不会因缺乏社会支持而使安全感和归属感降低。在非寄宿的环境下,个体的衣食起居更多地会跟父母在一起;而在寄宿环境中,同学、老师成为他们最重要的交流伙伴。这种生活模式的改变,使得父母监控实施相对困难,而大学生只有通过不断提高自我控制能力和形成正确的价值观与人生观才能够更好地适应大学生活而不至于走向智能手机成瘾的旋涡。

(四)研究假设

假设1:大学新生父母监控与智能手机成瘾跨时间相互预测。

假设2:大学新生父母监控与智能手机成瘾通过非适应性认知跨时间相互预测。

二、方法

(一)被试

参与者的数据来自"当代大学生累积生态风险因素与智能手机成瘾的双向作用机制及干预研究"项目,这是一项纵向调查,旨在研究智能手机成瘾的发展轨迹以及非适应性认知在累积生态风险和智能手机成瘾之间的双向中介作用。这项大型研究的参与者来自山东的5所大学。数据是在大学新生入学时期及一年后完成测量的。在第一次调查期间(T1),共有1575名学生(33.8%为男性)完成了问卷调查。一年后(T2),共有1511名学生(32%为男性)完成了调查。T2的所有学生也在T1完成了问卷调查,他们的数据用于后期分析。关于1511名T1学生的更详细信息如下:平均年龄为18.38岁(标准差=0.71岁,从17岁到20岁不等);833名(55.1%)为城市户籍学生。关于家庭年收入,分布如下:<2000元,62人(4.1%);2000—5000元,19人(1.3%);5001—10000元,139人(9.2%);10001—30000元,233人(15.4%);30001—50000元,334人(22.1%);50001—100000元,245人(16.2%);100001—150000元,257人(17.0%);>150000元,222人(14.7%)。

(二)程序

受新冠疫情影响,所有问卷都通过网络进行测试,学生可以使用电脑、iPad或智能手机完成测验。在调查之前,辅导员向同学们分发知情同意书,只有签署知情同意书且返回的学生才被允许参与后期的测量。该调查的程序得到了青岛科技大学道德审查委员会的批准。在数据收集过程中,所有学生要求在50分钟内完成所有测验;主试告知所有学生,测验结果对他们在学习期结束时的最终考评没有影响。在第二次调查结束时,学生们被告知他们身份的绝对匿名性以及研究的目的。所有参加调查的学生都得到了一支中性笔作为礼物。由于参与的各所大学非常关注学生的智能手机成瘾问题,测量结果将反馈给大学并为其制订相关的干预计划。

(三)研究工具

1. 父母监控

父母冲突。采用 Gyrch 和 Fincham[1] 开发的"中国版父母冲突感知量表"[2]

---

[1] Gyrch J.H, Fincham E.D, "Marital conflict and children's adjustment: A congitive Contextual framework", *Psychological Bulletin*, Vol.108, 1990, pp.267-290.

[2] Ma T.T, "The study about the correlations among university students' family triangulation perception of interparental conflict, and adult romantic attachment (Unpublished master dissertation)", Shanghai Normal University, 2014.

中的"冲突解决"与"冲突强度和频率"两个维度来衡量父母的冲突。量表的代表性题目如"即使我在场,我的父母也会互相指责和虐待"。两个时间点父母冲突的内部一致性系数 α 为 0.84 和 0.82。

2. 非适应性认知

非适应性认知采用"中文版网络非适应性认知量表"进行评估[1]。该量表是基于认知行为模型开发的,用于测量对互联网的非适应认知。该量表在中国大学生中具有良好的信度和效度[2]。该量表由 14 个项目组成,其中代表性题目如"我觉得智能手机中的世界比现实世界更令人兴奋和兴奋"。参与者采用 1(强烈不同意)到 5(强烈同意)点计分作答。量表总分代表个体的非适应性认知水平,分数越高表明对智能手机的非适应性认知水平越高。两个时间点非适应性认知量表的内部一致性系数 α 为 0.95 和 0.93。

3. 智能手机成瘾

采用"中国版智能手机成瘾"[3]对智能手机成瘾水平进行测量。该量表也是基于认知—行为模型开发的,用于测量个人的手机成瘾水平。该量表由 17 个项目组成,其中代表性题目如"花在智能手机上的时间会直接降低你的工作效率"。参与者采用 1(从不)到 5(总是)点计分作答。量表总分代表个体的手机成瘾水平,分数越高表示智能手机成瘾水平越高。该量表在中国大学生被试中具有良好的信度和效度[4]。量表采用 8 个项目来确定个体是否患有智能手机成瘾。更具体地说,报告"总是"患有上述 8 个项目中任何一个的个体被分为智能手机成瘾组。两个时间点的智能手机成瘾量表的内部一致性系数 α 为 0.93 和 0.95。

---

[1] Liang X.Y,"A study on the effect mechanism of online social support on adolescents' mental health",Doctoral dissertation,East China Normal University,2008.

[2] Tian Y., et al, "Associations between psychosocial factors and generalized pathological internet use in Chinese university students: A longitudinal cross-lagged analysis", *Computers in Human Behavior*, Vol.72, No.C, 2017, pp.178-188.

[3] Leung L,"Linking psychological attributes to addiction and improper use of the mobile phone among adolescents in Hong Kong", *Journal of Children and Media*, Vol.2, No.2, 2008, pp.93-113.

[4] Chen Y.M., et al, "The relationship between shyness and mobile phone dependence in middle school students: A moderated mediation model", *Psychological Development and Education*, Vol.37, No.1, 2021, pp.46-53.

(四)控制变量

一项研究发现个体的性别、户籍所在地、年龄和家庭年收入与智能手机成瘾相关[1],因此这些变量被作为控制变量。性别是一个二分变量($0=$男性,$1=$女性);户籍也是一个二分变量($0=$城市户籍,$1=$农村户籍)。此外,由于被试来自不同的高校,为排除不同高校造成的差异,本研究对不同高校的学生进行同质性检验。检验结果显示,不同学校的学生在智能手机成瘾上没有显著差异(T1 时,$r=0.01$,$p=0.80$;T2 时,$r=-0.02$,$p=0.35$)。

(五)缺失值处理

在追踪研究过程中,被试流失是一个最为常见的问题。在本研究中有 64 名学生参加了 T1 调查,但没有在 T2 调查中提供他们的数据。被试流失的主要原因包括他们生病请假、无法上课和自愿退出。我们进行了一系列独立样本 t 检验,以检验参与者和非参与者之间在研究变量上是否存在差异。结果表明差异不显著,这代表数据缺失为随机缺失。此外,本研究还进行了 χ^2 检验,以探讨非参与者的性别和户籍数量是否存在差异,结果同样显示差异不显著。由于缺失数据是随机的,而且很小(4.06%小于 5%,表明几乎没有影响[2]),在后续的数据分析中伴有缺失的被试数据不予使用,这在最大限度上减少不同缺失值处理方法的影响。

(六)数据分析策略

采用 SPSS 22.0 进行描述统计和相关分析;采用 AMOS 24.0 进行交叉滞后分析检验研究变量间的纵向关系及非适应性认知的中介作用。M1 用于考察父母监控和智能手机成瘾的自回归效应,M2 考察父母监控对智能手机成瘾的预测作用,M3 考察智能手机成瘾对父母监控的预测作用,M4 考察父母

---

[1] Sundaya O.J., et al, "The effects of smartphone addiction on learning: A meta-analysis", *Computers in Human Behavior Reports*, Vol.4, 2021, Article 100114.

[2] Wen Z., et al, "Preliminary work for modeling questionnaire data", *Journal of Psychological Science*, Vol.41, No.1, 2018, pp.204-210.

监控与智能手机成瘾的相互预测作用,M5 考察非适应性认知的中介作用,M6 作为比较模型。此后,使用 bootstrap 抽样法进一步估计间接效应的强度和显著性。越来越多的研究使用这种方法来减少关于估计效应的抽样分布形状或标准误差所需假设的统计误差(Hayes,2018)。采用 χ^2(卡方)、df(自由度)、GFI(拟合优度指数)、CFI(比较拟合指数)、NFI(赋范拟合指数)和 RMSEA(近似均方根误差)等指标对各模型的拟合效果进行评价。根据先前研究的建议 $\chi^2/df \leqslant 5$,GFI、CFI 和 NFI $\geqslant 0.95$,RMSEA $\leqslant 0.05$ 表明模型拟合良好[1]。此外,模型比较使用 $\triangle \chi^2 / \triangle df$,结果显著代表约束较少的模型更适合数据[2]。

三、结果

(一)共同方法偏差检验

采用 Harman 单因子检验对共同方法偏差进行事后的统计检验[3]。将不同测量时间的父母监控、非适应性认知和手机成瘾测量题目同时纳入模型后,T1 时间数据共析出 9 个特征根大于 1 的因子,第一个因子解释的变异为 25.49%;T2 时间数据共析出 9 个特征根大于 1 的因子,第一个因子解释的变异为 28.29%。T1 和 T2 时间最大公因子解释率均小于 40% 的临界值,证明无显著共同方法偏差。

(二)描述统计和相关分析

表 3-2 呈现了研究变量的平均数、标准差和相关系数。相关分析显示,性别与 T2 非适应性认知显著正相关,与 T1 父母监控、T1 手机成瘾、T2 父母监控显著负相关;户籍与 T1 父母监控、T2 父母监控显著负相关,与 T2 非适应性认知显著正相关;年龄与 T1 非适应性认知显著负相关;家庭年收入与 T1 父

---

[1] Browne,M.W.,& Cudeck,R,"Alternative ways of assessing model fit",*in Testing structural equation models*,K.A.Bollen,& J.S.Long(Eds.),Newbury Park,CA:Sage,1993,pp.136-162.

[2] Satorra A,Bentler P.M,"A scaled difference chi-square test statistic for moment structure analysis",*Psychometrika*,Vol.66,2021,pp.507-514.

[3] Podsakoff P.M.,et al,"Common method biases in behavioral research:A critical review of the literature and recommended remedies",*Journal of Applied Psychology*,Vol.88,No.5,2003,pp.879-903.

母监控、T2 父母监控显著正相关。在 T1 和 T2 时间点,父母监控均与非适应性认知和手机成瘾两两显著负相关(详见表3-2)。

表3-2 研究变量的平均数、标准差和相关系数

变量	1	2	3	4	5	6	7	8	9	10
1.性别	1									
2.户籍所在地	0.07**	1								
3.年龄	-0.00	0.05*	1							
4.家庭年收入	-0.09***	-0.21***	-0.07**	1						
5.T1 父母监控	-0.12***	-0.15***	-0.00	0.12***	1					
6.T1 非适应性认知	-0.02	0.03	-0.06*	-0.02	-0.18***	1				
7.T1 手机成瘾	-0.05*	0.03	-0.04	-0.01	-0.15***	0.72***	1			
8.T2 父母监控	-0.05*	-0.09***	0.02	0.07**	0.51***	-0.12***	-0.10***	1		
9.T2 非适应性认知	0.05*	0.05*	-0.04	-0.03	-0.17***	0.44***	0.37***	-0.18***	1	
10.T2 手机成瘾	0.00	0.04	-0.04	-0.01	-0.14***	0.36***	0.38***	-0.12***	0.70***	1
M	—	—	18.38	5.40	23.12	37.08	40.54	24.05	36.02	38.44
SD	—	—	0.71	1.82	5.52	11.71	13.82	5.43	12.56	14.69

注:$N=1511$。变量1—4为控制变量。性别和户籍所在地为虚拟变量,0=男和城市,1=女和农村。* $p<0.05$, ** $p<0.01$, *** $p<0.001$。

(三)父母监控与手机成瘾的双向关系

通过交叉滞后模型探讨父母监控与手机成瘾的跨时间关系。首先,建立父母监控与手机成瘾的基准模型来评估父母监控与手机成瘾的发展稳定性,如图3-3中的M1所示。M1 拟合一般:$\chi^2(12)=40.97, p<0.001$,NFI=0.96,CFI=0.97,RMSEA=0.04。然后在M1的基础上增加父母监控对手机成瘾的交叉滞后路径考察父母监控对手机成瘾的跨时间预测作用,如图3-3中的M2所示。M2 拟合较好:$\chi^2(11)=28.90, p<0.001$,NFI=0.97,CFI=0.98,RMSEA=0.41。通过模型比较发现,M2优于M1($\triangle\chi^2=5.29, \triangle df=1, p<0.01$)。以同样的方式,在M1的基础上增加手机成瘾对父母监控的交叉滞后路径考察手机成瘾对父母监控的跨时间预测作用,如图3-3中的M3所示。

第三章 大学生生态风险因素与智能手机成瘾的双向作用及机制

M3 拟合较好：$\chi^2(11) = 39.50, p < 0.001, \text{NFI} = 0.96, \text{CFI} = 0.97, \text{RMSEA} = 0.41$。通过模型比较发现，M3 优于 M1（$\triangle\chi^2 = 5.76, \triangle df = 1, p < 0.01$）。最后，在 M1 的基础上同时增加父母监控对手机成瘾的交叉滞后路径和手机成瘾对父母监控的交叉滞后路径考察父母监控与手机成瘾的相互预测作用，如图 3-3 中的 M4 所示。M4 拟合最好：$\chi^2(10) = 27.48, p < 0.001, \text{NFI} = 0.97, \text{CFI} = 0.98, \text{RMSEA} = 0.034$，且 M4 优于 M2（$\triangle\chi^2 = 11.50, \triangle df = 1, p < 0.01$）和 M3（$\triangle\chi^2 = 49.87, \triangle df = 1, p < 0.01$）。因此 M4 被最终保留作为分析模型。由 M4 可知，T1 父母监控能显著预测 T2 父母监控（$\beta = 0.50, p < 0.001$），T1 手机成瘾能显著预测 T2 手机成瘾（$\beta = 0.37, p < 0.001$）；T1 父母监控能显著预测 T2 手机成瘾（$\beta = -0.09, p < 0.001$），T1 手机成瘾不能显著预测 T2 父母监控（$\beta = -0.03, p = 0.23$）。

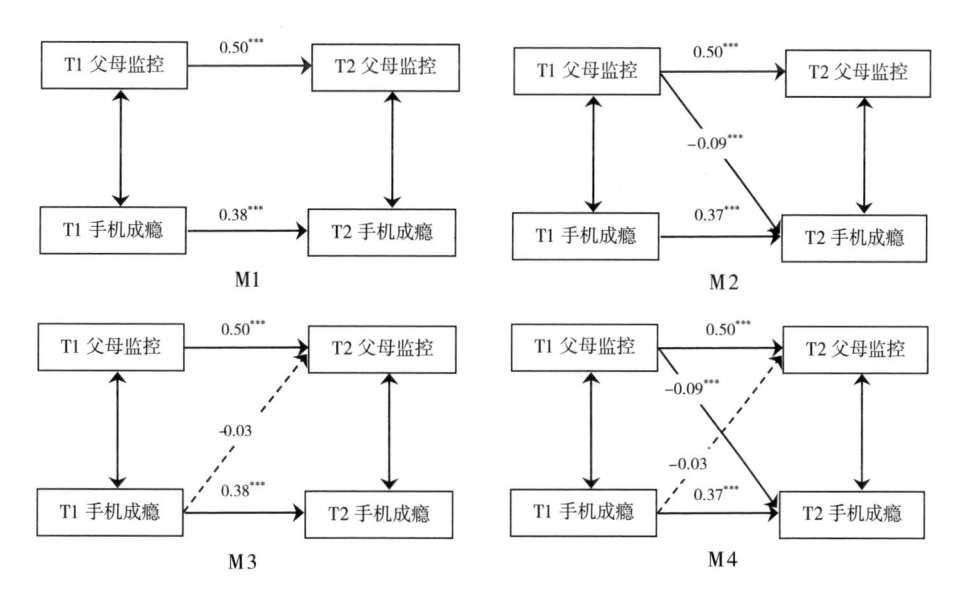

图 3-3 父母监控与手机成瘾的交叉滞后模型

注：实线代表路径显著，虚线代表路径不显著。

（四）非适应性认知的双向中介作用

我们将 T1 非适应性认知和 T2 非适应性认知纳入模型 M4 中构建模型 M5（见图 3-4），考察 T1 非适应性认知和 T2 非适应性认知在父母监控与手机成瘾双向关系中的双向中介作用。在控制性别、年龄、户籍所在地和家庭收入效应后,模型 M5 各项指标拟合良好:$\chi^2(16) = 66.65, p<0.001, NFI = 0.98, CFI = 0.98, RMSEA = 0.046$。由于模型中 T1 父母监控到 T2 手机成瘾,T1 手机成瘾到 T2 父母监控和 T1 非适应性认知到 T2 父母监控 3 条路径不显著,删除该 3 条路径得到模型 M6,该模型拟合良好:$\chi^2(19) = 68.17, p<0.001, NFI = 0.98, CFI = 0.99, RMSEA = 0.041$。尽管两个模型之间并没有显著差异:$\triangle\chi^2/\triangle df = 2.22, p = 0.08$,但简洁模型的 χ^2/df 和 RMSEA 进一步减小,模型得到改善,因此简洁模型予以保留(见图 3-4)。

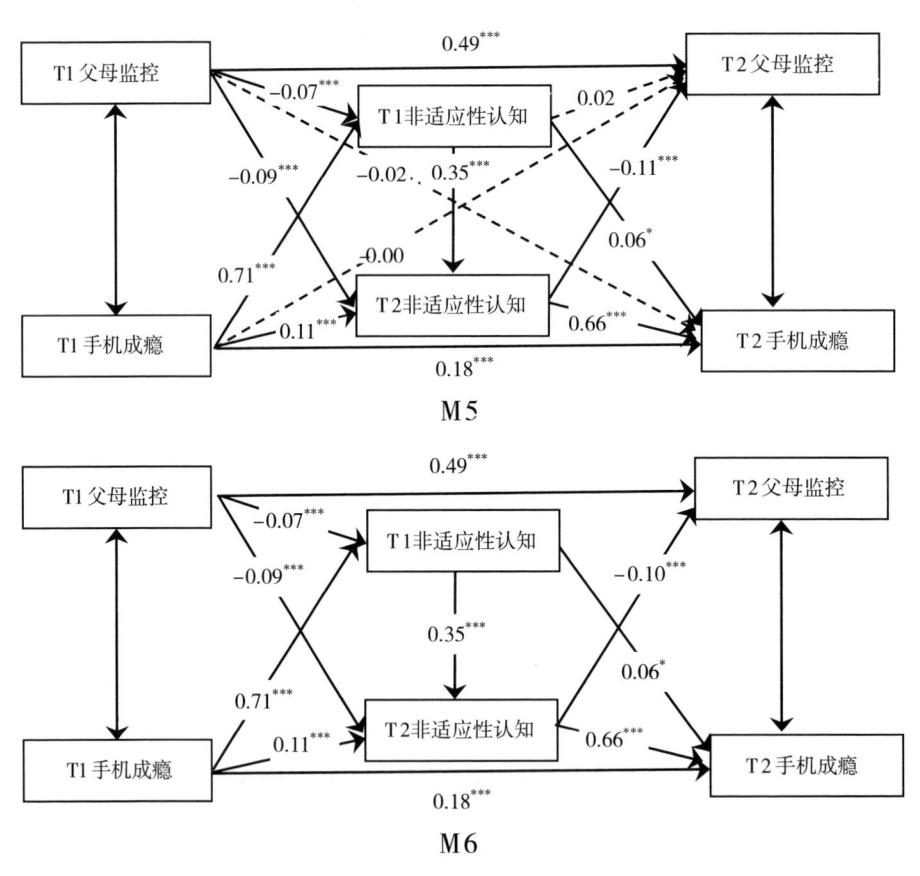

M5

M6

图 3-4 非适应性认知的双向中介作用

该模型还显示 T1 父母监控显著正向预测 T2 父母监控($\beta = 0.49, p < 0.001$),显著负向预测 T1 非适应性认知($\beta = -0.07, p<0.001$)和 T2 非适应性

认知($\beta=-0.09, p<0.001$);T1 手机成瘾显著正向预测 T2 手机成瘾($\beta=0.18$, $p<0.001$)、T1 非适应性认知($\beta=0.71, p<0.001$)和 T2 非适应性认知($\beta=0.11, p<0.001$);T1 非适应性认知显著正向预测 T2 非适应性认知($\beta=0.35$, $p<0.001$)和手机成瘾($\beta=0.06, p<0.05$);T2 非适应性认知显著负向预测 T2 父母监控($\beta=-0.10, p<0.001$)和显著正向预测 T2 手机成瘾($\beta=0.66, p<0.001$)。T2 父母监控和手机成瘾的效应量分别为 0.27 和 0.51。

另外,该模型揭示了10条中介机制,对该10条路径进行 bootstrap 效应检验发现:(1)T1 父母监控→T1 非适应性认知→T2 非适应性认知→T2 父母监控;(2)T1 父母监控→T2 非适应性认知→T2 父母监控;(3)T1 父母监控→T1 非适应性认知→T2 手机成瘾;(4)T1 父母监控→T1 非适应性认知→T2 非适应性认知→T2 手机成瘾;(5)T1 父母监控→T2 非适应性认知→T2 手机成瘾;(6)T1 手机成瘾→T1 非适应性认知→T2 非适应性认知→T2 父母监控;(7)T1 手机成瘾→T2 非适应性认知→T2 父母监控;(8)T1 手机成瘾→T1 非适应性认知→T2 手机成瘾;(9)T1 手机成瘾→T1 非适应性认知→T2 非适应性认知→T2 手机成瘾;(10)T1 手机成瘾→T2 非适应性认知→T2 手机成瘾。所有路径置信区间均不包含0,证明中介效应成立。

五、讨论

本研究通过追踪研究设计考察大学新生父母监控与手机成瘾的双向关系及非适应性认知的中介作用,结果发现,父母监控可以跨时间正向预测智能手机成瘾,而智能手机成瘾并不能显著预测父母监控。另外,非适应性认知在父母监控对智能手机成瘾的影响中起中介作用,该结果拓展了认知—行为模型,为大学新生智能手机成瘾的干预提供了重要参考。

(一)父母监控与手机成瘾的关系

笔者发现父母监控可以显著正向预测智能手机成瘾,这与以往研究结果一致[①]。

[①] 陈艳等:《父母干预与青少年手机成瘾的关系:一项追踪研究》,《中国特殊教育》2021年第8期。

父母监控作为一种外在的约束对大学新生直接起到约束作用,这也说明不同的父母教养方式会直接影响到孩子的成瘾行为。该结论佐证了洛克的"白板说",孩子天生是一张白板,孩子的行为受父母教养方式的影响[1]。另外,良好的父母监控反映的是良好的亲子关系,父母与孩子之间能够保持一种亲密的关系可以为孩子提供足够的社会支持。已有研究证实当个体遭遇负性生活事件时,个体将会严重缺乏社会支持且伴随大量消极情绪,此时父母能够及时提供情感温暖,个体会被及时满足。但当他们没有得到父母的关怀时,他们可能会选择通过手机寻求他人的安慰或支持。然而,当他们在手机当中找到精神支撑后,再次遭遇类似事件他们更倾向于使用手机寻求安慰或释放消极情绪,进而对手机形成依赖并成瘾。

本研究发现智能手机成瘾并不能跨时间预测父母监控,这与先前研究结果一致[2]。无论使用中学生群体还是大学生群体,智能手机成瘾对父母监控具有跨年龄的一致性。然而家庭系统理论认为父母教养方式与孩子行为之间是相互影响的,两者既是影响者,又是受影响者[3]。本研究结果与该理论存在分歧的原因可能有以下几点。首先,父母监控与智能手机成瘾的关系为动态发展关系,在不同观测点可能会观测到不同的关系。其次,在第一年大学期智能手机成瘾不能预测父母监控,而在大二时期智能手机成瘾可以显著预测父母监控。因此,未来研究应该要对大学多个时间点的父母监控和智能手机成瘾予以测量,考察两者的动态发展关系。第二,不同的统计方法可能会导致不同的结果。例如,本研究将父母监控和智能手机成瘾总分作为观测变量,这可能会使得每个题目的测量误差无法得以显现。未来研究可以考虑用父母监控和智能手机成瘾的维度分或者采用不同的打包策略来将更多的测量误差纳入模型当中,从而更加准确反映两者的内在关系。最后,本书当中的样本均来自山东省,样本代表性也可能会导致结果的变异。未来研究可以采用更大更广

---

[1] Lecky P,"Self-consistency: A theory of personality", *New York: Island Press*, 1945.
[2] 陈艳等:《父母干预与青少年手机成瘾的关系:一项追踪研究》,《中国特殊教育》2021年第8期。
[3] Belsky J,"Early human experience: A family perspective", *Developmental Psychology*, Vol.17, No.1, 1981, pp.3–23; White J. M, "Understanding family process: basics of family systems theory (book)", *Journal of Comparative Family Studies*, Vol.26, No.2, 1993, pp.281–282.

的样本对调查结果予以验证。

(二)非适应性认知的中介作用

调查发现父母监控可以通过非适应性认知的中介作用影响智能手机成瘾,这在一定程度上发展了认知—行为模型。在认知—行为模型当中智能手机成瘾的影响因素被分为远端因素和近端因素,近端因素的核心变量为非适应性认知,这说明父母监控属于该模型中的远端因素。大学新生在适应新环境过程中,父母能够及时提供必要的监控至关重要。父母能够帮助孩子分析过多使用智能手机的利害关系,可以有效帮助他们形成正确的认知从而避免因过度使用而造成的手机成瘾问题。另外,父母的良好监控反映的是良好的亲子关系和足够的父母关怀。大学新生进入一个陌生的环境极其需要他们的鼓励和关怀,来自父母的关爱能为他们提供心灵的港湾,不至于让他们通过智能手机寻求网络支持,这也很好地避免了他们对智能手机产生扭曲的认知并形成依赖心理。

(三)研究不足与启示

尽管笔者通过追踪研究设计考察了大学新生父母监控与智能手机成瘾的双向关系及非适应性认知的中介作用,对已有研究结论进行了拓展和深化,但本研究仍存在以下不足。第一,所有研究变量均通过量表进行测量,研究结论仍然会受到共同方法偏差效应的影响,尽管本研究并未发现显著的共同方法偏差效应,但未来研究可以通过多种测量方法(例如,父母报告和同伴报告)对本研究结果加以验证。第二,尽管本研究通过交叉滞后分析发现大学新生父母监控可以显著预测智能手机成瘾,但出于相关研究的局限性,仍不能作出因果推论。为了更好地验证本研究结果,未来研究可以通过实验设计对父母监控和智能手机成瘾加以操控从而实现因果推论进一步验证本研究结果。第三,本研究被试均为大一新生,其结论并不能推广到全部大学生群体当中。未来研究可以对大学生进行为期4年的追踪,从而拓展本研究结论的适用性。

六、结论

可以得出以下结论：

第一，大学新生父母监控可以预测一年后的智能手机成瘾行为。

第二，大学新生父母监控可以通过非适应性认知预测一年后的智能手机成瘾行为。

第三节　婚姻冲突与智能手机成瘾的双向作用及机制（家庭）

一、引言

良好的婚姻关系意味着父母会给孩子提供足够的情感支持、关心关爱，而不良的婚姻关系会导致父母对孩子的忽视、监控减少甚至是采取苛刻、消极的教养方式。根据社会学习理论，孩子目睹了父母的冲突行为，他们会通过观察学习习得冲突行为进而对其社会适应产生影响。显然，孩子的行为会受到父母关系的影响。已有研究通过横断研究考察了婚姻冲突对网络成瘾的影响，结果发现婚姻冲突可以显著正向预测网络成瘾[1]。当孩子观察到父母之间的冲突后，孩子内心将会非常痛苦，他们可能会选择网络逃避现实或者缓解消极情绪，当网络提供给他们心理安慰时，网络将会成为他们的心灵港湾，进而形成网络成瘾。然后，手机作为网络使用的最大终端，婚姻冲突是否同样与智能手机成瘾呈现出相似的关系仍待探讨。

已有研究探讨了婚姻冲突对网络成瘾的影响及作用机制，例如，李蒙蒙等人发现婚姻冲突会导致孩子更愿意结交具有越轨行为的同伴，而这些同伴可能本身就是网络成瘾者，这会导致孩子通过学习效应进而成为网络成瘾者[2]。

---

[1] 李蒙蒙等：《父母婚姻冲突与青少年网络游戏成瘾：越轨同伴交往和神经质的多重中介作用》，《中国临床心理学》2022年第2期；邓林园等：《父母冲突、父母控制对高中生网络成瘾的中介影响机制：一项追踪研究》，《中国特殊教育》2020年第8期。

[2] 李蒙蒙等：《父母婚姻冲突与青少年网络游戏成瘾：越轨同伴交往和神经质的多重中介作用》，《中国临床心理学》2022年第2期。

另外,本研究还发现婚姻冲突会导致孩子成为神经质人格,神经质人格典型特征就是易焦虑。当他们面对问题时,会产生更多的焦虑情绪,他们可能会使用网络的娱乐功能缓解自己的消极情绪进而导致成瘾行为。邓林园等人(2020)发现婚姻冲突会导致父母对孩子的心理控制增多,更多的心理控制意味更多的专制型教养方式,而这种教养方式会导致孩子的叛逆行为[1]。当父母劝告孩子不要过多使用网络时,孩子可能会产生叛逆思想而更多使用网络进而导致网络成瘾的发生。邓林园等人还发现婚姻冲突会严重降低青少年的情绪管理能力,进而导致个体在面对压力时缺乏情绪调节能力而造成情绪困扰,网络的匿名性等特征为他们提供重要情绪宣泄场所,并最终导致网络成瘾[2]。尽管大量研究已经探讨了婚姻冲突对网络成瘾影响的机制,但对于婚姻冲突对智能手机成瘾影响机制的研究较少。非适应性认知作为网络成瘾的核心变量,在两者间的作用需要进一步检验。

(一)婚姻冲突与手机成瘾的双向关系

父母婚姻冲突是指父母因意见不一致或其他原因而产生言语或身体的攻击、争执[3]。尽管已有研究证实婚姻冲突会增加个体罹患网络成瘾的风险,然而有关婚姻冲突对智能手机成瘾的研究较少。另外,先前研究多为横断研究设计,这限制两者间的因果推论。已有研究证实婚姻冲突可以影响父母的教养方式,造成父母心理控制增多[4]。然而相关研究证实来自父母的管控可以显著预测一年后网络成瘾行为[5],这提示初始水平的父母冲突同样可能预测一年后孩子的网络成瘾行为。智能手机作为网络最大使用终端,其与父母冲

---

[1] 邓林园等:《父母冲突,父母控制对高中生网络成瘾的中介影响机制:一项追踪研究》,《中国特殊教育》2020年第8期。
[2] 邓林园等:《父母冲突与青少年网络成瘾的关系:冲突评价和情绪管理的中介作用》,《心理发展与教育》2012年第5期。
[3] 池丽萍、辛自强:《儿童对婚姻冲突的感知量表修订》,《中国心理卫生杂志》2003年第8期。
[4] 邓林园等:《父母冲突,父母控制对高中生网络成瘾的中介影响机制:一项追踪研究》,《中国特殊教育》2020年第8期。
[5] 陈艳等:《父母干预与青少年手机成瘾的关系:一项追踪研究》,《中国特殊教育》2021年第8期。

突的跨时间关系需要进一步探究。

另外,智能手机成瘾同样可能跨时间预测父母的婚姻冲突。家庭系统理论认为父母教养方式与孩子行为之间是相互影响的,两者既是影响者,又是受影响者①。孩子并非"白板",他们拥有自己的思想和行为,而他们的思想和行为同样会对父母的教育方式存在影响。例如,如果孩子花费过多时间于手机,这可能会造成孩子的人际关系问题或者学业成绩下滑等问题,父母很可能会采取措施减少孩子使用手机的频率和时长。如果在该过程中父母对于如何教养孩子的方式无法达到统一,他们可能会因此而争吵。另外,智能手机成瘾可能会导致孩子减少与父母的沟通,进而影响亲子关系,不良的亲子关系同样会造成父母冲突增多。因此,本研究拟通过追踪研究设计考察两者的双向关系,同时揭示两者互为因果的内在联系。

(二)非适应性认知的双向中介作用

尽管已有研究探讨了婚姻冲突对网络成瘾影响的内在机制,但有关婚姻冲对智能手机成瘾影响的内在机制研究较少。认知—行为模型指出,非适应性认知是智能手机成瘾的核心变量。其他变量可以通过非适应性认知的中介效应对智能手机成瘾产生影响。大量研究证实父母的教养方式可以影响个体对于网络或智能手机的认知进而造成网络或智能手机成瘾。例如,已有研究发现粗暴式父母教养可以增加个体对网络的非适应性认知进而导致网络成瘾②。一方面,消极的父母教养方式会导致个体产生更多有关现实世界的扭曲认知,认为现实世界缺乏安全感;另一方面,网络的开放新、匿名性、娱乐性等特点为他们提供舒适且安全的活动场所,从而个体又形成网络世界比现实世界更好的扭曲认知。在两种扭曲认知的影响下,个体逐渐对网络形成依赖并成瘾。然而目前有关考察非适应性认知在父母婚姻冲突与智能手机成瘾关

---

① BelskyJ,"Early human experience:A family perspective",*Developmental Psychology*,Vol.17,No.1,1981,pp.3-23;WhiteJ.M,"Understanding family process:basics of family systems theory (book)",*Journal of Comparative Family Studies*,Vol.26,No.2,1993,pp.281-282.

② 魏华等:《粗暴养育对网络成瘾的影响:非适应性认知的中介作用与孝道信念的调节作用》,《中国特殊教育》2020年第4期。

系中的作用研究较少,本研究拟对其进行考察。

另外,智能手机成瘾同样可能会通过非适应性认知的中介作用影响大学生父母婚姻关系。例如,长时间使用手机势必会造成个体对智能手机的非适应性认知进一步强化,该认知一方面认为通过智能手机上网能让自己接触到更加精彩的世界,而另一方面也会导致个体认为现实世界是枯燥无聊的,且不如网络世界舒适和安全。这种对现实扭曲的认知会导致个体不愿意参与到线下交往当中,进而可能会导致亲子关系问题。在处理亲子关系问题时,如果父母之间不能达成一致的意见就可能爆发进一步的冲突。先前研究发现非适应性认知在个体精神病理学问题与网络成瘾之间起双向中介作用[①],这也为其在父母婚姻冲突与智能手机成瘾之间的双向中介作用提供了依据,因此笔者拟对其进行验证。

假设1:大学新生父母婚姻冲突与智能手机成瘾跨时间相互预测。

假设2:大学新生父母婚姻冲突与智能手机成瘾通过非适应性认知跨时间相互预测。

二、方法

(一)被试

参与者的数据来自"当代大学生累积生态风险因素与智能手机成瘾的双向作用机制及干预研究"项目,这是一项纵向调查,旨在研究智能手机成瘾的发展轨迹以及非适应性认知在累积生态风险和智能手机成瘾之间的双向中介作用。这项大型研究的参与者来自山东的5所大学。数据是在大学新生入学时期及一年后完成测量的。在第一次调查期间(T1),共有1575名学生(33.8%为男性)完成了问卷调查。一年后(T2),共有1511名学生(32%为男性)完成了调查。T2的所有学生也在T1完成了问卷调查,他们的数据用于后期分析。关于1511名T1学生的更详细信息如下:平均年龄为18.38岁(标准

---

① Tian Y, et al, "Associations between psychosocial factors and generalized pathological internet use in Chinese university students: A longitudinal cross-lagged analysis", *Computers in Human Behavior*, Vol.72, 2017, pp.178-188.

差=0.71岁,从17岁到20岁不等);833名(55.1%)为城市户籍学生;关于家庭年收入,分布如下:<2000元,62人(4.1%);2000—5000元,19人(1.3%);5001—10000元,139人(9.2%);10001—30000元,233人(15.4%);30001—50000元,334人(22.1%);50001—100000元,245人(16.2%);100001—150000元,257人(17.0%);>150000元,222人(14.7%)。

(二)程序

受新冠疫情影响,所有问卷都通过网络进行测试,学生可以使用电脑、iPad或智能手机完成测验。在调查之前,辅导员向同学们分发知情同意书,只有签署知情同意书且返回的学生才被允许参与后期的测量。该调查的程序得到了青岛科技大学道德审查委员会的批准。在数据收集过程中,所有学生要求在50分钟内完成所有测验;主试告知所有学生,测验结果对他们在学期结束时的最终考评没有影响。在第二次调查结束时,学生们被告知他们身份的绝对匿名性以及研究的目的。所有参加调查的学生都得到了一支中性笔作为礼物。由于参与的各所大学非常关注学生的智能手机成瘾问题,测量结果将反馈给大学并为其制订相关的干预计划。

(三)研究工具

1. 婚姻冲突

采用Shek开发的"中国版父母监控量表"[1]对父母的监控进行测量。量表的代表性题目如"我的父母主动了解我的研究"。两个时间点父母监控量表的内部一致性系数 α 为0.80和0.80。

2. 非适应性认知

非适应性认知采用"中文版网络非适应性认知量表"进行评估[2]。该量

---

[1] Zhang X.L.(2018). *The relationship of parental monitoring, deviant peers and adolescents' externalizing problem behavior—The moderation role of GABRA2* (Unpublished master dissertation). Guangzhou University.

[2] Liang X.Y,(2008). *A study on the effect mechanism of online social support on adolescents' mental health*. Doctoral dissertation. East China Normal University.

第三章　大学生生态风险因素与智能手机成瘾的双向作用及机制

表是基于认知—行为模型开发的,用于测量对互联网的非适应性认知。该量表在中国大学生中具有良好的信度和效度①。该量表由 14 个项目组成,其中代表性题目如"我觉得智能手机中的世界比现实世界更令人兴奋和兴奋"。参与者采用 1(强烈不同意)到 5(强烈同意)点计分作答。量表总分代表个体的非适应性认知水平,分数越高表明对智能手机的非适应性认知水平越高。两个时间点非适应性认知量表的内部一致性系数 α 为 0.95 和 0.93。

3. 智能手机成瘾

采用"中国版智能手机成瘾"对智能手机成瘾水平进行测量②。该量表也是基于认知行为模型开发的,用于测量个人的手机成瘾水平。该量表由 17 个项目组成,其中代表性样题如"花在智能手机上的时间会直接降低你的工作效率。"参与者采用 1(从不)到 5(总是)点计分作答。量表总分代表个体的手机成瘾水平,分数越高表示智能手机成瘾水平越高。该量表在中国大学生被试中具有良好的信度和效度③。量表采用 8 个项目来确定个体是否患有智能手机成瘾。更具体地说,报告"总是"患有上述 8 个项目中任何一个的个体被分为智能手机成瘾组。两个时间点的智能手机成瘾量表的内部一致性系数 α 为 0.93 和 0.95。

(四)控制变量

一项研究发现个体的性别、户籍所在地、年龄和家庭年收入与智能手机成瘾相关④,因此这些变量被作为控制变量。性别是一个二分变量(0=男性,1=

---

① Tian Y, et al, "Associations between psychosocial factors and generalized pathological internet use in Chinese university students: A longitudinal cross-lagged analysis", *Computers in Human Behavior*, 2017, Vol.72, pp.178-188.

② Leung L, "Linking psychological attributes to addiction and improper use of the mobile phone among adolescents in Hong Kong", *Journal of Children and Media*, Vol.2, No.2, 2008, pp.93-113.

③ Chen, Y.M, et al, "The relationship between shyness and mobile phone dependence in middle school students: A moderated mediation model", *Psychological Development and Education*, Vol.37, No.1, 2021, pp.46-53.

④ Satorra A, Bentler P.M, "A scaled difference chi-square test statistic for moment structure analysis", *Psychometrika*, Vol.66, 2001, pp.507-514.

女性);户籍也是一个二分变量(0=城市户籍,1=农村户籍)。此外,由于被试来自不同的高校,为排除不同高校造成的差异,本研究对不同高校的学生进行同质性检验。检验结果显示,不同学校的学生在智能手机成瘾上没有显著差异(T1 时,$r=0.01,p=0.80$;T2 时,$r=-0.02,p=0.35$)。

(五)缺失值处理

在追踪研究过程中,被试流失是一个最为常见的问题。有 64 名学生参加了 T1 调查,但没有在 T2 调查中提供他们的数据。被试流失的主要原因包括他们生病请假、无法上课和自愿退出。我们进行了一系列独立样本 t 检验,以检验参与者和非参与者之间在研究变量上是否存在差异。结果表明差异不显著,这代表数据缺失为随机缺失。此外,本研究还进行了 χ^2 检验,以探讨非参与者的性别和户籍数量是否存在差异,结果同样显示差异不显著。由于缺失数据是随机的,而且很小(4.06%小于 5%,表明几乎没有影响[1]),在后续的数据分析中伴有缺失的被试数据不予使用,这在最大限度上减少不同缺失值处理方法的影响。

(六)数据分析策略

采用 SPSS 22.0 进行描述统计和相关分析;采用 AMOS 24.0 进行交叉滞后分析检验研究变量间的纵向关系及非适应性认知的中介作用。M1 考察婚姻冲突和智能手机成瘾的自回归效应,M2 考察婚姻冲突对智能手机成瘾的预测作用,M3 考察智能手机成瘾对婚姻冲突的预测作用,M4 考察婚姻冲突与智能手机成瘾的相互预测作用,M5 考察非适应性认知的中介作用,M6 作为比较模型。此后,使用 bootstraping 抽样法进一步估计间接效应的强度和显著性。越来越多的研究使用这种方法来减少关于估计效应的抽样分布形状或标准误差所需假设的统计误差[2]。采用 χ^2(卡方)、df(自由度)、

---

[1] Wen Z., et al, "Preliminary work for modeling questionnaire data", *Journal of Psychological Science*, Vol.41, No.1, 2018, pp.204–210.

[2] Hayes A.F. (2018). *Introduction to mediation, moderation, and conditional process analysis: A regression-based approach* (2nd ed.). Guilford Press.

GFI(拟合优度指数)、CFI(比较拟合指数)、NFI(赋范拟合指数)和 RMSEA(近似均方根误差)等指标对各模型的拟合效果进行评价。根据先前研究的建议,$\chi^2/df \leqslant 5$,GFI、CFI 和 NFI $\geqslant 0.95$,RMSEA $\leqslant 0.05$ 表明模型拟合良好[1]。此外,模型比较使用 $\triangle\chi^2/\triangle df$,结果显著代表约束较少的模型更适合数据[2]。

三、结果

(一)共同方法偏差检验

采用 Harman 单因子检验对共同方法偏差进行事后的统计检验[3]。将不同测量时间的婚姻冲突、非适应性认知和手机成瘾测量题目同时纳入模型后,T1 时间数据共析出 8 个特征根大于 1 的因子,第一个因子解释的变异为 30.78%;T2 时间数据共析出 8 个特征根大于 1 的因子,第一个因子解释的变异为 35.16%。T1 和 T2 时间最大公因子解释率均小于 40% 的临界值,证明无显著共同方法偏差。

(二)描述统计和相关分析

表 3-3 呈现了研究变量的平均数、标准差和相关系数。相关分析显示,性别与 T2 非适应性认知显著正相关,与 T1 手机成瘾和 T2 婚姻冲突显著负相关。户籍所在地与 T2 非适应性认知正相关,年龄与 T1 非适应性认知显著负相关。家庭年收入与 T1 婚姻冲突显著负相关。在 T1 和 T2 时间点,婚姻冲突均与非适应性认知和手机成瘾两两显著正相关(详见表 3-3)。

---

[1] Browne, M.W., & Cudeck, R, "Alternative ways of assessing model fit", in *Testing structural equation models*, K.A.Bollen, & J.S.Long (Eds.), Newbury Park, CA: Sage, 1993, pp.136-162.

[2] Satorra A, Bentler P.M, "A scaled difference chi-square test statistic for moment structure analysis", *Psychometrika*, Vol.66, 2001, pp.507-514.

[3] Podsakoff P.M, et al, "Common method biases in behavioral research: A critical review of the literature and recommended remedies", *Journal of Applied Psychology*, Vol.88, No.5, 2003, pp.879-903.

表3-3 研究变量的平均数、标准差和相关系数

变量	1	2	3	4	5	6	7	8	9	10
1.性别	1									
2.户籍所在地	0.07**	1								
3.年龄	-0.00	0.05*	1							
4.家庭年收入	-0.09***	-0.21***	-0.07**	1						
5.T1婚姻冲突	-0.03	0.02	-0.00	-0.06*	1					
6.T1非适应性认知	-0.02	0.03	-0.06*	-0.02	0.27***	1				
7.T1手机成瘾	-0.05*	0.03	-0.04	-0.01	0.28***	0.72***	1			
8.T2婚姻冲突	-0.10***	0.04	-0.05	-0.05	0.60***	0.23***	0.23***	1		
9.T2非适应性认知	0.05*	0.05*	-0.04	-0.03	0.22***	0.44***	0.37***	0.29***	1	
10.T2手机成瘾	0.00	0.04	-0.04	-0.01	0.19***	0.36***	0.38***	0.27***	0.70***	1
M	—	—	18.38	5.40	28.69	37.08	40.54	28.55	36.02	38.44
SD	—	—	0.71	1.82	8.85	11.71	13.82	8.57	12.56	14.69

注:$N=1511$。变量1—4为控制变量。性别和户籍所在地为虚拟变量,0=男和城市,1=女和农村。* $p<0.05$,** $p<0.01$,*** $p<0.001$。

(三)婚姻冲突与手机成瘾的双向关系

通过交叉滞后模型探讨婚姻冲突与手机成瘾的跨时间关系。首先,建立婚姻冲突与手机成瘾的基准模型来评估婚姻冲突与手机成瘾的发展稳定性,如图3-5中的M1所示。M1拟合一般:$\chi^2(12)=53.80, p<0.001$,NFI=0.96,CFI=0.97,RMSEA=0.048。然后在M1的基础上增加婚姻冲突对手机成瘾的交叉滞后路径考察婚姻冲突对手机成瘾的跨时间预测作用,如图3-5中的M2所示。M2拟合较好:$\chi^2(11)=38.83, p<0.001$,NFI=0.97,CFI=0.98,RMSEA=0.41。通过模型比较发现,M2优于M1($\triangle\chi^2=5.29, \triangle df=1, p<0.01$)。以同样的方式,在M1的基础上增加手机成瘾对婚姻冲突的交叉滞后路径考察手机成瘾对婚姻冲突的跨时间预测作用,如图3-5中的M3所示。M3拟合较好:$\chi^2(11)=44.27, p<0.001$,NFI=0.97,CFI=0.97,RMSEA=0.45。通过模型比较发现,M3优于M1($\triangle\chi^2=5.76, \triangle df=1, p<0.01$)。最后,在M1的基础上同时增加婚姻冲突对手机成瘾的交叉滞后路径和手机成

癮对婚姻冲突的交叉滞后路径考察婚姻冲突与手机成瘾的相互预测作用,如图 3-5 中的 M4 所示。M4 拟合最好:$\chi^2(10) = 30.45, p<0.001, NFI = 0.98$,$CFI = 0.98, RMSEA = 0.037$,且 M4 优于 M2($\triangle\chi^2 = 11.50, \triangle df = 1, p<0.01$)和 M3($\triangle\chi^2 = 49.87, \triangle df = 1, p<0.01$)。因此 M4 被最终保留作为分析模型。由 M4 可知,T1 婚姻冲突能显著预测 T2 婚姻冲突($\beta = 0.59, p<0.001$),T1 手机成瘾能显著预测 T2 手机成瘾($\beta = 0.36, p<0.001$);T1 婚姻冲突能显著预测 T2 手机成瘾($\beta = 0.09, p<0.001$),T1 手机成瘾能显著预测 T2 婚姻冲突($\beta = 0.06, p<0.01$)。

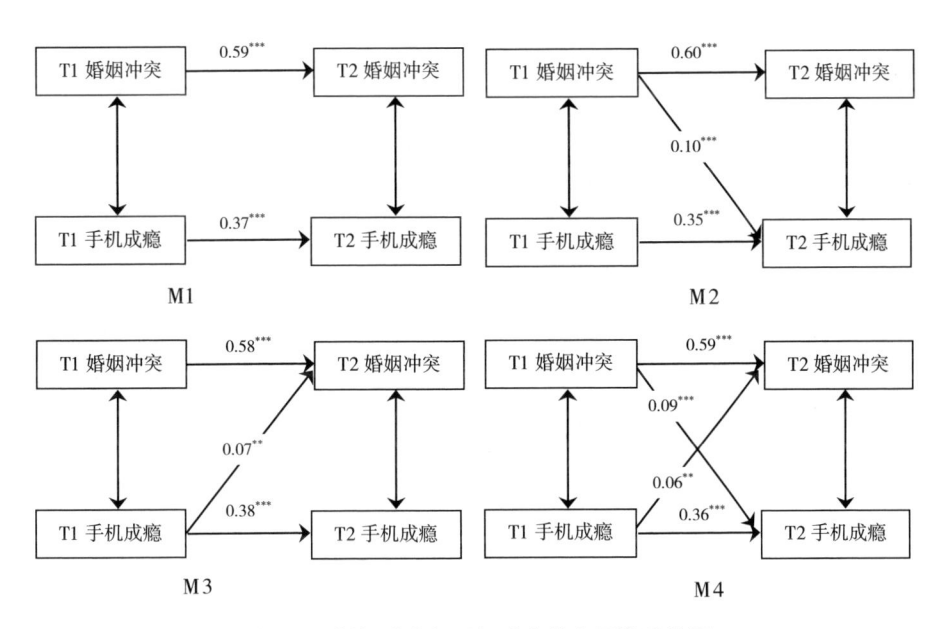

图 3-5　婚姻冲突与手机成瘾的交叉滞后模型

(四)非适应性认知的双向中介作用

我们将 T1 非适应性认知和 T2 非适应性认知纳入模型 M4 中构建模型 M5(见图 3-6),考察 T1 非适应性认知和 T2 非适应性认知在婚姻冲突与手机成瘾双向关系中的双向中介作用。在控制性别、年龄、户籍所在地和家庭年收入效应后,模型 M5 各项指标拟合良好:$\chi^2(16) = 2.21, p<0.001, NFI = 0.99$,$CFI = 1.00, RMSEA = 0.028$。由于模型中 T1 婚姻冲突到 T2 手机成瘾,T1 手

机成瘾到 T2 婚姻冲突和 T1 非适应性认知到 T2 婚姻冲突 3 条路径不显著,删除该 3 条路径得到模型 M6,该模型拟合良好:$\chi^2(19)=35.83, p<0.001$, NFI = 0.99, CFI = 1.00, RMSEA = 0.024。尽管两个模型之间并没有显著差异:$\triangle\chi^2/\triangle df=2.22, p=0.08$,但简洁模型的 χ^2/df 和 RMSEA 进一步减小,模型得到改善,因此简洁模型予以保留(见图 3-6)。

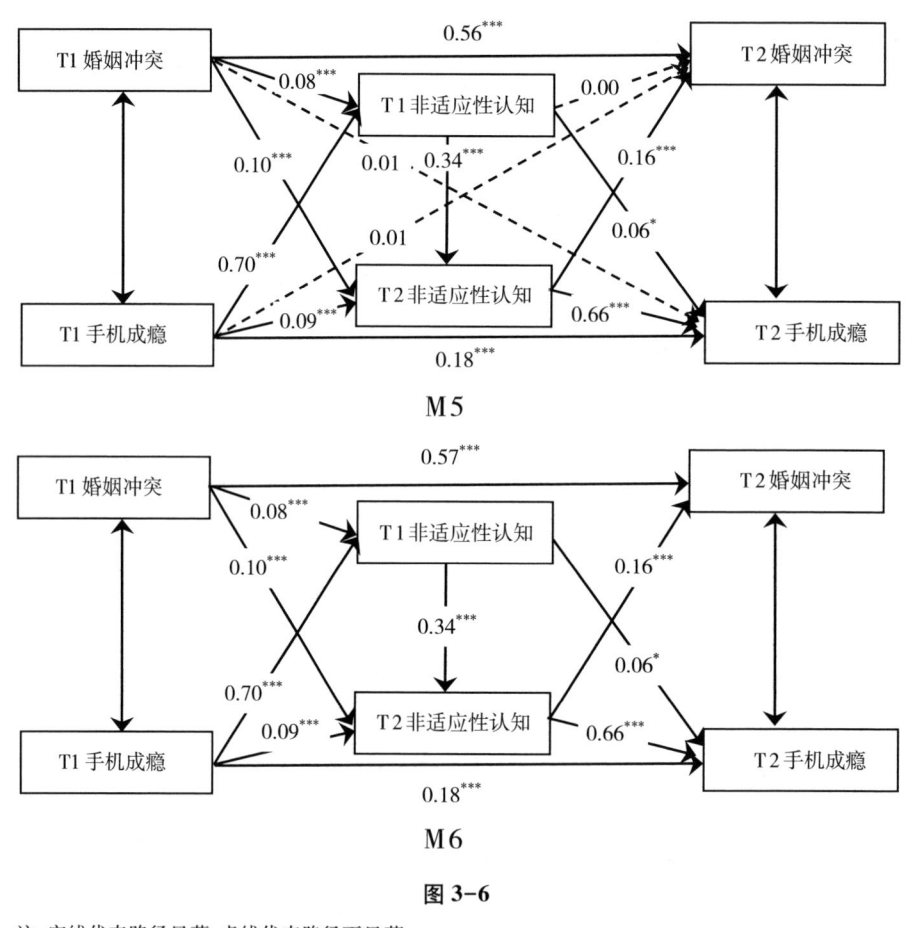

图 3-6

注:实线代表路径显著,虚线代表路径不显著。

该模型还显示 T1 婚姻冲突显著正向预测 T2 婚姻冲突($\beta=0.57, p<0.001$),显著负向预测 T1 非适应性认知($\beta=0.08, p<0.001$)和 T2 非适应性认知($\beta=0.10, p<0.001$);T1 手机成瘾显著正向预测 T2 手机成瘾($\beta=0.18$,

$p<0.001$)、T1 非适应性认知($\beta=0.70, p<0.001$)和 T2 非适应性认知($\beta=0.09, p<0.001$);T1 非适应性认知显著正向预测 T2 非适应性认知($\beta=0.34, p<0.001$)和 T2 手机成瘾($\beta=0.06, p<0.05$);T2 非适应性认知显著负向预测 T2 婚姻冲突($\beta=0.16, p<0.001$)和显著正向预测 T2 手机成瘾($\beta=0.66, p<0.001$)。T2 婚姻冲突和手机成瘾的效应量分别为 0.39 和 0.51。

另外,该模型揭示了 10 条中介机制,对该 10 条路径进行 bootstraping 效应检验发现:(1)T1 婚姻冲突→T1 非适应性认知→T2 非适应性认知→T2 婚姻冲突;(2)T1 婚姻冲突→T2 非适应性认知→T2 婚姻冲突;(3)T1 婚姻冲突→T1 非适应性认知→T2 手机成瘾;(4)T1 婚姻冲突→T1 非适应性认知→T2 非适应性认知→T2 手机成瘾;(5)T1 婚姻冲突→T2 非适应性认知→T2 手机成瘾;(6)T1 手机成瘾→T1 非适应性认知→T2 非适应性认知→T2 婚姻冲突;(7)T1 手机成瘾→T2 非适应性认知→T2 婚姻冲突;(8)T1 手机成瘾→T1 非适应性认知→T2 手机成瘾;(9)T1 手机成瘾→T1 非适应性认知→T2 非适应性认知→T2 手机成瘾;(10)T1 手机成瘾→T2 非适应性认知→T2 手机成瘾。所有路径置信区间均不包含 0,证明中介效应成立。

四、讨论

本研究通过追踪研究设计考察大学新生父母婚姻冲突与手机成瘾的双向关系及非适应性认知的中介作用,结果发现,大学新生父母婚姻冲突与手机成瘾跨时间相互预测,且非适应性认知在两者关系之间起双向中介作用。该结果拓展了认知—行为模型,为大学新生智能手机成瘾的干预提供了重要参考。

(一)父母婚姻冲突与手机成瘾的关系

调查发现父母婚姻冲突可以跨时间预测大学新生智能手机成瘾,这与以往的横断研究结果一致[1]。父母的婚姻冲突会严重影响对孩子的家庭教养方

---

[1] 李蒙蒙等:《父母婚姻冲突与青少年网络游戏成瘾:越轨同伴交往和神经质的多重中介作用》,《中国临床心理学》2022 年第 2 期;邓林园等:《父母冲突与青少年网络成瘾的关系:冲突评价和情绪管理的中介作用》,《心理发展与教育》2012 年第 5 期;邓林园等:《父母冲突、父母控制对高中生网络成瘾的中介影响机制:一项追踪研究》,《中国特殊教育》2020 年第 8 期。

式。在专制或者粗暴的教养方式下,孩子在现实生活中将会严重缺乏舒适场所,网络开放性、多元性为在校大学新生创造了一个舒适的空间,当他们在现实生活中有任何不适时,他们可能会到网络当中释放压力。另外,父母是孩子最为重要的社会支持来源,不良的父母关系会导致孩子感知到的社会支持减少,为了获得更多社会支持,他们可能会通过网络社交等方式拓展社交网络从而获取网络社会支持。当他们把网络作为自己最为舒适的生活场所时,个体会因为过度使用网络而成瘾。同样,手机作为上网的工具,也会对其形成依赖。

另外,笔者同样发现智能手机成瘾会导致大学新生父母婚姻冲突增多。过多时间花费于手机势必会造成其他活动的减少,例如学习投入、人际社交或者体育运动等,进而造成学业成绩、人际交往或身体健康等方面的问题。这些问题会给父母造成巨大压力,他们会想尽办法使孩子的行为得以改善。父母在处理问题过程中,会因交流方式、态度等产生分歧或冲突。另外,孩子过度使用手机的行为会严重影响亲子关系,甚至爆发亲子冲突,不良的亲子关系又会进一步导致婚姻冲突,该结果进一步拓展了认知—行为模型。

(二)非适应性认知的中介作用

笔者发现非适应性认知在父母婚姻冲突与手机成瘾的双向关系中起双向中介作用,这一结论拓展了认知—行为模型。首先,尽管该模型指出非适应性认知是智能手机成瘾的核心变量,远端因素可以通过非适应性认知影响智能手机成瘾,但该模型并未指出智能手机成瘾同样可以通过非适应性认知的中介作用对远端因素造成影响。在本研究当中,非适应性认知起完全双向中介作用,这说明非适应性认知同样也是智能手机成瘾对远端因素影响的核心要素。非适应性认知可以分为对现实的扭曲认知和对网络的扭曲认知,对现实的扭曲认知包括认为自己不能够在现实生活当中受到公平对待,而网络的扭曲认知反映的是个体在网络世界当中能够得到更加公平的对待。这两种扭曲的认知可能在父母婚姻冲突与手机成瘾的双向关系中起的作用有所不同。父母婚姻冲突是一种现实中的不利因素,而个体认为网络能够补偿这一不利因素,该认知反映的是对网络的扭曲认知。而智能手机成瘾的个体可能会认为现实中的世界远不如网络精彩,进而导致个体更加不愿意参与到现实活动中来,这体现的是对现实扭曲的认知。因此,未来研究应该分别考察不同非适应性认知的作用,从而揭示远端因素与智能手机成瘾双向关系更加详细的内在机制。

(三)研究不足与启示

尽管笔者通过追踪研究设计考察了大学新生父母婚姻冲突与智能手机成瘾的双向关系及非适应性认知的中介作用,对已有研究结论进行了拓展和深化,但本研究仍存在以下不足。第一,所有研究变量均通过量表进行测量,研究结论仍然会受到共同方法偏差效应的影响,尽管本研究并未发现显著的共同方法偏差效应,但未来研究可以通过多种测量方法(例如,父母报告和同伴报告)对本研究结果加以验证。第二,尽管笔者通过交叉滞后分析发现大学新生父母婚姻冲突可以显著预测智能手机成瘾,但出于相关研究的局限性,仍不能作出因果推论。为了更好地验证本研究结果,未来研究可以通过实验设计对父母婚姻冲突和智能手机成瘾加以操控从而实现因果推论进一步验证本研究结果。第三,本书调查对象均为大一新生,其结论并不能推广到全部大学生群体当中。未来研究可以对大学生进行为期4年的追踪,从而拓展本研究结论的适用性。

五、结论

可以得出以下结论:

第一,大学新生父母婚姻冲突与智能手机成瘾跨时间相互预测。

第二,大学新生父母婚姻冲突与智能手机成瘾跨时间相互预测且非适应性认知在两者之间起双向中介作用。

第四节 亲子关系与智能手机成瘾的双向作用及机制(家庭)

一、引言

随着智能手机与互联网技术的发展,智能手机越来越成为人们之间交往和个体放松娱乐的工具。已有研究发现,相较于成人,青少年更容易产生对智能手机的过度使用[1]。另外,亲子关系会对个体的心理与行为产生不同影响。一个和谐稳定的亲子关系能够对个体的身心发展产生积极影响。Cummings等人提出,良好的亲子关系能够对个体起到保护作用,从而减轻压力对个体的消极影响[2]。郝鑫等人的研究发现,良好的亲子关系能够增强子女的主观幸福感,有利于其健康成长[3],但同时也有大量研究证明亲子关系将会影响个体的网络成瘾行为[4]。网络成瘾与智能手机成瘾有着相同的成瘾机制,因此探究亲子关系对智能手机成瘾的影响及作用机制也十分必要。

目前已有大量研究发现亲子关系将会负向预测青少年的网络成瘾问题,也有部分研究探究了亲子关系与智能手机成瘾之间的关系[5],但并未有研究直接考察亲子关系与智能手机成瘾之间的双向关系。个体将过多的时间花费在智能手机的使用上,势必会占用其进行正常人际交往的时间和精力,如亲子关系的维护,进而影响个体对亲子关系的评判与认知。目前仍未有研究揭示亲子关系与智能手机成瘾间双向作用的内在机制。根据 Davis 的认知—行为

---

[1] Hong W., et al, "Mobile phone addiction and cognitive failures in daily life: The mediating roles of sleep duration and quality and the moderating role of trait self-regulation", *Addictive Behaviors*, Vol.107, 2020, Article 106383; Norbury A., et al, "Dopamine regulates approach-avoidance in human sensation-seeking", *International Journal of Neuropsychopharmacology*, Vol. 18, No. 10, 2015, pp. 12982-12986.

[2] Cummings E.M, Schatz J.N, "Family confict, emotional security, and child development: Translating research findings into a prevention program for community families", *Clinical Child and Family Psychology Review*, Vol.15, No.1, 2012, pp.14-27.

[3] 郝鑫等:《"和而不同":初中生亲子关系对主观幸福感的影响》,《江汉大学学报(社会科学版)》2022 年第 6 期。

[4] 贾继超等:《亲子关系、师生关系与青少年网络成瘾的前瞻性研究:自尊的中介作用》,《第二十一届全国心理学学术会议摘要集》,2018 年;罗淑文等:《亲子关系与网络成瘾的关系》,《现代交际》2018 年第 12 期;赵宝宝等:《青少年亲子关系、消极社会适应和网络成瘾的关系:一个有中介的调节作用》,《心理发展与教育》2018 年第 3 期;汪薇、李董平:《亲子关系与青少年网络成瘾:情绪调节能力和消极情境的联合作用》,《第二十届全国心理学学术会议——心理学与国民心理健康摘要集》,2017 年;张婷丹等:《亲子关系与青少年网络游戏成瘾:自尊的中介作用》,《教育测量与评价(理论版)》2015 年第 2 期;邓林园等:《父母关系、亲子关系与青少年网络成瘾的关系及其作用机制》,《中国特殊教育》2013 年第 9 期。

[5] Qiu C., et al, "Parent-child relationship and smartphone addiction among chinese adolescents: a longitudinal moderated mediation model", *Addictive Behaviors*, Vol.130, 2022, Article 107304.

模型可知,影响智能手机成瘾的核心因素为非适应性认知,非适应性认知能否在亲子关系与智能手机成瘾的双向关系间起中介作用需要进一步考察。因此本书拟采用追踪研究考察亲子关系与智能手机成瘾的双向关系以及非适应性认知在两者之间的中介作用。

(一)亲子关系与手机成瘾的双向关系

亲子关系能够影响智能手机成瘾。根据"社会补偿"模型,缺乏社会支持的个体更倾向于通过互联网这一个新途径来进行人际交往并寻求社会支持;对于那些原本人际关系很好的个体来说,其原本较好的人际关系则容易被网络上较弱的人际关系所取代。亲子关系作为个体人际关系与社会支持中的一部分,同样会影响个体对互联网和智能手机的使用强度。当个体的亲子关系状况较差时,个体难以得到足够的社会支持,便更倾向于通过使用智能手机与网络来缓解这种状况,当个体过度使用和依赖智能手机时,便会造成智能手机成瘾。

智能手机成瘾能够影响亲子关系。根据数字恰到好处假说(Digital Goldilocks Hypothesis)可知,适度使用手机有助于个体信息交流和社会交往,而过多使用则会取代一部分适应性、有意义的社会活动[1]。亲子关系作为个体人际交往的一部分,也容易受到个体过度使用智能手机的影响。已有研究证实手机成瘾与个体的主观幸福感[2]、人际关系[3]息息相关,手机成瘾者容易引发亲子冲突[4]。为了能够更好地验证已有研究结果和拓展原有研究结论,本研

---

[1] Bruggeman H., et al, "Does the use of digital media affect psychological well-being? An empirical test among children aged 9 to 12", *Computers in Human Behavior*, Vol.101, 2019, pp.104–113; Przybylski A.K, Weinstein, N, "A large-scale test of the goldilocks hypothesis: Quantifying the relations between digital-screen use and the mental well-being of adolescents", *Psychological Science*, Vol.28, No.2, 2017, pp.204–215; Twenge J.M., et al, "Decreases in psychological well-being among American adolescents after 2012 and links to screen time during the rise of smartphone technology", *Emotion*, Vol.18, No.6, 2018, pp.765–780.

[2] 李思梦:《大学生手机成瘾与主观幸福感的关系研究》,吉林大学 2019 年,硕士学位论文。

[3] 唐文清等:《大学生手机成瘾倾向与人际关系困扰和孤独感的关系》,《中国心理卫生杂志》2018 年第 12 期。

[4] 栗玲等:《父母手机成瘾对亲子关系的影响》,《襄阳职业技术学院学报》2020 年第 3 期。

究拟考察亲子关系与智能手机成瘾行为的双向关系。

(二)非适应性认知的双向中介作用

根据 Davis 的认知—行为模型可知,影响网络成瘾的核心因素为非适应性认知。已有学者发现,网络成瘾与个体对网络的非适应性认知呈正相关,他们认为网络中的世界便是现实世界,并以此来逃避现实世界[1]。由于智能手机成瘾与网络成瘾有着相似的机制,所以非适应性认知同样是智能手机成瘾的核心因素。个体对智能手机的非适应性认知易受到亲子关系的影响。如果父母由于过分专注于自己的手机而产生低头行为,那么其行为极易影响到子女的手机成瘾[2],同时已有研究显示亲子冲突[3]与父母的粗暴养育[4]都会加重子女的成瘾行为。这是由于在一个不够稳定、温暖的亲子关系中,个体往往更容易产生非适应性认知,个体的孤独感与低效能感会增加,从而更容易借助智能手机来寻求心理补偿。尽管已有研究考察了亲子关系能够跨时间预测青少年问题性网络使用行为,但并未探讨其中的作用机制,本研究通过考察非适应性认知的跨时间中介作用以弥补已有研究缺陷。

一项追踪研究发现,亲子之间的亲密程度与初中生的低头行为能够相互预测[5],但是该研究并未揭示初中生低头行为与亲子关系之间的作用机制。同时又有研究表明,非适应性认知在亲子冲突与手机游戏成瘾之间起着中介作用[6]。这对本书中探讨非适应性认知在亲子关系与智能手机成瘾之间的双向中介作用有所提示。非适应性认知涉及对自己的认知和对外界的认知两个方面。对自己的非适应性认知主要表现为自我怀疑、低效能感与自我否定;对

---

[1] 李宁、梁宁建:《大学生网络成瘾者非适应性认知研究》,《心理科学》2007年第1期。
[2] 吴美秀:《父母低头行为和初中生手机成瘾的关系》,青岛大学2022年,硕士学位论文。
[3] 石晓辉:《亲子冲突对青少年手机游戏成瘾的影响》,哈尔滨师范大学2020年,硕士学位论文。
[4] 魏华等:《粗暴养育对网络成瘾的影响:非适应性认知的中介作用与孝道信念的调节作用》,《中国特殊教育》2020年第4期。
[5] 袁媛:《家庭系统理论视角下亲、子低头行为和亲子关系的追踪研究》,上海师范大学2023年,硕士学位论文。
[6] 石晓辉:《亲子冲突对青少年手机游戏成瘾的影响》,哈尔滨师范大学2020年,硕士学位论文。

外界的非适应性认知表现为对智能手机的功能过分夸大,如通过智能手机可以获得一切在现实中想要却无法得到的东西,对智能手机有着不合理的期望。智能手机会使个体通过网络和手机寻求社会支持,不利于现实生活中亲子关系的发展。基于以上推论,本研究拟考察非适应性认知的双向中介作用,揭示亲子关系与智能手机成瘾双向关系的内在机制。

(三)大学新生的亲子关系

大学新生步入大学后绝大部分都是居住在校内,与自己之前的学习生活相比,他们与家人交流的时间大大减少,往往会借助手机跟自己的父母联系,这种形式也导致父母的监督相对减少。另外,大学新生入学后要花费大量的时间与精力去适应新的学习方式、面对新的人际关系,手机也是他们联系朋友与处理日常事务的重要工具。最后,在自己的课余时间里,大学新生更容易选择通过玩电子游戏、追剧等形式来打发无聊时间、排解压力,手机也成了他们在大学生活中休闲娱乐的途径。基于这一背景来考察大学新生的亲子关系和智能手机成瘾的双向关系及作用机制更加具有针对性。

假设1:大学新生的亲子关系与智能手机成瘾跨时间相互预测。

假设2:大学新生的亲子关系与智能手机成瘾通过非适应性认知跨时间相互预测。

二、方法

(一)被试

参与者的数据来自"累积风险与大学生智能手机成瘾的双向机制"项目,该项目是一项纵向调查,旨在检查智能手机成瘾轨迹,以及非适应性认知在累积风险与智能手机成瘾之间的双向中介作用。这项大型研究的参与者来自山东的5所大学。数据是在大学新生从一年级升到二年级的两个时间点收集的,二年级相隔一年。在第一次调查(T1)中,共有1575名学生(33.8%为男性)完成了问卷调查。一年后(T2),共有1511名学生(32%为男性)完成了调查。T2的所有学生也在T1完成了问卷调查,其数据用于后期分析。1511名学生的更详细信息是,平均年龄为 18.38 岁($SD=0.71$,从 17 岁到 20 岁);城市户籍学生 833 人(55.1%)。关于家庭年收入,分布如下:<2000 元,62 人(4.1%);2000—5000 元,19 人(1.3%);5001—10000 元,139 人(9.2%);10001—30000 元,233 人(15.4%);30001—50000 元,334 人(22.1%);50001—100000 元,245 人(16.2%);100001—150000 元,257 人(17.0%);>150000 元,222 人(14.7%)。

(二)程序

受新冠疫情影响,所有调查问卷都通过互联网分发,学生可以使用电脑、iPad 或智能手机完成。在调查之前,向所有学生及其老师分发了知情同意书,只有向研究人员返回同意书的学生才被允许参与随后的测量。调查程序得到了青年科技大学道德审查委员会的批准。在数据收集过程中,所有学生应在 50 分钟内完成所有问卷,所有学生都被告知每个问卷的表现对他们在研究期末的最终评估没有任何影响。在第二次调查结束时,学生们被告知了他们的身份绝对匿名以及研究的目的。所有参加调查的学生都得到了一支中性笔作为礼物。由于大学密切关注学生的智能手机成瘾问题,测量结果将反馈给学校,以制订智能手机成瘾的相关干预方案。

(三)测量

1. 亲子关系

使用"中国版亲子关系量表"评估父母和孩子之间的关系[1]。量表的代表性题目如"无论父母的工作或生活有多忙,他们总是给我留一些时间"。两个时间点亲子关系量表的内部一致性系数 α 为 0.94 和 0.94。

2. 非适应性认知

非适应性认知采用"中文版网络非适应性认知量表"进行评估[2]。该量

---

[1] Wu J.X., et al, "The Making of Middle School Student's Parent-Child Relationship Questionnaire", *Journal of Southwest University(Social Sciences Edition)*, Vol.37, No.4, 2011, pp.39-44.

[2] Liang X.Y, (2008). *A study on the effect mechanism of online social support on adolescents' mental health*. Doctoral dissertation. East China Normal University.

表是基于认知—行为模型开发的,用于测量对互联网的非适应性认知。该量表在中国大学生中具有良好的信度和效度①。该量表由14个项目组成,其中代表性题目如"我觉得智能手机中的世界比现实世界更令人兴奋和兴奋"。参与者采用1(强烈不同意)到5(强烈同意)点计分作答。量表总分代表个体的非适应性认知水平,分数越高表明对智能手机的非适应性认知水平越高。两个时间点非适应性认知量表的内部一致性系数 α 为0.95和0.93。

3. 智能手机成瘾

采用"中国版智能手机成瘾"对智能手机成瘾水平进行测量②。该量表也是基于认知—行为模型开发的,用于测量个人的手机成瘾水平。该量表由17个项目组成,其中代表性题目如"花在智能手机上的时间会直接降低你的工作效率"。参与者采用1(从不)到5(总是)点计分作答。量表总分代表个体的手机成瘾水平,分数越高表示智能手机成瘾水平越高。该量表在中国大学生被试中具有良好的信度和效度③。量表采用8个项目来确定个体是否患有智能手机成瘾。更具体地说,报告"总是"患有上述8个项目中任何一个的个体被分为智能手机成瘾组。两个时间点的智能手机成瘾量表的内部一致性系数 α 为0.93和0.95。

(四)控制变量

先前的研究发现,性别、户籍、年龄和家庭年收入与智能手机成瘾相关,因此,这些变量被控制为协变量。性别是一个二分变量(0=男性,1=女性),户籍也是一个二分变量(0=城市户籍,1=农村户籍)。此外,学生来自5所学

---

① Tian Y, et al, "Associations between psychosocial factors and generalized pathological internet use in Chinese university students: A longitudinal cross-lagged analysis", *Computers in Human Behavior*, Vol.72, 2017, pp.178-188.

② Leung L, "Linking psychological attributes to addiction and improper use of the mobile phone among adolescents in Hong Kong", *Journal of Children and Media*, Vol.2, No.2, 2008, pp.93-113.

③ Chen, Y.M, et al, "The relationship between shyness and mobile phone dependence in middle school students: A moderated mediation model", *Psychological Development and Education*, Vol.37, No.1, 2021, pp.46-53.

校。因此,对学校和智能手机成瘾之间的类内相关性进行了研究,以确定学校之间是否存在差异。结果显示,学生智能手机成瘾在学校之间没有显著差异(T1 时,$r=0.01$,$p=0.80$;T2 时,$r=-0.02$,$p=0.35$)。

(五)缺失值处理

纵向研究总是与参与者在时间上的流失有关。同样,有 85 名学生参加了 T1 调查,而没有在 T2 调查中提供数据。参与者流失的主要原因包括生病、无法参加课堂以及自愿退出。我们进行了一系列独立样本 t 检验,以检验参与者和非参与者之间研究变量的差异。结果表明,没有发现显著差异,这表明缺失数据的模式是随机的。此外,还进行了 χ^2 检验,以探讨非参与者人数在性别和户籍方面是否存在差异,但没有发现差异。由于缺失数据是随机的,且比例很小(4.1%),因此未将非参与者的数据用于后期分析,以尽量减少缺失值处理方法的影响。

(六)数据分析策略

采用 SPSS 22.0 进行描述统计、差异检验、相关分析和逐步回归;GrahphPad Prism 8.0 用于在图表上绘制非适应性认知和智能手机成瘾的曲线;执行 AMOS 24.0 以建立交叉滞后模型,以检查所研究变量之间的关联。在交叉滞后模型步骤中,为分析建立了三个特定的交叉滞后模型。第一个模型用于检验假设 1 和假设 2,其中涉及累积风险、累积风险的二次项和智能手机成瘾(M1)。更具体地说,T1 累积风险预测 T2 累积风险和智能手机成瘾;T1 智能手机成瘾预测 T2 智能手机成瘾和累积风险;累积风险的 T1 二次项预测 T2 智能手机成瘾。第二个和第三个模型被用于检验假设 3 和假设 4,通过将 T1 非适应性认知和 T2 适应非适应性认知作为 M1(M2)内的双向中介,并且没有删除 M2 构建 M3 以呈现最终关联的重要路径。此后,使用自举抽样方法进一步估计间接效应的强度和重要性[①]。越来越多的研究使用这种方法来

---

① Hayes A.F.(2018).*Introduction to mediation,moderation,and conditional process analysis:A regression-based approach*(2nd ed.).Guilford Press.

减少关于估计效应的抽样分布形状或标准误差所需假设的统计误差。采用χ^2（卡方检验）、df（自由度）、GFI（拟合优度指数）、CFI（比较拟合指数）、NFI（赋范拟合指数）和 RMSEA（逼近均方根误差）等指标来评估每个模型的优度。根据先前研究的建议，$\chi^2/df \leqslant 3$，GFI、CFI 和 NFI $\geqslant 0.95$，RMSEA $\leqslant 0.05$，表明模型指标令人满意。此外，对χ^2（$\triangle\chi^2$）和df（$\triangle df$），显著$\triangle\chi^2/\triangle df$建议，约束较小的模型更好地拟合数据。

三、结果

（一）共同方法偏差检验

采用 Harman 单因子检验对共同方法偏差进行事后的统计检验[①]。将不同测量时间的亲子关系、非适应性认知和手机成瘾测量题目同时纳入模型后，T1 时间数据共析出 7 个特征根大于 1 的因子，第一个因子解释的变异为35.42%；T2 时间数据共析出 8 个特征根大于 1 的因子，第一个因子解释的变异为 36.80%。T1 和 T2 时间最大公因子解释率均小于 40% 的临界值，证明无显著共同方法偏差。

（二）描述统计和相关分析

表 3-4 呈现了研究变量的平均数、标准差和相关系数。相关分析显示，性别与 T1 亲子关系、T2 亲子关系和 T2 非适应性认知显著正相关，与 T1 手机成瘾显著负相关。户籍所在地与 T2 非适应性认知正相关，年龄与 T2 非适应性认知显著负相关。家庭年收入与 T1 亲子关系和 T2 亲子关系显著正相关。在 T1 和 T2 时间点，亲子关系均与非适应性认知和手机成瘾两两显著负相关（详见表 3-4）。

[①] Podsakoff P.M., et al, "Common method biases in behavioral research: A critical review of the literature and recommended remedies", *Journal of Applied Psychology*, Vol.88, No.5, 2003, pp.879-903.

表 3-4 研究变量的平均数、标准差和相关系数

变量	1	2	3	4	5	6	7	8	9	10
1.性别	1									
2.户籍所在地	0.07**	1								
3.年龄	−0.00	0.05*	1							
4.家庭年收入	−0.09***	−0.21***	−0.07**	1						
5.T1 亲子关系	0.14***	−0.04	−0.01	0.09***	1					
6.T1 非适应性认知	−0.02	0.03	−0.06*	−0.02	−0.27***	1				
7.T1 手机成瘾	−0.05*	0.03	−0.04	−0.01	−0.24***	0.72***	1			
8.T2 亲子关系	0.13***	−0.05	0.02	0.09***	0.55***	−0.19***	−0.19***	1		
9.T2 非适应性认知	0.05*	0.05*	−0.04	−0.03	−0.21***	0.44***	0.37***	−0.25***	1	
10.T2 手机成瘾	0.00	0.04	−0.04	−0.01	−0.19***	0.36***	0.38***	−0.22***	0.70***	1
M	—	—	18.38	5.40	99.12	37.08	40.54	99.01	36.02	38.44
SD	—	—	0.71	1.82	17.78	11.71	13.82	18.78	12.56	14.69

注:N=1511。变量 1—4 为控制变量。性别和户籍所在地为虚拟变量,0=男和城市,1=女和农村。* $p<0.05$,** $p<0.01$,*** $p<0.001$。

(三)亲子关系与手机成瘾的双向关系

通过交叉滞后模型探讨亲子关系与手机成瘾的跨时间关系。首先,建立亲子关系与手机成瘾的基准模型来评估亲子关系与手机成瘾的发展稳定性,如图 3-7 中的 M1 所示。M1 拟合一般:$\chi^2(12)=60.78, p<0.001$,NFI=0.94,CFI=0.95,RMSEA=0.052。然后在 M1 的基础上增加亲子关系对手机成瘾的交叉滞后路径考察亲子关系对手机成瘾的跨时间预测作用,如图 3-7 中的 M2 所示。M2 拟合较好:$\chi^2(11)=39.06, p<0.001$,NFI=0.96,CFI=0.97,RMSEA=0.41。通过模型比较发现,M2 优于 M1($\triangle\chi^2=5.29, \triangle df=1, p<0.01$)。以同样的方式,在 M1 的基础上增加手机成瘾对亲子关系的交叉滞后路径考察手机成瘾对亲子关系的跨时间预测作用,如图 3-7 中的 M3 所示。M3 拟合较好:$\chi^2(11)=53.77, p<0.001$,NFI=0.95,CFI=0.96,RMSEA=0.51。通过模型比较发现,M3 优于 M1($\triangle\chi^2=5.76, \triangle df=1, p<0.01$)。最后,在 M1 的基础上同时增加亲子关系对手机成瘾的交叉滞后路径和手机成瘾对亲子关系的

交叉滞后路径考察亲子关系与手机成瘾的相互预测作用,如图 3-7 中的 M4 所示。M4 拟合最好:$\chi^2(10) = 3.27, p < 0.001$, NFI = 0.97, CFI = 0.98, RMSEA = 0.039,且 M4 优于 M2($\triangle\chi^2 = 11.50, \triangle df = 1, p < 0.01$)和 M3($\triangle\chi^2 = 49.87, \triangle df = 1, p < 0.01$)。因此 M4 被最终保留作为分析模型。由 M4 可知,T1 亲子关系能显著预测 T2 亲子关系($\beta = 0.54, p < 0.001$),T1 手机成瘾能显著预测 T2 手机成瘾($\beta = 0.36, p < 0.001$);T1 亲子关系能显著预测 T2 手机成瘾($\beta = -0.11, p < 0.001$),T1 手机成瘾能显著预测 T2 亲子关系($\beta = -0.06, p < 0.05$)。

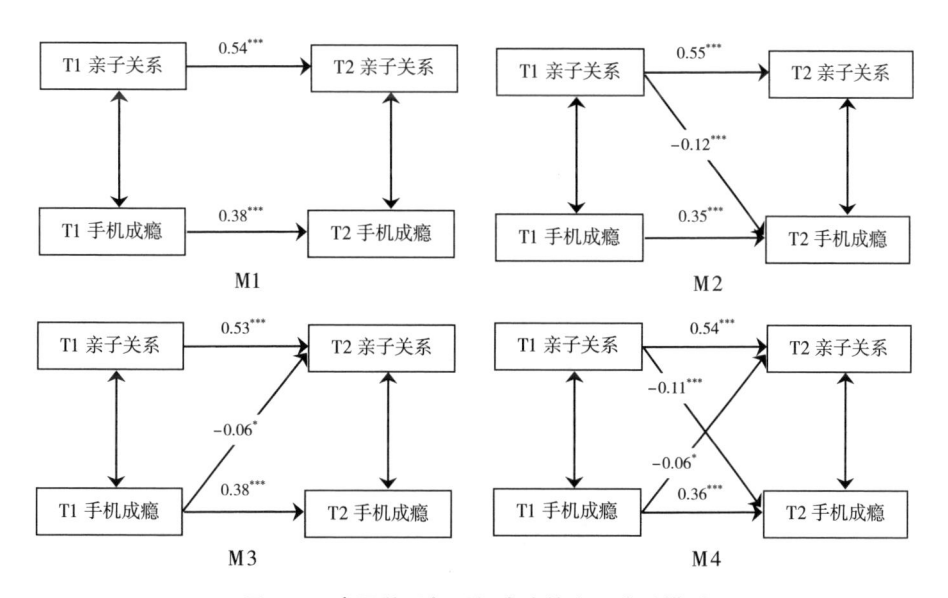

图 3-7 亲子关系与手机成瘾的交叉滞后模型

(四)非适应性认知的双向中介作用

我们将 T1 非适应性认知和 T2 非适应性认知纳入模型 M4 中构建模型 M5(见图 3-8),考察 T1 非适应性认知和 T2 非适应性认知在亲子关系与手机成瘾双向关系中的双向中介作用。在控制性别、年龄、户籍所在地和家庭年收入效应后,模型 M5 各项指标拟合良好:$\chi^2(16) = 43.14, p < 0.001$, NFI = 0.99, CFI = 0.99, RMSEA = 0.034。由于模型中 T1 亲子关系到 T2 手机成瘾,T1 手机成瘾到 T2 亲子关系和 T1 非适应性认知到 T2 亲子关系 3 条路径不显著,删

除该 3 条路径得到模型 M6,该模型拟合良好: $\chi^2(19) = 46.54, p<0.001, \text{NFI} = 0.99, \text{CFI} = 0.99, \text{RMSEA} = 0.031$。尽管两个模型之间并没有显著差异: $\triangle\chi^2/\triangle df = 2.22, p = 0.08$,但简洁模型的 χ^2/df 和 RMSEA 进一步减小,模型得到改善,因此简洁模型予以保留(见图 3-8)。

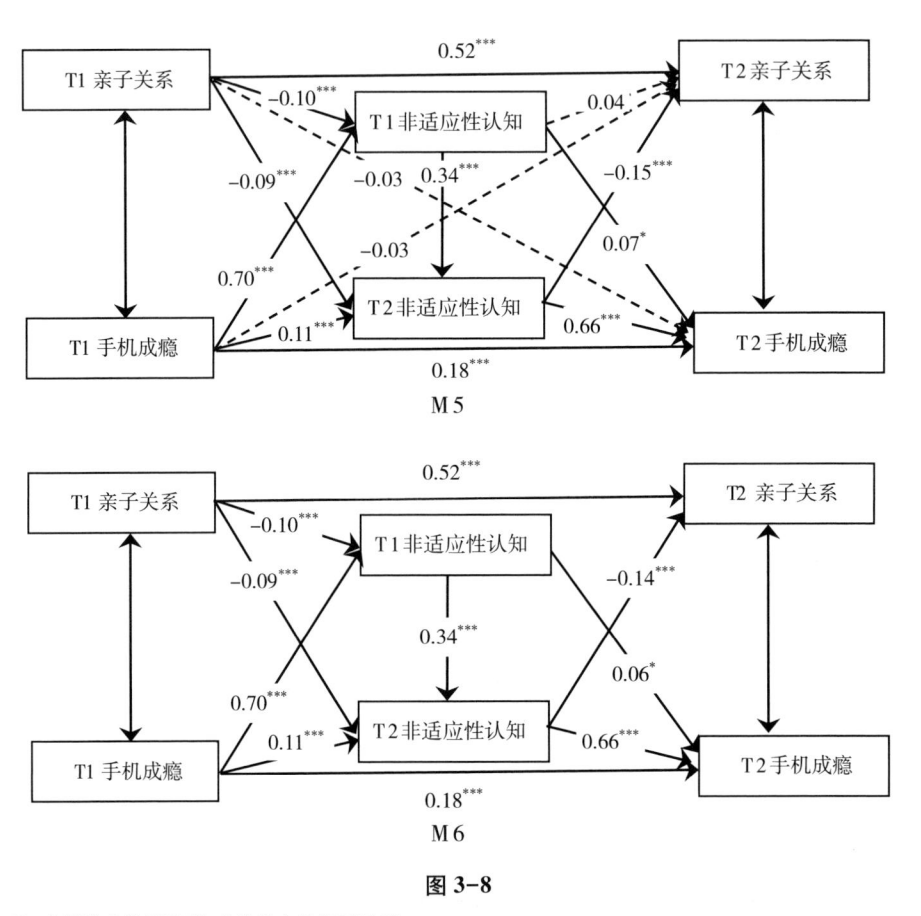

图 3-8

注:实线代表路径显著,虚线代表路径不显著。

该模型还显示 T1 亲子关系显著正向预测 T2 亲子关系($\beta = 0.52, p < 0.001$),显著负向预测 T1 非适应性认知($\beta = -0.10, p<0.001$)和 T2 非适应性认知($\beta = -0.09, p<0.001$);T1 手机成瘾显著正向预测 T2 手机成瘾($\beta = 0.18, p<0.001$)、T1 非适应性认知($\beta = 0.70, p<0.001$)和 T2 非适应性认知($\beta = 0.11, p<0.001$);T1 非适应性认知显著正向预测 T2 非适应性认知($\beta = 0.34$,

$p<0.001$)和手机成瘾($\beta=0.06, p<0.05$);T2 非适应性认知显著负向预测 T2 亲子关系($\beta=-0.14, p<0.001$)和显著正向预测 T2 手机成瘾($\beta=0.66, p<0.001$)。T2 亲子关系和手机成瘾的效应量分别为 0.10 和 0.51。

另外,该模型揭示了 10 条中介机制,对该 10 条路径进行 bootstrap 效应检验发现:(1)T1 亲子关系→T1 非适应性认知→T2 非适应性认知→T2 亲子关系;(2)T1 亲子关系→T2 非适应性认知→T2 亲子关系;(3)T1 亲子关系→T1 非适应性认知→T2 手机成瘾;(4)T1 亲子关系→T1 非适应性认知→T2 非适应性认知→T2 手机成瘾;(5)T1 亲子关系→T2 非适应性认知→T2 手机成瘾;(6)T1 手机成瘾→T1 非适应性认知→T2 非适应性认知→T2 亲子关系;(7)T1 手机成瘾→T2 非适应性认知→T2 亲子关系;(8)T1 手机成瘾→T1 非适应性认知→T2 手机成瘾;(9)T1 手机成瘾→T1 非适应性认知→T2 非适应性认知→T2 手机成瘾;(10)T1 手机成瘾→T2 非适应性认知→T2 手机成瘾。所有路径置信区间均不包含 0,证明中介效应成立。

四、讨论

本书通过追踪研究设计考察大学新生亲子关系与智能手机成瘾的双向关系及非适应性认知的中介作用,结果发现,亲子关系与智能手机成瘾可以跨时间负向相互预测;另外,亲子关系与智能手机成瘾能通过非适应性认知的双向中介作用跨时间负向相互预测。该结果拓展了认知—行为模型,为大学新生智能手机成瘾的干预提供了重要参考。

(一)亲子关系与手机成瘾的双向关系

与已有研究结果一致,亲子关系可以显著预测一年后的智能手机成瘾。根据生态系统理论[1],个体生活在四种不同的复杂系统之中,分别是微型系统、中间系统、外部系统与宏系统,这四个系统之间相互连接,影响着个体的成长与发展。家庭是微型系统的一个重要组成部分,也是影响青少年成长与发

---

[1] Bronfenbrenner U,"Ecology of the family as a context for human development:Research perspectives",*Developmental psychology*,Vol.22,1986,pp.723-742.

展的重要因素,家庭这一系统中的亲子关系在个体的社会适应中发挥着重要作用。如果亲子关系不和谐,经常发生亲子冲突或父母经常以粗暴的方式对待子女,便会导致个体感受不到足够的社会支持,转而在智能手机所创造的虚拟世界中寻求心理补偿。另外,已有研究发现如果父母经常发生低头行为,将过多的精力放在手机上,也会增加个体罹患手机成瘾的风险。

与已有研究结果一致,智能手机成瘾也可以显著预测一年后的亲子关系。根据数字恰到好处假说(Digital Goldilocks Hypothesis)可知,适度使用手机有助于个体信息交流和社会交往,而过多使用则会取代一部分适应性、有意义的社会活动[1]。大学生过度使用智能手机,产生成瘾行为后也会影响其有意义的社会活动,如建立亲密的亲子关系。已有研究表明,父母的手机成瘾更容易导致冲突性的亲子关系,不利于亲密性亲子关系的发展[2]。同样地,大学新生作为亲子关系的另一个重要组成部分,其智能手机成瘾的行为也必将对良好的亲子关系的维持与发展产生不利影响。

(二)非适应性认知的双向中介作用

笔者发现,亲子关系与智能手机成瘾可以通过非适应性认知跨时间相互预测。根据Davis的认知—行为模型可知,影响智能手机成瘾的因素包括近端因素与远端因素,其中远端因素可以通过近端因素对智能手机成瘾产生影响。非适应性认知则是近端因素中的核心变量,是智能手机成瘾形成的充分必要条件。亲子关系可以通过非适应性认知影响智能手机成瘾,亲子关系是认知—行为模型中的远端因素。不良的亲子关系会影响个体的非适应性认知。经历不良亲子关系的个体会形成对自己和现实世界的负面认知,他们会

---

[1] Bruggeman H., et al, "Does the use of digital media affect psychological well-being? An empirical test among children aged 9 to 12", *Computers in Human Behavior*, Vol.101, 2019, pp.104-113; Przybylski A.K, Weinstein, N, "A large-scale test of the goldilocks hypothesis: Quantifying the relations between digital-screen use and the mental well-being of adolescents", *Psychological Science*, Vol.28, No.2, 2017, pp.204-215; Twenge J.M., et al, "Decreases in psychological well-being among American adolescents after 2012 and links to screen time during the rise of smartphone technology", *Emotion*, Vol.18, No.6, 2018, pp.765-780.

[2] 栗玲等:《父母手机成瘾对亲子关系的影响》,《襄阳职业技术学院学报》2020年第3期。

第三章　大学生生态风险因素与智能手机成瘾的双向作用及机制

感到父母并不关心自己,降低个体的价值感,为了逃避这种低效能感与低价值感,个体会转而在智能手机这一虚拟的世界中寻求帮助,他们希望通过智能手机或网络来进行社交使自己变得更有自信,以满足自己的心理需要。

大学新生入学之初,父母的温暖与关怀对其适应新的学习和生活环境至关重要。父母对他们的态度将严重影响他们的情感体验与实践。当个体在这一关键阶段得不到父母亲密的关怀与支持时,这将增大他们面对新环境的压力与难度,使他们感受不到足够的社会支持,进而影响他们对自己能力的判断和应对挫折的态度。他们认为在智能手机中会找到与自己志同道合的朋友,得到朋友的关心和鼓励,获得支持感和价值感,他们的人生才能够更加富有意义,正是这种错误的认知会严重影响个体的行为,加重他们对智能手机的依赖,导致智能手机成瘾问题。

(三)研究局限与启示

尽管笔者通过追踪研究设计对大学新生的亲子关系与智能手机成瘾的双向关系及非适应性认知的中介作用进行了考察,拓展和深化了以往的研究成果,但本研究仍存在几点不足。第一,所有研究变量均通过量表进行测量,研究结论仍然会受到共同方法偏差效应的影响,尽管本研究并未发现显著的共同方法偏差效应,但未来研究可以通过多种测量方法(例如,父母报告和同伴报告)对本研究结果加以验证。第二,尽管本研究通过交叉滞后分析发现大学新生的亲子关系与智能手机成瘾可以相互预测,但出于相关研究的局限性,仍不能作出因果推论。为了更好地验证本书结论,未来研究可以通过实验设计对亲子关系和智能手机成瘾加以操控从而实现因果推论进一步验证本研究结果。第三,本书调查对象为大一新生,其结论并不能推广到全部大学生群体当中。未来研究可以对大学生进行为期4年的追踪,从而拓展本研究结论的适用性。

五、结论

可以得出以下结论:

第一,大学新生的亲子关系与大学新生的智能手机成瘾行为可以跨时间相互预测。

第二,大学新生的亲子关系与大学新生智能手机成瘾行为可以通过非适应性认知跨时间相互预测。

第五节 师生关系与智能手机成瘾的双向作用及机制(学校)

一、引言

师生关系是指教师与学生在教育、教学及日常交往过程中形成的,以认知、情感和行为反应等为主要形式的心理关系[1]。良好的师生关系不仅可以通过教师的情感参与满足学生的基本心理需要(胜任需要、关系需要和自主需要),而且可以缓冲负性生活事件带来的消极影响,提升个体安全感和主观幸福感[2];相反,不良的师生关系会影响个体的心理健康,导致行为问题(手机成瘾)的产生[3]。手机成瘾是指个体由于对手机的过度使用且无法控制该行为而导致社会功能受损并带来心理和行为问题的成瘾行为[4]。手机成瘾会带来视力下降,睡眠质量变差,师生、同伴和亲子关系恶化等不良影响,严重阻碍

---

[1] 张野等:《初中生师生关系的结构与类型研究》,《心理科学》2009年第4期。

[2] Aikens M.L., et al, "A Social Capital Perspective on the Mentoring of Undergraduate Life Sciences Researchers: An Empirical Study of Undergraduate-Postgraduate-Faculty Triads", *CBE—Life Sciences Education*, Vol.15, No.2, 2016, Article 16; Liu H., et al, "Teacher-student relationship as a protective factor for socioeconomic status, students' self-efficacy and achievement: a multilevel moderated mediation analysis", *Current Psychology*, Vol.1, 2021; McGrath K.F, Van Bergen P, "Who, when, why and to what end? Students at risk of negative student-teacher relationships and their outcomes", *Educational Research Review*, Vol.14, 2015, pp.1-17; Roorda D.L., et al, "The influence of affective teacher-student relationships on students' school engagement and achievement: a meta-analytic approach", *Review of Educational Research*, Vol.81, No.4, 2011, pp.493-529.

[3] Wilkinson H.R, Bartoli A.J, "Antisocial behaviour and teacher-student relationship quality: the role of emotion-related abilities and callous-unemotional traits", *The British journal of educational psychology*, Vol.91, No.1, 2021, pp.482-499.

[4] 刘勤学等:《智能手机成瘾:概念、测量及影响因素》,《中国临床心理学杂志》2017年第1期。

个体身心健康成长①。已有研究表明师生关系与手机成瘾之间存在着诸多关联,大多研究证实了师生关系恶化是手机成瘾行为的不良后果,但是将师生关系作为手机成瘾行为的前因研究较少。此外,关于师生关系与智能手机成瘾之间作用机制的探讨相对较少,因此深入探讨大学生智能手机成瘾的影响因素及内在机制,尤其是在当前"三全育人"背景下,对于防范和干预大学生智能手机成瘾问题具有重要的现实意义。

(一)师生关系与手机成瘾的双向关系

师生关系可能会导致大学新生手机成瘾问题。大学新生刚从高中进入大学,生活环境、人际交往和学习方式发生了深刻的变化,阶段环境匹配理论认为消极的学校环境会导致个体问题行为的产生。因此,师生关系作为学校情境的一个重要方面与大学新生手机成瘾问题密切相关。首先,社会控制理论认为与教师的联系是一种社会控制,在此控制下个体作为社会整合体受到的约束力较大,因此处于不良师生关系之中的个体受到的约束力较小,出现越轨行为(手机成瘾)的可能性较大②。其次,社会支持的缓冲效应模型认为师生关系作为社会支持的一种,能够给处于不良环境下的个体传递爱、关注、尊重和接纳等信息,为个体提供足够的心理资源以缓解心理应激③。缺乏良好的师生关系会导致个体缺乏来自老师的社会支持。依恋理论指出当个体从重要他人(如教师)那里无法获得社会支持时,他们更有可能寻找其他途径(手机)

---

① Ghosh T., et al, "A study on smartphone addiction and its effects on sleep quality among nursing students in a municipality town of west bengal", *Journal of family medicine and primary care*, Vol.10, No.1, 2021, pp.378-386; Nayak J. K, "Relationship among smartphone usage, addiction, academic performance and the moderating role of gender: a study of higher education students in india", *Computers & Education*, Vol.123, No, 8, 2018, pp.164-173;张毅等:《大学生手机成瘾危害与控制建议》,《教育教学论坛》2018年第25期。

② Hirschi T.(1969). Causes of delinquency. Berkeley: University of California Press.

③ Cobb S, "Social Support as a Moderator of Life Stress", *Psychosomatic Medicine*, Vol.38, No.5, 1976, pp.300-314;任曦等:《社会支持缓解高互依自我个体的急性心理应激反应》,《心理学报》2019年第4期。

来弥补他们在现实世界中无法满足的情感缺失①。大学新生面对陌生的校园新环境时,师生关系是他们的重要依恋关系,但多数新生往往难以在短时间内建立起和谐的师生关系,容易出现适应不良问题②。在约束力减弱和社会支持缺失的双重作用下形成强大的需求补偿动机,而拥有娱乐、社交等功能的智能手机为他们提供了一个便捷的补偿途径,当他们在手机世界中得到满足后,会逐渐沉浸其中难以自拔,发展成手机成瘾行为③。

手机成瘾同样可能会导致师生关系问题的增多。媒介依赖理论指出,手机所提供的服务越多,受众和社会对其依赖性就越大,当个体过于依赖手机满足自身的需求时,手机使用会对个体造成消极影响④。大学新生面对陌生的环境,对身边的一切熟悉程度较低,手机提供的各种各样的功能满足了他们的各种需要,例如,社交功能满足情感交流和人际交往的需要、娱乐功能满足宣泄情绪和缓解压力的需要、后台互动服务功能满足学习和生活便捷需要⑤,然而个体也因此沉溺其中无法自拔造成手机成瘾。手机成瘾的大学新生与老师的交往过程中,他们更倾向于通过手机在线交流代替与老师面对面的人际互动,降低了互动的质量,不利于良好师生关系的建立⑥。此外,手机成瘾的大学新生将会把更多时间花费在手机世界之中,甚至是上课时间和作业时间,由

---

① Bowlby J. (1969). Attachment and loss: Vol. 2. attachment. New York, NY: Basic Books; Fredriksen K, Rhodes J, "The role of teacher relationship in the lives of students", *New Directions for Youth Development: Theory, Practice, Research*, Vol.103, 2004, pp.45-54.

② Verschueren K, Koomen H.M.Y, "Teacher-child relationships from an attachment perspective", *Attachment & Human Development*, Vol.14, No.3, 2012, pp.205-211.

③ Situ Q.M., et al, "Bidirectional association between self-control and internalizing problems among college freshmen: A cross-lagged study", *Emerging Adulthood*, 9(4), 2019, pp.401-407; Wang B., et al, "The influence of loneliness on the mobile phone addiction of contemporary college students: The mediating role of online social support", *Journal of Psychology & Behavior Research*, Vol.3, No.1, 2021, pp.1-8.

④ Ball-Rokeach S.J, DeFleur M.L, "A Dependency Model of Mass-Media Effects", *Communication Research*, Vol.3, No.1, 1976, pp.3-21.

⑤ Deborah D., et al, "Psychological pain in suicidality: A meta-analysis", *The journal of clinical psychiatry*, Vol.79, No.3, 2018, pp.44-51;祖静等:《大学生自尊与手机依赖的关系:应对方式的多重中介作用》,《中国特殊教育》2016年第10期。

⑥ Becker M.W., et al, "Media multitasking is associated with symptoms of depression and social anxiety", *Cyberpsychology, Behavior and Social Networking*, Vol.16, No.2, 2013, pp.132-135.

此可能会引发师生矛盾,严重影响了良好师生关系的维持①。

(二)非适应性认知的双向中介作用

师生关系通过非适应性认知的中介作用负向预测手机成瘾。发展情景理论指出人类发展本质上是个体与所处环境之间变化着的交互关系,强调环境中各种因素对个体发展的影响②。教师作为大学新生在校园环境中的重要他人,教师支持对新生适应起着不可忽视的作用,不仅能够增益积极的校园适应,也能缓冲消极的校园适应带来的不良影响③。此外,已有研究表明教师支持是大学新生领悟社会支持的重要来源,当师生关系出现问题时,他们的领悟社会支持需要难以得到满足,激发动机寻找其他途径予以补偿④。手机强大的功能和便捷性的特点无疑是最佳的媒介,在其建构的虚拟世界中,大学新生能够根据偏好选择乐于交往的群体,建立和扩大个体交际圈,获得各式各样的网络社会支持以满足现实缺失,进而对现实世界失望,对手机期望度和满意度增加,产生非适应性认知⑤。非适应性认知指个体对网络世界所持有的错误观念和预期,它归结成两类,分别是对自我的认知扭曲和对世界的认知扭曲。前者指自我怀疑、低自我效能感和消极的自我评价,比如"我只在互联网上才有擅长的方面,我在现实中一无是处"。后者则是一种全有或全无的思维,个体可能会认为"网络是我唯一的朋友",或者"人们在现实中对我很差"⑥。

---

① 梁永霖:《大学生手机使用与课堂师生交互之间的关系》,《电脑知识与技术》2017年第18期。

② Lerner R.M.(2001). *Concepts and theories of human development*. London: Psychology Press.

③ 李文道等:《初中生的社会支持与学校适应的关系》,《心理发展与教育》2003年第3期。

④ Kardefelt-Winther D, "A conceptual and methodological critique of internet addiction research: Towards a model of compensatory internet use", *Computers in Human Behavior*, Vol.31, 2014, pp.351-354;张兴旭等:《亲子、同伴、师生关系与青少年主观幸福感关系的研究》,《心理发展与教育》2019年第4期。

⑤ Liu C.Y, Kuo, F.Y, "A study of Internet addiction through the lens of the interpersonal theory", *CyberPsychology & Behavior*, Vol.10, No.6, 2007, pp.799-804; Wang B., et al, "The influence of loneliness on the mobile phone addiction of contemporary college students: The mediating role of online social support", *Journal of Psychology & Behavior Research*, Vol.3, No.1, 2021, pp.1-8.

⑥ Davis R.A, "A cognitive-behavioral model of pathological Internet use", *Computers in Human Behavior*, Vol.17, No.2, 2001, pp.187-195.

大学生智能手机成瘾的生态风险因素及干预研究

Davis 的认知—行为模型指出,非适应性认知是导致手机成瘾的近端因素(大量研究证实该模型同样适用于手机成瘾[1]),非适应性认知加剧了现实中存在师生关系问题的大学新生通过使用手机宣泄情绪、获得安全感和舒适感的偏好和依赖,从而产生网络成瘾行为[2]。

手机成瘾可能通过非适应性认知的中介作用负向预测师生关系。自主决定理论指出人类有三种基本心理需要,即自主需要、胜任需要、关系需要。自主需要是个体在自身需要和环境信息基础上的行为自主选择,胜任需要是指个体从事活动所体验的胜任感,关系需要则主要源于社会支持给个体带来的归属感[3]。大学新生从高中进入大学,学习和生活环境发生了深刻的变化,例如,结交新同学、自主式学习代替督导式学习等,出现众多适应不良问题[4]。在此种情况下,他们发现当下的现实环境难以满足自身的需要,而手机为他们提供了一个舒适场所以逃避现实的糟糕状况。此外,其社交、娱乐等功能也满足了个体对胜任感、归属感的需要,由此加深个体的非适应性认知[5]。数字恰到好处假说(Digital Goldilocks Hypothesis)指出适度的手机使用能够增加个体信息交流和社会交往的机会,而过多使用则会取代其他适应性、有意

---

[1] Liu C.H.,et al,"Smartphone gaming and frequent use pattern associated with smartphone addiction", *Medicine*, Vol. 95, No. 28, 2016, pp. 4068 - 4071; Wu-Ouyang Biying, " Are smartphones addictive? Examining the cognitive-behavior model of motivation, leisure boredom, extended self, and fear of missing out on possible smartphone addiction", *Telematics and Informatics*, Vol.71, 2022, Article 101834.

[2] Zhang Q., et al, "Relationship Between Maladaptive Cognition and Internet Addiction in Chinese Adolescents: Moderated Mediation Analysis of Online Motivation and Effortful Control", *International Journal of Mental Health and Addiction*, Vol.18, No.1, 2020, pp.149-159;王子伟:《压力对大学生手机依赖的影响:心理需要满足和积极结果预期的中介作用》,上海师范大学 2019 年,硕士学位论文。

[3] Deci E.L, Ryan R.M, "The 'what' and 'why' of goal pursuits: Human needs and the self-determination of behavior", *Psychological Inquiry*, Vol.11, No.4, 2000, pp.227-268.

[4] 任冉:《我国当代大学生学校适应性研究的回顾与展望》,《教育教学论坛》2020 年第 42 期。

[5] 宋晨曦:《中学生归属需要与手机社交媒体依赖的关系》,四川师范大学 2022 年,硕士学位论文。

的社会活动①。个体的非适应—认知夸大了手机使用的优点,驱使个体将更多的时间和精力花费在手机上,倾向于在虚拟世界获得需要的满足,忽视现实中与老师交往所获得的关心与帮助②。此外,非适应性认知降低了个体与老师交往的自信心,甚至产生恐惧心理,也严重影响了和谐师生关系的建立和维持。

(三)大学新生的师生关系

大学阶段是人际关系变化和发展的重要时期,大学新生刚从高中进入大学,不仅面临着家庭关系变化,还面临着全新同伴关系和其他社会关系的建立与维持③。其中,师生关系是他们适应过程中的一个重要因素。大学阶段的师生相处模式和学习方式相比之前发生了很大的改变,更加强调学生主观能动性,"富者愈富"模型认为善于交际的人会乐于运用交往结交更多的朋友,而缺乏朋友的人会因为不善交际而更加孤独④。大学新生面对陌生的环境和陌生的老师,不善于交际的新生可能会与教师的交往较少,再加上教师上课人数众多,难以全面顾及每一个学生,在这两方面的原因之下,大学新生的师生关系相对较为疏离。

假设1:大学新生师生关系与智能手机成瘾跨时间相互预测。

假设2:大学新生师生关系与智能手机成瘾通过非适应性认知跨时间相互预测。

---

① Bruggeman H., et al, "Does the use of digital media affect psychological well-being? An empirical test among children aged 9 to 12", *Computers in Human Behavior*, Vol.101, 2019, pp.104-113; Przybylski A.K, Weinstein N, "A large-scale test of the goldilocks hypothesis: Quantifying the relations between digital-screen use and the mental well-being of adolescents", *Psychological Science*, Vol.28, No.2, 2017, pp.204-215; Twenge J.M., et al, "Decreases in psychological well-being among American adolescents after 2012 and links to screen time during the rise of smartphone technology", *Emotion*, 18(6), 2018, pp.765-780.

② 丁倩等:《相对剥夺感与大学生网络游戏成瘾的关系:一个有调节的中介模型》,《心理学报》2018年第9期。

③ Woodhouse S.S., et al, "Loneliness and Peer Relations in Adolescence", *Social Development*, Vol.21, No.2, 2011, pp.273-293.

④ Elhai J.D., et al, "Non-social features of smartphone use are most related to depression, anxiety and problematic smartphone use", *Computers in Human Behavior*, Vol.69, No.4, 2017, pp.75-82.

二、方法

(一)被试

参与者的数据来自"当代大学生累积生态风险因素与智能手机成瘾的双向作用机制及干预研究"项目,这是一项纵向调查,旨在研究智能手机成瘾的发展轨迹以及非适应性认知在累积生态风险和智能手机成瘾之间的双向中介作用。这项大型研究的参与者来自山东的5所大学。数据是在大学新生入学时期及一年后完成测量的。在第一次调查期间(T1),共有1575名学生(33.8%为男性)完成了问卷调查。一年后(T2),共有1511名学生(32%为男性)完成了调查。T2的所有学生也在T1完成了问卷调查,他们的数据用于后期分析。关于1511名T1学生的更详细信息如下:平均年龄为18.38岁(标准差=0.71岁,从17岁到20岁不等);833名(55.1%)为城市户籍学生。关于家庭年收入,分布如下:<2000元,62人(4.1%);2000—5000元,19人(1.3%);5001—10000元,139人(9.2%);10001—30000元,233人(15.4%);30001—50000元,334人(22.1%);50001—100000元,245人(16.2%);100001—150000元,257人(17.0%);>150000元,222人(14.7%)。

(二)程序

受新冠疫情影响,所有问卷都通过网络进行测试,学生可以使用电脑、iPad或智能手机完成测验。在调查之前,辅导员向同学们分发知情同意书,只有签署知情同意书且返回的学生才被允许参与后期的测量。该调查的程序得到了青岛科技大学道德审查委员会的批准。在数据收集过程中,所有学生要求在50分钟内完成所有测验;主试告知所有学生,测验结果对他们在学期结束时的最终考评没有影响。在第二次调查结束时,学生们被告知他们身份的绝对匿名性以及研究的目的。所有参加调查的学生都得到了一支中性笔作为礼物。由于参与的各所大学非常关注学生的智能手机成瘾问题,测量结果将反馈给大学并为其制订相关的干预计划。

(三)研究工具

1. 师生关系

教师和学生之间的关系是通过 Piana 等人开发的"中国版师生关系量表"来测量[①]。量表的代表性题目如"我所有的老师都喜欢我"。两时个间点师生关系量表的内部一致性系数 $α$ 为 0.92 和 0.92。

2. 非适应性认知

非适应性认知采用"中文版网络非适应性认知量表"进行评估[②]。该量表是基于认知—行为模型开发的,用于测量对互联网的非适应性认知。该量表在中国大学生中具有良好的信度和效度[③]。该量表由 14 个项目组成,其中代表性题目如"我觉得智能手机中的世界比现实世界更令人兴奋和兴奋"。参与者采用 1(强烈不同意)到 5(强烈同意)点计分作答。量表总分代表个体的非适应性认知水平,分数越高表明对智能手机的非适应性认知水平越高。两个时间点非适应性认知量表的内部一致性系数 $α$ 为 0.95 和 0.93。

3. 智能手机成瘾

采用"中国版智能手机成瘾"对智能手机成瘾水平进行测量[④]。该量表也是基于认知—行为模型开发的,用于测量个人的手机成瘾水平。该量表由 17 个项目组成,其中代表性题目如"花在智能手机上的时间会直接降低你的工作效率"。参与者采用 1(从不)到 5(总是)点计分作答。量表总分代表个体的手机成瘾水平,分数越高表示智能手机成瘾水平越高。该量表在中国大学

[①] Wang J.(2016). *Research on the relationship between middle school students' teacher-student relationship, academic emotions and academic achievement* (Unpublished master dissertation). Harbin Normal University.

[②] Liang X.Y.(2008). *A study on the effect mechanism of online social support on adolescents' mental health.* Doctoral dissertation. East China Normal University.

[③] Tian Y, et al, "Associations between psychosocial factors and generalized pathological internet use in Chinese university students: A longitudinal cross-lagged analysis", *Computers in Human Behavior*, Vol.72, 2017, pp.178–188.

[④] Leung L, "Linking psychological attributes to addiction and improper use of the mobile phone among adolescents in Hong Kong", *Journal of Children and Media*, Vol.2, No.2, 2008, pp.93–113.

生被试中具有良好的信度和效度[①]。量表采用8个项目来确定个体是否患有智能手机成瘾。更具体地说,报告"总是"患有上述8个项目中任何一个的个体被分为智能手机成瘾组。两个时间点的智能手机成瘾量表的内部一致性系数 α 为0.93和0.95。

(四)控制变量

一项研究发现个体的性别、户籍所在地、年龄和家庭收入与智能手机成瘾相关[②],因此这些变量被作为控制变量。性别是一个二分变量(0=男性,1=女性);户籍也是一个二分变量(0=城市户籍,1=农村户籍)。此外,由于被试来自不同的高校,为排除不同高校造成的差异,本研究对不同高校的学生进行同质性检验。检验结果显示,不同学校的学生在智能手机成瘾上没有显著差异(T1时,$r=0.01, p=0.80$;T2时,$r=-0.02, p=0.35$)。

(五)缺失值处理

在追踪研究过程中,被试流失是一个最为常见的问题。在本研究中有64名学生参加了T1调查,但没有在T2调查中提供他们的数据。被试流失的主要原因包括他们生病请假、无法上课和自愿退出。我们进行了一系列独立样本 t 检验,以检验参与者和非参与者之间在研究变量上是否存在差异。结果表明差异不显著,这代表数据缺失为随机缺失。此外,本研究还进行了 χ^2 检验,以探讨非参与者的性别和户籍数量是否存在差异,结果同样显示差异不显著。由于缺失数据是随机的,而且很小(4.06%小于5%,表明几乎没有影响)[③],在后续的数据分析中伴有缺失的被试数据不予使用,这在最大限度上减少不同缺失值处理方法的影响。

[①] Chen Y.M., et al, "The relationship between shyness and mobile phone dependence in middle school students: A moderated mediation model", *Psychological Development and Education*, Vol.37, No.1, 2021, pp.46-53.

[②] Sundaya O.J., et al, "The effects of smartphone addiction on learning: A meta-analysis", *Computers in Human Behavior Reports*, Vol.4, 2021, Article 100114.

[③] Wen Z., et al, "Preliminary work for modeling questionnaire data", *Journal of Psychological Science*, Vol.41, No.1, 2018, pp.204-210.

（六）数据分析策略

采用 SPSS 22.0 进行描述统计和相关分析；采用 AMOS 24.0 进行交叉滞后分析检验研究变量间的纵向关系及非适应性认知的中介作用。M1 考察师生关系和智能手机成瘾的自回归效应，M2 考察师生关系对智能手机成瘾的预测作用，M3 考察智能手机成瘾对师生关系的预测作用，M4 考察师生关系与智能手机成瘾的相互预测作用，M5 用于考察非适应性认知的中介作用，M6 作为比较模型。此后，使用 bootstraping 抽样法进一步估计间接效应的强度和显著性。越来越多的研究使用这种方法来减少关于估计效应的抽样分布形状或标准误差所需假设的统计误差（Hayes，2018）。采用 χ^2（卡方）、df（自由度）、GFI（拟合优度指数）、CFI（比较拟合指数）、NFI（赋范拟合指数）和 RMSEA（近似均方根误差）等指标对各模型的拟合效果进行评价。根据先前研究的建议，$\chi^2/df \leqslant 5$，GFI、CFI 和 NFI $\geqslant 0.95$，RMSEA $\leqslant 0.05$ 表明模型拟合良好[1]。此外，模型比较使用 $\triangle \chi^2/\triangle df$，结果显著代表约束较少的模型更适合数据[2]。

三、结果

（一）共同方法偏差检验

采用 Harman 单因子检验对共同方法偏差进行事后的统计检验[3]。将不同测量时间的师生关系、非适应性认知和手机成瘾测量题目同时纳入模型后，T1 时间数据共析出 10 个特征根大于 1 的因子，第一个因子解释的变异为 26.37%；T2 时间数据共析出 10 个特征根大于 1 的因子，第一个因子解释的变异为 29.93%。T1 和 T2 时间最大公因子解释率均小于 40% 的临界值，证明无显著共同方法偏差。

---

[1] Browne M.W, Cudeck R.(1993). *Alternative ways of assessing model fit*. In K.A.Bollen, & J.S. Long(Eds.), *Testing structural equation models* (pp.136–162). Newbury Park, CA: Sage.

[2] Satorra A, Bentler P.M, "A scaled difference chi-square test statistic for moment structure analysis", *Psychometrika*, Vol.66, 2001, pp.507–514.

[3] Podsakoff P.M, et al, "Common method biases in behavioral research: A critical review of the literature and recommended remedies", *Journal of Applied Psychology*, Vol.88, No.5, 2003, pp.879–903.

(二) 描述统计和相关分析

表3-5呈现了研究变量的平均数、标准差和相关系数。相关分析显示，性别与T1师生关系、T2师生关系和T2非适应性认知显著正相关，T1手机成瘾显著负相关。户籍所在地与T2非适应性认知正相关。年龄与T1非适应性认知显著负相关。家庭年收入与T1师生关系显著正相关。在T1和T2时间点，师生关系均与非适应性认知和手机成瘾两两显著负相关，非适应性认知和手机成瘾两两正相关（详见表3-5）。

表3-5 研究变量的平均数、标准差和相关系数

变量	1	2	3	4	5	6	7	8	9	10
1.性别	1									
2.户籍所在地	0.07**	1								
3.年龄	-0.00	0.05*	1							
4.家庭年收入	-0.09***	-0.21***	-0.07**	1						
5.T1师生关系	0.08***	-0.03	0.04	0.06*	1					
6.T1非适应性认知	-0.02	0.03	-0.06*	-0.02	-0.33***	1				
7.T1手机成瘾	-0.05*	0.03	-0.04	-0.01	-0.24***	0.72***	1			
8.T2师生关系	0.13***	-0.04	0.03	0.04	0.44***	-0.23***	-0.17***	1		
9.T2非适应性认知	0.05*	0.05*	-0.04	-0.03	-0.25***	0.44***	0.37***	-0.32***	1	
10.T2手机成瘾	0.00	0.04	-0.04	-0.01	-0.20***	0.36***	0.38***	-0.29***	0.70***	1
M	—	—	18.38	5.40	85.27	37.08	40.54	83.85	36.02	38.44
SD	—	—	0.71	1.82	13.36	11.71	13.82	14.11	12.56	14.69

注：$N=1511$。变量1—4为控制变量。性别和户籍所在地为虚拟变量，0=男和城市，1=女和农村。* $p<0.05$，** $p<0.01$，*** $p<0.001$。

(三) 师生关系与手机成瘾的双向关系

通过交叉滞后模型探讨师生关系与手机成瘾的跨时间关系。首先，建立

第三章 大学生生态风险因素与智能手机成瘾的双向作用及机制

师生关系与手机成瘾的基准模型来评估师生关系与手机成瘾的发展稳定性，如图3-9中的M1所示。M1拟合一般：$\chi^2(12)=59.65, p<0.001, \text{NFI}=0.93, \text{CFI}=0.95, \text{RMSEA}=0.051$。然后在M1的基础上增加师生关系对手机成瘾的交叉滞后路径考察师生关系对手机成瘾的跨时间预测作用，如图3-9中的M2所示。M2拟合较好：$\chi^2(11)=37.07, p<0.001, \text{NFI}=0.96, \text{CFI}=0.97, \text{RMSEA}=0.40$。通过模型比较发现，M2优于M1（$\triangle\chi^2=5.29, \triangle df=1, p<0.01$）。以同样的方式，在M1的基础上增加手机成瘾对师生关系的交叉滞后路径考察手机成瘾对师生关系的跨时间预测作用，如图3-9中的M3所示。M3拟合较好：$\chi^2(11)=49.89, p<0.001, \text{NFI}=0.94, \text{CFI}=0.96, \text{RMSEA}=0.48$。通过模型比较发现，M3优于M1（$\triangle\chi^2=5.76, \triangle df=1, p<0.01$）。最后，在M1的基础上同时增加师生关系对手机成瘾的交叉滞后路径和手机成瘾对师生关系的交叉滞后路径考察师生关系与手机成瘾的相互预测作用，如图3-9中的M4所示。M4拟合最好：$\chi^2(10)=28.73, p<0.001, \text{NFI}=0.97, \text{CFI}=0.98, \text{RMSEA}=0.035$，且M4优于M2（$\triangle\chi^2=11.50, \triangle df=1, p<0.01$）和M3（$\triangle\chi^2=49.87, \triangle df=1, p<0.01$）。因此M4被最终保留作为分析模型。由M4可知，T1师生关系能显著预测T2师生关系（$\beta=0.54, p<0.001$），T1手机成瘾能显著预测T2手机成瘾（$\beta=0.36, p<0.001$）；T1师生关系能显著预测T2手机成瘾（$\beta=-0.11, p<0.001$），T1手机成瘾能显著预测T2师生关系（$\beta=-0.06, p<0.05$）。

（四）非适应性认知的双向中介作用

我们将T1非适应性认知和T2非适应性认知纳入模型M4中构建模型M5（见图3-10），考察T1非适应性认知和T2非适应性认知在师生关系与手机成瘾双向关系中的双向中介作用。在控制性别、年龄、户籍所在地和家庭收入效应后，模型M5各项指标拟合良好：$\chi^2(16)=34.27, p<0.001, \text{NFI}=0.99, \text{CFI}=0.99, \text{RMSEA}=0.027$。由于模型中T1师生关系到T2手机成瘾，T1手机成瘾到T2师生关系和T1非适应性认知到T2师生关系3条路径不显著，删除该3条路径得到模型M6，该模型拟合良好：$\chi^2(19)=35.28, p<0.001, \text{NFI}=0.99, \text{CFI}=1.00, \text{RMSEA}=0.024$。尽管两个模型之间并没有显著差异：

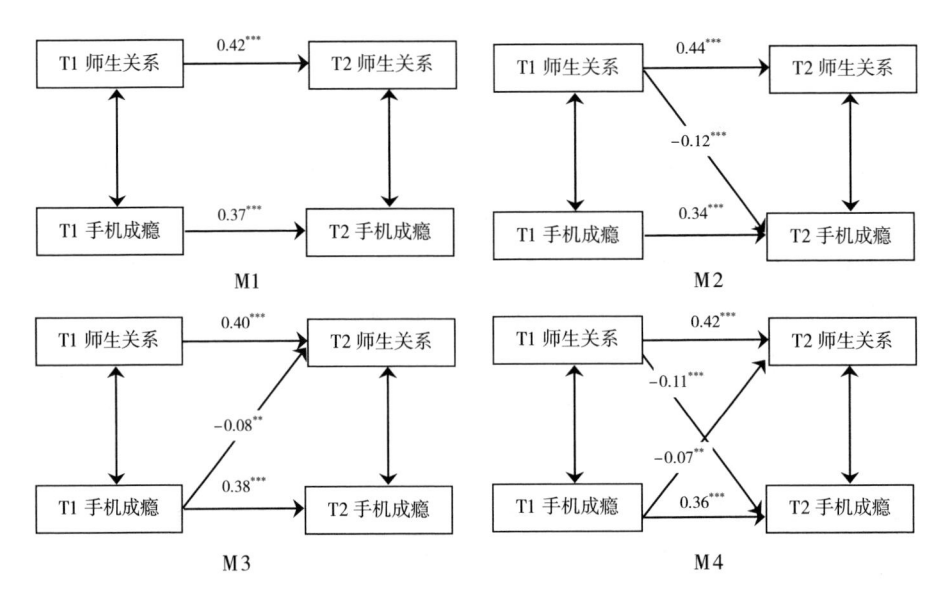

```
┌─────────────┐ 0.42*** ┌─────────────┐      ┌─────────────┐ 0.44*** ┌─────────────┐
│ T1 师生关系 │────────→│ T2 师生关系 │      │ T1 师生关系 │────────→│ T2 师生关系 │
└─────────────┘         └─────────────┘      └─────────────┘╲        └─────────────┘
      ↕                       ↕                    ↕     -0.12***           ↕
┌─────────────┐ 0.37*** ┌─────────────┐      ┌─────────────┐  ╲     ┌─────────────┐
│ T1 手机成瘾 │────────→│ T2 手机成瘾 │      │ T1 手机成瘾 │───0.34***→│ T2 手机成瘾 │
└─────────────┘         └─────────────┘      └─────────────┘        └─────────────┘
                M1                                           M2
```

图 3-9 师生关系与手机成瘾的交叉滞后模型

$\triangle\chi^2/\triangle df = 2.22, p = 0.08$,但简洁模型的 χ^2/df 和 RMSEA 进一步减小,模型得到改善,因此简洁模型予以保留(见图 3-10)。

该模型还显示 T1 师生关系显著正向预测 T2 师生关系 ($\beta = 0.39, p < 0.001$),显著负向预测 T1 非适应性认知 ($\beta = -0.17, p < 0.001$) 和 T2 非适应性认知 ($\beta = -0.12, p < 0.001$);T1 手机成瘾显著正向预测 T2 手机成瘾 ($\beta = 0.19, p < 0.001$)、T1 非适应性认知 ($\beta = 0.69, p < 0.001$) 和 T2 非适应性认知 ($\beta = 0.11, p < 0.001$);T1 非适应性认知显著正向预测 T2 非适应性认知 ($\beta = 0.32, p < 0.001$) 和 T2 手机成瘾 ($\beta = 0.07, p < 0.05$);T2 非适应性认知显著负向预测 T2 师生关系 ($\beta = -0.22, p < 0.001$) 和显著正向预测 T2 手机成瘾 ($\beta = 0.66, p < 0.001$)。T2 师生关系和手机成瘾的效应量分别为 0.24 和 0.51。

另外,该模型揭示了 10 条中介机制,对该 10 条路径进行 bootstraping 效应检验发现:(1)T1 师生关系→T1 非适应性认知→T2 非适应性认知→T2 师生关系;(2)T1 师生关系→T2 非适应性认知→T2 师生关系;(3)T1 师生关系→T1 非适应性认知→T2 手机成瘾;(4)T1 师生关系→T1 非适应性认知→T2 非适应性认知→T2 手机成瘾;(5)T1 师生关系→T2 非适应性认知→T2 手机

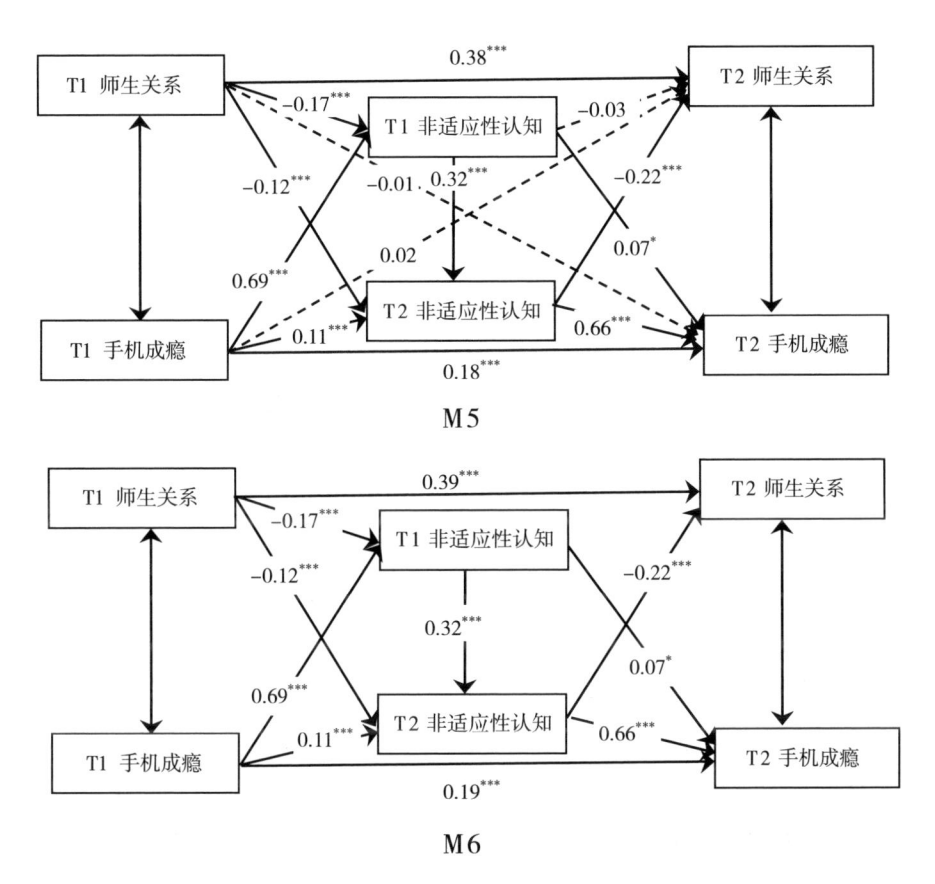

图 3-10 师生关系与手机成瘾的交叉滞后模型

注：实线代表路径显著，虚线代表路径不显著。

成瘾；(6)T1 手机成瘾→T1 非适应性认知→T2 非适应性认知→T2 师生关系；(7)T1 手机成瘾→T2 非适应性认知→T2 师生关系；(8)T1 手机成瘾→T1 非适应性认知→T2 手机成瘾；(9)T1 手机成瘾→T1 非适应性认知→T2 非适应性认知→T2 手机成瘾；(10)T1 手机成瘾→T2 非适应性认知→T2 手机成瘾。所有路径置信区间均不包含 0，证明中介效应成立。

四、讨论

（一）师生关系与手机成瘾的双向关系

笔者发现师生关系能负向预测一年后的手机成瘾。关怀理论（The

Theory of Caring)认为,关怀与被关怀都是人的基本需要①。教师不仅是知识的传递者,也是学生关怀需要的提供者,因此师生关系的好坏直接影响着个体关怀需要是否得到满足。大学新生在身份转换过程中往往会因为适应和交际不良难以建立和维持和谐稳定的师生关系,因此个体的关怀需要得不到满足,促使个体寻找其他途径获得补偿。手机强大的社交、娱乐功能为他们提供了最便捷的补偿途径。使用满足理论指出,手机能够满足个体被关怀的需要,使个体得到快乐体验,当他们因这份满足沉迷其中并无法自拔时会造成手机成瘾②。此外,大学新生大多离家寄宿学校,再加上师生关系的疏远,受到来自父母和教师的监督较少,缺乏自控能力也容易加剧手机使用行为造成过度使用而成瘾③。

笔者发现手机成瘾能负向预测一年后的师生关系。这一结果印证了位移理论(Displacement Theory)所说的过度使用手机进行在线活动,会使个体社会排斥增加,损害个体在现实生活中的正常交往活动④。手机成瘾的大学新生活动主阵地集中在虚拟世界之中,当他们面对不熟悉的环境和他人时,会更倾向于利用手机去维持旧关系和拓展网络新关系。此外,过多的手机使用行为也让他们失去面对面的沟通战术,降低了他们处理现实人际关系的能力。因此,手机成瘾的大学新生在主观意愿不强烈和交际能力不足够的双重作用下

---

① Noddings N,"Happiness and education",*Journal of Philosophy of Education*,Vol.2,No.1,2010,pp.17-29.

② Chiu S.I,"The relationship between life stress and smartphone addiction on taiwanese university student:A mediation model of learning self-efficacy and social self-efficacy",*Computers in Human Behavior*,Vol.34,2014,pp.49-57;Linnhoff S,Smith K.T,"An examination of mobile app usage and the user's life satisfaction",*Journal of Strategic Marketing*,Vol.25,No.7,2016,pp.581-617;Parker B.J,Plank R.E,"A uses and gratifications perspective on the Internet as a new information source",*Latin American Business Review*,Vol.18,No.2,2000,pp.43-49.

③ Meshi D,Ellithorpe M.E,"Problematic social media use and social support received in real-life versus on social media:Associations with depression,anxiety and social isolation",*Addictive Behaviors*,Vol.119,2021,Article 106949;张晓州、彭婷:《大学新生正念对手机成瘾倾向的影响:社交焦虑的中介作用》,《中国健康心理学杂志》2023年第5期。

④ Tan K.A,"The effects of personal susceptibility and social support on internet addiction:An application of Adler's theory of individual psychology",*International Journal of Mental Health and Addiction*,Vol.17,2018,pp.806-816.

难以与教师建立良好的互动关系。

(二)非适应性认知的双向中介作用

调查发现师生关系通过非适应性认知负向预测手机成瘾。社会认知理论认为重要他人的期望以及与他人之间的关系可以影响个体的自我效能[1]。对于新生而言,师生关系是他们适应大学生活的重要人际关系,当他们拥有良好的师生关系时,其自我效能感就会提高,然而拥有不良师生关系时,他们自我效能感就会降低,对自身的交际能力产生怀疑,这时手机所具有的强大功能为他们扩大交际范围和满意度、满足个体自我效能感的需要提供了一个便捷途径,由此个体会产生"我只在互联网上才有擅长的方面,我在现实中一无是处"的非适应性认知[2]。此外,情绪安全感理论认为情绪安全感具有表达内在感受、认知评价和引导行为三项功能,可以透过"情绪反应""内在表征""调控行为"呈现[3]。当大学新生面对不良师生关系时会出现焦虑、抑郁的负向情绪,情绪安全感会受到威胁,认为自己处于一个不安全的环境之中,手机所创造的虚拟世界能够成为他们缓解负向情绪和逃避现实的场所,进而出现"网络是我唯一的朋友,人们在现实中对我很差"的非适应性认知[4]。非适应性认知导致大学新生对自我和世界产生歪曲认识,认为手机所创造的世界更加美

---

[1] Lent R.W, "Self-efficacy in a relational world: Social cognitive mechanisms of adaptation and development", *The Counseling Psychologist*, Vol.44, No.4, 2014, pp.573-594.

[2] Gu J., et al, "Supervisory styles and graduate student creativity: The mediating roles of creative self-efficacy and intrinsic motivation", *Studies in Higher Education*, Vol.42, No.4, 2017, pp.721-742;刘军等:《高校导师辱虐型指导方式对研究生自我效能的影响机制研究》,《管理学报》2013年第16期;姚添涵、余传鹏:《导师—同门支持、科研自我效能感与研究生科研创造力的关系研究》,《高教探索》2019年第4期;楚啸原等:《师生关系对研究生自我效能感的影响:有调节的中介模型》,《心理发展与教育》2021年第2期;Deborah D., et al, "Psychological pain in suicidality: A meta-analysis", *The journal of clinical psychiatry*, Vol.79, No.3, 2018, pp.44-51.

[3] Davies P.T, Cummings E.M, "Marital conflict and child adjustment: An emotional security hypothesis", *Psychological Bulletin*, Vol.116, No.3, 1994, pp.387-411.

[4] Tian Y, et al, "Associations between psychosocial factors and generalized pathological internet use in Chinese university students: A longitudinal cross-lagged analysis", *Computers in Human Behavior*, Vol.72, 2017, pp.178-188.

好,进而无法克制自己使用手机的欲望,导致手机成瘾①。

调查发现手机成瘾通过非适应性认知负向预测师生关系。手机成瘾的个体往往在手机所创造的虚拟世界中找到乐于交往的对象,拥有良好的交际能力和人际关系,自我效能感和成就感较高,相反在现实世界中,由于过度的虚拟互动取代了面对面的互动,现实沟通能力和技巧也因此受到影响。在虚拟与现实的对比之下,手机成瘾的大学新生更倾向于沉迷手机,逃避初入大学时面对陌生环境的茫然无措,补偿现实世界人际关系的缺失。"失补偿"假说认为,补偿可以分为建设性补偿和病理性补偿。建设性补偿是指个体的需要被其他活动所转移,且该活动能对个体的需要进行修复并促进个体的身心发展,而病理性补偿则不能修复个体的需要且阻碍个体的身心发展②。调查结果显示手机成瘾是一种病理性补偿,它加深了个体的非适应性认知,导致个体对自我和世界认知的进一步扭曲,疏远了师生关系、引起师生矛盾,不利于和谐师生关系的建立。

(三)研究意义与局限

笔者通过构建交叉滞后模型,考察了师生关系与手机成瘾之间的双向关系以及非适应性认知的中介作用,为大学新生手机成瘾问题的学校干预提供了启示。首先,建立和谐师生关系。关注大学新生与教师之间的关系,防治由于不良师生关系导致新生适应问题而引发的手机成瘾。第二,改变非适应性认知。引导学生树立正确的手机使用观念,把目光转移到现实交往之中。第三,关注手机成瘾大学生的身心健康。及时引导成瘾大学新生走入现实生活中感受幸福,帮助他们摆脱手机成瘾枷锁。本书也存在一些样本和时间上的局限:本书选取的调查对象均是来自××省5所高校的大一新生,而手机成瘾的发生率存在较大的年级和地区差异,未来研究可以扩大样本范围对研究结论进一步验证。此外,本研究只对大一新生进行了两次追踪调查,时间跨度仅

---

① 洪晴滢、张芳华:《压力与中学生网络游戏成瘾:非适应性认知的中介作用》,《校园心理》2023年第1期。

② Morgan C, Cotton S.R, "The relationship between Internet activities and depressive symptoms in a sample of college freshmen", *CyberPsychology & Behavior*, Vol.6, No.2, 2004, pp.133-142.

为一年,未来研究可以将时间扩大到整个大学阶段,更深入地去揭示变量之间的因果关系。

五、结论

(1)大学新生师生关系与手机成瘾相互负向预测。

(2)大学新生非适应性认知在师生关系与手机成瘾之间起双向中介作用。

第六节 学校联结与智能手机成瘾的双向作用及机制(学校)

一、引言

学校是大学生学习和生活的主要场所,校园环境中与老师、同学的交往对大学生的心理和行为发展具有重要影响。已有研究表明大学生手机成瘾的众多成因之中,学校联结是重要的因素之一。学校联结是指学生与学校及学校环境中的同学和教师的情感联系,对学校归属感的感知程度,囊括了学校生活的核心部分[1]。当学生与学校的联结程度偏低时,其网络成瘾的可能性就高[2]。先前研究多考察了学校联结与网络成瘾的关系,结果大多证明了学校联结是网络成瘾的重要原因[3],但是对于网络成瘾对学校联结的反作用研究较少。

---

[1] Wilson D,"The Interface of School Climate and School Connectedness and Relationships with Aggression and Victimization",*Journal of School Health*,Vol.74,No.7,2004,pp.293-299.

[2] Chang F.C.,et al,"Predictors of the initiation and persistence of Internet addiction among adolescents in Taiwan",*Addictive Behaviors*,Vol.39,No.10,2014,pp.1434-1440;Li D.L.,et al,"Maternal psychological control and adolescents' problematic Internet use:The mediating role of maladaptive cognition",*Journal of Psychological Science*,Vol.36,No.2,2013,pp.411-416;Yen J.Y.,et al,"Family factors of Internet addiction and substance use experience in Taiwanese adolescents",*Cyberpsychology & Behavior*,Vol.10,No.3,2007,pp.323-329.

[3] Peng W.,et al,"School disconne-ctedness and adolescent Internet addiction:mediation by self-esteem and mo-deration by emotional intelligence",*Computers in Human Behavior*,Vol.98,2019,pp.111-121.

网络成瘾与智能手机成瘾具有相同成瘾机制,因此探究学校联结与智能手机成瘾之间的关系及作用机制更加具有针对性。此外,根据 Davis 的认知—行为模型,智能手机成瘾的核心因素为非适应性认知,非适应性认知能否在学校联结与智能手机成瘾的双向关系间起中介作用需要进一步考察。因此本研究拟采用追踪研究考察学校联结与智能手机成瘾的双向关系以及非适应性认知的中介作用。

(一)学校联结与手机成瘾的双向关系

学校联结可能会导致大学新生手机成瘾问题。学校联结由同学支持、教师支持以及学校归属感三个维度组成[1]。大学新生刚完成"高中生"向"大学生"的身份转变,面对陌生的生活环境和新的人际关系,在短时间内还处于孤独、缺乏安全感的状态,对于学校的归属感和安全感感知程度较低,因此学校联结程度较低,他们会倾向于使用手机与以往的同学、朋友联系去获得社交上的满足并通过手机的娱乐功能去纾解压力和释放消极情绪。阶段环境匹配理论认为消极的学校环境会导致个体问题行为的产生,当大学生过度沉溺于手机去进行情感寄托和获得安全感时,就会对手机产生依赖并最终成瘾。

手机成瘾同样可能会导致学校联结程度降低。媒介依赖理论指出,手机所提供的服务越多,受众和社会对其依赖性就越大,当个体过于依赖手机满足自身的需求时,手机使用会对个体造成消极影响[2]。大学生新生面对陌生的环境,对身边的一切熟悉程度较低,手机提供的各种各样的功能满足了他们的各种需要,例如,社交功能满足情感交流和人际交往的需要、娱乐功能满足宣泄情绪和缓解压力的需要、后台互动服务功能满足学习和生活便捷需要[3],然

---

[1] McNeely C, Falci C, "School connectedness and the transition into and out of health-risk behavior among adolescents: A comparison of social belonging and teacher support", *Journal of School Health*, Vol.74, No.7, 2004, pp.284-292.

[2] Ball-Rokeach S.J, DeFleur M.L, "A Dependency Model of Mass-Media Effects", *Communication Research*, Vol.3, No.1, 1976, pp.3-21.

[3] Deborah D., et al, "Psychological pain in suicidality: A meta-analysis", *The journal of clinical psychiatry*, Vol.79, No.3, 2018, pp.44-51.

第三章　大学生生态风险因素与智能手机成瘾的双向作用及机制

而个体也因此沉溺其中无法自拔造成手机成瘾。他们用虚拟世界的交往代替现实世界的交往,从手机中获得归属感和安全感,因此影响大学新生校园正常活动,对校园的情感依赖和信任感不足,降低了学校联结程度。

(二)非适应性认知的双向中介作用

学校联结通过非适应性认知的中介作用负向预测手机成瘾。发展情景理论认为人的发展与环境的影响密不可分,本质上是个体与所处环境之间变化着的交互关系①。学校作为大学生的主要活动和生存地点,其所提供的情绪和情感价值是大学生安全感的重要来源,是提升大学新生领悟社会支持的重要方式,当学校联结的程度较低时,他们会缺乏安全感,同时领悟社会支持水平也难以得到满足,从而激发动机寻找其他途径予以补偿②。手机强大的功能和便捷性的特点无疑是最佳的媒介,在其建构的虚拟世界中,大学新生能够根据偏好选择乐于交往的群体,建立和扩大个体交际圈,获得各式各样的网络社会支持以满足现实缺失,进而对现实世界失望,对手机期望度和满意度增加,产生非适应性认知③。非适应性认知指个体对网络世界所持有的错误观念和预期,它归结成两类,分别是对自我的认知扭曲和对世界的认知扭曲。前者指自我怀疑、低自我效能感和消极的自我评价,比如"我只在互联网上才有擅长的方面,我在现实中一无是处"。后者则是一种全有或全无的思维,个体可能会认为"网络是我唯一的朋友",或者"人们在现实中对我很差"④。Davis的认知—行为模型指出,非适应性认知是导致手机成瘾的近端因素(大量研

---

① Lerner R.M.(2001).*Concepts and theories of human development*.London:Psychology Press.
② Kardefelt-Winther D,"A conceptual and methodological critique of internet addiction research:Towards a model of compensatory internet use",*Computers in Human Behavior*,Vol.31,2014,pp.351-354.
③ Liu C.Y,Kuo F.Y,"A study of Internet addiction through the lens of the interpersonal theory",*CyberPsychology & Behavior*,Vol.10,No.6,2007,pp.799-804;Wang B.,et al,"The influence of loneliness on the mobile phone addiction of contemporary college students:The mediating role of online social support",*Journal of Psychology & Behavior Research*,Vol.3,No.1,2021,pp.1-8.
④ Davis R.A,"A cognitive-behavioral model of pathological Internet use",*Computers in Human Behavior*,Vol.17,No.2,2001,pp.187-195.

究证实该模型同样适用于手机成瘾)[1],非适应性认知加剧了现实中学校联结程度低的大学新生通过使用手机宣泄情绪、获得安全感和舒适感的偏好和依赖,从而产生手机成瘾行为[2]。

手机成瘾通过非适应性认知的中介作用负向预测学校联结。数字恰到好处假说(Digital Goldilocks Hypothesis)指出适度的手机使用能够增加个体信息交流和社会交往的机会,而过多使用则会取代其他适应性、有意义的社会活动[3]。手机成瘾的大学新生沉溺于手机所创造的虚拟世界之中,在这个世界里他们可以根据偏好选择愿意交往的伙伴,可以通过各类功能的应用程序获得自己所需要的社会支持和宣泄不良情绪的途径,此外还能够获得成就感的满足。这种从手机里获得的满足感、成就感和现实世界的孤独感的巨大对比大大加深他们的非适应性认知,个体会对现实世界的人和事物越来越失望,而这种情况体现在大学新生身上就会降低他们对于新同学、教师和新校园的情感联系,对学校归属感的感知程度降低,影响学校联结程度。

(三)大学新生的学校联结与智能手机成瘾

生态系统理论认为自然环境是人类发展的主要影响因素,发展中的个体会受到从直接环境系统(如家庭、同伴、学校)到间接环境系统(如社会文化、

---

[1] Liu C.Y, Kuo F.Y, "A study of Internet addiction through the lens of the interpersonal theory", *CyberPsychology & Behavior*, Vol. 10, No. 6, 2007, pp. 799-804; Wu-Ouyang Biying, " Are smartphones addictive? Examining the cognitive-behavior model of motivation, leisure boredom, extended self, and fear of missing out on possible smartphone addiction", *Telematics and Informatics*, Vol.71, 2022, Article 101834.

[2] Zhang Q., et al, "Relationship Between Maladaptive Cognition and Internet Addiction in Chinese Adolescents: Moderated Mediation Analysis of Online Motivation and Effortful Control", *International Journal of Mental Health and Addiction*, Vol.18, No.1, 2020, pp.149-159;梁晓燕:《网络社会支持对青少年心理健康的影响机制研究》,华东师范大学2008年,博士学位论文。

[3] Bruggeman H., et al, "Does the use of digital media affect psychological well-being? An empirical test among children aged 9 to 12", *Computers in Human Behavior*, Vol.101, 2019, pp.104-113; Przybylski A.K, Weinstein N, "A large-scale test of the goldilocks hypothesis: Quantifying the relations between digital-screen use and the mental well-being of adolescents", *Psychological Science*, Vol.28, No. 2, 2017, pp.204-215; Twenge J.M., et al, "Decreases in psychological well-being among American adolescents after 2012 and links to screen time during the rise of smartphone technology", *Emotion*, 18(6), 2018, pp.765-780.

社会环境)的影响,即个体嵌套在一系列的相互影响的环境系统中,说明环境因素会对个体的行为产生重要的影响[①]。对于大学生来说,学校是主要的生活学习地点,校园环境对个体的行为结果起着重要的影响作用,尤其是大学新生面对崭新的学校环境,在适应过程中会出现一些适应不良问题进而引发一些不良行为后果(例如手机成瘾)。本研究拟从学校环境的角度出发结合大学新生群体的特殊性,探讨大学新生学校联结与智能手机成瘾之间的关系,以及基于认知—行为模型,探讨非适应性认知的中介作用。

假设1:大学新生学校联结与智能手机成瘾跨时间相互预测。

假设2:大学新生学校联结与智能手机成瘾通过非适应性认知跨时间相互预测。

二、方法

(一)调查对象

参与者的数据来自"当代大学生累积生态风险因素与智能手机成瘾的双向作用机制及干预研究"项目,这是一项纵向调查,旨在研究智能手机成瘾的发展轨迹以及非适应性认知在累积生态风险和智能手机成瘾之间的双向中介作用。这项大型研究的参与者来自山东的5所大学。数据是在大学新生入学时期及一年后完成测量的。在第一次调查期间(T1),共有1575名学生(33.8%为男性)完成了问卷调查。一年后(T2),共有1511名学生(32%为男性)完成了调查。T2的所有学生也在T2完成了问卷调查,他们的数据用于后期分析。关于1511名T2学生的更详细信息如下:平均年龄为18.38岁(标准差=0.71岁,从17岁到20岁不等);833名(55.1%)为城市户籍学生。关于家庭年收入,分布如下:<2000元,62人(4.1%);2000—5000元,19人(1.3%);5001—10000元,139人(9.2%);10001—30000元,233人(15.4%);30001—50000元,334人(22.1%);50001—100000元,245人(16.2%);100001—150000元,257人(17.0%);>150000元,222人(14.7%)。

---

① Bronfenbrenner U.(1992).*Ecological systems theory*.Six theories of child development:revised formulations and current issues.

(二)程序

受新冠疫情影响,所有问卷都通过网络进行测试,学生可以使用电脑、iPad或智能手机完成测验。在调查之前,辅导员向同学们分发知情同意书,只有签署知情同意书且返回的学生才被允许参与后期的测量。该调查的程序得到了青岛科技大学道德审查委员会的批准。在数据收集过程中,所有学生要求在50分钟内完成所有测验;主试告知所有学生,测验结果对他们在学习期结束时的最终考评没有影响。在第二次调查结束时,学生们被告知他们身份的绝对匿名性以及研究的目的。所有参加调查的学生都得到了一支中性笔作为礼物。由于参与的各所大学非常关注学生的智能手机成瘾问题,测量结果将反馈给大学并为其制订相关的干预计划。

(三)研究工具

1. 学校联结

学校和学生之间的联结是通过Resnick开发的"中国版学校联结量表"来测量[①]的。量表的代表性题目有"我认为我是学校的一部分"。两个时间点学校联结量表的内部一致性系数 α 为0.88和0.87。

2. 非适应性认知

非适应性认知采用"中文版网络非适应性认知量表"进行评估[②]。该量表是基于认知—行为模型开发的,用于测量对互联网的非适应性认知。该量表在中国大学生中具有良好的信度和效度[③]。该量表由14个项目组成,其中代

---

① Resnick M.D., et al, "Protecting adolescents from harm: Findings from the National Longitudinal Study on Adolescent Health", *Journal of American Medical Association*, Vol.278, No.10, 1997, pp.823-832; Cao Q. (2019). *The relationship of school bondig, parent-child relationship and academic achievement of senior high school students: the mediating effect of psychological capital and the case intervention research* (Unpublished master dissertation). Central China Normal University.

② Liang X.Y. (2008). *A study on the effect mechanism of online social support on adolescents' mental health*. Doctoral dissertation. East China Normal University.

③ Tian Y, et al, "Associations between psychosocial factors and generalized pathological internet use in Chinese university students: A longitudinal cross-lagged analysis", *Computers in Human Behavior*, Vol.72, 2017, pp.178-188.

表性题目有"我觉得智能手机中的世界比现实世界更令人兴奋"。参与者采用1(强烈不同意)到5(强烈同意)点计分作答。量表总分代表个体的非适应性认知水平,分数越高表明对智能手机的非适应性认知水平越高。两个时间点非适应性认知量表的内部一致性系数 α 为 0.95 和 0.93。

3. 智能手机成瘾

采用"中国版智能手机成瘾"对智能手机成瘾水平进行测量[①]。该量表也是基于认知—行为模型开发的,用于测量个人的手机成瘾水平。该量表由 17 个项目组成,其中代表性题目有"花在智能手机上的时间会直接降低你的工作效率"。参与者采用1(从不)到5(总是)点计分作答。量表总分代表个体的手机成瘾水平,分数越高表示智能手机成瘾水平越高。该量表在中国大学生被试中具有良好的信度和效度[②]。量表采用 8 个项目来确定个体是否患有智能手机成瘾。更具体地说,报告"总是"患有上述 8 个项目中任何一个的个体被分为智能手机成瘾组。两个时间点的智能手机成瘾量表的内部一致性系数 α 为 0.93 和 0.95。

(四)控制变量

一项研究发现个体的性别、户籍所在地、年龄和家庭收入与智能手机成瘾相关[③],因此这些变量被作为控制变量。性别是一个二分变量(0=男性,1=女性);户籍也是一个二分变量(0=城市户籍,1=农村户籍)。此外,由于被试来自不同的高校,为排除不同高校造成的差异,笔者对不同高校的学生进行同质性检验。检验结果显示,不同学校的学生在智能手机成瘾上没有显著差异(T1 时,$r=0.01,p=0.80$;T2 时,$r=-0.02,p=0.35$)。

[①] Leung L,"Linking psychological attributes to addiction and improper use of the mobile phone among adolescents in Hong Kong", *Journal of Children and Media*, Vol.2, No.2, 2008, pp.93-113.

[②] Chen Y.M., et al, "The relationship between shyness and mobile phone dependence in middle school students: A moderated mediation model", *Psychological Development and Education*, Vol.37, No.1, 2021, pp.46-53.

[③] Sundaya O.J., et al, "The effects of smartphone addiction on learning: A meta-analysis", *Computers in Human Behavior Reports*, Vol.4, 2021, Article 100114.

(五)缺失值处理

在追踪研究过程中,被试流失是一个最为常见的问题。在本研究中有64名学生参加了T1调查,但没有在T2调查中提供他们的数据。被试流失的主要原因包括他们生病请假、无法上课和自愿退出。我们进行了一系列独立样本 t 检验,以检验参与者和非参与者之间在研究变量上是否存在差异。结果表明差异不显著,这代表数据缺失为随机缺失。此外,本研究还进行了 χ^2 检验,以探讨非参与者的性别和户籍数量是否存在差异,结果同样显示差异不显著。由于缺失数据是随机的,而且很小(4.06%小于5%,表明几乎没有影响[1]),在后续的数据分析中伴有缺失的被试数据不予使用,这在最大限度上减少不同缺失值处理方法的影响。

(六)数据分析策略

采用SPSS 22.0进行描述统计和相关分析;采用AMOS 24.0进行交叉滞后分析检验研究变量间的纵向关系及非适应性认知的中介作用。M1考察学校联结和智能手机成瘾的自回归效应,M2考察学校联结对智能手机成瘾的预测作用,M3考察智能手机成瘾对学校联结的预测作用,M4考察学校联结与智能手机成瘾的相互预测作用,M5考察非适应性认知的中介作用,M6作为比较模型。此后,使用bootstrap抽样法进一步估计间接效应的强度和显著性。越来越多的研究使用这种方法来减少关于估计效应的抽样分布形状或标准误差所需假设的统计误差[2]。采用 χ^2 (卡方)、df(自由度)、GFI(拟合优度指数)、CFI(比较拟合指数)、NFI(赋范拟合指数)和RMSEA(近似均方根误差)等指标对各模型的拟合效果进行评价。根据先前研究的建议,$\chi^2/df \leqslant 5$,GFI、CFI和NFI$\geqslant$0.95,RMSEA$\leqslant$0.05表明模型拟合良好[3]。此外,模型比较使用

---

[1] Wen Z., et al, "Preliminary work for modeling questionnaire data", *Journal of Psychological Science*, Vol.41, No.1, 2018, pp.204-210.

[2] Hayes A.F. (2018). *Introduction to mediation, moderation, and conditional process analysis: A regression-based approach* (2nd ed.). Guilford Press.

[3] Browne M.W, Cudeck R. (1993). *Alternative ways of assessing model fit.* In K.A.Bollen, & J.S. Long(Eds.), *Testing structural equation models* (pp.136-162). Newbury Park, CA: Sage.

$\triangle \chi^2 / \triangle df$,结果显著代表约束较少的模型更适合数据①。

三、结果

(一)共同方法偏差检验

采用 Harman 单因子检验对共同方法偏差进行事后的统计检验②。将不同测量时间的学校联结、非适应性认知和手机成瘾测量题目同时纳入模型后,T1 时间数据共析出 8 个特征根大于 1 的因子,第一个因子解释的变异为 30.69%;T2 时间数据共析出 7 个特征根大于 1 的因子,第一个因子解释的变异为 35.32%。T1 和 T2 时间最大公因子解释率均小于 40% 的临界值,证明无显著共同方法偏差。

(二)描述统计和相关分析

表 3-6 呈现了研究变量的平均数、标准差和相关系数。相关分析显示,性别与 T2 学校联结和 T2 非适应性认知显著正相关,与 T1 手机成瘾显著负相关。户籍所在地与 T2 非适应性认知正相关。年龄与 T1 非适应性认知显著负相关,与 T1 学校联结显著正相关。家庭年收入与 T1 学校联结显著正相关。在 T1 和 T2 时间点,学校联结均与非适应性认知和手机成瘾两两显著负相关(详见表 3-6)。

表 3-6 研究变量的平均数、标准差和相关系数

变量	1	2	3	4	5	6	7	8	9	10
1. 性别	1									
2. 户籍所在地	0.07**	1								
3. 年龄	-0.00	0.05*	1							
4. 家庭年收入	-0.09***	-0.21***	-0.07**	1						

---

① Satorra A, Bentler P.M., "A scaled difference chi-square test statistic for moment structure analysis", *Psychometrika*, Vol.66, 2001, pp.507-514.

② Podsakoff P.M, et al, "Common method biases in behavioral research: A critical review of the literature and recommended remedies", *Journal of Applied Psychology*, Vol.88, No.5, 2003, pp.879-903.

续表

变量	1	2	3	4	5	6	7	8	9	10
5. T1 学校联结	0.50	-0.03	0.06*	0.06*	1					
6. T1 非适应性认知	-0.02	0.03	-0.06*	-0.02	-0.26***	1				
7. T1 手机成瘾	-0.05*	0.03	-0.04	-0.01	-0.20***	0.72***	1			
8. T2 学校联结	0.08**	-0.02	0.02	0.05	0.40***	-0.24***	-0.21***	1		
9. T2 非适应性认知	0.05*	0.05*	-0.04	-0.00	-0.21***	0.44***	0.37***	-0.26***	1	
10. T2 手机成瘾	0.00	0.04	-0.04	-0.01	-0.15***	0.36***	0.38***	-0.26***	0.70***	1
M	—	—	18.38	5.40	39.24	37.08	40.54	38.43	36.02	38.44
SD	—	—	0.71	1.82	6.39	11.71	13.82	6.57	12.56	14.69

注：$N=1511$。变量1—4为控制变量。性别和户籍所在地为虚拟变量，0=男和城市，1=女和农村。* $p<0.05$，** $p<0.01$，*** $p<0.001$。

(三)学校联结与手机成瘾的双向关系

通过交叉滞后模型探讨学校联结与手机成瘾的跨时间关系。首先,建立学校联结与手机成瘾的基准模型来评估学校联结与手机成瘾的发展稳定性,如图3-11中的M1所示。M1拟合一般：$\chi^2(12)=66.32, p<0.001$，NFI=0.92，CFI=0.93，RMSEA=0.055。然后在M1的基础上增加学校联结对手机成瘾的交叉滞后路径考察学校联结对手机成瘾的跨时间预测作用,如图3-11中的M2所示。M2拟合较好：$\chi^2(11)=54.54, p<0.001$，NFI=0.93，CFI=0.94，RMSEA=0.051。通过模型比较发现,M2优于M1($\triangle\chi^2=5.29, \triangle df=1, p<0.01$)。以同样的方式,在M1的基础上增加手机成瘾对学校联结的交叉滞后路径考察手机成瘾对学校联结的跨时间预测作用,如图3-11中的M3所示。M3拟合较好：$\chi^2(11)=37.11, p<0.001$，NFI=0.95，CFI=0.96，RMSEA=0.040。通过模型比较发现,M3优于M1($\triangle\chi^2=5.76, \triangle df=1, p<0.01$)。最后,在M1的基础上同时增加学校联结对手机成瘾的交叉滞后路径和手机成瘾对学校联结的交叉滞后路径考察学校联结与手机成瘾的相互预测作用,如图3-11中的M4所示。M4拟合最好：$\chi^2(10)=26.63, p<0.001$，NFI=0.97，CFI=0.98，RMSEA=0.033,且M4优于M2($\triangle\chi^2=11.50, \triangle df=1, p<0.01$)和M3($\triangle\chi^2=49.87, \triangle df=1, p<0.01$)。因此M4被最终保留作为分析模型。由

第三章　大学生生态风险因素与智能手机成瘾的双向作用及机制

M4 可知,T1 学校联结能显著预测 T2 学校联结($\beta=0.37,p<0.001$),T1 手机成瘾能显著预测 T2 手机成瘾($\beta=0.37,p<0.001$);T1 学校联结能显著预测 T2 手机成瘾($\beta=-0.08,p<0.001$),T1 手机成瘾能显著预测 T2 学校联结($\beta=-0.13,p<0.05$)。

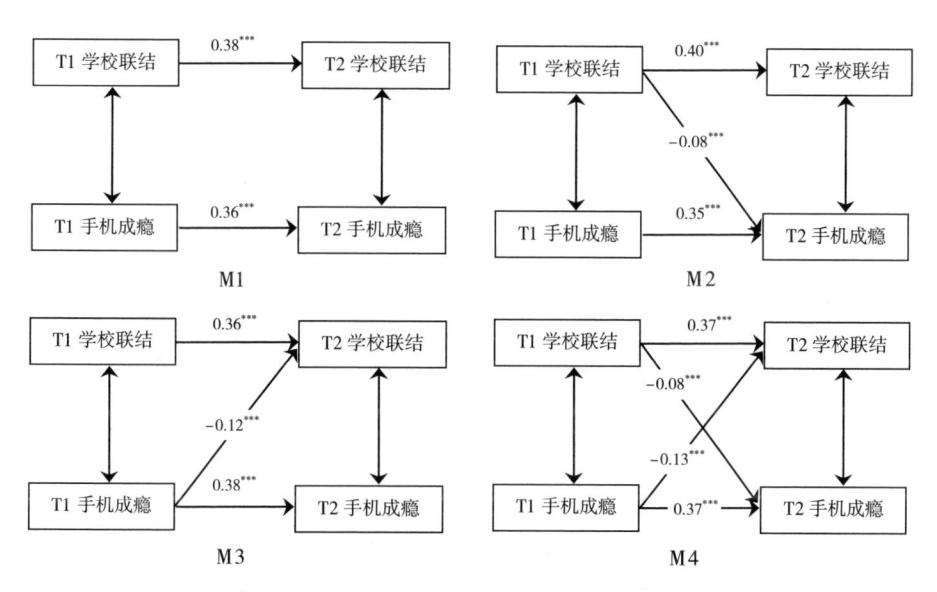

图 3-11　学校联结与手机成瘾的交叉滞后模型

（四）非适应性认知的双向中介作用

我们将 T1 非适应性认知和 T2 非适应性认知纳入模型 M4 中构建模型 M5(见图 3-12),考察 T1 非适应性认知和 T2 非适应性认知在学校联结与手机成瘾双向关系中的双向中介作用。在控制性别、年龄、户籍所在地和家庭收入效应后,模型 M5 各项指标拟合良好:$\chi^2(16)=35.20,p<0.001$,NFI=0.99,CFI=0.99,RMSEA=0.028。由于模型中 T1 学校联结到 T2 手机成瘾,T1 手机成瘾到 T2 学校联结和 T1 非适应性认知到 T2 学校联结 3 条路径不显著,删除该 3 条路径得到模型 M6,该模型拟合良好:$\chi^2(19)=45.21,p<0.001$,NFI=0.99,CFI=0.99,RMSEA=0.030。尽管两个模型之间并没有显著差异:$\triangle\chi^2/\triangle df=2.22,p=0.08$,但 M6 用更少的路径表示了学校联结、非适应性认

217

知和手机成瘾的关系,因此 M6 模型予以保留(见图 3-12)。

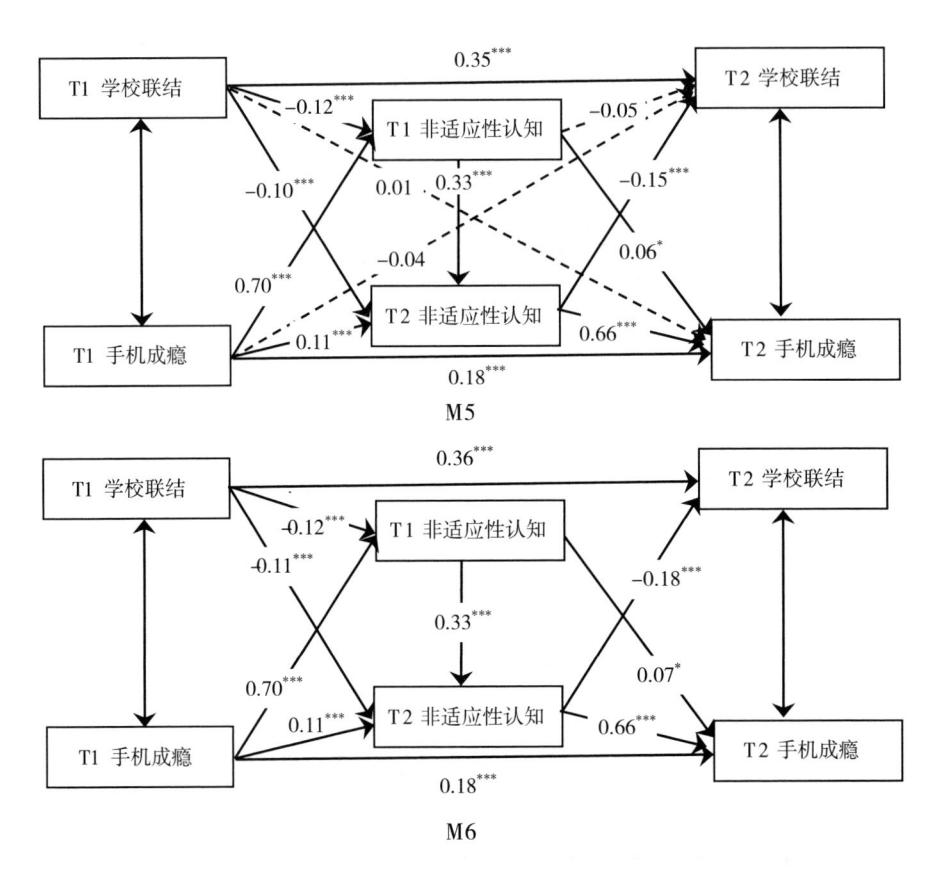

图 3-12 学校联结与手机成瘾的交叉滞后模型

注:实线代表路径显著,虚线代表路径不显著。

该模型还显示 T1 学校联结显著正向预测 T2 学校联结($\beta=0.36, p<0.001$),显著负向预测 T1 非适应性认知($\beta=-0.12, p<0.001$)和 T2 非适应性认知($\beta=-0.10, p<0.001$);T1 手机成瘾显著正向预测 T2 手机成瘾($\beta=0.18, p<0.001$)、T1 非适应性认知($\beta=0.70, p<0.001$)和 T2 非适应性认知($\beta=0.11, p<0.001$);T1 非适应性认知显著正向预测 T2 非适应性认知($\beta=0.33, p<0.001$)和手机成瘾($\beta=0.07, p<0.05$);T2 非适应性认知显著负向预测 T2 学校联结($\beta=-0.18, p<0.001$)和显著正向预测 T2 手机成瘾($\beta=0.66, p<0.001$)。T2 学校联结和手机成瘾的效应量分别为 0.19 和 0.51。

另外,该模型揭示了 10 条中介机制,对该 10 条路径进行 bootstraping 效应检验发现:(1)T1 学校联结→T1 非适应性认知→T2 非适应性认知→T2 学校联结;(2)T1 学校联结→T2 非适应性认知→T2 学校联结;(3)T1 学校联结→T1 非适应性认知→T2 手机成瘾;(4)T1 学校联结→T1 非适应性认知→T2 非适应性认知→T2 手机成瘾;(5)T1 学校联结→T2 非适应性认知→T2 手机成瘾;(6)T1 手机成瘾→T1 非适应性认知→T2 非适应性认知→T2 学校联结;(7)T1 手机成瘾→T2 非适应性认知→T2 学校联结;(8)T1 手机成瘾→T1 非适应性认知→T2 手机成瘾;(9)T1 手机成瘾→T1 非适应性认知→T2 非适应性认知→T2 手机成瘾;(10)T1 手机成瘾→T2 非适应性认知→T2 手机成瘾。所有路径置信区间均不包含 0,证明中介效应成立。

四、讨论

本书通过追踪研究设计考察大学新生学校联结与手机成瘾的双向关系及非适应性认知的中介作用。结果发现,学校联结与智能手机成瘾可以跨时间相互负向预测。另外,非适应性认知在学校联结对智能手机成瘾的影响中起中介作用,该结果拓展了认知—行为模型,为大学新生智能手机成瘾的干预提供了重要参考。

(一)学校联结与手机成瘾的双向关系

笔者发现学校联结可以负向预测一年后的手机成瘾,这与以往研究结果相一致[1]。学校联结的程度可以具体表现为同学支持、教师支持以及学校归属感三个方面,对于大学新生而言离开父母和熟悉的同学,来到一个陌生的新校园,现实的社会支持和归属感正是他们所缺少但又难以在短时间内获得满足的需要,因此他们会产生强大的动机去寻找其他途径获得满足。心理需求的网络满足补偿模型指出,个体在寻求自身需要的满足时会规划不同的方式,

---

[1] Peng W., et al, "School disconne-ctedness and adolescent Internet addiction: mediation by self-esteem and mo-deration by emotional intelligence", *Computers in Human Behavior*, Vol.98, 2019, pp.111-121.

权衡利弊之下选择最省力且效果最佳的方式[1]。手机所具有的强大社交、娱乐和服务功能以及便捷性、匿名性和逃避现实性的特点相比于现实途径更具有优势满足心理需求,因此他们会更倾向于选择使用手机去获得满足。此外,大学阶段父母和教师的监督力度减弱,大学新生处于从高考紧张压力之下到大学独立自主的过渡阶段,自我管控和自制力较弱,对于手机的使用会缺乏限制,因此当他们在手机世界中得到满足后,会逐渐沉浸其中难以自拔,发展成手机成瘾行为[2]。

笔者发现手机成瘾可以负向预测一年后的学校联结。"失补偿"假说认为,补偿可以分为建设性补偿和病理性补偿。建设性补偿是指个体的需要被其他活动所转移,且该活动能对个体的需要进行修复并促进个体的身心发展,而病理性补偿则不能修复个体的需要且阻碍个体的身心发展[3]。手机成瘾的个体大多因为过度的网络使用而远离现实世界,更多地倾向通过网络社会支持得到需要满足,但是网络社会支持具有不稳定性,无法有效地改善现实社会支持的缺乏,是一种病理性补偿。因此,手机成瘾的大学新生沉溺于手机所提供的短时补偿,难以真正改善个体的现实境遇,甚至会降低个体的现实交往能力,影响个体学校联结水平的下降。

(二)非适应性认知的双向中介作用

笔者发现学校联结通过非适应性认知的中介作用跨时间负向预测手机成瘾。Davis 的认知—行为模型指出,影响手机成瘾的因素可以分为近端因素和远端因素,远端因素通过近端因素影响成瘾行为的发生,非适应性认知是近端

---

[1] Liu C.H.,et al,"Smartphone gaming and frequent use pattern associated with smartphone addiction",*Medicine*,Vol.95,No.28,2016,pp.4068-4071.

[2] Situ Q.M.,et al,"Bidirectional association between self-control and internalizing problems among college freshmen: A cross-lagged study",*Emerging Adulthood*,9(4),2019,pp.401-407;Wang B.,et al,"The influence of loneliness on the mobile phone addiction of contemporary college students: The mediating role of online social support",*Journal of Psychology & Behavior Research*,Vol.3,No.1,2021,pp.1-8.

[3] Morgan C,Cotton S.R,"The relationship between Internet activities and depressive symptoms in a sample of college freshmen",*CyberPsychology & Behavior*,Vol.6,No.2,2004,pp.133-142.

因素中的核心变量。调查结果证明学校联结是认知—行为模型的远端因素，通过影响非适应性认知导致手机成瘾行为的发生，主要原因可以从大学新生群体的特殊性来解释，他们处于一个过渡时期，新环境下与教师和同学的交往程度较低，缺乏对学校的认同感和归属感，基本心理需要（自主需要、胜任需要、关系需要）[1]难以在现实世界中得到满足，进而转向通过手机去获得满足。手机所创造的舒适场所使得大学生认为自己适合使用网络进行社交或网络能够让自己变得更加自信，认为网络中的生活才是自己想要的生活，自己能在网络中得到更公平对待，这种扭曲的认知会进一步强化大学新生使用手机的行为，进而导致手机成瘾发生。

笔者发现手机成瘾通过非适应性认知的中介作用跨时间负向预测学校联结。根据媒介依赖理论，一个媒体所提供的特定信息传递功能的数量和中心地位越大，受众和社会对该媒介的依赖性就越大。人类主要有三种类型的需求依赖于媒介满足：一种类型的依赖是基于了解自己的社会世界的需要；另一种类型的依赖产生于在这个世界上有意义和有效的行动的需要；还有第三种类型的依赖是基于对幻想的需要（从日常问题和紧张中逃脱）。需求越大，对媒体产生的依赖性越强，媒体所提供的信息就越有可能改变受众各种形式的认知、感受和行为[2]。手机成瘾的大学新生将手机作为主要的媒介拓展交往范围，将活动主阵地放在网络以满足自己关于社交、娱乐的需要，对手机的依赖性极强，此外也深受其影响改变以往正常的认知产生非适应性认知。在这种扭曲认知的作用下，个体逐渐排斥与现实世界的人交往或去认识新的事物，将自己封闭在通过手机建构的虚拟舒适圈中，严重影响了与老师、同学的正常交往互动，难以产生对学校的归属感，降低了学校联结程度。

（三）研究不足与启示

本书通过构建交叉滞后模型，考察学校联结与手机成瘾之间的双向关系

---

[1] Deci E.L, Ryan R.M. (2000), "The 'what' and 'why' of goal pursuits: Human needs and the self-determination of behavior", *Psychological Inquiry*, Vol.11, No.4, 2000, pp.227-268.

[2] Ball-Rokeach S.J, DeFleur M.L, "A Dependency Model of Mass-Media Effects", *Communication Research*, Vol.3, No.1, 1976, pp.3-21.

以及非适应性认知的中介作用,丰富和发展了认知—行为模型,对已有研究结果进行了进一步的验证和拓展,为大学新生手机成瘾问题的学校干预提供了启示,但是也存在一定的不足:首先,测量方法是基于学生的自我报告,未来的研究应该尝试从多个信息提供者(例如教师、同伴或父母)那里收集数据,以进一步验证本研究得出的结论;其次,本研究选取的被试均为某地区大一新生,对于整个大学生群体的适用性上还需要进一步检验,未来可以扩大样本的范围;最后,研究时间跨度仅为一年,缺乏对于大学生整个大学阶段的成长变化研究,未来将扩大研究时间跨度,更深入地去揭示变量之间的因果关系。

五、结论

可以得出以下结论:

第一,大学新生学校联结与智能手机成瘾相互负向预测。

第二,大学新生学校联结与智能手机成瘾通过非适应性认知相互负向预测。

第七节 同学关系与智能手机成瘾的双向作用及机制(学校)

一、引言

中国文化背景下,同学关系是指个体对班级这一特定组织中的人际关系氛围的整体感知,即个体对心理社会环境的主观知觉[1]。同学关系一般分成四个层次,即个体特征层次、人际互动层次、关系层次和群体层次[2]。这四个层次可以代表社交复杂性的不同程度,并且这四个层次是互相影响又互相联系的,每一层次的事件都会影响或限制其他层次上事件的发生[3]。同学关系

---

[1] 江光荣:《中小学班级环境:结构与测量》,《心理科学》2004年第4期。

[2] Hinde R.A, Stevenson-Hinde J, "Interpersonal relationships and child development", *Developmental Review*, Vol.7, No.1, 1987, pp.1-21.

[3] Rubin C., et al, "Depressive affect in 'normal' adolescents: Relationship to life stress, family, and friends", *American Journal of Orthopsychiatry*, Vol.62, No.3, 1992, pp.430-441.

是大学生同伴关系非常重要的部分。研究表明,良好的同伴关系能够增加大学生社会支持,提高领悟社会支持水平[①],保护他们免受侵害,提高应对压力性事件的能力[②],然而不良的同伴关系则会增加问题行为的出现[③]。同伴关系与智能手机成瘾之间存在一定的关联,因此同学关系与智能手机成瘾之间也存在相应关联,但是大多研究的重点放在同伴关系上,对于同学关系这一更加具体的层面研究较少[④]。此外,根据 Davis 的认知—行为模型,智能手机成瘾的核心因素为非适应性认知,非适应性认知能否在同学关系与智能手机成瘾的双向关系间起中介作用需要进一步考察。因此本研究拟采用追踪研究考察同学关系与智能手机成瘾的双向关系以及非适应性认知的中介作用。

(一)同学关系与手机成瘾的双向关系

同学关系可能会导致大学新生手机成瘾问题。由于大学新生群体正处于一个过渡时期,他们刚刚从学业繁重、管理严格的高中进入时间自由、相对轻松的大学,面对环境、身份、管理方式、学习方式和生活方式的转变,不可避免会产生一些适应问题,同学关系就是其中之一。同学是大学新生接触和交往最多的人群,是他们在大学阶段获得社会支持的重要来源[⑤],社会支持的缓冲效应模型指出社会支持能够为处于不良环境中的个体提供缓解心理压力和疏

---

① 徐夫真、张文新:《青少年疏离感与病理性互联网使用的关系:家庭功能和同伴接纳的调节效应检验》,《心理学报》2011 年第 4 期。

② Rubin C., et al, "Depressive affect in 'normal' adolescents: Relationship to life stress, family, and friends", *American Journal of Orthopsychiatry*, Vol.62, No.3, 1992, pp.430-441.

③ Glaser B., et al, "The moderating role of close friends in the relationship between conduct problems and adolescent substance use", *Journal of Adolescent Health*, Vol.47, No.1, 2010, pp.35-42.

④ Wang P., et al, "Peer relationship and adolescent smartphone addiction: The mediating role of self-esteem and the moderating role of the need to belong", *Journal of Behavioral Addictions*, Vol.6, No.4, 2017, pp.708-717;王鹏程、雷雳:《同学关系糟糕手机成瘾速到》,《基础教育参考》2018 年第 11 期。

⑤ Rubin C., et al, "Depressive affect in 'normal' adolescents: Relationship to life stress, family, and friends", *American Journal of Orthopsychiatry*, Vol.62, No.3, 1992, pp.430-441;徐夫真、张文新:《青少年疏离感与病理性互联网使用的关系:家庭功能和同伴接纳的调节效应检验》,《心理学报》2011 年第 4 期。

解消极情绪的心理资源[1]。因此,能否顺利与新同学交往并建立起良好同学关系深刻影响着大学新生的健康成长。大学新生由于身份和阶段的过渡性,可能短时间内难以建立起良好的同学关系,进而导致无法获得足够的社会支持去应对新环境给他们带来的压力与不良情绪,进而难以快速适应大学生活。依恋理论指出当个体从重要他人(如同学)那里无法获得足够的社会支持时,他们会产生动机去寻找其他途径弥补在现实世界中的情感缺失[2]。手机具备的各式各样的社交、娱乐功能以及便捷性、即时性、交互性的特点,无疑为他们提供了一个舒适场所,当他们在手机所搭建的虚拟世界获得满足后,手机使用行为将得到不断强化,最终个体无法摆脱手机依赖而成瘾[3]。

手机成瘾可能会影响大学新生同学关系。手机成瘾是指个体由于对手机的过度使用且无法控制该行为而导致社会功能受损并带来心理和行为问题的成瘾行为[4]。媒介依赖理论指出,手机所提供的服务越多,受众和社会对其依赖性就越大,当个体过于依赖手机满足自身的需求时,手机使用会对个体造成消极影响[5]。手机成瘾的大学新生在面对陌生环境和同学时,由于现实交际和交往能力的匮乏,往往会出现社交焦虑甚至社交障碍等问题,因此他们更倾向于使用手机与以往的同学、朋友交流,将更多的时间和精力放在手机上,乐于待在虚拟社交的舒适圈中。然而,他们的这种应对方式很可能向同学们释

---

[1] Cobb S, "Social Support as a Moderator of Life Stress", *Psychosomatic Medicine*, Vol. 38, No. 5, 1976, pp. 300-314;任曦等:《社会支持缓解高互依自我个体的急性心理应激反应》,《心理学报》2019年第4期。

[2] Bowlby J. (1969). *Attachment and loss: Vol. 2. attachment*. New York, NY: Basic Books; Fredriksen K, Rhodes J, "The role of teacher relationship in the lives of students", *New Directions for Youth Development: Theory, Practice, Research*, Vol. 103, 2004, pp. 45-54.

[3] Situ Q.M., et al, "Bidirectional association between self-control and internalizing problems among college freshmen: A cross-lagged study", *Emerging Adulthood*, Vol. 9, No. 4, 2019, pp. 401-407; Wang B., et al, "The influence of loneliness on the mobile phone addiction of contemporary college students: The mediating role of online social support", *Journal of Psychology & Behavior Research*, Vol. 3, No. 1, 2021, pp. 1-8.

[4] 刘勤学等:《智能手机成瘾:概念、测量及影响因素》,《中国临床心理学杂志》2017年第1期。

[5] Ball-Rokeach S.J, DeFleur M.L, "A Dependency Model of Mass-Media Effects", *Communication Research*, Vol. 3, No. 1, 1976, pp. 3-21.

放出"生人勿近"的信号,树立起"高冷""不好相处"的社交形象,大大影响了同学们主动与他们交往的欲望和想法,非常不利于良好同学关系的建立。以往对于手机成瘾危害的研究大多从身体健康、人际关系、社会功能等大的维度进行论述[①],本书聚焦于大学新生人际关系中最为重要的同学群体,探讨手机成瘾对同学关系的影响。

(二)非适应性认知的双向中介作用

同学关系通过非适应性认知的中介作用负向预测手机成瘾。非适应性认知指个体对网络世界所持有的错误观念和预期,它归结成两类,分别是对自我的认知扭曲和对世界的认知扭曲。前者指自我怀疑、低自我效能感和消极的自我评价,比如"我只在互联网上才有擅长的方面,在现实中一无是处"。后者则是一种全有或全无的思维,个体可能会认为"网络是我唯一的朋友",或者"人们在现实中对我很差"[②]。Davis 的认知—行为模型指出,非适应性认知是导致手机成瘾的近端因素(大量研究证实该模型同样适用于手机成瘾[③])。研究发现不良同学关系会降低大学新生的交往能力和挫伤其交往信心,而手机所创造的虚拟空间使他们拥有根据偏好选择乐于交往的群体的权利,可以按照自己擅长和乐意的交往方式去建立和扩大交际圈,此外,网络的匿名性也降低了大学新生的社交焦虑与恐惧。在这种现实的推力和手机的拉力的作用下,大学新生可能会产生非适应性认知,更加依赖手机去寻求安全感、满足感

---

① Ghosh T., et al, "A study on smartphone addiction and its effects on sleep quality among nursing students in a municipality town of west bengal", *Journal of family medicine and primary care*, Vol.10, No.1, 2021, pp. 378-386; Nayak J.K, "Relationship among smartphone usage, addiction, academic performance and the moderating role of gender: a study of higher education students in india", *Computers & Education*, Vol.123, No.8, 2018, pp.164-173;张毅等:《大学生手机成瘾危害与控制建议》,《教育教学论坛》2018 年第 25 期。

② Davis R.A, "A cognitive-behavioral model of pathological Internet use", *Computers in Human Behavior*, Vol.17, No.2, 2001, pp.187-195.

③ Liu C.H., et al, "Smartphone gaming and frequent use pattern associated with smartphone addiction", *Medicine*, Vol. 95, No. 28, 2016, pp. 4068-4071; Wu-Ouyang Biying, "Are smartphones addictive? Examining the cognitive-behavior model of motivation, leisure boredom, extended self, and fear of missing out on possible smartphone addiction", *Telematics and Informatics*, Vol.71, 2022, Article 101834.

和成就感,最终沉迷其中而无法自拔①。

手机成瘾可能通过非适应性认知的中介作用负向预测同学关系。数字恰到好处假说(Digital Goldilocks Hypothesis)指出,适度的手机使用能够增加个体信息交流和社会交往的机会,而过多的使用则会取代其他适应性、有意义的社会活动②。由于手机不仅能够满足他们根据偏好选择愿意交往伙伴的需要,而且还可以通过提供各类功能的应用程序满足他们对于社会支持和宣泄不良情绪的需要。因此,手机成瘾的大学新生对于手机世界与现实世界以及个体在两个世界中的处境都有着明确的喜恶和认知,他们将自己活动主场定位在虚拟世界之中,沉溺于手机所带给他们的快乐感、成就感、意义感的满足,由此非适应性认知产生并逐渐加深。在这种非适应性认知的影响下,个体对于现实同学的交往信心和交际能力逐渐降低,越来越厌恶甚至拒绝参与现实生活中有意义的同学互动活动,一定程度上放弃了与同学主动交往的机会;此外,手机成瘾的大学新生所表现出的行为状态也打消了其他同学主动与其交往的想法,失去被动建立和缓和同学关系的机会。因此,无论是在主动还是被动的层面上同学关系都受到严重影响。

(三)大学新生的同学关系与智能手机成瘾

由于大学新生群体正处于一个过渡时期,他们刚刚从学业繁重、管理严格的高中进入时间自由、相对轻松的大学,面对环境、身份、管理方式、学习方式和生活方式的转变,不可避免会产生一些适应问题使手机成瘾的风险大大提高,例如:面对陌生的同学,他们难以在现实中建立起积极的同学关系,因此现

---

① 梁晓燕:《网络社会支持对青少年心理健康的影响机制研究》,华东师范大学 2008 年,博士学位论文;王子伟:《压力对大学生手机依赖的影响:心理需要满足和积极结果预期的中介作用》,上海师范大学 2019 年,硕士学位论文。

② Bruggeman H.,et al,"Does the use of digital media affect psychological well-being? An empirical test among children aged 9 to 12", *Computers in Human Behavior*, Vol.101, 2019, pp.104–113; Przybylski A.K, Weinstein N, "A large-scale test of the goldilocks hypothesis: Quantifying the relations between digital-screen use and the mental well-being of adolescents", *Psychological Science*, Vol.28, No.2, 2017, pp.204–215; Twenge J.M., et al, "Decreases in psychological well-being among American adolescents after 2012 and links to screen time during the rise of smartphone technology", *Emotion*, 18(6), 2018, pp.765–780.

第三章　大学生生态风险因素与智能手机成瘾的双向作用及机制

实交际的低欲望使他们更倾向于通过手机联系和维持旧关系,再加上时间管理混乱、自我监控能力缺乏以及外在监管的骤然减少放纵了个体手机使用行为和压力减轻、目标迷茫所衍生的无聊倾向以及补偿享受心理的作用,强化了大学新生手机使用的频率、时间和强度,更容易出现手机成瘾问题。因此,研究大学新生同学关系与智能手机成瘾的关系及作用机制具有十分重要的意义①。

假设1:大学新生同学关系与智能手机成瘾跨时间相互预测。

假设2:大学新生同学关系与智能手机成瘾通过非适应性认知跨时间相互预测。

二、方法

(一)调查对象

参与者的数据来自"当代大学生累积生态风险因素与智能手机成瘾的双向作用机制及干预研究"项目,这是一项纵向调查,旨在研究智能手机成瘾的发展轨迹以及非适应性认知在累积生态风险和智能手机成瘾之间的双向中介作用。这项大型研究的参与者来自山东的5所大学。数据是在大学新生入学时期及一年后完成测量的。在第一次调查期间(T1),共有1575名学生(33.8%为男性)完成了问卷调查。一年后(T2),共有1511名学生(32%为男性)完成了调查。T2的所有学生也在T2完成了问卷调查,他们的数据用于后期分析。关于1511名T2学生的更详细信息如下:平均年龄为18.38岁(标准差=0.71岁,从17岁到20岁不等);833名(55.1%)为城市户籍学生。关于家庭年收入,分布如下:<2000元,62人(4.1%);2000—5000元,19人(1.3%);5001—10000元,139人(9.2%);10001—30000元,233人(15.4%);30001—50000元,334人(22.1%);50001—100000元,245人(16.2%);

---

① Yan S.Q.,"A study on the relationship between college students' boredom tendency and attribution style as well as achievement motivation",*International Journal of Higher Education*,Vol.5,No.3,2016,pp.117-120;梁晓燕等:《大学新生时间管理倾向、手机依赖与无聊倾向的关系:一项交叉滞后研究》,《心理科学》2022年第5期;张晓州、彭婷:《大学新生正念对手机成瘾倾向的影响:社交焦虑的中介作用》,《中国健康心理学杂志》2023年第5期。

100001—150000 元,257 人(17.0%);>150000 元,222 人(14.7%)。

(二)程序

受新冠疫情影响,所有问卷都通过网络进行测试,学生可以使用电脑、iPad 或智能手机完成测验。在调查之前,辅导员向同学们分发知情同意书,只有签署知情同意书且返回的学生才被允许参与后期的测量。该调查的程序得到了青岛科技大学道德审查委员会的批准。在数据收集过程中,所有学生要求在 50 分钟内完成所有测验;主试告知所有学生,测验结果对他们在学习期结束时的最终考评没有影响。在第二次调查结束时,学生们被告知他们身份的绝对匿名性以及研究的目的。所有参加调查的学生都得到了一支中性笔作为礼物。由于参与的各所大学非常关注学生的智能手机成瘾问题,测量结果将反馈给大学并为其制订相关的干预计划。

(三)研究工具

1. 同学关系

同学之间的关系是通过 Parker 和 Asher 开发的"中国版学生—学生关系量表"来测量的[1]。量表的代表性题目有"当我遇到不愉快的事情时,我会告诉他或她"。两个时间点学生关系量表的内部一致性系数 α 为 0.91 和 0.93。

2. 非适应性认知

非适应性认知采用"中文版网络非适应性认知量表"进行评估[2]。该量表是基于认知—行为模型开发的,用于测量对互联网的非适应性认知。该量表在中国大学生被试中具有良好的信度和效度[3]。该量表由 14 个项目组成,其

---

[1] Parker J.G, Asher S.R, "Friendship and friendship quality in middle childhood: Links with peer group acceptance and feelings of loneliness and social dissatisfaction", *Developmental Psychology*, Vol.29, No.4, 1993, pp.611-621; Zhou Z.K., et al, "The test of the mediator variable between peer relationship and loneliness in middle childhood", *Acta psychologica sinica*, Vol.37, No.6, 2005, pp.776-783.

[2] Liang X.Y. (2008). *A study on the effect mechanism of online social support on adolescents' mental health*. Doctoral dissertation. East China Normal University.

[3] Tian Y, et al, "Associations between psychosocial factors and generalized pathological internet use in Chinese university students: A longitudinal cross-lagged analysis", *Computers in Human Behavior*, Vol.72, 2017, pp.178-188.

中代表性题目有"我觉得智能手机中的世界比现实世界更令人兴奋"。参与者采用1(强烈不同意)到5(强烈同意)点计分作答。量表总分代表个体的非适应性认知水平,分数越高表明对智能手机的非适应性认知水平越高。两个时间点非适应性认知量表的内部一致性系数α为0.95和0.93。

3. 智能手机成瘾

采用"中国版智能手机成瘾"对智能手机成瘾水平进行测量[①]。该量表也是基于认知—行为模型开发的,用于测量个人的手机成瘾水平。该量表由17个项目组成,其中代表性题目有"花在智能手机上的时间会直接降低你的工作效率"。参与者采用1(从不)到5(总是)点计分作答。量表总分代表个体的手机成瘾水平,分数越高表示智能手机成瘾水平越高。该量表在中国大学生被试中具有良好的信度和效度[②]。量表采用8个项目来确定个体是否患有智能手机成瘾。更具体地说,报告"总是"患有上述8个项目中任何一个的个体被分为智能手机成瘾组。两个时间点的智能手机成瘾量表的内部一致性系数α为0.93和0.95。

(四)控制变量

一项研究发现个体的性别、户籍所在地、年龄和家庭收入与智能手机成瘾相关[③],因此这些变量被作为控制变量。性别是一个二分变量(0=男性,1=女性);户籍也是一个二分变量(0=城市户籍,1=农村户籍)。此外,由于被试来自不同的高校,为排除不同高校造成的差异,本研究对不同高校的学生进行同质性检验。检验结果显示,不同学校的学生在智能手机成瘾上没有显著差异(T1 时,$r=0.01, p=0.80$;T2 时,$r=-0.02, p=0.35$)。

[①] Leung L, "Linking psychological attributes to addiction and improper use of the mobile phone among adolescents in Hong Kong", *Journal of Children and Media*, Vol.2, No.2, 2008, pp.93-113.

[②] Chen Y.M., et al, "The relationship between shyness and mobile phone dependence in middle school students: A moderated mediation model", *Psychological Development and Education*, Vol.37, No.1, 2021, pp.46-53.

[③] Sundaya O.J., et al, "The effects of smartphone addiction on learning: A meta-analysis", *Computers in Human Behavior Reports*, Vol.4, 2021, Article 100114.

(五)缺失值处理

在追踪研究过程中,被试流失是一个最为常见的问题。在本研究中有64名学生参加了T1调查,但没有在T2调查中提供他们的数据。被试流失的主要原因包括他们生病请假、无法上课和自愿退出。我们进行了一系列独立样本 t 检验,以检验参与者和非参与者之间在研究变量上是否存在差异。结果表明差异不显著,这代表数据缺失为随机缺失。此外,本研究还进行了 χ^2 检验,以探讨非参与者的性别和户籍数量是否存在差异,结果同样显示差异不显著。由于缺失数据是随机的,而且很小(4.06%小于5%,表明几乎没有影响[1]),在后续的数据分析中伴有缺失的被试数据不予使用,这在最大限度上减少不同缺失值处理方法的影响。

(六)数据分析策略

采用SPSS 22.0进行描述统计和相关分析;采用AMOS 24.0进行交叉滞后分析检验研究变量间的纵向关系及非适应性认知的中介作用。M1考察同学关系和智能手机成瘾的自回归效应,M2考察同学关系对智能手机成瘾的预测作用,M3考察智能手机成瘾对同学关系的预测作用,M4考察同学关系与智能手机成瘾的相互预测作用,M5考察非适应性认知的中介作用,M6作为比较模型。此后,使用bootstrap抽样法进一步估计间接效应的强度和显著性。越来越多的研究使用这种方法来减少关于估计效应的抽样分布形状或标准误差所需假设的统计误差[2]。采用 χ^2(卡方)、df(自由度)、GFI(拟合优度指数)、CFI(比较拟合指数)、NFI(赋范拟合指数)和RMSEA(近似均方根误差)等指标对各模型的拟合效果进行评价。根据先前研究的建议,$\chi^2/df \leq 5$,GFI、CFI和NFI ≥ 0.95,RMSEA ≤ 0.05 表明模型拟合良好[3]。此外,模型比较使用

---

[1] Wen Z., et al, "Preliminary work for modeling questionnaire data", *Journal of Psychological Science*, Vol.41, No.1, 2018, pp.204–210.

[2] Hayes A.F. (2018). *Introduction to mediation, moderation, and conditional process analysis: A regression-based approach* (2nd ed.). Guilford Press.

[3] Browne M.W, Cudeck R. (1993). *Alternative ways of assessing model fit*. In K.A.Bollen, & J.S. Long (Eds.), *Testing structural equation models* (pp.136–162). Newbury Park, CA: Sage.

$\triangle\chi^2/\triangle df$,结果显著代表约束较少的模型更适合数据①。

三、结果

(一)共同方法偏差检验

采用 Harman 单因子检验对共同方法偏差进行事后的统计检验②。将不同测量时间的同学关系、非适应性认知和手机成瘾测量题目同时纳入模型后,T1 时间数据共析出 8 个特征根大于 1 的因子,第一个因子解释的变异为 26.36%;T2 时间数据共析出 8 个特征根大于 1 的因子,第一个因子解释的变异为 29.71%。T1 和 T2 时间最大公因子解释率均小于40%的临界值,证明无显著共同方法偏差。

(二)描述统计和相关分析

表 3-7 呈现了研究变量的平均数、标准差和相关系数。相关分析显示,性别与 T1 同学关系、T2 同学关系和 T2 非适应性认知显著正相关,与 T1 手机成瘾显著负相关。户籍所在地与 T2 非适应性认知正相关。年龄与 T1 非适应性认知显著负相关。家庭年收入与 T1 同学关系 T2 同学关系显著正相关。在 T1 和 T2 时间点,同学关系均与非适应性认知和手机成瘾两两显著负相关,非适应性认知和手机成瘾两两正相关(详见表 3-7)。

表 3-7 研究变量的平均数、标准差和相关系数

变量	1	2	3	4	5	6	7	8	9	10
1.性别	1									
2.户籍所在地	0.07**	1								
3.年龄	-0.00	0.05*	1							

---

① Satorra A,Bentler P.M,"A scaled difference chi-square test statistic for moment structure analysis",*Psychometrika*,Vol.66,2001,pp.507-514.

② Podsakoff P.M,et al,"Common method biases in behavioral research:A critical review of the literature and recommended remedies",*Journal of Applied Psychology*,Vol.88,No.5,2003,pp.879-903.

续表

变量	1	2	3	4	5	6	7	8	9	10
4. 家庭年收入	-0.09***	-0.21***	-0.07**	1						
5. T1 同学关系	0.23***	-0.03	-0.03	0.08***	1					
6. T1 非适应性认知	-0.02	0.03	-0.06*	-0.02	-0.17***	1				
7. T1 手机成瘾	-0.05*	0.03	-0.04	-0.01	-0.18***	0.72***	1			
8. T2 同学关系	0.24***	-0.05	-0.00	0.08***	0.42***	-0.10***	-0.11***	1		
9. T2 非适应性认知	0.05*	0.05*	-0.04	-0.03	-0.11***	0.44***	0.37***	-0.13***	1	
10. T2 手机成瘾	0.00	0.04	-0.04	-0.01	-0.13***	0.36***	0.38***	-0.14***	0.70***	1
M	—	—	18.38	5.40	74.73	37.08	40.54	73.76	36.02	38.44
SD	—	—	0.71	1.82	11.08	11.71	13.82	12.12	12.56	14.69

注:$N=1511$。变量1—4为控制变量。性别和户籍所在地为虚拟变量,0=男和城市,1=女和农村。* $p<0.05$,** $p<0.01$,*** $p<0.001$。

(三)同学关系与手机成瘾的双向关系

通过交叉滞后模型探讨同学关系与手机成瘾的跨时间关系。首先,建立同学关系与手机成瘾的基准模型来评估同学关系与手机成瘾的发展稳定性,如图3-13中的M1所示。M1拟合一般:$\chi^2(12)=47.36, p<0.001, NFI=0.94, CFI=0.96, RMSEA=0.044$。然后在M1的基础上增加同学关系对手机成瘾的交叉滞后路径考察同学关系对手机成瘾的跨时间预测作用,如图3-13中的M2所示。M2拟合较好:$\chi^2(11)=39.27, p<0.001, NFI=0.95, CFI=0.97, RMSEA=0.41$。通过模型比较发现,M2优于M1($\triangle\chi^2=5.29, \triangle df=1, p<0.01$)。以同样的方式,在M1的基础上增加手机成瘾对同学关系的交叉滞后路径考察手机成瘾对同学关系的跨时间预测作用,如图3-13中的M3所示。M3拟合较好:$\chi^2(11)=45.43, p<0.001, NFI=0.95, CFI=0.96, RMSEA=0.46$。通过模型比较发现,M3优于M1($\triangle\chi^2=5.76, \triangle df=1, p<0.01$)。最后,在M1的基础上同时增加同学关系对手机成瘾的交叉滞后路径和手机成瘾对同学关系的交叉滞后路径考察同学关系与手机成瘾的相互预测作用,如图3-13中的M4所示。M4拟合最好:$\chi^2(10)=37.45, p<0.001, NFI=0.96$,

第三章 大学生生态风险因素与智能手机成瘾的双向作用及机制

CFI=0.98,RMSEA=0.043,且 M4 优于 M2($\triangle \chi^2$=11.50,$\triangle df$=1,p<0.01)和 M3($\triangle \chi^2$=49.87,$\triangle df$=1,p<0.01)。因此 M4 被最终保留作为分析模型。由 M4 可知,T1 同学关系能显著预测 T2 同学关系(β=0.42,p<0.001),T1 手机成瘾能显著预测 T2 手机成瘾(β=0.37,p<0.001);T1 同学关系能显著预测 T2 手机成瘾(β=-0.07,p<0.01),T1 手机成瘾能显著预测 T2 同学关系(β=-0.03,p=0.18)。

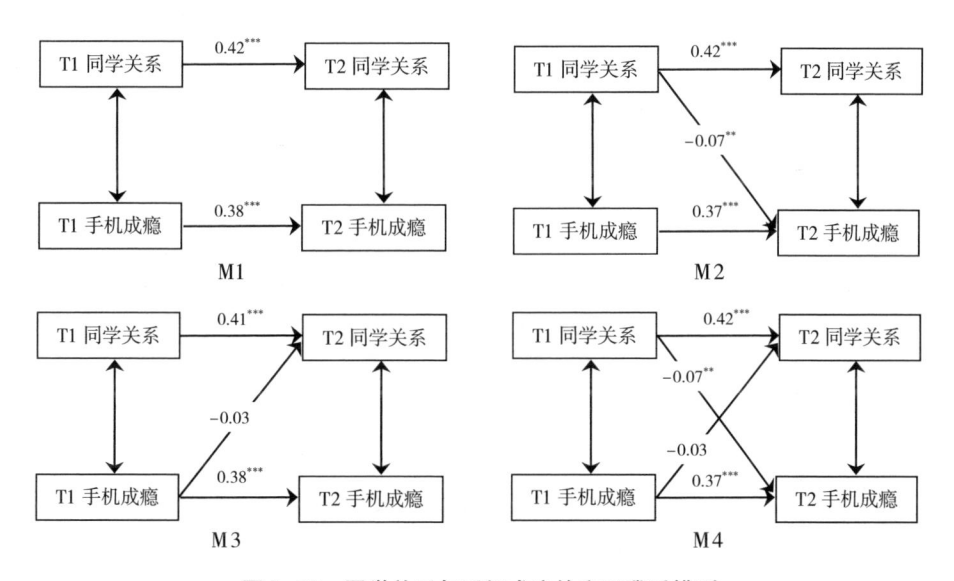

图 3-13 同学关系与手机成瘾的交叉滞后模型

(四)非适应性认知的双向中介作用

我们将 T1 非适应性认知和 T2 非适应性认知纳入模型 M4 中构建模型 M5(见图 3-14),考察 T1 非适应性认知和 T2 非适应性认知在同学关系与手机成瘾双向关系中的双向中介作用。在控制性别、年龄、户籍所在地和家庭收入效应后,模型 M5 各项指标拟合良好:$\chi^2(16)$=44.91,p<0.001,NFI=0.99,CFI=0.99,RMSEA=0.035。由于模型中 T1 同学关系到 T2 手机成瘾,T1 手机成瘾到 T2 同学关系和 T1 非适应性认知到 T2 同学关系 3 条路径不显著,删除该 3 条路径得到模型 M6,该模型拟合良好:$\chi^2(19)$=49.70,p<0.001,NFI=0.98,CFI=0.99,RMSEA=0.031。尽管两个模型之间并没有显著差异:

$\triangle\chi^2/\triangle df=2.22, p=0.08$，但简洁模型的 χ^2/df 和 RMSEA 进一步减小，模型得到改善，因此简洁模型予以保留（见图 3-14）。

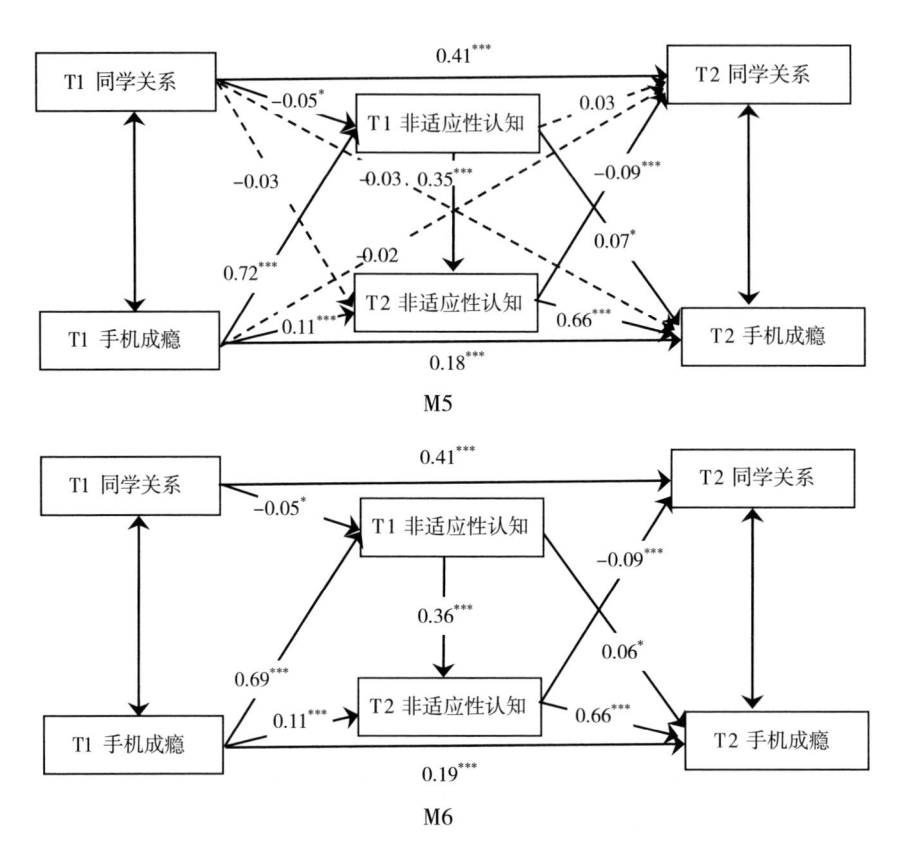

图 3-14 同学关系与手机成瘾的交叉滞后模型

注：实线代表路径显著，虚线代表路径不显著。

该模型还显示 T1 同学关系显著正向预测 T2 同学关系（$\beta=0.41, p<0.001$），显著负向预测 T1 非适应性认知（$\beta=-0.05, p<0.05$）；T1 手机成瘾显著正向预测 T2 手机成瘾（$\beta=0.19, p<0.001$）、T1 非适应性认知（$\beta=0.69, p<0.001$）和 T2 非适应性认知（$\beta=0.11, p<0.001$）；T1 非适应性认知显著正向预测 T2 非适应性认知（$\beta=0.36, p<0.001$）和手机成瘾（$\beta=0.06, p<0.05$）；T2 非适应性认知显著负向预测 T2 同学关系（$\beta=-0.09, p<0.001$）和显著正向预测 T2 手机成瘾（$\beta=0.66, p<0.001$）。T2 同学关系和手机成瘾的效应量分别为 0.18 和 0.51。

第三章 大学生生态风险因素与智能手机成瘾的双向作用及机制

另外,该模型揭示了8条中介机制,对该8条路径进行bootstraping效应检验发现:(1)T1同学关系→T1非适应性认知→T2非适应性认知→T2同学关系;(2)T1同学关系→T1非适应性认知→T2手机成瘾;(3)T1同学关系→T1非适应性认知→T2非适应性认知→T2手机成瘾;(4)T1手机成瘾→T1非适应性认知→T2非适应性认知→T2同学关系;(5)T1手机成瘾→T2非适应性认知→T2同学关系;(6)T1手机成瘾→T1非适应性认知→T2手机成瘾;(7)T1手机成瘾→T1非适应性认知→T2非适应性认知→T2手机成瘾;(8)T1手机成瘾→T2非适应性认知→T2手机成瘾。所有路径置信区间均不包含0,证明中介效应成立。

四、讨论

(一)同学关系与手机成瘾的双向关系

研究发现,同学关系能够跨时间负向预测手机成瘾。这说明了消极同学关系对大学新生的影响具有长时效应,会对大学新生未来发展造成不良影响。关怀理论(The Theory of Caring)指出,关怀与被关怀都是人的基本需要[①]。在陌生校园环境中,同学群体是大学新生获得关怀的重要来源,因此不良同学关系会导致他们难以得到关怀满足,进而寻找其他途径补偿需要。使用满足理论指出,手机能够满足个体被关怀的需要,使个体得到快乐体验,当他们因这份满足沉迷其中并无法自拔时会造成手机成瘾[②]。此外,大学相比于高中,父母和教师的监督相对较少,加上个体自我享受补偿心理的作用,使得手机使用行为得到强化和放纵,最终沉迷手机而成瘾。

调查发现,手机成瘾能负向预测一年后的同学关系。这一结果印证了数

---

① Noddings N,"Happiness and education",*Journal of Philosophy of Education*,Vol.2,No.1,2010,pp.17-29.

② Chiu S.I,"The relationship between life stress and smartphone addiction on taiwanese university student:A mediation model of learning self-efficacy and social self-efficacy",*Computers in Human Behavior*,Vol.34,2014,pp.49-57;Linnhoff S,Smith K.T,"An examination of mobile app usage and the user's life satisfaction",*Journal of Strategic Marketing*,Vol.25,No.7,2016,pp.581-617;Parker B.J,Plank R.E,"A uses and gratifications perspective on the Internet as a new information source",*Latin American Business Review*,Vol.18,No.2,2000,pp.43-49.

字恰到好处假说,说明了手机成瘾不利于大学新生的长远发展,不利于大学新生新同学关系的建立。"失补偿"假说认为,补偿可以分为建设性补偿和病理性补偿。建设性补偿是指个体的需要被其他活动所转移,且该活动能对个体的需要进行修复并促进个体的身心发展,而病理性补偿则不能修复个体的需要且阻碍个体的身心发展[1]。虽然手机的社交娱乐功能能够一定程度上缓解和分散大学新生初入陌生环境所产生的孤独和恐惧心理,替代满足现实生活中难以获得的安全感、获得感和成就感,但是这种补偿并不能起到真正的长时效用,是一种病理性补偿,而且还会损伤个体的交往能力、降低交往欲望,使得大学新生难以与新同学建立起良好同学关系[2]。

(二)非适应性认知的双向中介作用

笔者发现同学关系能够通过非适应性认知跨时间负向预测手机成瘾。Davis 的认知—行为模型认为非适应性认知和社会孤立或缺少社会支持是致使手机成瘾的近端因素,而精神病理学因素(如抑郁、社会焦虑等)则是远端因素,远端因素会通过近端因素导致手机成瘾[3]。大学新生进入陌生的校园,不可避免会遇到很多适应不良问题,由此产生消极情绪,这种消极情绪如果没有有效方式进行疏解会导致抑郁、焦虑等精神病理学问题,在体会到手机各种强大功能能够帮助他们扩大交际范围,满足个体自我效能感,获得满足后,非适应性认知就会产生并加深,引起手机成瘾问题[4]。

笔者同样也发现手机成瘾能够通过非适应性认知跨时间负向预测同学关系。研究结果显示,手机成瘾对于大学新生的认知和行为具有长久的不良影响,危害具有持续性。"富者愈富"模型认为善于交际的人会乐于运用交往结

---

[1] Morgan C, Cotton S.R, "The relationship between Internet activities and depressive symptoms in a sample of college freshmen", *CyberPsychology & Behavior*, Vol.6, No.2, 2004, pp.133-142.

[2] Tan K.A, "The effects of personal susceptibility and social support on internet addiction: An application of Adler's theory of individual psychology", *International Journal of Mental Health and Addiction*, Vol.17, 2018, pp.806-816.

[3] Davis R.A, "A cognitive-behavioral model of pathological Internet use", *Computers in Human Behavior*, Vol.17, No.2, 2001, pp.187-195.

[4] 洪晴滢、张芳华:《压力与中学生网络游戏成瘾:非适应性认知的中介作用》,《校园心理》2023 年第 1 期。

交更多的朋友,而缺乏朋友的人会因为不善交际而更加孤独[①]。手机成瘾的大学新生认为手机所创造的世界更加美好,自己只有在这个世界中才能够实现自己的价值、获得自我效能感[②],因此在这种非适应性认知的作用下,他们将自己的交往重心放在虚拟世界之中,依赖于手机媒介去结交和维持交际圈,然而现实的交往能力和技巧相对缺乏,不善于与新同学相处,进而导致同学关系的恶化和难以维持。

(三)研究意义与局限

本研究通过构建交叉滞后模型,探究了同学关系与手机成瘾之间的双向关系以及非适应性认知的中介作用,为大学新生手机成瘾问题的学校干预提供了启示。第一,建立积极同学关系。同学关系对于大学生的影响非常重要,具有长时效应。第二,改变非适应性认知。引导学生树立正确的手机使用观念,把目光转移到现实交往之中。第三,关注手机成瘾大学生的身心健康。及时引导成瘾大学新生走入现实生活中感受幸福,帮助他们摆脱手机成瘾枷锁。本研究也存在一些样本和时间上的局限:研究选取的被试者均是来自山东5所高校的大一新生,而手机成瘾的发生率存在较大的年级和地区差异,未来研究可以扩大样本范围对于研究结论进一步验证。此外,本研究只对大一新生进行了两次追踪调查,时间跨度仅为一年,未来研究可以将时间扩大到整个大学阶段,更深入地去揭示同学关系与手机成瘾之间的关系。

五、结论

(1)大学新生同学关系与手机成瘾相互负向预测。

(2)大学新生非适应性认知在同学关系与手机成瘾之间起双向中介作用。

[①] Elhai J. D., et al, "Non-social features of smartphone use are most related to depression, anxiety and problematic smartphone use", *Computers in Human Behavior*, Vol. 69, No. 4, 2017, pp. 75-82.

[②] 张兴旭等:《亲子、同伴、师生关系与青少年主观幸福感关系的研究》,《心理发展与教育》2019年第4期。

第八节 同伴侵害与智能手机成瘾的双向作用及机制(同伴)

一、引言

同伴侵害(Peer Victimization)具体来说是指个体遭受到来自同伴的身体、言语、财物、人际关系等方面攻击经历[1]。根据侵害的形式不同,可以分为身体侵害、言语侵害和关系侵害三种形式[2]。同伴侵害不仅仅发生在青少年群体,同样也可能发生在大学生群体,尤其是大学新生。这一现象发生的主要原因是大学生群体处于一个过渡的阶段,在这个阶段他们所处的生活和学习环境都发生了重大改变,被监督和保护的力度也大大降低,来自不同地区、不同文化的个体聚集在一起,再加上个体性格的差异,容易导致矛盾冲突增多,发生同伴侵害现象。同伴侵害对于个体的身心发展有着重大的损害,不仅会破坏个体的社会性发展,影响个体的环境、情绪、行为等各方面的适应能力[3],影响个体的学业成绩使得遭受侵害的青少年成绩下降、无法专心投入学习中去,甚至还会引起严重的问题行为[4]。众多研究表明了同伴侵害是网络成瘾的重要预测因素[5]。现在手机几乎是大学新生的标配,手机成瘾现象在大学新生中屡见不鲜,而且手机成瘾与网络成瘾有着相同的作用机制,因此探究同伴侵害对智能手机成瘾的影响及作用机制更加具有针对性。

---

[1] Mynard H, Joseph S, "Development of the multidimensional peer-victimization scale", *Aggressive Behavior*, Vol.26, No.2, pp.169-178.

[2] Crick N.R, Bigbee M.A, "Relational and overt forms of peer victimization: a multiinformant approach", *Journal of Consulting and Clinical Psychology*, Vol.66, No.2, 1998, pp.337-347.

[3] Dempsey A.G, Storch E.A, "Relational victimization: The association between recalled adolescent social experiences and emotional adjustment in early adulthood", *Psychology in the Schools*, Vol.45, No.4, 2008, pp.310-322.

[4] Totura C.M.W., et al, "Psychological Distress and Student Engagement as Mediators of the Relationship between Peer Victimization and Achievement in Middle School Youth", *Journal of Youth and Adolescence*, Vol.43, No.1, pp.40-52.

[5] Jia J., et al, "Peer victimization and adolescent Internet addiction: The mediating role of psychological security and the moderating role of teacher-student relationships", *Computers in Human Behavior*, Vol.85, 2018, pp.116-124.

第三章　大学生生态风险因素与智能手机成瘾的双向作用及机制

（一）同伴侵害与手机成瘾的双向关系

同伴侵害可能会导致大学新生手机成瘾问题。生态系统理论指出个体是在一系列互相影响和作用的环境系统中不断发展的,环境与个体本身的相互作用促进了个体的发展[①]。大学新生进入大学寄宿于学校,主要的交往人群之一就是同伴,同伴关系的好坏会对他们的身心发展和行为选择带来重要影响。同伴侵害是一种消极的同伴群际关系,压力应对理论(stress response theory)指出,当个体在面对类似同伴侵害这种风险压力情境时,会产生大量焦虑、抑郁等消极情绪,进而更可能采用其他应对方式来排解消极情绪或逃避压力情境[②]。手机具有的强大的娱乐、社交等功能为遭受同伴侵害的大学生提供了一个可以寻求精神慰藉的舒适场所,在这个虚拟世界他们可以根据自己的喜好去选择乐于交往的对象从而获得社会支持,也可以选择去从事能够胜任的工作从而获得成就感,还可以通过游戏视频等去发泄来转移注意力从而获得快乐,久而久之这种逃避现实的行为会愈发加重,大学新生沉溺于手机最终成瘾无法自拔。

先前研究大多考察了同伴侵害对于智能手机成瘾的影响,对于手机成瘾对同伴侵害的反作用研究较少。根据数字恰到好处假说(Digital Goldilocks Hypothesis),适度的手机使用能够增加个体信息交流和社会交往的机会,而过多的使用则会取代其他适应性、有意义的社会活动[③],手机成瘾的大学新生将

[①] Bronfenbrenner U, Morris P.A.(1998). *The ecology of developmental processes*. In W.Damon & R.M.Lerner(Eds.), *Handbook of child psychology*(5th ed., Vol.1, pp.993-1028). New York, NY: Wiley.

[②] Sullivan T.N., et al, "Peer victimization in early adolescence: association between physical and relational victimization and drug use, aggression, and delinquent behaviors among urban middle school students", *Development and Psychopathology*, Vol.18, No.1, 2006, pp.119-137; Kliewe W., et al, "Physiological correlates of peer victimization and aggression in African American urban adolescents", *Development and Psychopathology*, Vol.24, No.2, 2012, pp.637-650.

[③] BruggemanH., et al, "Does the use of digital media affect psychological well-being? An empirical test among children aged 9 to 12", *Computers in Human Behavior*, Vol.101, 2019, pp.104-113; PrzybylskiA.K, WeinsteinN, "A large-scale test of the goldilocks hypothesis: Quantifying the relations between digital-screen use and the mental well-being of adolescents", *Psychological Science*, Vol.28, No.2, 2017, pp.204-215; TwengeJ.M., et al, "Decreases in psychological well-being among American adolescents after 2012 and links to screen time during the rise of smartphone technology", *Emotion*, 18(6), 2018, pp.765-780.

交往的地点定位在虚拟世界,交往媒介依赖于手机,将主要的时间和精力都花费在维持网络关系上,忽视甚至舍弃了现实世界中与新同学和朋友的交往,现实交往能力和交往素质都受到不同程度的影响。在这种情况下大学新生会难以建立良好的同伴关系,可能会因格格不入造成同伴疏远甚至激化同伴之间的矛盾,导致遭受同伴侵害。此外,网络的匿名性、便捷性也为线上的同伴侵害行为提供了一个途径,使得同伴侵害行为更容易发生。

(二)非适应性认知的双向中介作用

Davis 的认知—行为模型指出,非适应性认知和社会孤立/或缺少社会支持是造成手机成瘾的近端要素,精神病理学因素(例如抑郁、焦虑等)则是远端因素,远端因素通过近端因素作用于手机成瘾[1]。众多研究表明同伴侵害对于个体的身心发展有着不良影响,会导致焦虑抑郁情绪的产生[2],因此本研究基于以上理论和研究结果猜测同伴侵害也是影响手机成瘾的远端因素,通过非适应性认知的中介作用负向预测手机成瘾。非适应性认知指个体对网络世界所持有的错误观念和预期,它归结成两类,分别是对自我的认知扭曲和对世界的认知扭曲。前者指自我怀疑、低自我效能感和消极的自我评价,比如"我只在互联网上才有擅长的方面,在现实中一无是处"。后者则是一种全有或全无的思维,个体可能会认为"网络是我唯一的朋友",或者"人们在现实中对我很差"。遭受同伴侵害的大学新生会对现实世界失去信心,会因网络所给予的安全感和满足感而改变原有的现实优于虚拟的认知,产生非适应性认知,在这种认知的驱使下,对手机的使用会进一步加剧,大大提高手机使用频率,逐渐对手机产生依赖最终成瘾。

手机成瘾可能通过非适应性认知的中介作用正向预测同伴侵害。媒介依赖理论指出,手机所提供的服务越多,受众和社会对其依赖性就越大,当个体

---

[1] Davis R.A, "A cognitive-behavioral model of pathological Internet use", *Computers in Human Behavior*, Vol.17, No.2, 2001, pp.187–195.

[2] Forbes M.K., et al, "Depression, anxiety, and peer victimization: bidirectional relationships and associated outcomes transitioning from childhood to adolescence", *Journal of youth and adolescence*, Vol.48, No.4, 2019, pp.692–702

过于依赖手机满足自身的需求时,手机使用会对个体造成消极影响[1]。以往研究大多直接指出手机成瘾所具有的众多危害,例如损害身体健康、引发情绪心理障碍、损害人际关系等[2],但是对于其中的作用机制研究较少。因此基于Davis的认知—行为模型,本研究试图探讨非适应性认知在手机成瘾对于同伴侵害的反向作用机制,以更好地了解手机成瘾的具体作用方式,为手机成瘾大学新生提供具有针对性的干预措施。

(三)大学新生的同伴侵害

以往同伴侵害的研究对象大多集中于青少年群体或大学生的青少年阶段,较少有研究以大学生尤其是大学新生为对象来直接考察该群体的同伴侵害的危害。大学新生正处于高中生到大学生转变的过渡阶段,无论是外界环境还是内在认知都发生了巨大的转变,容易产生适应不良问题,再加上大学新生还处于一个世界观、人生观和价值观形成的发展时期,同伴对于大学新生的身心健康成长有着非常重要的影响,而同伴侵害作为一种消极负面的不良群际关系极容易加剧大学新生的适应不良,因此对于大学新生群体的同伴侵害研究具有必要性。

假设1:大学新生同伴侵害与智能手机成瘾跨时间相互预测。

假设2:大学新生同伴侵害与智能手机成瘾通过非适应性认知跨时间相互预测。

二、方法

(一)被试

参与者的数据来自"当代大学生累积生态风险因素与智能手机成瘾的双

---

[1] Ball-Rokeach S.J, DeFleur M.L, "A dependency model of mass-media effects", *Communication Research*, Vol.3, No.1, 1976, pp.3–21.

[2] Ghosh T., et al, "A study on smartphone addiction and its effects on sleep quality among nursing students in a municipality town of west bengal", *Journal of family medicine and primary care*, Vol.10, No.1, 2021, pp.378–386; Nayak J.K, "Relationship among smartphone usage, addiction, academic performance and the moderating role of gender: a study of higher education students in india", *Computers & Education*, Vol.123, No.8, 2018, pp.164–173.

向作用机制及干预研究"项目,这是一项纵向调查,旨在研究智能手机成瘾的发展轨迹以及非适应性认知在累积生态风险和智能手机成瘾之间的双向中介作用。这项大型研究的参与者来自山东的5所大学。数据是在大学新生入学时期及一年后完成测量的。在第一次调查期间(T1),共有1575名学生(33.8%为男性)完成了问卷调查。一年后(T2),共有1511名学生(32%为男性)完成了调查。T2的所有学生也在T2完成了问卷调查,他们的数据用于后期分析。关于1511名T1学生的更详细信息如下:平均年龄为18.38岁(标准差=0.71岁,从17岁到20岁不等);833名(55.1%)为城市户籍学生。关于家庭年收入,分布如下:<2000元,62人(4.1%);2000—5000元,19人(1.3%);5001—10000元,139人(9.2%);10001—30000元,233人(15.4%);30001—50000元,334人(22.1%);50001—100000元,245人(16.2%);100001—150000元,257人(17.0%);>150000元,222人(14.7%)。

(二)程序

受新冠疫情影响,所有问卷都通过网络进行测试,学生可以使用电脑、iPad或智能手机完成测验。在调查之前,辅导员向同学们分发知情同意书,只有签署知情同意书且返回的学生才被允许参与后期的测量。该调查的程序得到了青岛科技大学道德审查委员会的批准。在数据收集过程中,所有学生要求在50分钟内完成所有测验;主试告知所有学生,测验结果对他们在学习期结束时的最终考评没有影响。在第二次调查结束时,学生们被告知他们身份的绝对匿名性以及研究的目的。所有参加调查的学生都得到了一支中性笔作为礼物。由于参与的各所大学非常关注学生的智能手机成瘾问题,测量结果将反馈给大学并为其制订相关的干预计划。

(三)研究工具

1.同伴侵害

同伴侵害是通过Mynard开发的"中文版同伴侵害量表"来测量的[1]。量

---

[1] Mynard H, Joseph S, "Development of the multidimensional peer-victimization scale", *Aggressive Behavior*, Vol.26, No.2, pp.169-178.

表的代表性题目有"一些学生试图破坏我的东西"。两个时间点同伴侵害量表的内部一致性系数 α 为 0.89 和 0.92。

2. 非适应性认知

非适应性认知采用"中文版网络非适应性认知量表"进行评估[1]。该量表是基于认知—行为模型开发的,用于测量对互联网的非适应性认知。该量表在中国大学生被试中具有良好的信度和效度[2]。该量表由 14 个项目组成,其中代表性题目有"我觉得智能手机中的世界比现实世界更令人兴奋"。参与者采用 1(强烈不同意)到 5(强烈同意)点计分作答。量表总分代表个体的非适应性认知水平,分数越高表明对智能手机的非适应性认知水平越高。两个时间点非适应性认知量表的内部一致性系数 α 为 0.95 和 0.93。

3. 智能手机成瘾

采用"中国版智能手机成瘾"对智能手机成瘾水平进行测量[3]。该量表也是基于认知—行为模型开发的,用于测量个人的手机成瘾水平。该量表由 17 个项目组成,其中代表性题目有"花在智能手机上的时间会直接降低你的工作效率"。参与者采用 1(从不)到 5(总是)点计分作答。量表总分代表个体的手机成瘾水平,分数越高表示智能手机成瘾水平越高。该量表在中国大学生被试中具有良好的信度和效度[4]。量表采用 8 个项目来确定个体是否患有智能手机成瘾。更具体地说,报告"总是"患有上述 8 个项目中任何一个的个体被分为智能手机成瘾组。两个时间点的智能手机成瘾量表的内部一致性系数 α 为 0.93 和 0.95。

---

[1] Liang X.Y.(2008).*A study on the effect mechanism of online social support on adolescents' mental health*.Doctoral dissertation.East China Normal University.

[2] Tian Y,et al,"Associations between psychosocial factors and generalized pathological internet use in Chinese university students:A longitudinal cross-lagged analysis",*Computers in Human Behavior*,Vol.72,2017,pp.178-188.

[3] Leung L,"Linking psychological attributes to addiction and improper use of the mobile phone among adolescents in Hong Kong",*Journal of Children and Media*,Vol.2,No.2,2008,pp.93-113.

[4] Chen Y.M.,et al,"The relationship between shyness and mobile phone dependence in middle school students:A moderated mediation model",*Psychological Development and Education*,Vol.37,No.1,2021,pp.46-53.

(四)控制变量

一项研究发现个体的性别、户籍所在地、年龄和家庭收入与智能手机成瘾相关[1],因此这些变量被作为控制变量。性别是一个二分变量(0=男性,1=女性);户籍也是一个二分变量(0=城市户籍,1=农村户籍)。此外,由于被试来自不同的高校,为排除不同高校造成的差异,本研究对不同高校的学生进行同质性检验。检验结果显示,不同学校的学生在智能手机成瘾上没有显著差异(T1 时,$r=0.01$,$p=0.80$;T2 时,$r=-0.02$,$p=0.35$)。

(五)缺失值处理

在追踪研究过程中,被试流失是一个最为常见的问题。在本研究中有 64 名学生参加了 T1 调查,但没有在 T2 调查中提供他们的数据。被试流失的主要原因包括他们生病请假、无法上课和自愿退出。我们进行了一系列独立样本 t 检验,以检验参与者和非参与者之间在研究变量上是否存在差异。结果表明差异不显著,这代表数据缺失为随机缺失。此外,本研究还进行了 χ^2 检验,以探讨非参与者的性别和户籍数量是否存在差异,结果同样显示差异不显著。由于缺失数据是随机的,而且很小(4.06%小于 5%,表明几乎没有影响[2]),在后续的数据分析中伴有缺失的被试数据不予使用,这在最大限度上减少不同缺失值处理方法的影响。

(六)数据分析策略

采用 SPSS 22.0 进行描述统计和相关分析;采用 AMOS 24.0 进行交叉滞后分析检验研究变量间的纵向关系及非适应性认知的中介作用。M1 考察同伴侵害和智能手机成瘾的自回归效应,M2 考察同伴侵害对智能手机成瘾的预测作用,M3 考察智能手机成瘾对同伴侵害的预测作用,M4 考察同伴侵害

---

[1] Sundaya O.J., et al, "The effects of smartphone addiction on learning: A meta-analysis", *Computers in Human Behavior Reports*, Vol.4, 2021, Article 100114.

[2] Wen Z., et al, "Preliminary work for modeling questionnaire data", *Journal of Psychological Science*, Vol.41, No.1, 2018, pp.204-210.

与智能手机成瘾的相互预测作用,M5 考察非适应性认知的中介作用,M6 作为比较模型。此后,使用 bootstrap 抽样法进一步估计间接效应的强度和显著性。越来越多的研究使用这种方法来减少关于估计效应的抽样分布形状或标准误差所需假设的统计误差[①]。采用 χ^2(卡方)、df(自由度)、GFI(拟合优度指数)、CFI(比较拟合指数)、NFI(赋范拟合指数)和 RMSEA(近似均方根误差)等指标对各模型的拟合效果进行评价。根据先前研究的建议,$\chi^2/df \leq 5$,GFI、CFI 和 NFI≥ 0.95,RMSEA≤ 0.05 表明模型拟合良好[②]。此外,模型比较使用 $\triangle \chi^2 / \triangle df$,结果显著代表约束较少的模型更适合数据[③]。

三、结果

(一)共同方法偏差检验

采用 Harman 单因子检验对共同方法偏差进行事后的统计检验[④]。将不同测量时间的同伴侵害、非适应性认知和手机成瘾测量题目同时纳入模型后,T1 时间数据共析出 7 个特征根大于 1 的因子,第一个因子解释的变异为 31.68%;T2 时间数据共析出 7 个特征根大于 1 的因子,第一个因子解释的变异为 36.04%。T1 和 T2 时间最大公因子解释率均小于 40% 的临界值,证明无显著共同方法偏差。

(二)描述统计和相关分析

表 3-8 呈现了研究变量的平均数、标准差和相关系数。相关分析显示,性别与 T2 非适应性认知显著正相关,与 T1 同伴侵害、T2 同伴侵害和 T1 手机成瘾显著负相关。户籍所在地与 T2 非适应性认知正相关。年龄与 T1 非适应

[①] Hayes A.F.(2018). *Introduction to mediation, moderation, and conditional process analysis: A regression-based approach*(2nd ed.). Guilford Press.

[②] Browne M.W, Cudeck R.(1993). *Alternative ways of assessing model fit*. In K.A.Bollen, & J.S. Long(Eds.), *Testing structural equation models*(pp.136-162). Newbury Park, CA: Sage.

[③] Satorra A, Bentler P.M, "A scaled difference chi-square test statistic for moment structure analysis", *Psychometrika*, Vol.66, 2001, pp.507-514.

[④] Podsakoff P.M, et al, "Common method biases in behavioral research: A critical review of the literature and recommended remedies", *Journal of Applied Psychology*, Vol.88, No.5, 2003, pp.879-903.

性认知显著负相关。家庭年收入与T2同伴侵害显著负相关。在T1和T2时间点,同伴侵害与非适应性认知和手机成瘾两两显著正相关(详见表3-8)。

表3-8 研究变量的平均数、标准差和相关系数

变量	1	2	3	4	5	6	7	8	9	10
1.性别	1									
2.户籍所在地	0.07**	1								
3.年龄	-0.00	0.05*	1							
4.家庭年收入	-0.09***	-0.21***	-0.07**	1						
5.T1同伴侵害	-0.13***	0.01	-0.02	-0.04	1					
6.T1非适应性认知	-0.02	0.03	-0.06*	-0.02	0.19***	1				
7.T1手机成瘾	-0.05*	0.03	-0.04	-0.01	0.21***	0.72***	1			
8.T2同伴侵害	-0.11***	-0.02	0.02	-0.08***	0.19***	0.10***	0.12***	1		
9.T2非适应性认知	0.05*	0.05*	-0.04	-0.03	0.12***	0.44***	0.37***	0.17***	1	
10.T2手机成瘾	0.00	0.04	-0.04	-0.01	0.12***	0.36***	0.38***	0.21***	0.70***	1
M	—	—	18.38	5.40	8.71	37.08	40.54	8.68	36.02	38.44
SD	—	—	0.71	1.82	1.86	11.71	13.82	2.06	12.56	14.69

注:$N=1511$。变量1—4为控制变量。性别和户籍所在地为虚拟变量,0=男和城市,1=女和农村。* $p<0.05$,** $p<0.01$,*** $p<0.001$。

(三)同伴侵害与手机成瘾的双向关系

通过交叉滞后模型探讨同伴侵害与手机成瘾的跨时间关系。首先,建立同伴侵害与手机成瘾的基准模型来评估同伴侵害与手机成瘾的发展稳定性,如图3-15中的M1所示。M1拟合一般:$\chi^2(12)=45.89, p<0.001$,NFI=0.92,CFI=0.94,RMSEA=0.043。然后在M1的基础上增加同伴侵害对手机成瘾的交叉滞后路径考察同伴侵害对手机成瘾的跨时间预测作用,如图3-15中的M2所示。M2拟合较好:$\chi^2(11)=42.80, p<0.001$,NFI=0.93,CFI=0.94,RMSEA=0.44。通过模型比较发现,M2优于M1($\triangle\chi^2=5.29, \triangle df=1, p<0.01$)。以同样的方式,在M1的基础上增加手机成瘾对同伴侵害的交叉滞后路径考察手机成瘾对同伴侵害的跨时间预测作用,如图3-15中的M3所示。

M3 拟合较好：$\chi^2(11)=34.88, p<0.001, \text{NFI}=0.94, \text{CFI}=0.96, \text{RMSEA}=0.038$。通过模型比较发现，M3 优于 M1（$\triangle\chi^2=5.76, \triangle df=1, p<0.01$）。最后，在 M1 的基础上同时增加同伴侵害对手机成瘾的交叉滞后路径和手机成瘾对同伴侵害的交叉滞后路径考察同伴侵害与手机成瘾的相互预测作用，如图 3-15 中的 M4 所示。M4 拟合最好：$\chi^2(10)=32.19, p<0.001, \text{NFI}=0.95, \text{CFI}=0.96, \text{RMSEA}=0.038$，且 M4 优于 M2（$\triangle\chi^2=11.50, \triangle df=1, p<0.01$）和 M3（$\triangle\chi^2=49.87, \triangle df=1, p<0.01$）。因此 M4 被最终保留作为分析模型。由 M4 可知，T1 同伴侵害能显著预测 T2 同伴侵害（$\beta=0.17, p<0.001$），T1 手机成瘾能显著预测 T2 手机成瘾（$\beta=0.37, p<0.001$）；T1 同伴侵害不能显著预测 T2 手机成瘾（$\beta=0.04, p=0.10$），T1 手机成瘾能显著预测 T2 同伴侵害（$\beta=0.09, p<0.001$）。

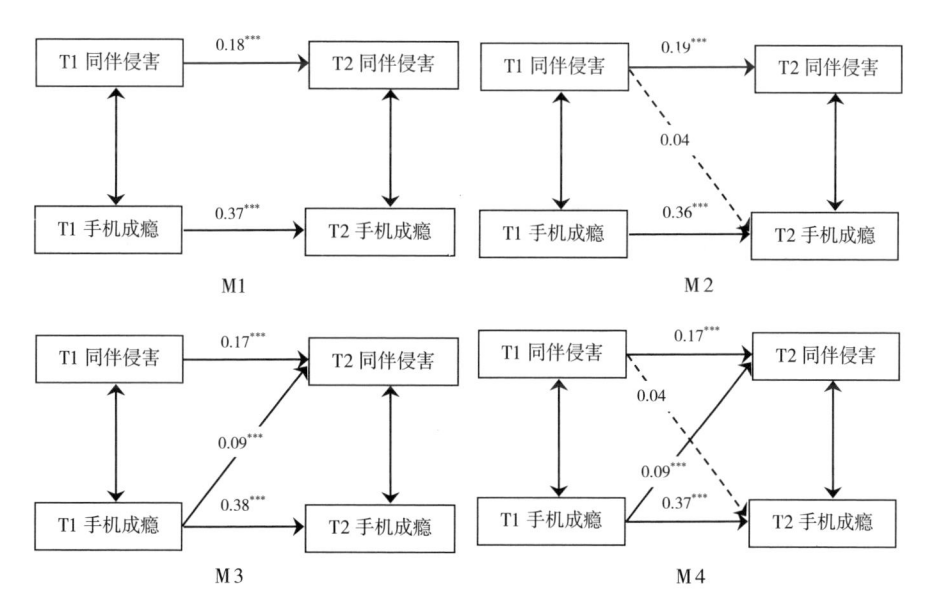

图 3-15　同伴侵害与手机成瘾的交叉滞后模型

注：实线代表路径显著，虚线代表路径不显著。

（四）非适应性认知的双向中介作用

我们将 T1 非适应性认知和 T2 非适应性认知纳入模型 M4 中构建模型

M5(见图3-16),考察T1非适应性认知和T2非适应性认知在同伴侵害与手机成瘾双向关系中的双向中介作用。在控制性别、年龄、户籍所在地和家庭收入效应后,模型M5各项指标拟合良好: $\chi^2(16)=40.12, p<0.001, \text{NFI}=0.99, \text{CFI}=0.99, \text{RMSEA}=0.032$。由于模型中T1同伴侵害到T2手机成瘾、T1手机成瘾到T2同伴侵害和T1非适应性认知到T2同伴侵害3条路径不显著,删除该3条路径得到模型M6,该模型拟合良好: $\chi^2(19)=50.21, p<0.001, \text{NFI}=0.98, \text{CFI}=0.99, \text{RMSEA}=0.030$。尽管两个模型之间并没有显著差异: $\triangle\chi^2/\triangle df=2.22, p=0.08$,但简洁模型的$\chi^2/df$和RMSEA进一步减小,模型得到改善,因此简洁模型予以保留(见图3-16)。

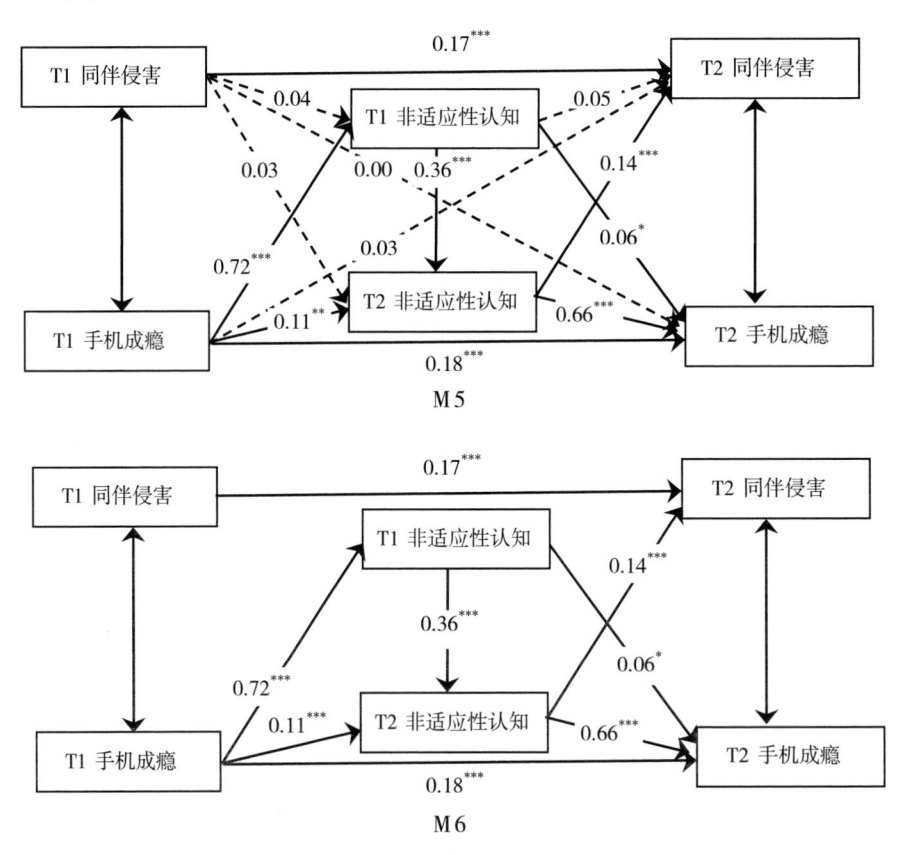

图3-16 亲子关系与手机成瘾的交叉滞后模型

注:实线代表路径显著,虚线代表路径不显著。

第三章　大学生生态风险因素与智能手机成瘾的双向作用及机制

该模型还显示 T1 同伴侵害显著正向预测 T2 同伴侵害（$\beta=0.17, p<0.001$）；T1 手机成瘾显著正向预测 T2 手机成瘾（$\beta=0.18, p<0.001$）、T1 非适应性认知（$\beta=0.72, p<0.001$）和 T2 非适应性认知（$\beta=0.11, p<0.001$）；T1 非适应性认知显著正向预测 T2 非适应性认知（$\beta=0.36, p<0.001$）和手机成瘾（$\beta=0.06, p<0.05$）；T2 非适应性认知显著正向预测 T2 同伴侵害（$\beta=0.14, p<0.001$）和显著正向预测 T2 手机成瘾（$\beta=0.66, p<0.001$）。T2 同伴侵害和手机成瘾的效应量分别为 0.05 和 0.51。

另外，该模型揭示了 5 条中介机制，对该 5 条路径进行 bootstraping 效应检验发现：(1) T1 手机成瘾→T1 非适应性认知→T2 非适应性认知→T2 同伴侵害；(2) T1 手机成瘾→T2 非适应性认知→T2 同伴侵害；(3) T1 手机成瘾→T1 非适应性认知→T2 手机成瘾；(4) T1 手机成瘾→T1 非适应性认知→T2 非适应性认知→T2 手机成瘾；(5) T1 手机成瘾→T2 非适应性认知→T2 手机成瘾。所有路径置信区间均不包含 0，证明中介效应成立。

四、讨论

（一）同伴侵害与手机成瘾的双向关系

笔者发现同伴侵害不能正向预测一年后的手机成瘾，这与以往关于同伴侵害与手机成瘾的横断研究结果有所不同[1]。这种结果产生的原因可能有以下几点：首先，人的自主决定理论指出人类有三种基本心理需要，即自主需要、胜任需要、关系需要。其次，对于大学生而言关系需要不仅仅来自同伴[2]，还来自父母、教师、其他人群，因此，虽然遭受同伴侵害的个体难以获得同伴所提供的支持，进而产生寻求补偿动机，增加了使用手机的倾向；但是可能在父母关心、教师帮助等其他人际关系的补偿帮助下，消除了同伴侵害所带来的恶劣影响，进而一定程度上降低了手机使用的频率和成瘾的风险。最后，手机功能的丰富化、多样化打破了时间和空间的限制，拓展了人们的交往形式和交往范

---

[1] 王建平等：《同伴侵害与青少年网络游戏成瘾：心理需求满足的中介作用和情绪智力的调节作用》，《华中师范大学学报（人文社会科学版）》2020 年第 4 期。
[2] Deci E.L, Ryan R.M. (2000), "The 'what' and 'why' of goal pursuits: Human needs and the self-determination of behavior", *Psychological Inquiry*, Vol.11, No.4, 2000, pp.227-268.

围、丰富了人们的娱乐方式。因此,虽然遭受同伴侵害的大学生有可能将手机作为现实交往的替代选择,在手机中寻找精神契合的伙伴群体或寻找疏解不良情绪的有效娱乐方式,但是对于大学生而言,相对自由的时间和空间使得他们舒缓压力和释放消极情绪的方式局限性较小,手机并不是他们的唯一选择,他们可能会选择旅游、逛街等其他形式。

调查发现手机成瘾能正向预测一年后的同伴侵害,这一结果证明了手机成瘾对于大学新生的适应能力长久的负面影响,不能真正完全满足大学新生的基本心理需要满足、替代现实[1]。其主要原因有以下几点:首先,手机成瘾降低了个体现实交往能力,影响了新的人际关系建立。他们将自己封闭孤立在手机所建立的交往舒适圈里,这个圈子里人群类型主要是异地的老朋友、父母亲人、素未谋面的网友等,他们安于维持旧关系或建立陌生网络关系,恐惧或抵触与新同学交往,久而久之现实交往能力慢慢下降,造成"不合群"现象的发生,现实同伴关系恶化,大大提高了遭受同伴侵害的概率。其次,Young 的 ACE 理论指出网络具有匿名性(Anonymity)、便利性(Convenience)和逃避现实性(Escape)的特征[2],因此网络上的攻击行为更加缺乏限制性,对于处于冲浪第一线的手机成瘾大学新生而言无疑增加了遭受同伴侵害的渠道。

(二)非适应性认知的双向中介作用

调查发现手机成瘾通过非适应性认知正向预测同伴侵害,这一研究结果发展了 Davis 的认知—行为模型,并对其进行验证。根据"富者愈富"模型,善于交际的人会乐于运用交往结交更多的朋友,而缺乏朋友的人会因为不善交际而更加孤独[3]。手机成瘾的大学新生面对陌生的环境和陌生的同伴时更倾

---

[1] Morgan C, Cotton S.R, "The relationship between Internet activities and depressive symptoms in a sample of college freshmen", *CyberPsychology & Behavior*, Vol.6, No.2, 2004, pp.133-142.

[2] Young, K.S. (1997). What makes the Internet addictive: Potential explanations for pathological Internet use. *In 105th annual conference of the American Psychological Association*. Chicago.

[3] Elhai J.D., et al, "Non-social features of smartphone use are most related to depression, anxiety and problematic smartphone use", *Computers in Human Behavior*, Vol.69, No.4, 2017, pp.75-82.

第三章　大学生生态风险因素与智能手机成瘾的双向作用及机制

向于通过手机与旧人际网络联系,正因如此,他们的不善现实交际导致他们难以快速与新同伴建立起良好的关系,造成现实更加孤独的局面,这种孤独使得个体容易扭曲对于现实世界和网络世界的认知,认为"现实世界没有我的立足之地,网络世界才是我的主场,网络世界才能给我想要的生活"。这种非适应性认知越强烈,手机成瘾的大学新生的同伴关系就会越疏离,矛盾也会越来越激化,最终致使他们遭遇同伴侵害行为。

但是,笔者发现同伴侵害不能通过非适应性认知跨时间正向预测手机成瘾。自主决定理论指出胜任需要是人的基本心理需要之一,是个体从事活动所体验的胜任感。虽然同伴侵害行为使得大学新生在新环境下人际交往胜任感遭到挫败,难以得到满足进而产生寻找其他途径弥补需要满足的动机。但是这可能只是一种暂时情况,随着相处时间的增多,大学新生的交往圈逐渐建立起来,找到合适的交往同伴,他们再一次树立起交往信心,依然能够感受到现实温暖。此外,网络使用和满足理论(Internet uses and gratifications theory)指出网络使用有助于满足个体的心理需求[1]。遭受同伴侵害的大学新生可能将手机作为一种与其他同伴交往和联系的工具,一定程度上拓展了朋友圈,有利于找到志同道合、惺惺相惜的同伴,为与现实的同伴建立友好关系打下一定的基础。

(三)研究意义与局限

本书揭示了同伴侵害与手机成瘾双向关系及其作用机制,验证且丰富了已有研究,具有重要的意义,但仍然存在一些需要改进的地方。首先,本研究数据来源于某地区大一新生的自我报告,未来的研究可采用多种手段(观察法、问卷法、访谈法)以及多种渠道(自我报告、教师报告、父母报告、同伴报告)等更综合的方法来收集数据,进行更全面的研究。其次,研究时间跨度仅为一年,未来可能将纵向研究拓展到整个大学时期。再次,本书仅考察了非适应性认知的中介作用,未来的研究也可探讨其他重要变量在同伴侵害与手机

---

[1] Ko H., et al,"Internet Uses And Gratifications: A Structural Equation Model of Interactive Advertising", *Journal of Advertising*, Vol.34, No.2, 2005, pp.57-70.

成瘾之间的中介或调节作用。最后,本书结果也需考虑推广到其他更多的样本(如初中生、高中生)进行更广泛的检验。

五、结论

第一,大学新生智能手机成瘾可以预测一年后的同伴侵害行为。

第二,大学新生智能手机成瘾可以通过非适应性认知预测一年后的同伴侵害。

第九节 越轨同伴交往与智能手机成瘾的双向作用及机制(同伴)

一、引言

个体结交的同伴可能会对其心理和行为发展产生影响。已有研究证实越轨同伴交往会影响个体的成瘾行为。青少年越轨同伴交往包括青少年暴力和攻击行为、逃学、辍学、吸烟、酗酒和药物滥用等。同样,越轨同伴交往可能会发生在大学生群体,尤其是大学新生群体,他们面对陌生的生活和人际环境,个体倾向选择或结交陌生朋友来缓解消极情绪或者打发无聊时间。已有大量研究证实越轨同伴交往会导致大学生网络成瘾[1]。网络成瘾与智能手机成瘾具有相同成瘾机制,因此探究越轨同伴交往对智能手机成瘾的影响及作用机制更加具有针对性。

先前研究已经考察了越轨同伴交往与问题性网络使用的双向关系,结果发现越轨同伴交往与问题性网络使用互为因果[2]。尽管问题性网络使用与智

---

[1] 宋静静等:《父母控制与青少年问题性网络使用:越轨同伴交往的中介效应》,《心理发展与教育》2014年第3期;陈武等:《亲子依恋与青少年的问题性网络使用:一个有调节的中介模型》,《心理学报》2015年第5期;杨邦林、黄瑾:《相对剥夺感与留守儿童外化问题行为的关系:越轨同伴交往的中介和父母情感温暖的调节》,《中国临床心理学杂志》2022年第3期;鲍振宙等:《越轨同伴交往与青少年问题性网络使用的交叉滞后分析》,《心理科学》2019年第5期。

[2] 鲍振宙等:《越轨同伴交往与青少年问题性网络使用的交叉滞后分析》,《心理科学》2019年第5期。

第三章　大学生生态风险因素与智能手机成瘾的双向作用及机制

能手机成瘾显著关联,但并未有研究直接考察越轨同伴交往与智能手机成瘾的双向关系。个体在使用手机过程中社交网络会得到极大的扩展,个体会对结交怎样的朋友进行评判。根据人际吸引法则,智能手机成瘾的个体更可能结交智能手机成瘾的个体作为朋友。另外,尽管已有研究考察越轨同伴交往与网络使用行为的双向关系,但并未解释两者双向关系的内在机制。根据认知—行为模型,智能手机成瘾的核心因素为非适应性认知,非适应性认知能否在越轨同伴交往与智能手机成瘾的双向关系间起中介作用需要进一步考察。因此本研究拟采用追踪研究考察越轨同伴交往与智能手机成瘾的双向关系以及非适应性认知的中介作用。

(一)越轨同伴交往与手机成瘾的双向关系

社会学习理论认为,个体会通过观察学习、模仿学习对同伴或他人行为进行学习模仿(Social Learning Theory)[1]。结交越轨同伴,尤其是智能手机成瘾的同伴,个体同样会进行学习模仿进而习得手机成瘾行为。例如,当身边的朋友与同学都在使用手机进行社交、玩游戏而某一个体不能及时进行自我调整,很可能会遭到同伴排斥或同伴拒绝等群体效应,在强大压力下个体只能改变自己的行为习得智能手机成瘾行为[2]。更有可能有些个体倾向将智能手机成瘾者当成榜样,认为经常上网逃课或者在游戏当中有优秀的表现是一件很酷的事情,他们就会因之影响对榜样进行学习并习得手机成瘾问题。另外,根据人际吸引相似性原则,个体更喜欢与跟自己有相似兴趣爱好的同伴进行交往,他们之间有更多的共同话题进行分享,也能产生更多的共鸣。

先前研究已经考察了越轨同伴交往与问题性网络使用的双向关系,结果发现越轨同伴交往与问题性网络使用互为因果。智能手机成瘾会严重影响个体的正常交往,使之无法获得足够的社会支持,为了能够寻求社会支持他

---

[1] Simpson J.H,"Social learning and social structure:a general theory of crime and deviance", *Social Forces*,Vol.78,No.3,2009,p.1171.

[2] Blanton H,Burkley M.(2008).*Deviance regulation theory:Applications to adolescent social influence*.In M.J.Prinstein & K.A.Dodge(Eds.),*Understanding peer influence in children and adolescents*(pp.94-121).New York,NY:Guilford Press.

们可能会降低对交往对象的要求,从而结交更多具有越轨行为的同伴[①]。另外,已有研究证实智能手机成瘾问题与吸烟、酗酒等问题行为显著关联,智能手机成瘾者不但喜欢结交与自己爱好相同的个体,成瘾行为也会导致他们结交更多有成瘾风险行为的个体。为了能够更好地验证已有研究结果和拓展原有研究结论,本研究拟考察越轨同伴交往与智能手机成瘾行为的双向关系。

(二)非适应性认知的双向中介作用

根据认知—行为模型,非适应性认知是网络成瘾的核心要素,已有研究证实在同伴群体中使用网络游戏人数的比例可以通过增加个体对网络游戏的非适应性认知从而使得个体更易罹患网络游戏成瘾[②]。同样,非适应性认知同样也是智能手机成瘾的核心要素,个体对手机的非适应性认知同样可能受同伴的影响。越轨同伴交往中,大量同伴可能存在智能手机成瘾问题,个体对智能手机的态度会受到同伴的影响,当同伴倾向于使用智能手机且认为智能手机能为他们带来比现实世界更多的快乐就会导致个体使用智能手机增多。从该角度出发,个体越轨同伴交往会通过非适应性认知的中介作用增加智能手机成瘾的风险[③]。尽管已有研究考察了越轨同伴交往能够跨时间预测青少年问题性网络使用行为,但并未探讨其中的作用机制,本书通过考察非适应性认知的跨时间中介作用以弥补已有研究缺陷。

另外,已有研究证实问题性网络使用行为能够跨时间显著预测越轨同伴交往[④],但该研究并未揭示问题性网络使用行为对越轨同伴交往的作用机制。一项研究发现非适应性认知能够在大学生羞怯与病理性互联网使用间起双向

[①] 鲍振宙等:《越轨同伴交往与青少年问题性网络使用的交叉滞后分析》,《心理科学》2019年第5期。
[②] 汪涛等:《同伴玩家比例、非适应性认知与网络游戏成瘾的关系》,《中国临床心理学杂志》2015年第3期。
[③] 鲍振宙等:《越轨同伴交往与青少年问题性网络使用的交叉滞后分析》,《心理科学》2019年第5期。
[④] 鲍振宙等:《越轨同伴交往与青少年问题性网络使用的交叉滞后分析》,《心理科学》2019年第5期。

中介作用①,该研究同样提示非适应性认知也可能在越轨同伴交往与智能手机成瘾关系之间起双向中介作用。非适应性认知作为一种扭曲的认知,个体一方面认为自己更适合网络交往,另一方面认为这个世界不够公平,从而更多地参与到网络使用中。手机作为网络的最大终端,过多时间花费于网络会造成个体线下的人际交往缺失,进一步造成人际关系问题。为了能够寻求社会支持,个体可能会更愿意选择与自己有相同爱好的个体交往,越轨同伴交往水平进一步提高。基于以上推论,本研究拟考察非适应性认知的双向中介作用,揭示越轨同伴交往与智能手机成瘾双向关系的内在机制。

(三)大学新生的越轨同伴交往和智能手机成瘾

大学新生正处于世界观、人生观和价值观形成的重要阶段,而同伴在其三观形成过程中起到非常重要的作用。大学新生进入大学需要经过一个适应阶段,该阶段容易产生适应问题,而越轨同伴交往就是适应问题之一。首先,当大学新生认为结交智能手机成瘾者作为好朋友是一件非常酷或者有价值的事情,这会导致他们越轨同伴交往增多。其次,新入校大学生由于离家寄宿学校,手机可能成为他们适应新环境的重要工具。例如,通过手机与家人及朋友联系以获取社会支持,或通过手机社交等功能拓展人际交往渠道。另外,由于学习方式的转变,大学生会有更多的自主时间,他们可能会使用手机的娱乐功能打发无聊时间或释放消极情绪。在该背景下,考察大学新生越轨同伴交往和智能手机成瘾的双向关系及作用机制更加具有针对性。

假设1:大学新生越轨同伴交往与智能手机成瘾跨时间相互预测。

假设2:大学新生越轨同伴交往与智能手机成瘾通过非适应性认知跨时间相互预测。

---

① Tian Y, et al, "Associations between psychosocial factors and generalized pathological internet use in Chinese university students: A longitudinal cross-lagged analysis", *Computers in Human Behavior*, Vol.72, 2017, pp.178-188.

二、方法

(一)被试

参与者的数据来自"当代大学生累积生态风险因素与智能手机成瘾的双向作用机制及干预研究"项目,这是一项纵向调查,旨在研究智能手机成瘾的发展轨迹以及非适应性认知在累积生态风险和智能手机成瘾之间的双向中介作用。这项大型研究的参与者来自山东的5所大学。数据是在大学新生入学时期及一年后完成测量的。在第一次调查期间(T1),共有1575名学生(33.8%为男性)完成了问卷调查。一年后(T2),共有1511名学生(32%为男性)完成了调查。T2的所有学生也在T2完成了问卷调查,他们的数据用于后期分析。关于1511名T1学生的更详细信息如下:平均年龄为18.38岁(标准差=0.71岁,从17岁到20岁不等);833名(55.1%)为城市户籍学生。关于家庭年收入,分布如下:<2000元,62人(4.1%);2000—5000元,19人(1.3%);5001—10000元,139人(9.2%);10001—30000元,233人(15.4%);30001—50000元,334人(22.1%);50001—100000元,245人(16.2%);100001—150000元,257人(17.0%);>150000元,222人(14.7%)。

(二)程序

受新冠疫情影响,所有问卷都通过网络进行测试,学生可以使用电脑、iPad或智能手机完成测验。在调查之前,辅导员向同学们分发知情同意书,只有签署知情同意书且返回的学生才被允许参与后期的测量。该调查的程序得到了青岛科技大学道德审查委员会的批准。在数据收集过程中,所有学生要求在50分钟内完成所有测验;主试告知所有学生,测验结果对他们在学习期结束时的最终考评没有影响。在第二次调查结束时,学生们被告知他们身份的绝对匿名性以及研究的目的。所有参加调查的学生都得到了一支中性笔作为礼物。由于参与的各所大学非常关注学生的智能手机成瘾问题,测量结果将反馈给大学并为其制订相关的干预计划。

（三）研究工具

1.越轨同伴交往

采用"中文版越轨同伴关系量表"评估越轨同伴交往行为[①]。参与者被要求回答他们有多少朋友与随后的行为有关,如网瘾、盗窃、吸烟、醉酒和其他越轨行为。两个时间点越轨同伴交往量表的内部一致性系数 α 为 0.89 和 0.95。

2.非适应性认知

非适应性认知采用"中文版网络非适应性认知量表"进行评估[②]。该量表是基于认知—行为模型开发的,用于测量对互联网的非适应性认知。该量表在中国大学生被试中具有良好的信度和效度[③]。该量表由 14 个项目组成,其中代表性题目有"我觉得智能手机中的世界比现实世界更令人兴奋"。参与者采用 1(强烈不同意)到 5(强烈同意)点计分作答。量表总分代表个体的非适应性认知水平,分数越高表明对智能手机的非适应性认知水平越高。两个时间点非适应性认知量表的内部一致性系数 α 为 0.95 和 0.93。

3.智能手机成瘾

采用"中国版智能手机成瘾"对智能手机成瘾水平进行测量[④]。该量表也是基于认知—行为模型开发的,用于测量个人的手机成瘾水平。该量表由 17 个项目组成,其中代表性题目有"花在智能手机上的时间会直接降低你的工作效率"。参与者采用 1(从不)到 5(总是)点计分作答。量表总分代表个体的手机成瘾水平,分数越高表示智能手机成瘾水平越高。该量表在中国大学

[①] Zhou S.S.,et al,"The relationship between peer aggression and pathological online game use of junior middle school students:Mediation effect and moderation effect",*Educational Measurement and Evaluation*(*Theoretical Edition*),Vol.7,No,10,pp.43-48.

[②] Liang X.Y.(2008).*A study on the effect mechanism of online social support on adolescents' mental health*.Doctoral dissertation.East China Normal University.

[③] Tian Y,et al,"Associations between psychosocial factors and generalized pathological internet use in Chinese university students:A longitudinal cross-lagged analysis",*Computers in Human Behavior*,Vol.72,2017,pp.178-188.

[④] Leung L,"Linking psychological attributes to addiction and improper use of the mobile phone among adolescents in Hong Kong",*Journal of Children and Media*,Vol.2,No.2,2008,pp.93-113.

生被试中具有良好的信度和效度[①]。量表采用 8 个项目来确定个体是否患有智能手机成瘾。更具体地说,报告"总是"患有上述 8 个项目中任何一个的个体被分为智能手机成瘾组。两个时间点的智能手机成瘾量表的内部一致性系数 α 为 0.93 和 0.95。

(四)控制变量

一项研究发现个体的性别、户籍所在地、年龄和家庭收入与智能手机成瘾相关[②],因此这些变量被作为控制变量。性别是一个二分变量(0=男性,1=女性);户籍也是一个二分变量(0=城市户籍,1=农村户籍)。此外,由于被试来自不同的高校,为排除不同高校造成的差异,笔者对不同高校的学生进行同质性检验。检验结果显示,不同学校的学生在智能手机成瘾上没有显著差异(T1 时,$r=0.01,p=0.80$;T2 时,$r=-0.02,p=0.35$)。

(五)缺失值处理

在追踪研究过程中,被试流失是一个最为常见的问题。在本次调查中有 64 名学生参加了 T1 调查,但没有在 T2 调查中提供他们的数据。被试流失的主要原因包括他们生病请假、无法上课和自愿退出。我们进行了一系列独立样本 t 检验,以检验参与者和非参与者之间在研究变量上是否存在差异。结果表明差异不显著,这代表数据缺失为随机缺失。此外,本研究还进行了 χ^2 检验,以探讨非参与者的性别和户籍数量是否存在差异,结果同样显示差异不显著。由于缺失数据是随机的,而且很小(4.06% 小于 5%,表明几乎没有影响[③]),在后续的数据分析中伴有缺失的被试数据不予使用,这在最大限度上减少不同缺失值处理方法的影响。

[①] Chen Y.M., et al, "The relationship between shyness and mobile phone dependence in middle school students: A moderated mediation model", *Psychological Development and Education*, Vol. 37, No.1, 2021, pp.46-53.

[②] Sundaya O.J., et al, "The effects of smartphone addiction on learning: A meta-analysis", *Computers in Human Behavior Reports*, Vol.4, 2021, Article 100114.

[③] Wen Z., et al, "Preliminary work for modeling questionnaire data", *Journal of Psychological Science*, Vol.41, No.1, 2018, pp.204-210.

（六）数据分析策略

采用 SPSS 22.0 进行描述统计和相关分析；采用 AMOS 24.0 进行交叉滞后分析检验研究变量间的纵向关系及非适应性认知的中介作用。M1 考察越轨同伴交往和智能手机成瘾的自回归效应，M2 考察越轨同伴交往对智能手机成瘾的预测作用，M3 考察智能手机成瘾对越轨同伴交往的预测作用，M4 考察越轨同伴交往与智能手机成瘾的相互预测作用，M5 考察非适应性认知的中介作用，M6 作为比较模型。此后，使用 bootstrap 抽样法进一步估计间接效应的强度和显著性。越来越多的研究使用这种方法来减少关于估计效应的抽样分布形状或标准误差所需假设的统计误差[1]。采用 χ^2（卡方）、df（自由度）、GFI（拟合优度指数）、CFI（比较拟合指数）、NFI（赋范拟合指数）和 RMSEA（近似均方根误差）等指标对各模型的拟合效果进行评价。根据先前研究的建议 $\chi^2/df \leq 5$，GFI、CFI 和 NFI ≥ 0.95，RMSEA ≤ 0.05 表明模型拟合良好[2]。此外，模型比较使用 $\triangle\chi^2/\triangle df$，结果显著代表约束较少的模型更适合数据[3]。

三、结果

（一）共同方法偏差检验

采用 Harman 单因子检验对共同方法偏差进行事后的统计检验[4]。将不同测量时间的越轨同伴交往、非适应性认知和手机成瘾测量题目同时纳入模型后，T1 时间数据共析出 8 个特征根大于 1 的因子，第一个因子解释的变异为 37.28%；T2 时间数据共析出 7 个特征根大于 1 的因子，第一个因子解释的

---

[1] Hayes A.F.(2018).*Introduction to mediation, moderation, and conditional process analysis: A regression-based approach*(2nd ed.).Guilford Press.

[2] Browne M.W, Cudeck R.(1993).*Alternative ways of assessing model fit*.In K.A.Bollen, & J.S. Long(Eds.), *Testing structural equation models*(pp.136-162).Newbury Park, CA: Sage.

[3] Satorra A, Bentler P.M, "A scaled difference chi-square test statistic for moment structure analysis", *Psychometrika*, Vol.66, 2001, pp.507-514.

[4] Podsakoff P.M, et al, "Common method biases in behavioral research: A critical review of the literature and recommended remedies", *Journal of Applied Psychology*, Vol.88, No.5, 2003, pp.879-903.

变异为32.22%。T1和T2时间最大公因子解释率均小于40%的临界值,证明无显著共同方法偏差。

(二)描述统计和相关分析

表3-9呈现了研究变量的平均数、标准差和相关系数。相关分析显示,性别与T1手机成瘾显著负相关,与T2非适应性认知显著正相关。户籍所在地与T2非适应性认知正相关,年龄与T1越轨同伴交往、T1非适应性认知显著负相关。在T1和T2时间点,越轨同伴交往与非适应性认知和手机成瘾两两显著正相关(详见表3-9)。

表3-9 研究变量的平均数、标准差和相关系数

变量	1	2	3	4	5	6	7	8	9	10
1.性别	1									
2.户籍所在地	0.07**	1								
3.年龄	-0.00	0.05*	1							
4.家庭年收入	-0.09***	-0.21***	-0.07**	1						
5.T1越轨同伴交往	-0.23***	-0.02	-0.06*	-0.02	1					
6.T1非适应性认知	-0.02	0.03	-0.06*	-0.02	0.19***	1				
7.T1手机成瘾	-0.05*	0.03	-0.04	-0.01	0.25***	0.72***	1			
8.T2越轨同伴交往	-0.17***	-0.03	-0.03	-0.03	0.25***	0.09***	0.10***	1		
9.T2非适应性认知	0.05*	0.05*	-0.04	-0.00	0.11***	0.44***	0.37***	0.19***	1	
10.T2手机成瘾	0.00	0.04	-0.04	-0.01	0.14***	0.36***	0.38***	0.24***	0.70***	1
M	—	—	18.38	5.40	19.52	37.08	40.54	19.19	36.02	38.44
SD	—	—	0.71	1.82	6.79	11.71	13.82	8.27	12.56	14.69

注:$N=1511$。变量1—4为控制变量。性别和户籍所在地为虚拟变量,0=男和城市,1=女和农村。* $p<0.05$,** $p<0.01$,*** $p<0.001$。

(三)越轨同伴交往与手机成瘾的双向关系

通过交叉滞后模型探讨越轨同伴交往与手机成瘾的跨时间关系。首先,建立越轨同伴交往与手机成瘾的基准模型来评估越轨同伴交往与手机成瘾的

第三章　大学生生态风险因素与智能手机成瘾的双向作用及机制

发展稳定性,如图 3-17 中的 M1 所示。M1 拟合一般:$\chi^2(12)=32.76,p<0.001$,NFI=0.95,CFI=0.97,RMSEA=0.034。然后在 M1 的基础上增加越轨同伴交往对手机成瘾的交叉滞后路径考察越轨同伴交往对手机成瘾的跨时间预测作用,如图 3-17 中的 M2 所示。M2 拟合较好:$\chi^2(11)=27.05,p<0.001$,NFI=0.96,CFI=0.97,RMSEA=0.031。通过模型比较发现,M2 优于 M1($\triangle\chi^2=5.29,\triangle df=1,p<0.01$)。以同样的方式,在 M1 的基础上增加手机成瘾对越轨同伴交往的交叉滞后路径考察手机成瘾对越轨同伴交往的跨时间预测作用,如图 3-17 中的 M3 所示。M3 拟合较好:$\chi^2(11)=30.40,p<0.001$,NFI=0.96,CFI=0.97,RMSEA=0.034。通过模型比较发现,M3 优于 M1($\triangle\chi^2=5.76,\triangle df=1,p<0.01$)。最后,在 M1 的基础上同时增加越轨同伴交往对手机成瘾的交叉滞后路径和手机成瘾对越轨同伴交往的交叉滞后路径考察越轨同伴交往与手机成瘾的相互预测作用,如图 3-17 中的 M4 所示。M4 拟合最好:$\chi^2(10)=25.01,p<0.001$,NFI=0.97,CFI=0.98,RMSEA=0.032,且 M4 优于 M2($\triangle\chi^2=11.50,\triangle df=1,p<0.01$)和 M3($\triangle\chi^2=49.87,\triangle df=1,p<0.01$)。因此 M4 被最终保留作为分析模型。由 M4 可知,T1 越轨同伴交往能显著预测 T2 越轨同伴交往($\beta=0.24,p<0.001$),T1 手机成瘾能显著预测 T2 手机成瘾($\beta=0.37,p<0.001$);T1 越轨同伴交往能显著预测 T2 手机成瘾($\beta=0.06,p<0.05$),T1 手机成瘾不能显著预测 T2 越轨同伴交往($\beta=0.04,p=0.15$)。

(四)非适应性认知的双向中介作用

我们将 T1 非适应性认知和 T2 非适应性认知纳入模型 M4 中构建模型 M5(见图 3-18),考察 T1 非适应性认知和 T2 非适应性认知在越轨同伴交往与手机成瘾双向关系中的双向中介作用。在控制性别、年龄、户籍所在地和家庭收入效应后,模型 M5 各项指标拟合良好:$\chi^2(16)=32.48,p<0.001$,NFI=0.99,CFI=0.99,RMSEA=0.026。由于模型中 T1 越轨同伴交往到 T1 非适应性认知、T2 非适应性认知和手机成瘾,T1 手机成瘾到 T2 越轨同伴交往和 T1 非适应性认知到 T2 越轨同伴交往 5 条路径不显著,删除该 5 条路径得到模型 M6,该模型拟合良好:$\chi^2(21)=39.76,p<0.001$,NFI=0.99,CFI=0.99,

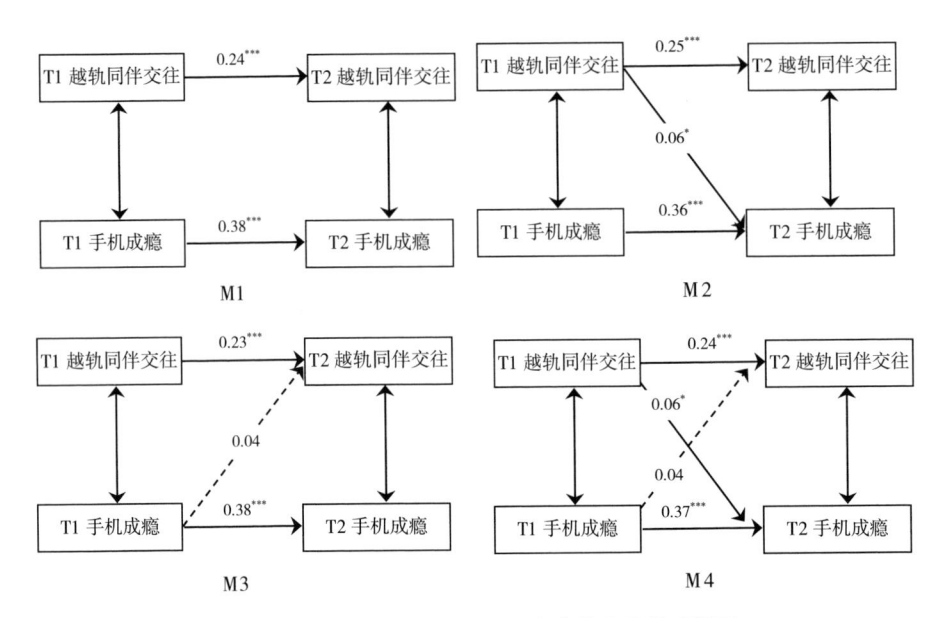

图 3-17 越轨同伴交往与手机成瘾的交叉滞后模型

注：实线代表路径显著，虚线代表路径不显著。

RMSEA=0.024。尽管两个模型之间并没有显著差异：$\triangle\chi^2/\triangle df=2.22, p=0.08$，但M6用更少的路径表示了越轨同伴交往、非适应性认知和手机成瘾的关系，因此M6模型予以保留（见图3-18）。

该模型还显示，T1越轨同伴交往显著正向预测T2越轨同伴交往（$\beta=0.23, p<0.001$）；T1手机成瘾显著正向预测T2手机成瘾（$\beta=0.18, p<0.001$）、T1非适应性认知（$\beta=0.72, p<0.001$）和T2非适应性认知（$\beta=0.11, p<0.001$）；T1非适应性认知显著正向预测T2非适应性认知（$\beta=0.36, p<0.001$）和T2手机成瘾（$\beta=0.06, p<0.05$）；T2非适应性认知显著负向预测T2越轨同伴交往（$\beta=0.17, p<0.001$）和显著正向预测T2手机成瘾（$\beta=0.66, p<0.001$）。T2越轨同伴交往和手机成瘾的效应量分别为0.09和0.51。

另外，该模型揭示了5条中介机制，对该5路径进行bootstraping效应检验发现：（1）T1手机成瘾→T1非适应性认知→T2非适应性认知→T2越轨同伴交往；（2）T1手机成瘾→T2非适应性认知→T2越轨同伴交往；（3）T1手机成瘾→T1非适应性认知→T2手机成瘾；（4）T1手机成瘾→T1非适应性认知→

图 3-18

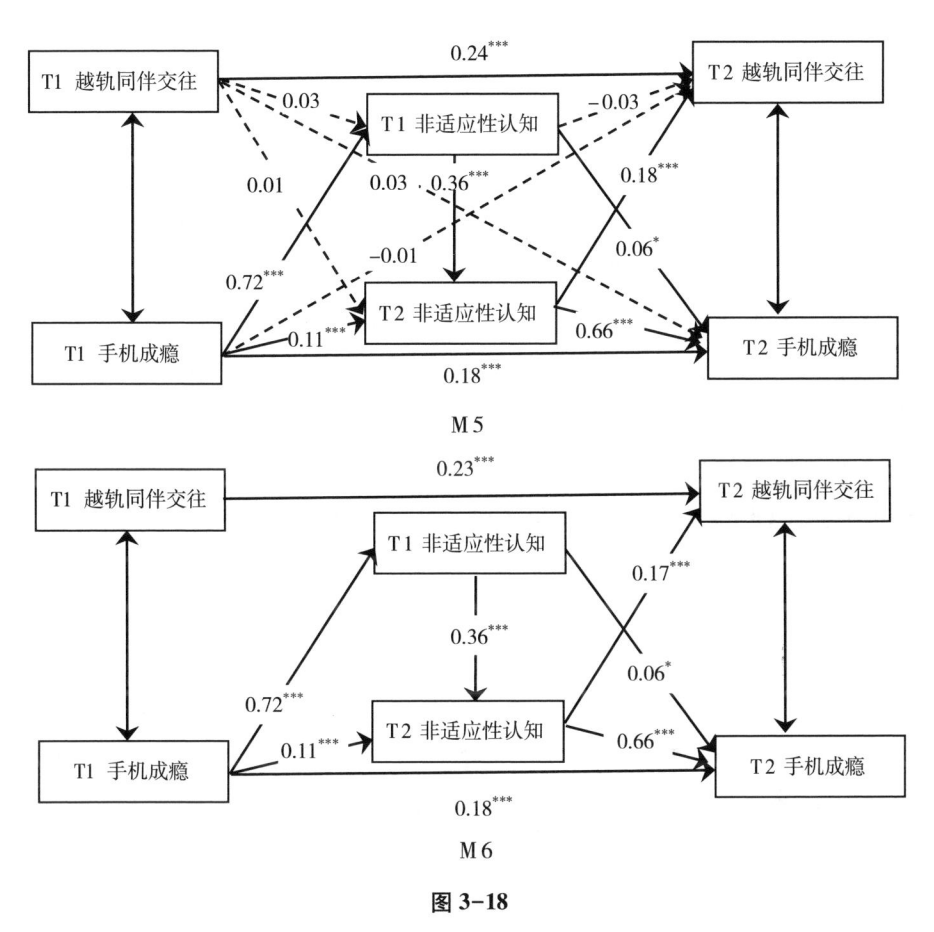

注：实线代表路径显著，虚线代表路径不显著。

T2 非适应性认知→T2 手机成瘾；(5)T1 手机成瘾→T2 非适应性认知→T2 手机成瘾。所有路径置信区间均不包含 0，证明中介效应成立。

四、讨论

本书通过追踪研究设计考察大学新生越轨同伴交往与手机成瘾的双向关系及非适应性认知的中介作用。结果发现，越轨同伴交往可以跨时间正向预测智能手机成瘾，而智能手机成瘾并不能显著预测越轨同伴交往。另外，非适应性认知在越轨同伴交往对智能手机成瘾的影响中起中介作用，该结果拓展了认知—行为模型，为大学新生智能手机成瘾的干预提供了重要参考。

（一）越轨同伴交往与手机成瘾的双向关系

尽管已有研究探讨了青少年越轨同伴交往与问题性互联网使用存在双向关系[1]，但本研究发现智能手机成瘾不能跨时间预测越轨同伴交往。导致该结论不一致的原因可能有以下几点。首先，智能手机成瘾与病理性互联网使用仍存在一定区别，这有助于已有研究结论的拓展。例如，智能手机具有收发短信、摄影拍照等功能，这可能会导致个体具有更加广泛的使用目的。其次，研究被试不同。已有研究证实大学生网络使用水平显著高于初、高中学段，这说明智能手机成瘾更可能发生在大学生群体中；而大学生离家寄宿于学校，家长监督无法及时提供因此更容易产生智能手机使用失控问题。最后，随着时间的推移，越来越多的人使用智能手机而且平均每天使用手机时长增加[2]，这意味着会有越来越多的个体可能因为过度使用手机而成瘾，从而产生不同结果。

与已有研究结果一致，越轨同伴交往可以显著预测一年后的智能手机成瘾。根据社会学习理论，结交智能手机成瘾的个体为同伴，个体会通过观察学习和模仿学习等方式习得智能手机成瘾行为。根据社会规范理论，当群体中群体标准为智能手机成瘾时，非成瘾个体会感受到巨大压力，从而导致他们改变现有的行为规范向群体行为靠拢，因此结交智能手机成瘾的个体作为朋友，罹患智能手机成瘾的概率将会大大增加。另外，已有研究发现即使个体结交吸烟、酗酒或吸毒成瘾的个体，其罹患智能手机成瘾的风险也会提高。这是因为吸烟、酗酒或吸毒等成瘾行为与智能手机成瘾共享大量相同的成瘾机制，且它们在行为上显著关联。个体因为结交吸烟、酗酒或吸毒等成瘾行为成瘾的个体作为朋友，这也会提高他们罹患智能手机成瘾的风险。

---

[1] 鲍振宙等：《越轨同伴交往与青少年问题性网络使用的交叉滞后分析》，《心理科学》2019年第5期。
[2] 中国互联网络信息中心：第51次《中国互联网络发展状况统计报告》，2023年3月2日，见 https://www.cnnic.net.cn/NMediaFile/2023/0322/MAIN16794576367190GBA2HA1KQ.pdf。

(二)非适应性认知的双向中介作用

笔者发现,越轨同伴交往可以通过非适应性认知的中介作用跨时间预测智能手机成瘾。根据认知—行为模型,智能手机成瘾的影响因素可以分为远端因素和近端因素,远端因素可以通过近端因素影响智能手机成瘾。而在近端因素中,非适应性认知是核心变量,是导致智能手机成瘾的充分必要条件。越轨同伴交往可以通过非适应性认知影响智能手机成瘾,说明在认知—行为模型中,越轨同伴交往属于模型中的远端因素。在与智能手机成瘾者交往中,个体对于自己和网络的认知会产生巨大变化。一方面,个体认为自己适合使用网络进行社交或网络能够让自己变得更加自信;另一方面,个体认为网络中的生活才是自己想要的生活,自己能在网络中得到更公平的对待,而这种扭曲的认知才是导致智能手机成瘾的关键要素。另外,个体的认知扭曲还可能是因为越轨同伴成员内部进行沟通、标准化的行为,如果个体不认同这种观点同样可能遭到群体内部成员的排斥,在压力的驱使下最终导致个体的认知扭曲并形成智能手机成瘾行为。

大学新生是世界观、人生观和价值观形成的重要阶段,同伴之间的学习效应会严重影响他们的价值判断。当个体结交大量智能手机成瘾或吸烟、酗酒、吸毒等成瘾的个体作为朋友时,他们的价值判断可能会受到他人的影响,从而认为现实生活是没有意义的、是空虚乏味的,只有通过智能手机参与到网络世界当中,他们的人生才会更加富有意义;这是因为只有在网络当中他们才能够得到公平对待,才能够更加安全和舒适。而这种错误的认知或者价值观会严重影响个体将来的行为,致使他们走向智能手机成瘾的错误道路。

(三)研究不足与启示

尽管本书通过追踪研究设计考察了大学新生越轨同伴交往与智能手机成瘾的双向关系及非适应性认知的中介作用,对已有研究结论进行了拓展和深化,但本研究仍存在以下不足。第一,所有研究变量均通过量表进行测量,研究结论仍然会受到共同方法偏差效应的影响,尽管本研究并未发现显著的共同方法偏差效应,但未来研究可以通过多种测量方法(例如父母报告和同伴报告)对本研究结果加以验证。第二,尽管本研究通过交叉滞后分析发现大学新生越轨同伴交往可以显著预测智能手机成瘾,但出于相关研究的局限性,仍不能作出因果推论。为了更好地验证本研究结果,未来研究可以通过实验设计对越轨同伴交往和智能手机成瘾加以操控从而实现因果推论进一步验证本研究结果。第三,本研究被试均为大一新生,其结论并不能推广到全部大学生群体当中。未来研究可以对大学生进行为期4年的追踪,从而拓展本研究结论的适用性。

五、结论

可以得出以下结论:

第一,大学新生越轨同伴交往可以预测一年后的智能手机成瘾行为。

第二,大学新生越轨同伴交往可以通过非适应性认知预测一年后的智能手机成瘾行为。

第四章 大学生累积生态风险因素对智能手机成瘾的影响及作用机制

第一节 累积生态风险对智能手机成瘾的影响及作用机制

一、引言

截至2021年12月,我国约有10.29亿网民通过手机从事玩游戏、看视频、社交、购物等活动,手机依然是最大的网络使用终端[1]。有研究发现21.3%的中国大学生存在手机成瘾问题[2],他们因过度使用手机而影响了学业成绩,甚至产生了心理、社会适应等方面的问题[3]。随着我国手机用户的不断增长,大学生手机成瘾问题堪忧。尽管大量研究分别从家庭、学校、同伴等领域探讨了手机成瘾的风险因素及作用机制[4],但有研究指出个体的成瘾行

---

[1] 中国互联网络信息中心:第49次《中国互联网络发展状况统计报告》,2022年2月25日,见 http://www.cnnic.net.cn/hlw fzyj/hl-w xzbg/hlw tjbg/202202/t20220225_71727.html。

[2] Long, J., et al, "Prevalence and correlates of problematic smartphone use in a large random sample of Chinese undergraduates", *BMC Psychiatry*, Vol.16, No.408, 2016.

[3] Choi S.W., et al, "Comparison of risk and protective factors associated with smartphone addiction and internet addiction", *Journal of Behavioral Addictions*, Vol.4, No.4, 2015, pp.308-314; Nal Z., Arslan S.S, "Investigating the effect of smartphone addiction on musculoskeletal system problems and cognitive flexibility in university students", *Work*, Vol.68, No.3, 2021, pp.1-7.

[4] Huang X., et al, "Mental health, personality, and parental rearing style of adolescents with Internet addiction disorder", *CyberPsychology, Behavior, and Social Networking*, Vol.13, No.4, 2009, pp.401-406; Wen L., et al, "Family factors in internet addiction among Chinese youth: A review of English-and Chinese-language studies", *Computers in Human Behavior*, Vol.31, No.2, 2014, pp.393-411;

为并非单一生态风险作用的结果,而是多个领域中的多个生态风险累积作用的结果[1]。鉴于已有结果,本研究拟以认知—行为模型为理论框架,考察累积生态风险对手机成瘾的影响及作用机制。

(一)累积生态风险对手机成瘾的影响

受生物生态学理论[2]的启发,大量研究发现大学生的手机成瘾受到家庭、学校、同伴三个生态风险子系统的影响[3]。首先,消极的家庭环境能够增加个体罹患手机成瘾的风险。例如,缺乏温暖接纳的家庭,孩子会因不能获得足够的情感支持和关怀,转而通过手机寻求情感满足[4],如果父母没能及时监控,他们会因过度使用而成瘾[5]。另外,消极的亲子关系和婚姻冲突会致使孩子

Sun,R.M.,et al,"Parent-child relationships and mobile phone addiction tendency among Chinese adolescents:The mediating role of psychological needs satisfaction and the moderating role of peer relationships", *Children and Youth Services Review*, No.116,2020,Article 105113;Moreno-Guerrero,A.J.,et al,"Nomophobia:Impact of cell phone use and time to rest among teacher students", *Heliyon*,Vol.6,No.5,2020,Article 04084;Jia J.,et al,"Psychological security and deviant peer affiliation as mediators between teacher-student relationship and adolescent internet addiction", *Computers in Human Behavior*, Vol.73,No.8,2017,pp.345-352;Xie X.,et al,"Parents' phubbing increases adolescents' mobile phone addiction:Roles of parent-child attachment,deviant peers,and gender", *Children and Youth Services Review*,Vol.105,No.10,2019,Article 104426.

① Ansell E.B.,et al,"Effects of cumulative stress and impulsivity on smoking status", *Human Psychopharmacology Clinical & Experimental*,Vol.27,No.2,2012,pp.200-208;Liu,Q.Y.,et al,"Interactive effects of cumulative social-environmental risk and trait mindfulness on different types of adolescent mobile phone addiction", *Current Psychology*,Advance online publication,2022;李董平等:《累积生态风险与青少年网络成瘾:心理需要满足和积极结果预期的中介作用》,《心理学报》2016年第48期。

② Bronfenbrenner,U.,Morris,P.A,"The ecology of developmental processes", in *Handbook of child psychology*,W.Damon & R.M.Lerner(Eds.),New York,NY:Wiley.1998,pp.993-1028.

③ Buctot,D.B.,et al,"Factors associated with smartphone addiction prevalence and its predictive capacity for health-related quality of life among filipino adolescents", *Children and Youth Services Review*,No.110,2020,Article 104758;Liu,Q.Y.,et al,"Interactive effects of cumulative social-environmental risk and trait mindfulness on different types of adolescent mobile phone addiction", *Current Psychology.Advance online publication*,2022.

④ Huang X.,et al,"Mental health,personality,and parental rearing style of adolescents with Internet addiction disorder", *CyberPsychology,Behavior,and Social Networking*,Vol.13,No.4,2009,pp.401-406.

⑤ Geng J.Y.,et al,"The influence of perceived parental phubbing on adolescents' problematic smartphone use:A two-wave multiple mediation model", *Addictive Behaviors*,121,2021,Article 106995.

第四章 大学生累积生态风险因素对智能手机成瘾的影响及作用机制

更多使用手机寻求心灵慰藉或发泄不良情绪,最终孩子会把手机当作心灵的港湾而成瘾①。其次,学校领域同样隐藏着手机成瘾的风险。例如,消极的师生和同学关系会降低学生与学校的联结,进而不能在学校、老师和同学的关系中获得足够的归属感和情感支持②,最终转向手机寻求"帮助"而成瘾③。最后,同伴也在手机成瘾风险因素中扮演重要角色。有研究指出,结交手机成瘾的同伴属于越轨同伴交往,然而个体会通过观察或模仿同伴形成手机成瘾④。此外,经常遭受同伴侵害的个体会通过手机释放负性情绪或寻求帮助,他们同样面临更高罹患手机成瘾的风险⑤。

综上所述,手机成瘾并非某一领域内风险作用的结果,而是多个领域中风险因素作用的结果。然而,累积生态风险模型认为不同领域的风险因素往往具有协同发生性,个体在面临一个领域的风险因素的同时也面临另一领域的

---

① Qiao L., Liu Q,"The effect of technoference in parent-child relationships on adolescent smartphone addiction: the role of cognitive factors", *Children and Youth Services Review*, No.118, 2020, Article 105340; Niu G., et al, "Parental phubbing and adolescent problematic mobile phone use: The role of parent-child relationship and self-control", *Children and Youth Services Review*, No.116, 2020, Article 105247.

② Gkbulut, B, "The relationship between sense of school belonging and smartphone addiction of high school students", *International Journal of Scientific & Technology Research*, Vol.5, No.11, 2020, pp. 160-193; Liu, Q.Y., et al, "Interactive effects of cumulative social-environmental risk and trait mindfulness on different types of adolescent mobile phone addiction", *Current Psychology*, Advance online publication, 2022.

③ Sundaya O.J., et al, "The effects of smartphone addiction on learning: A meta-analysis", *Computers in Human Behavior Reports*, No.4, 2021, Article 100114.

④ Jia J., et al, "Psychological security and deviant peer affiliation as mediators between teacher-student relationship and adolescent internet addiction", *Computers in Human Behavior*, Vol.73, No.8, 2017, pp.345-352; Xie X., et al, "Parents' phubbing increases adolescents' mobile phone addiction: Roles of parent-child attachment, deviant peers, and gender", *Children and Youth Services Review*, Vol. 105, No.10, 2019, Article 104426.

⑤ Chen, Y.M., et al, "The relationship between shyness and mobile phone dependence in middle school students: A moderated mediation model", *Psychological Development and Education*, Vol.37, No. 1, 2021, pp.46-53; Chen, Y.M., et al, "The relationship between shyness and mobile phone dependence in middle school students: A moderated mediation model", *Psychological Development and Education*, Vol.37, No.1, 2021, pp.46-53; Zhao Q., et al, "Does adolescents' internet addiction trigger depressive symptoms and aggressive behavior, or vice versa? the moderating roles of peer relationships and gender-sciencedirect", *Computers in Human Behavior*, No.129, 2021, Article 107143.

风险因素,单纯考察某一风险因素对发展结果的影响,该风险效应会被高估[1]。因此,只有关注多领域风险因素对手机成瘾的影响,才更加符合个体的生活实际。

"失补偿"假说认为,补偿可以分为建设性补偿和病理性补偿。建设性补偿是指个体的需要被其他活动所转移,且该活动能对个体的需要进行修复并促进个体的身心发展,而病理性补偿则不能修复个体的需要且阻碍个体的身心发展[2]。先前研究认为,当个体同时面临多重生态风险因素时,他们在现实生活中将严重缺乏"舒适场所",因而很可能转向手机虚拟网络世界以寻求补偿,当缺失得到补偿后他们因更加依赖手机而成瘾[3]。尽管这些研究证实了个体倾向使用手机补偿已有缺失,但并未区分该补偿是建设性补偿还是病理性补偿。李董平等人(2016)发现,累积风险与成瘾行为之间有三类关系模式[4]。一是"正加速模式"。该模式假定,单个风险因素对成瘾行为的效应在有无其他风险因素出现时差异显著,表现为"各风险的总效应大于各风险的效应之和"。二是"线性模式"。该模式假定,每增加一个风险因素,个体的成瘾行为也会相应增长一个单位,该模式又被称为"梯度效应"。三是"负加速模式"。该模式假定,每新增的风险因素对个体成瘾行为的效应越来越小。综合三类函数不难看出,"线性模式"和"正加速模式"均为病理性补偿,唯有"负加速模式"可能会产生建设性补偿。那么,累积生态风险与手机成瘾是否同样会遵从以上三种函数形成病理性或建设性补偿呢?本研究拟对其进行探讨。

---

[1] Evans G.W., et al, "Cumulative risk and child development", *Psychological Bulletin*, Vol.139, No.6, 2013, pp.1342-1396.

[2] Morgan C., Cotton S R., "The relationship between Internet activities and depressive symptoms in a sample of college freshmen", *CyberPsychology & Behavior*, Vol.6, No.2, 2004, pp. 133-142.

[3] Ansell E.B., et al, "Effects of cumulative stress and impulsivity on smoking status", *Human Psychopharmacology Clinical & Experimental*, Vol.27, No.2, 2012, pp.200-208; Liu, Q.Y., et al, "Interactive effects of cumulative social-environmental risk and trait mindfulness on different types of adolescent mobile phone addiction", *Current Psychology.Advance online publication*, 2022.

[4] 李董平等:《累积生态风险与青少年网络成瘾:心理需要满足和积极结果预期的中介作用》,《心理学报》2016年第48期。

（二）领悟社会支持和非适应性认知的并行和/或链式中介作用

认知—行为模型指出,网络成瘾(同样适用于手机成瘾)[1]的影响因素可以分成远端因素和近端因素,近端因素包括非适应性认知和社会孤立和/或缺乏社会支持,远端因素可以通过近端因素影响手机成瘾(详见图4-1)。尽管该模型未阐述累积生态风险的位置及作用,但已有研究证实累积生态风险与精神病理学因素中的抑郁、社会焦虑等显著关联[2],这说明累积生态风险是手机成瘾的近端因素,它可能会通过领悟社会支持和非适应性认知的并行中介作用影响手机成瘾。针对此假设,现有的实证研究已从单条路径为该并行中介提供了可能[3]。

此外,非适应性认知反映的是个体对手机使用的不恰当观念和预期,例如,通过手机可获得比现实更好的待遇、使用手机可以帮助人们逃避现实的压力等,它是手机成瘾的核心要素[4]。累积生态风险是否可以通过领悟社会支持到非适应性认知的链式中介影响手机成瘾呢？领悟社会支持(perceived social support)作为个体对社会支持的期望和评价,是对可能收到的社会支持

---

[1] Lan Y.K.,et al,"A pilot study of a group mindfulness-based cognitive-behavioral intervention for smartphone addiction among university students", *Journal of Behavioral Addictions*, Vol.7, No.4, 2018, pp.1171-1176.

[2] Buctot D.B.,et al,"Factors associated with smartphone addiction prevalence and its predictive capacity for health-related quality of life among filipino adolescents", *Children and Youth Services Review*, No.110, 2020, Article 104758; Jiang Q.J, "Perceived social support", *Chinese Journal of Behavioral Medical Science*, No.10(Special Issue), 2001, pp.41-42; Lieshout, R.V., et al, "Impact of extremely low-birth-weight status on risk and resilience for depression and anxiety in adulthood", *Journal of Child Psychology and Psychiatry*, Vol.59, No.5, 2018, pp.596-603.

[3] Sung J.M.,"The effects of the stresses on smart phone addiction of university students-moderating effects of social support and self esteem", *Mental Health & Social Work*, Vol.42, No.3, 2014, pp.5-32; Zhang Y., et al, "Why parental phubbing is at risk for adolescent mobile phone addiction: A serial mediating model", *Children and Youth Services Review*, No.121, 2020, Article 105873.

[4] Davis R.A,"A cognitive-behavioral model of pathological internet use", *Computers in Human Behavior*, Vol.17, No.2, 2001, pp.187-195; Tian Y., et al, "Associations between psychosocial factors and generalized pathological internet use in Chinese university students: a longitudinal cross-lagged analysis", *Computers in Human Behavior*, Vol.72, No.6, 2017, pp.178-188.

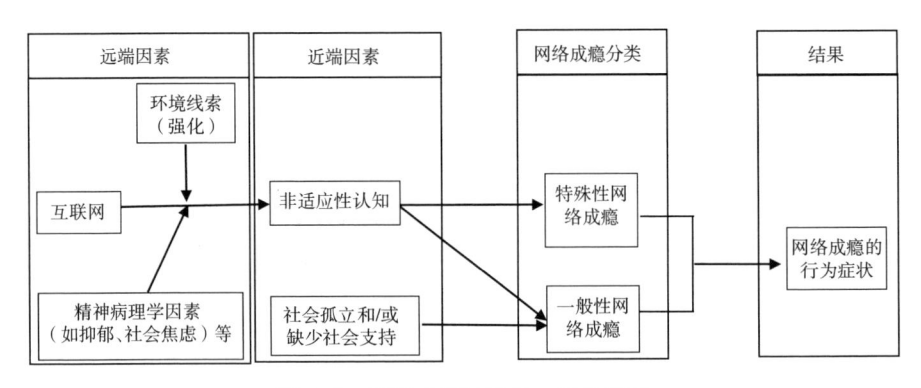

图 4-1 网络成瘾的认知—行为模型

的信念①。相较于实际社会支持,领悟社会支持对于了解和预测个体的行为适应具有更重要的意义②。"应急预防模型"认为领悟社会支持可以通过改变对风险事件的认知降低风险事件对个体心理和行为的危害③。例如,糟糕的同伴关系让学生领悟到低社会支持,而降低的社会支持使学生认为通过手机他们可以结交比现实中更好的朋友。综上所述,领悟社会支持和非适应性认知在累积生态风险对大学生手机成瘾的影响中可能起链式中介作用。

(三)领悟社会支持的中介和/或调节作用

目前,威胁模型和缓冲模型常用于解释社会支持在压力事件与行为适应关系中的作用。威胁模型指出,压力事件会导致个体领悟的社会支持减少,其进而致使个体行为适应水平降低。与之相对的缓冲模型则认为,社会支持只是缓和了压力事件给个体行为适应带来的不利影响。手机成瘾作为非适应性

---

① Barrera M,"Distinctions between social support concepts, measures, and models", *American Journal of Community Psychology*, Vol.14, No.4, 1986, pp.413-445; Dunkel-Schetter C., & Bennett T. L,"Differentiating the cognitive and behavioral aspects of social support", in *Social support: An interactional view*, I.G.Sarason, B.R.Sarason, & G.R.Pierce(Eds.).New York: Wiley, 1990.

② Brissette I., et al,"The role of optimism in social network development, coping, and psychological adjustment during a life transition", *Journal of Personality and Social Psychology*, Vol.82, No.1, 2002, pp.102-111.

③ Dignam J.T., et al,"Occupational stress, social support, and burnout among correctional officers", *American Journal of Community Psychology*, Vol.14, No.2, 1986, pp.177-193.

第四章 大学生累积生态风险因素对智能手机成瘾的影响及作用机制

行为,其也同样受到压力事件的影响。然而,压力源就包括了来自家庭、学校和同伴等方面的风险因素①。因此,累积生态风险与手机成瘾的关系同样可能适用于社会支持的威胁模型或缓冲模型。参照威胁模型,累积生态风险可以通过降低领悟社会支持从而增加手机成瘾水平,这反映了领悟社会支持的中介效应,其与认知—行为模型一致。然而依据缓冲模型,领悟社会支持能够降低累积生态风险对手机成瘾的不利影响,其反映了领悟社会支持的调节效应。"应急预防模型"认为领悟社会支持可以通过改变对风险事件的认知降低风险事件对个体心理和行为的危害②。究竟领悟社会支持在累积生态风险与手机成瘾之间起中介还是调节效应,其有待探讨。

另外,已有研究将不同领域的风险因素对个体行为影响区分为"风险增强"和"风险缓冲"两种模式③。"风险增强"反映的是累积生态风险与手机成瘾的关系在调节变量的作用下增强,而"风险缓冲"是指累积生态风险与手机成瘾的关系在调节变量的作用下减弱。根据社会支持的缓冲模型不难得出,领悟社会支持可以降低累积生态风险对手机成瘾的不利影响,这是一种风险缓冲模式。国内学者把"风险缓冲"模式进一步划分成"雪中送炭"和"杯水车薪"两种类型④。"雪中送炭"指的是领悟社会支持直接关乎着累积生态风险对手机成瘾的影响,通过调节领悟社会支持能够直接阻断累积生态风险对手机成瘾的影响。而"杯水车薪"反映的是尽管领悟社会支持可以减缓累积生态风险对手机成瘾的影响,但该支持并不起决定性作用,要想消除累积生态风险对手机成瘾的影响仍需要对风险因素做进一步的干预。因此,探讨领悟社会支持调节效应的具体类型也至关重要。

---

① Jiang Q.J,"Perceived social support", *Chinese Journal of Behavioral Medical Science*, No.10 (Special Issue),2001, pp.41-42;Preston B.L., Shackelford J, "Multiple stressor effects on benthic biodiversity of chesapeake bay:Implications for ecological risk assessment", *Ecotoxicology*, Vol.11 No.2, 2002, pp.85-99.

② Dignam J.T., et al, "Occupational stress, social support, and burnout among correctional officers", *American Journal of Community Psychology*, Vol.14, No.2, 1986, pp.177-193.

③ Fergus S., Zimmerman, M.A, "Adolescent resilience: A framework for understanding healthy development in the face of risk", *Annual Review Public Health*, Vol.26, No.1, 2005, pp.399-419.

④ 李董平:《多重生态学风险因素与青少年社会适应:风险建模与作用机制研究》,华南师范大学2012年,博士学位论文。

(四)研究总括

本研究拟考察累积生态风险对大学生手机成瘾的影响及领悟社会支持和非适应性认知的作用。由于领悟社会支持在研究变量中的作用具有不确定性,本研究分别对两个理论模型进行检验(见图4-2)。在模型1中,本研究假设 H1:累积生态风险显著正向预测手机成瘾。H2:累积生态风险通过降低领悟社会支持,进而显著正向预测手机成瘾。H3:累积生态风险通过增加非适应性认知,进而显著正向预测手机成瘾。H4:领悟社会支持和非适应性认知在累积生态风险对大学生手机成瘾的影响中起并行和/或链式中介作用。在模型2中,研究假设同 H1 和 H3,另外,本研究还假设 H5:累积生态风险对手机成瘾的影响及作用机制受领悟社会支持调节。

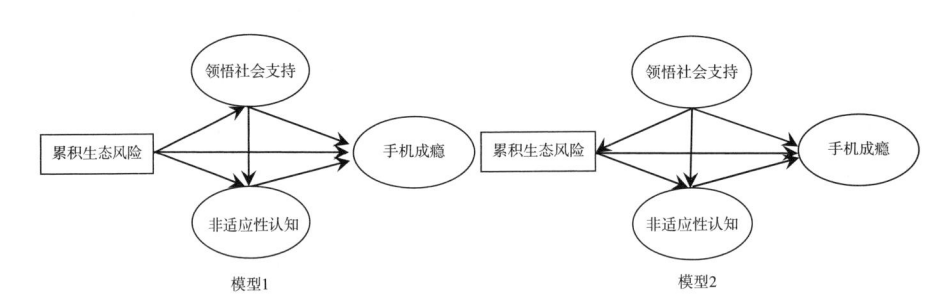

图 4-2 理论模型

二、方法

(一)被试

采用整群抽样的方式,从山东省4个城市选取6所本科院校的大学生作为研究对象。在征得高校学院领导和辅导员的同意下,被试利用问卷星进行线上答题,作答时间控制为25分钟左右。所有被试无明显身心疾病。删除作答时间过长或过慢被试9人(占0.37%),得到有效问卷2414份。其中男生820人(占34%),女生1594人(占66%)。被试平均年龄19.41岁($SD=0.49$,全距17—24)。城市户籍1415人(占58.6%),农村户籍999人占(41.4%)。文科1615人(占66.9%),理科151人(占6.3%),工科648人(占

26.8%)。家庭无稳定收入者 116 人(占 4.8%),2000 元以下 32 人(占 1.3%),2001—5000 元 186 人(占 7.7%),5001—10000 元 360 人(占 14.9%),10001—30000 元 509 人(占 21.1%),30001—50000 元 373 人(占 15.5%),50001—100000 元 418 人(占 17.3%),100000 以上 420 人(占 17.4%)。被试平均每天使用手机时间为 5.43 小时($SD=3.35$)。

(二)工具

1. 累积生态风险

参考李董平等人[1]的建议,本研究采用 9 风险因素模型。其中家庭层面包含 4 个风险因素:亲子关系、父母监控、婚姻冲突和温暖接纳。学校层面包含 3 个风险因素:师生关系、学校联结和同学关系。同伴层面包含两个风险因素:同伴侵害和越轨同伴交往。采用二分编码(0=无风险,1=有风险;分类方法见表 4-1)的方式对 9 个风险因素进行分类,所有风险因素累加的数值被计为累积生态风险。有关 9 个风险因素介绍如下。

(1)亲子关系。采用吴继霞等人[2]编制的"亲子关系问卷"进行测量(例如,"不管父母的工作或生活多么忙碌,父母总是会留一些时间给我")。在本书中,该问卷 Cronbach's α 系数为 0.94。

(2)父母监控。采用 Shek[3]编制的"父母监控量表"进行测量(例如,"我的父母主动了解我的学习情况"),该量表中文版信效度良好[4]。在本书中,该量表 Cronbach's α 系数为 0.80。

(3)婚姻冲突。采用 Gyrch 和 Fincham[5]编制的"父母冲突知觉量表"中

---

[1] 李董平等:《累积生态风险与青少年网络成瘾:心理需要满足和积极结果预期的中介作用》,《心理学报》2016 年第 48 期。

[2] 吴继霞等:《中学生亲子关系问卷编制》,《西南大学学报(社会科学版)》2011 年第 37 期。

[3] Shek D.T.L, "Perceived parental control and parent-child relational qualities in Chinese adolescents in Hong Kong", *Sex Roles*, Vol.53, No.9, 2005, pp.635-646.

[4] 张晓琳:《父母监控、不良同伴与青少年外化问题行为:GABRA2 基因多态性的调节作用》,广州大学 2018 年,硕士学位论文。

[5] Gyrch J.H., Fincham, E.D, "Marital conflict and children's adjustment: A congitive Contextual framework", *Psychological Bulletin*, Vol.108, 1990, pp.267-290.

的冲突解决和冲突强度与频率两个维度进行测量(例如,"即使我在场,爸妈也会互相指责辱骂对方"),该量表中文版信效度良好[1]。在本书中,该量表 Cronbach's α 系数为 0.85。

(4)温暖接纳。采用 Block[2] 编制的"儿童抚养行为问卷"中的温暖温度进行测量(例如,"当我感到不安或害怕时,父母给我安慰和理解"),该量表中文版信效度良好[3]。在本书中,该问卷 Cronbach's α 系数为 0.89。

(5)师生关系。采用 Piana[4] 编制的"师生关系量表"进行测量(例如,"所有教我的老师都喜欢我"),该量表中文版信效度良好[5]。在本书中,该量表 Cronbach's α 系数为 0.92。

(6)学校联结。采用 Resnick[6](1997)编制的"学校联结量表"进行测量(例如,"我觉得自己是学校的一分子"),该量表中文版信效度良好[7]。在本书中,该量表 Cronbach's α 系数为 0.88。

(7)同学关系。采用 Parker 和 Asher[8] 编制的"同学关系量表"进行测量(例如,"当我遇到生气的事情时,我会告诉他/她"),该量表中文版信效

---

[1] 马婷婷:《大学生亲子三角关系、知觉父母婚姻冲突与依恋风格的关系研究》,上海师范大学 2014 年,硕士学位论文。

[2] Block,J.H,"The Child-Rearing Practices Report(CRPR):A set of Q items for the description of parental socialization attitudes and values",*Berkeley*,CA:University of California,Institute of Human Development,1981.

[3] 刘啸莳等:《幼儿外倾性与攻击行为的关系:自我控制和母亲温暖教养的调节作用》,《心理发展与教育》2020 年第 36 期。

[4] Piana R.N.,et al,"Incidence and treatment of 'no-reflow' after percutaneous coronary intervention",*Circulation*,Vol.89,No.6,1994,pp.2514-2518.

[5] 王静:《中学生师生关系、学业情绪与学业成绩的关系研究》,哈尔滨师范大学 2016 年,硕士学位论文。

[6] Resnick,M.D.,Bearman,P.S.,Blum,R.W.,Bauman,K.E.,Harris,K.M.,Jones,J.,…Udry,J.R.(1997).Protecting adolescents from harm:Findings from the National Longitudinal Study on Adolescent Health. *Journal of American Medical Association*,278(10),823-832.

[7] 曹琴:《学校联结、亲子关系与高中生学业成就:心理资本的中介作用及个案干预研究》,华中师范大学 2019 年,硕士学位论文。

[8] Parker J.G,Asher S.R,"Friendship and friendship quality in middle childhood:Links with peer group acceptance and feelings of loneliness and social dissatisfaction",*Developmental Psychology*,Vol.29,No.4,1993,pp.611-621.

第四章 大学生累积生态风险因素对智能手机成瘾的影响及作用机制

度良好①。在本书中,该量表Cronbach's α系数为0.92。

(8)同伴侵害。采用Mynard等人②编制的"同学侵害问卷"进行测量(例如,"当我遇到生气的事情时,我会告诉他/她"),该量表中文版信效度良好③。在本书中,该问卷Cronbach's α系数为0.88。

(9)越轨同伴交往。采用周莎莎等人④(2014)编制的"不良同伴问卷"进行测量(例如,"你的好朋友有多少个逃学或旷课")。在本书中,该问卷Cronbach's α系数为0.90。

表4-1 生态风险和累积生态风险的界定

风险指标	风险领域	M(SD)	项目数	评分	风险界定标准
亲子关系	家庭	98.39(18.19)	26	1(从不)—5(总是)	低于第25百分位数
父母监控	家庭	23.09(5.55)	7	1(从不)—5(总是)	低于第25百分位数
婚姻冲突	家庭	28.86(9.01)	10	1(非常不符合)—6(非常符合)	高于第75百分位数
温暖接纳	家庭	16.75(3.50)	4	1(完全不符合)—5(完全符合)	低于第25百分位数
师生关系	学校	84.42(13.71)	22	1(完全不同意)—5(完全同意)	低于第25百分位数
学校联结	学校	38.78(6.66)	10	1(完全不同意)—5(完全同意)	低于第25百分位数
同学关系	学校	74.23(11.63)	18	1(完全不同意)—5(完全同意)	低于第25百分位数
同伴侵害	同伴	8.77(1.97)	8	1(未发生过)—5(经常发生)	高于第75百分位数
越轨同伴交往	同伴	20.09(7.74)	16	1(没有)—5(≥6)	高于第75百分位数
风险数	0	1	2	3	4	5	6	7	8	9
百分比	26.4%	19.9%	15.5%	11.8%	9.9%	6.8%	4.6%	3.3%	1.4%	0.4%

---

① 周宗奎等:《童年中期同伴关系与孤独感的中介变量检验》,《心理学报》2005年第37期。
② Mynard H.,et al,"Peer-victimisation and posttraumatic stress in adolescents", *Personality & Individual Differences*, Vol.29, No.5, 2000, pp.815-821.
③ 孙树慧:《大学生的攻击:基于自尊与羞怯的研究》,山东师范大学2013年,硕士学位论文。
④ 周莎莎等:《同伴侵害与初中生病理性网络游戏使用的关系:中介效应与调节效应》,《教育测量与评价》(理论版)2014年第7期。

2. 领悟社会支持

采用 Zimet 等人[①](1990)编制,姜乾金[②](2001)中国化修订的"领悟社会支持量表"进行测量。该量表共 12 个题目,由家人支持(例如,"我的家庭能心甘情愿协助我做出各种决定")、朋友支持(例如,"我的朋友们能真正地帮助我")和其他支持(例如,"当我有困难时领导、亲戚、同事是安慰我的真正源泉")三个维度组成。该量表采用 7 点计分(1 = "极不同意",7 = "极同意"),所有题目累加得分代表个体领悟社会支持水平。在本书中,该量表 Cronbach's α 系数为 0.96。

3. 非适应性认知

采用梁晓燕[③](2008)编制的"非适应性认知量表"进行测量。该量表以病理性互联网使用的认知—行为模型为依据编制。本书将量表中的网络替换为手机用以测量个体对手机的非适应性认知。该量表共 14 个题目,由网络舒适度(例如,"我感到手机中的世界比现实世界更为精彩和刺激")、弱的冲动控制(例如,"玩手机可以提高我的安全感")和逃避与退缩(例如,"玩手机时,我不需要去想现实中的问题")三个维度组成。该量表采用 5 点计分(1 = "完全不同意",5 = "完全同意"),所有题目累加得分代表个体非适应性认知水平。在本书中,该量表 Cronbach's α 系数为 0.93。

4. 手机成瘾

采用 Leung[④](2008)编制的"手机依赖指数量表"进行测量。该量表共 17 个题目,由戒断性(例如,"如果你有一阵子没有查看短信或手机没有开机,你会变得焦虑")、失控性(例如,"你尝试在手机上少花些时间但是做不到")、低效性(例如,"在手机上耗费的时间直接导致你的办事效率降低")和逃避性(例如,"当感到被孤立的时候,你会用手机与别人聊天")四个维度组成。该

---

① Zimet, G.D., et al, "Psychometric characteristics of the multidimensional scale of perceived social support", *Journal of Personality of Assessment*, Vol.55, No.3-4, 1990, pp.610-617.
② 姜乾金:《领悟社会支持》,《中国行为医学科学》2001 年第 10 期(特刊)。
③ 梁晓燕:《网络社会支持对青少年心理健康的影响机制研究》,华东师范大学 2008 年,博士学位论文。
④ Leung L, "Linking psychological attributes to addiction and improper use of the mobile phone among adolescents in Hong Kong", *Journal of Children and Media*, Vol.No.2, 2008, pp.93-113.

量表采用5点计分(1="几乎没有",5="总是"),所有题目累加得分代表个体手机成瘾水平。以往研究证明该量表信效度良好(陈英敏等,2021)。在本书中,该量表 Cronbach's α 系数为 0.93。

(三)研究程序

以班级为单位进行线上测试。每班配备两名主试进行指导和答疑。被试完成测验后,主试向被试发放礼品(一支中性笔,约2元)。测验完成后主试向被试简述本次研究的主要目的、测量结果用途以及保密性等内容。整个过程大约50分钟。

(四)分析思路

采用 SPSS 20.0 和 AMOS 24.0 对数据进行分析。数据分析共包含四个步骤。第一,共同方法偏差检验。第二,描述统计和相关分析。第三,中介效应检验。采用结构方程模型检验领悟社会支持和非适应性认知在累积生态风险与手机成瘾之间的中介效应。第四,调节效应分析。采用分层回归分析检验领悟社会支持对累积生态风险与智能手机成瘾关系及中介机制的调节效应。结构方程模型拟合指标包括:χ^2、df、GFI、CFI、NFI 和 RMSEA。

三、结果

(一)共同方法偏差检验

采用 Harman 单因子检验对共同方法偏差进行事后的统计检验(Podsakoff et al.,2003)。结果表明,将生态风险总分作为累积生态风险的预测因子与其他变量测量题目同时纳入模型后,共析出8个特征根大于1的因子,第一个因子解释的变异为29.41%,小于40%的临界值,证明无显著共同方法偏差。

(二)描述统计和相关分析

表4-2呈现了研究变量的平均数、标准差和相关系数。相关分析显示,性别与累积生态风险显著负相关,与领悟社会支持显著正相关。年龄与领悟

社会支持显著负相关,与累积生态风险和手机成瘾显著正相关。户籍所在地与非适应性认知和手机成瘾显著负相关。家庭年收入与累积生态风险显著负相关,与领悟社会支持显著正相关。累积生态风险与领悟社会支持显著负相关,与非适应性认知和手机成瘾显著正相关。领悟社会支持与非适应性认知和手机成瘾显著负相关。非适应性认知和手机成瘾显著正相关(详见表4-2)。

表 4-2 研究变量的平均数、标准差和相关系数

变量	1	2	3	4	5	6	7	8
1.性别	1							
2.年龄	0.05*	1						
3.户籍所在地	-0.02	0.04*	1					
4.家庭收入	-0.06**	-0.21***	-0.05*	1				
5.累积生态风险	-0.15***	0.05*	0.02	-0.08***	1			
6.领悟社会支持	0.16***	-0.06**	-0.03	0.16***	-0.60***	1		
7.非适应性认知	-0.01	0.03	-0.07**	-0.01	0.29***	-0.17***	1	
8.手机成瘾	-0.04	0.04*	-0.05*	0.01	0.29***	-0.15***	0.73***	1
M	0.66	19.41	1.41	5.49	2.25	63.70	37.06	40.55
SD	0.47	0.49	0.72	1.88	2.14	13.84	11.86	13.93

注:$N=2414$。变量1—4为控制变量。性别和户籍所在地为虚拟变量,0=男和城市,1=女和农村。* $p<0.05$,** $p<0.01$,*** $p<0.001$。

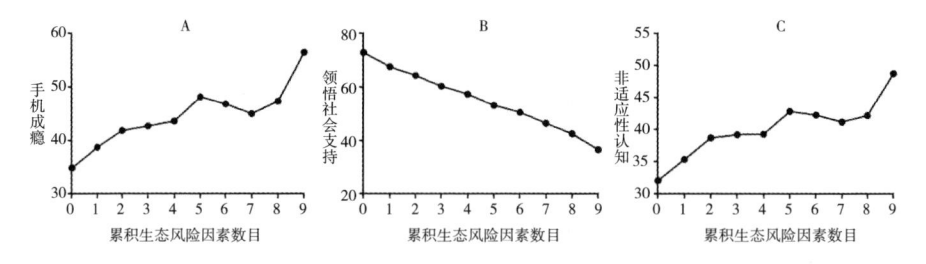

图 4-3 累积生态风险与手机成瘾、领悟社会支持和非适应性认知的函数形式

(三)中介效应检验

中介效应分为五步。第一,检验测量模型。第二,考察累积生态风险对手机成瘾的直接效应。第三考察领悟社会支持的中介效应。第四,考察非适应性认知的中介效应。第五,同时考察领悟社会支持和非适应性认知的中介作用。

第四章　大学生累积生态风险因素对智能手机成瘾的影响及作用机制

1. 测量模型检验

由于累积生态风险、领悟社会支持、非适应性认知和手机成瘾都是潜变量,根据结构方程模型的建模要求,我们需要构建测量模型检验测量效度。在该模型中,累积生态风险由累积生态风险指数作为观测变量;领悟社会支持由家人支持、朋友支持和其他支持作为观测变量;非适应性认知由手机舒适度、弱的冲动控制、逃避和退缩作为观测变量;手机成瘾由戒断性、失控性、低效性和逃避性作为观测变量。这样,测量模型由4个潜变量和19个观测变量构成。通过协方差结构模型的极大似然法对测量模型进行参数估计,结果显示模型拟合良好:$\chi^2/df = 6.54$, GFI = 0.97, CFI = 0.98, NFI = 0.97, RMSEA = 0.048。根据已有研究,GFI、CFI和NFI大于0.9表示拟合良好,RMSEA小于0.08代表模型较为简洁。χ^2/df小于5代表拟合良好,而χ^2/df大于5小于8仍处于可接受区间[①](Browne & Cudeck, 1993)。因此,该测量模型的效度良好。

2. 直接效应检验

本书首先检验累积生态风险对手机成瘾的直接预测作用。根据已有研究建议,同时考察累积生态风险一次项和二次项对手机成瘾的影响,有助于检验两者关系的函数形式(Cohen et al., 2003)。因此,累积生态风险一次项和二次项同时作为自变量,手机成瘾为因变量。与此同时,性别、户籍所在地、年龄和家庭收入作为控制变量。结果显示,该模型拟合良好:$\chi^2 = 86.82$, $df = 25$, $\chi^2/df = 3.47$, GFI = 0.99, CFI = 0.99, NFI = 0.99, RMSEA = 0.032。由于户籍所在地和家庭收入到手机成瘾的路径不显著,因此将其删除以获得简洁模型。简洁模型拟合仍然良好:$\chi^2 = 92.15$, $df = 27$, $\chi^2/df = 3.41$, GFI = 0.999, CFI = 0.99, NFI = 0.99, RMSEA = 0.032。简洁模型与复杂模型之间差异不显著,$\triangle\chi^2/\triangle df = 2.67$, $p = 0.07$,因此简洁模型予以保留。在简洁模型中,累积生态风险显著正向预测手机成瘾,标准化路径系数为$\gamma = 0.45$, $p < 0.001$。此外,累积生态风险二次项显著负向预测手机成瘾,标准化路径系数为$\gamma = -0.22$, $p < 0.001$。因此,假设1得到验证,累积生态风险对大学生手机成瘾有增强作用,

---

① Browne, M.W., & Cudeck, R, "Alternative ways of assessing model fit", in *Testing structural equation models*, K.A.Bollen, & J.S.Long(Eds.), Newbury Park, CA: Sage, 1993, pp.136-162.

且这种增强作用呈"负加速模式"(见图4-3A)。

本书根据已有研究的做法,先单独考察某一风险因素对手机成瘾的影响,然后再将不包含该因素的其他风险因素加以控制,再次考察该因素对手机成瘾的影响。通过对比回归系数的前后变化,从而确定该生态风险独自对手机成瘾的影响和该风险因素伴随其他风险因素对手机成瘾的影响。如表3所示,在控制了其他生态风险因素的总数目后,原本全部显著的9种生态风险因素中,只有5种因素(温暖接纳、婚姻冲突、师生关系、越轨同伴交往、同伴侵害)的预测作用依然显著。但是,此时没有任何单一风险因素对网络成瘾的预测作用超过累积生态风险。因此,累积生态风险对大学生手机成瘾的预测作用要比单一生态风险更显著。

3. 领悟社会支持的中介效应

我们首先将领悟社会支持纳入直接效应模型中,采用协方差结构模型的极大似然法考察领悟社会支持在累积生态风险与手机成瘾之间的中介作用,得到饱和模型(性别、年龄、户籍所在地和家庭收入作为控制变量)。该模型各项指标拟合良好: $\chi^2 = 252.95, df = 52, \chi^2/df = 4.86$, GFI = 0.98, CFI = 0.99, NFI = 0.99, RMSEA = 0.04。由于模型中部分变量到领悟社会支持和手机成瘾的路径不显著,将以上不显著路径删除并得到简洁模型M1,该模型拟合良好: $\chi^2 = 259.61, df = 55, \chi^2/df = 4.72$, GFI = 0.984, CFI = 0.990, NFI = 0.987, RMSEA = 0.039。尽管两个模型之间并没有显著差异: $\triangle\chi^2/\triangle df = 2.22, p = 0.08$,但简洁模型的 χ^2/df 和 RMSEA 进一步减小,模型得到改善,因此简介模型予以保留(见图4-4)。

该模型还显示积生态风险显著正向预测手机成瘾,标准化系数 $\gamma = 0.48, p<0.001$。累积生态风险二次项显著负向预测手机成瘾,标准化系数 $\gamma = -0.22, p<0.001$。累积生态风险显著负向预测领悟社会支持,标准化系数 $\gamma = -0.60, p<0.001$,其函数形式符合"梯度效应"(见图4-3B)。最后,领悟社会支持显著负向预测手机成瘾,标准化系数 $\gamma = -0.05, p = 0.46$。领悟社会支持在累积生态风险与手机成瘾之间起部分中介作用,中介效应占总效应的5.88%,累积生态风险与领悟社会支持协同解释了手机成瘾6.8%的变异。

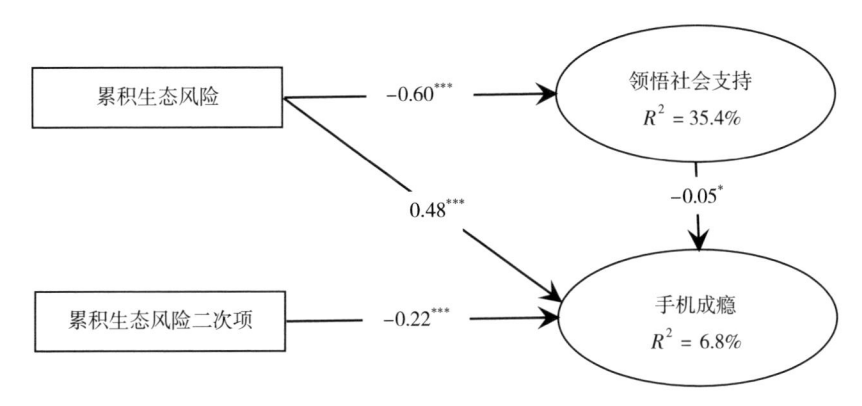

第四章 大学生累积生态风险因素对智能手机成瘾的影响及作用机制

图 4-4 领悟社会支持中介效应检验的简洁模型(M1)

4. 非适应性认知的中介效应

同领悟社会支持,我们将非适应性认知纳入直接效应模型中考察非适应性认知的中介作用。在控制性别、年龄、户籍所在地和家庭收入的影响后,饱和模型拟合良好:$\chi^2 = 204.62$, $df = 43$, $\chi^2/df = 4.76$, GFI = 0.99, CFI = 0.99, NFI = 0.99, RMSEA = 0.04。通过删除饱和模型中不显著路径得到简洁模型 M2,该模型拟合良好:$\chi^2 = 207.15$, $df = 48$, $\chi^2/df = 4.32$, GFI = 0.99, CFI = 0.99, NFI = 0.99, RMSEA = 0.040。虽然模型之间并没有显著差异:$\triangle\chi^2/\triangle df = 0.51$, $p = 0.77$, 但 M2 的 χ^2/df 进一步减小,因此 M2 予以保留(见图 4-5)。该模型显示,累积生态风险显著正向预测非适应性认知,标准化系数 $\gamma = 0.60$, $p < 0.001$。累积生态风险二次项显著负向预测非适应性认知,标准化系数 $\gamma = -0.30$, $p < 0.001$。其函数形式符合"负加速模式"(见图 4-3C)。最后,非适应性认知显著正向预测手机成瘾,标准化系数 $\gamma = 0.84$, $p < 0.001$。累积生态风险和领悟社会支持联合起来可以解释手机成瘾 71% 的变异。

5. 并行或链式中介效应检验

同时将领悟社会支持和非适应性认知纳入直接效应模型中考察两者的中介效应,在控制性别、年龄、户籍所在地和家庭收入的影响后,饱和模型拟合良好:$\chi^2 = 356.01$, $df = 77$, $\chi^2/df = 4.58$, GFI = 0.98, CFI = 0.99, NFI = 0.99, RMSEA = 0.039。首先,删除人口学变量到手机成瘾的不显著路径,得到简洁模型(M3-1)。该模型拟合良好:$\chi^2 = 360.81$, $df = 81$, $\chi^2/df = 4.45$, GFI = 0.98, CFI = 0.99, NFI = 0.99, RMSEA = 0.038。尽管饱和模型与简洁模型不存在差

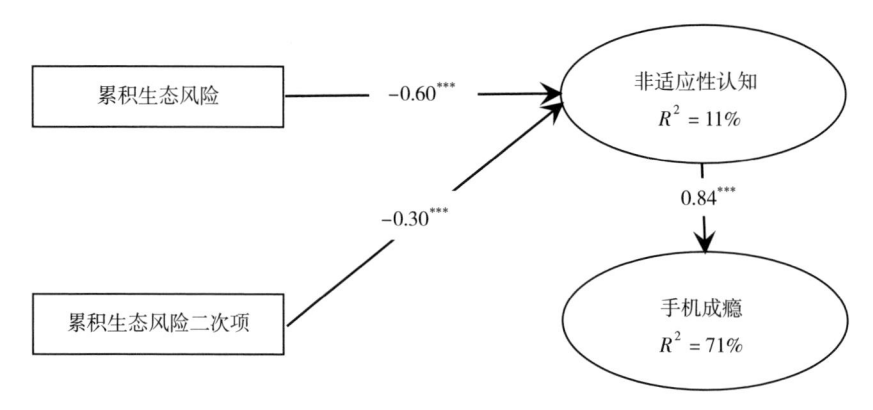

图 4-5 非适应性认知中介效应检验的简洁模型(M2)

异：$\triangle \chi^2 / \triangle df = 1.20, p = 0.31$，但 M3-1 的 χ^2/df 和 RMSEA 得到改善，因此模型 M3-1 予以保留。由于模型中累积生态风险和领悟社会支持到手机成瘾路径，领悟社会支持到非适应性认知路径以及累积生态风险二次项到领悟社会支持和手机成瘾的路径均不显著。因此，将以上 5 条路径予以删除得到简洁模型(M3-2)。该模型拟合良好：$\chi^2 = 370.77, df = 86, \chi^2/df = 4.31, GFI = 0.98, CFI = 0.99, NFI = 0.99, RMSEA = 0.037$。模型 M3-1 和模型 M3-2 相比，两个模型并不存在显著差异：$\triangle \chi^2 / \triangle df = 1.99, p = 0.08$。在其他拟合指标不变的前提下，$\chi^2/df$ 和 RMSEA 进一步下降，模型得到改善，因此模型 M3-2 予以保留（见图 4-6）。模型 M3-2 显示，累积生态风险可以通过非适应性认知的完全中介作用影响手机成瘾。虽然领悟社会支持对非适应性认知和手机成瘾主效应不显著，但累积生态风险可以显著降低领悟社会支持。累积生态风险、领悟社会支持和非适应性认知解释手机成瘾 69.9%的方差变异。

从拟合指标来看，模型 M1、M2 和 M3 都是拟合良好的模型。但是，模型 M3 更好地揭示了研究变量之间的关系，因此，模型 M3 为最终接受的模型。从模型 M3 可以看出，领悟社会支持对非适应性认知和手机成瘾没有显著的预测作用，即领悟社会支持和非适应性认知的并行或链式中介假设均未得到支持。相反，非适应性认知在累积生态风险与手机成瘾之间起完全中介作用，这说明非适应性认知是手机成瘾的核心变量，假设 H3 得到验证。然而，尽管领悟社会支持并未通过中介效应影响累积生态风险与手机成瘾的关系，但其

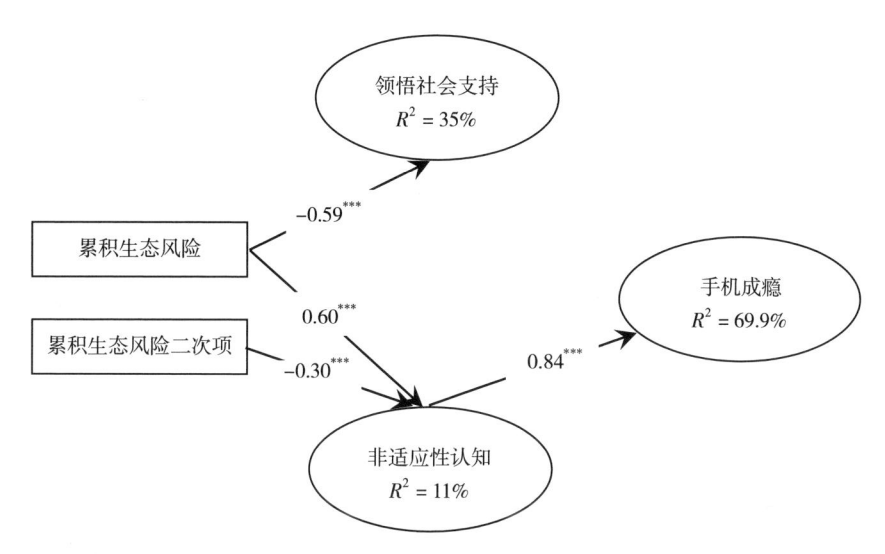

第四章　大学生累积生态风险因素对智能手机成瘾的影响及作用机制

图 4-6　领悟社会支持和非适应性认知中介效应检验的简洁模型（M3-2）

仍可能对累积生态风险、非适应性认知和手机成瘾三者的关系起调节作用。

（四）调节效应

参照已有研究分析策略，本研究同时检验领悟社会支持对累积生态风险到手机成瘾，累积生态风险到非适应性认知和非适应性认知到手机成瘾 3 条路径的调节作用。如果领悟社会支持对累积生态风险到非适应性认知路径调节效应显著，该模型为有中介的调节模型；如果领悟社会支持对非适应性认知到手机成瘾路径调节效应显著，该模型为有调节的中介模型。如果领悟社会支持对以上两条路径均起调节作用，该模型为混合模型。

由表 4-3 可知，方程 1 第一步添加人口学变量、累积生态风险和领悟社会支持后，方程整体显著 $[F(6,2407)=39.56, SE=13.31, p<0.001]$。第二步添加累积生态风险与领悟社会支持交互项后，方程整体仍然显著 $[F(1, 2406)=39.56, SE=13.22, p<0.001]$。该方程表明，年龄可以显著负向预测手机成瘾 $(\beta=-0.05, p=0.013)$。领悟社会支持可以显著负向预测手机成瘾 $(\beta=-0.09, p=0.006)$。累积生态风险与领悟社会支持的交互项显著正向预测手机成瘾 $(\beta=0.40, p<0.001)$，这说明累积生态风险对手机成瘾的影响受到领悟社会支持的调节。

把方程1中的因变量手机成瘾替换成非适应性认知可得到方程2,该方程在第一步过程中$[F(6,2407)=39.23, SE=11.33, p<0.001]$和第二步过程中$[F(1,2406)=41.75, SE=11.24, p<0.001]$整体均显著。该模型显示,年龄($\beta=-0.07, p<0.001$)、累积生态风险($\beta=-0.20, p=0.012$)和领悟社会支持($\beta=-0.14, p<0.001$)均负向预测非适应性认知。累积生态风险与领悟社会支持的交互项显著正向预测非适应性认知($\beta=0.40, p<0.001$),这说明累积生态风险到非适应性认知路径受到领悟社会支持的调节。

非适应性认知进入方程1的第一步中,领悟社会支持与非适应性认知的交互项进入方程1的第二步中得到方程3。该方程在第一步过程中整体显著$[F(7,2406)=397.33, SE=9.50, p<0.001]$,但第二步过程不显著$[F(2,2404)=41.75, SE=9.50, p<0.001]$。该模型中仅非适应性认知显著正向预测手机成瘾($\beta=0.74, p<0.001$),这说明领悟社会支持是通过调节累积生态风险到非适应性认知路径来影响累积生态风险与手机成瘾的关系,其为有中介的调节模型。

为进一步检验领悟社会支持的调节机制,本研究将领悟社会支持按照正负一个标准差分成高分组(M+SD)和低分组(M-SD),将累积生态风险划分为有无生态风险进行简单斜率分析。结果发现,低分组($\beta=0.32, SE=0.22, t=7.49, p<0.001, 95\%CI: 1.20—2.06$)累积生态风险对非适应性认知的正向预测作用显著大于高分组($\beta=0.23, SE=0.58, t=4.84, p<0.001, 95\%CI: 1.68—3.97$)。这说明,领悟社会支持水平越低,累积生态风险对非适应性认知的影响越高,反之则越低(详见图4-7)。

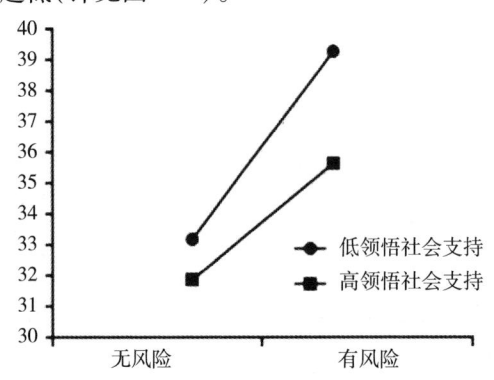

图4-7 领悟社会支持对累积生态风险与非适应性认知关系的调节作用

第四章 大学生累积生态风险因素对智能手机成瘾的影响及作用机制

表 4-3 领悟社会支持的调节效应检验

预测变量	方程1:手机成瘾 B	SE	β	t	95%CI		方程2:非适应性认知 B	SE	β	t	95%CI		方程3:手机成瘾 B	SE	β	t	95%CI	
性别	0.11	0.58	0.00	0.19	−1.03	1.24	0.70	0.49	0.03	1.43	−0.26	1.67	−0.47	0.42	−1.12	0.27	−1.28	0.35
年龄	−0.93	0.37	−0.05*	−2.49	−1.66	−0.20	−1.12	0.32	−0.07***	−3.65	−1.78	−0.53	0.02	0.27	0.00	1.16	−0.51	0.55
户籍所在地	0.93	0.56	0.03	1.67	−0.16	2.03	0.55	0.48	0.02	1.16	−0.38	1.49	0.47	0.40	0.02	0.08	−0.32	1.26
家庭年收入	0.14	0.15	0.02	0.93	−0.15	0.43	0.08	0.13	0.01	0.63	−0.17	0.33	0.07	0.11	0.01	0.66	−0.14	0.28
累积生态风险	−0.83	0.52	−0.13	−1.61	−1.85	0.19	−1.11	0.44	−0.20*	−2.52	−1.98	−0.25	0.02	0.38	0.00	0.04	−0.74	0.77
领悟社会支持	−0.09	0.03	−0.09**	−2.74	−0.15	−0.03	−0.12	0.03	−0.14***	−4.33	−0.17	−0.06	0.03	0.04	0.03	0.77	−0.05	0.11
非适应性认知													0.86	0.07	0.74***	12.87	0.73	1.00
累积生态风险×领悟社会支持	0.05	0.01	0.40***	5.79	0.03	0.07	0.05	0.01	0.45***	6.46	0.33	0.06	0.01	0.01	0.10	1.89	0.00	0.02
领悟社会支持×非适应性认知													−0.00	0.00	−0.04	−0.69	−0.00	0.00
ΔR²	第一步	第二步			第三步		第一步	第二步			第三步		第一步	第二步			第三步	
	0.00	0.09			0.10		0.00	0.09			0.10		3.25*	0.54			0.73	
R	0.07	0.30			0.32		0.08	0.30			0.32							
F	3.25*	39.56***			39.15***		3.73**	39.23***			40.16***		3.25*	397.33***			309.65***	

287

四、讨论

大学生手机成瘾并非单一因素所致,而是多因一效的结果。本研究以累积生态风险模型为依据,考察了家庭、学校和同伴中典型性和代表性风险因素对手机成瘾的累积效应并探讨了该效应的中介和调节机制,这为手机成瘾的干预提供了参考依据。

(一)累积生态风险对手机成瘾的影响

累积生态风险对大学生手机成瘾的不利影响,反映了大学生手机成瘾是家庭、学校和同伴多方面因素协同作用的结果[①]。生物生态学理论指出,个体不仅受到直接与其互动环境(例如家庭、学校和同伴等)的影响,同时也受到环境因素间的交互作用的影响[②]。尽管本研究并未直接考察家庭、学校和同伴领域风险因素对手机成瘾的交互作用,但累积生态风险的总效应远远大于任何单一风险的影响足以证明手机成瘾是多个环境因素同时作用的结果。另外,控制了其他风险因素对手机成瘾的影响,单一风险效应显著降低。这说明只考察某一风险因素对手机成瘾的影响,该影响容易被高估。同时考察多个因素对手机成瘾的影响更符合生活实际[③]。然而,家庭、学校和同伴是大学生最为亲密的生长环境,个体稍有不慎就可能面临罹患手机成瘾的风险。

另外,调查发现累积生态风险对大学生手机成瘾的影响呈"负加速模式"

[①] Ansell E.B., et al, "Effects of cumulative stress and impulsivity on smoking status", *Human Psychopharmacology Clinical & Experimental*, Vol.27, No.2, 2012, pp.200-208; Liu, Q.Y., et al, "Interactive effects of cumulative social-environmental risk and trait mindfulness on different types of adolescent mobile phone addiction", *Current Psychology. Advance online publication*, 2022; 李董平等:《累积生态风险与青少年网络成瘾:心理需要满足和积极结果预期的中介作用》,《心理学报》2016年第48期。

[②] Bronfenbrenner, U., Morris, P.A, "The ecology of developmental processes", in *Handbook of child psychology*, W.Damon & R.M.Lerner(Eds.), New York, NY: Wiley.1998, pp.993-1028; Rosa E.M, Tudge J, "Urie Bronfenbrenner's theory of human development: its evolution from ecology to bioecology", *Journal of Family Theory & Review*, Vol.5, No.4, 2013, pp.243-258.

[③] Evans G.W., et al, "Cumulative risk and child development", *Psychological Bulletin*, Vol.139, No.6, 2013, pp.1342-1396.

第四章 大学生累积生态风险因素对智能手机成瘾的影响及作用机制

发展。通过分析可知当累积生态风险因素个数达到4时,增加的风险因素对手机成瘾的影响开始降低。尽管该风险因素对手机成瘾的累积效应得到缓和,但该负性效应仍在增长,这说明累积生态风险与手机成瘾的关系呈病理性补偿模式。例如,遭受同伴侵害却没有得到父母或老师的及时抚慰的大学生可能会使用手机社交寻求他人的同情,甚至通过手机游戏宣泄情绪等[1]。一旦他们把手机当作最为亲密的"朋友"时,他们会因过度依赖而成瘾[2]。然而,本研究仅选取9个代表性风险因素,"负加速模型"能否在多于9个因素后实现手机成瘾的负增长,从而能形成建设性补偿仍有待进一步探讨。另外,本书结果建议大学生手机成瘾的干预需将风险因素控制在4个以内,超过4个风险因素时仅减少某一风险的影响干预效果不明显。

(二)非适应性认知的中介作用

非适应性认知在累积生态风险对手机成瘾的影响中起完全中介作用。认知—行为模型认为,非适应性认知是手机成瘾的核心因素。遭受家庭、学校和同伴问题的大学生倾向更多使用手机游戏排解心中的压力,或使用社交工具寻求他人安慰。当他们的心理诉求得到满足,他们会形成"手机中的世界远比现实世界更为舒适"的认知,这种扭曲的认知成为手机成瘾的罪魁祸首[3]。

---

[1] Chen Y., et al, "Reciprocal longitudinal relations between peer victimization and mobile phone addiction: the explanatory mechanism of adolescent depression", *Journal of Adolescence*, Vol.89, No.2, 2021, pp.1-9; Liu Q.Q., et al, "Peer victimization, self-compassion, gender and adolescent mobile phone addiction: Unique and interactive effects", *Children and Youth Services Review*, No.118, 2020, Article 105397; Xie X.C, Xie, J.L, "Parental phubbing accelerates depression in late childhood and adolescence: A two-path model", *Journal of Adolescence*, Vol.78, No.1, 2020, pp.43-52.

[2] Huang X., et al, "Mental health, personality, and parental rearing style of adolescents with Internet addiction disorder", *CyberPsychology, Behavior, and Social Networking*, Vol.13, No.4, 2009, pp.401-406; Xie X.C, Xie, J.L, "Parental phubbing accelerates depression in late childhood and adolescence: A two-path model", *Journal of Adolescence*, Vol.78, No.1, 2020, pp.43-52; Wen L., et al, "Family factors in internet addiction among Chinese youth: A review of English-and Chinese-language studies", *Computers in Human Behavior*, Vol.31, No.2, 2014, pp.393-411.

[3] Davis R.A, "A cognitive-behavioral model of pathological internet use", *Computers in Human Behavior*, Vol.17, No.2, 2001, pp.187-195; Tian Y., et al, "Associations between psychosocial factors and generalized pathological internet use in Chinese university students: a longitudinal cross-lagged analysis", *Computers in Human Behavior*, Vol.72, No.6, 2017, pp.178-188.

因此,帮助高累积生态风险的大学生摆脱手机的束缚关键在于如何重建或修复他们对手机的认知。另外,累积生态风险的二次项可以完全通过非适应性认知的中介作用影响手机成瘾,这说明累积生态风险与手机成瘾的"负加速模型"是由累积生态风险与非适应性认知的"负加速模型"所决定,后者关系的临界风险个数同样为4个。该结果提示,大学生不会因为所遭风险个数的增加而无限夸大手机的"魅力"并沉迷其中,原因是累积生态风险对非适应性认知的影响是有"饱和"限度的。

另外,本书结果提示领悟社会支持并未显著预测非适应性认知,该结果与"应急预防模型"的观点相悖。其实通过分析不难发现,"应急预防模型"强调的是社会支持可以改变个体对风险事件的认知[1],而本书中的认知是对解决风险事件的认知,前者强调对因的认知,后者强调对果的认知。因此,本研究结果并不与"应急预防模型"的观点相悖。不过该研究结果提示个体对因和果的认知可能起不同的作用,因此未来研究要对认知的主体加以区分。

(三)领悟社会支持的调节效应

领悟社会支持在累积生态风险对手机成瘾影响的机制中起调节而非中介作用。具体而言,领悟社会支持的调节作用并非直接作用了累积生态风险对手机成瘾影响的效应,而是调节累积生态风险对非适应性认知的效应,进而影响了手机成瘾。简单斜率分析的结果表明,在高领悟社会支持的条件下,累积生态风险通过非适应性认知路径对手机成瘾的影响降低,这显然是"风险缓冲"模式[2]。由于非适应性认知是手机成瘾的核心要素,累积生态风险对核心要素的影响却受制于领悟社会支持,由此可见领悟社会支持的作用不容小觑。缓冲模型则认为,社会支持可以缓解外在风险所带来的压力从而减少对个体行为适应的不利影响。然而本研究发现,领悟社会支持是减少了风险压力背后的非适应性认知从而减少了非适应性行为(手机成瘾)。另外,基于领悟社

---

[1] Dignam J.T., et al, "Occupational stress, social support, and burnout among correctional officers", *American Journal of Community Psychology*, Vol.14, No.2, 1986, pp.177-193.

[2] Fergus S., Zimmerman, M.A, "Adolescent resilience: A framework for understanding healthy development in the face of risk", *Annual Review Public Health*, Vol.26, No.1, 2005, pp.399-419.

第四章　大学生累积生态风险因素对智能手机成瘾的影响及作用机制

会支持的调节效应本研究大胆推论,在"应急预防模型"中,领悟社会支持一方面可以改变个体对风险本身的认知从而减少手机成瘾的发生,另一方面还可以调节风险与手机成瘾的认知从而降低罹患手机成瘾的风险,而本研究考察的是后者。

然而,尽管高领悟社会支持能够缓冲累积生态风险对手机成瘾的影响,但在低领悟社会支持条件下累积生态风险仍然能对手机成瘾产生负性影响,这显然证明领悟社会支持的作用是"杯水车薪"[①]。通过进一步分析发现,高领悟社会支持组中的手机成瘾效果量远高于低领悟社会支持组。由于累积生态风险完全是通过非适应性认知影响手机成瘾,领悟社会支持调节了关键路径。这使得"杯水车薪"调节方式起到了"雪中送炭"的效果。

(四)累积生态风险对领悟社会支持的累积效应

累积生态风险通过显著降低领悟社会支持(表现出"梯度效应"),来增强"累积生态风险→非适应性认知→手机成瘾"路径的中介效应。

首先,累积生态风险因降低领悟社会支持而促进大学生手机成瘾的作用机制符合"梯度效应"。这提示大学生每新增一项风险因素,手机成瘾都会因领悟社会支持的降低而加重,并且其并不存在临界风险个数。尽管这一"梯度效应"不能直接作用于手机成瘾,且并未改变累积生态风险与非适应性认知的"负加速模式",但随着生态风险效应的不断累积,领悟社会支持会失去对累积生态风险与非适应性认知关系的保护作用,"累积生态风险→非适应性认知→手机成瘾"这一路径将会畅通无阻,进而使大学生深陷手机成瘾的"旋涡"。此外,领悟社会支持的调节效应符合"梯度效应",而非适应性认知的中介效应却是"负加速模式"。不同的影响机制下还内隐了不同作用模式,由此可见累积生态风险与手机成瘾的关系机制极为复杂(线性模式与非线性模式并存)。因此,只有综合考虑调节与中介的不同模式才能更好地理解累积生态风险对手机的影响及作用机制。

[①] 李董平:《多重生态学风险因素与青少年社会适应:风险建模与作用机制研究》,华南师范大学 2012 年,博士学位论文。

另外,网络成瘾的"动机双机制模型"认为,个体的成瘾行为是两种动力所致。一方面,个体会因心理缺失而使用手机寻求补偿而成瘾,这一补偿过程称之为"推力"。另一方面,手机中的"精彩世界"也会吸引个体沉迷其中,这种吸引力称之为"拉力"[1](李董平等,2016)。根据该模型,高累积生态风险的大学生不仅会因领悟社会支持不足而主动沉迷手机寻求补偿,也会因为过于夸大手机的魅力(非适应性认知)而被动地不能自拔。正是这一"推"一"拉"的合力构成了累积生态风险对手机成瘾影响的双动力机制。然而,"推力"和"拉力"之间并非完全对称的,"拉力"作用会受到"推力"的影响。

(五)局限与启示

列举4点主要局限,望对未来研究有所启示。第一,采用横断研究设计,不能考察累积生态风险与手机成瘾的双向关系。尽管本研究通过累积生态风险二次项对手机成瘾的影响推论手机成瘾的补偿方式为病理性补偿,但该方式过于间接。未来研究可以采用追踪设计同时考察累积生态风险与手机成瘾的双向关系,如果累积生态风险与手机成瘾能跨时间相互正向预测,该病理性补偿会被进一步证实。第二,家庭、学校和同伴三个生物生态系统中的风险因素远超9个,仅用9风险模型不足以代表家庭、学校和同伴的累积风险总和。因此,未来研究需要不断扩充手机成瘾的累积生态风险模型,从而使研究结果更加贴合实际。第三,采用二分编码的分类方式可能会导致一些重要信息的损失,生物生态风险间的交互作用不能得以很好展现[2](Ellis et al.,2009)。未来研究可以通过大数据分析、机器学习等方式深度挖掘生态风险间的作用模式,更好地还原累积生态风险对手机成瘾影响的真实过程。第四,本次调研对象均为中国大学生,其结论的国际推广仍受样本束缚。未来研究可以对比国内外研究样本对本研究结果的影响,从而将本书的结论推向国外。

---

[1] 李董平等:《累积生态风险与青少年网络成瘾:心理需要满足和积极结果预期的中介作用》,《心理学报》2016年第48期。

[2] Ellis,B.J.,et al,"Fundamental dimensions of environmental risk", *Human Nature*, Vol.20, No.2,2009,pp.204-268.

五、结论

可得出以下结论：

第一，累积生态风险对大学生手机成瘾具有显著的正向预测作用(呈"负加速模式")。

第二，累积生态风险通过显著提高非适应性认知(呈"负加速模式")，进而促进大学生手机成瘾。

第三，领悟社会支持能调节"累积生态风险→非适应性认知→手机成瘾"中介机制的前半段路径；在高领悟社会支持的条件下，累积生态风险通过非适应性认知路径对手机成瘾的影响减弱。

第四，累积生态风险通过显著降低领悟社会支持(表现出"梯度效应")，来增强"累积生态风险→非适应性认知→手机成瘾"路径的中介效应。

总而言之，大学生手机成瘾的累积生态风险效应是一种病理性补偿，非适应性认知在该补偿过程中起核心作用；领悟社会支持对累积生态风险与非适应性认知的关系起保护作用，该结果支持了社会支持的缓冲模型。

第二节 累积生态风险与智能手机成瘾的双向作用机制

一、引言

智能手机的出现给人们的生活带来了巨大的好处，人们可以在任何地方使用智能手机上网。然而，过度使用智能手机会导致智能手机上瘾，其主要表现为主观失控和戒断反应[1]。现有研究表明，智能手机成瘾与人际关系问题[2]、

---

[1] Zhou, H., et al, "A cross-lagged panel model for testing the bidirectional relationship between depression and smartphone addiction and the influences of maladaptive metacognition on them in Chinese adolescents", *Addictive Behaviors*, No.120, 2021, Article 106978.

[2] Busch P.A, McCarthy S, "Antecedents and consequences of problematic smartphone use: A systematic literature review of an emerging research area", *Computers in Human Behavior*, No.114, 2021, Article 106414.

大学生智能手机成瘾的生态风险因素及干预研究

学习成绩降低[1]、情绪障碍(如抑郁和焦虑)[2]甚至自杀倾向和自杀行为有关[3]。因此,有必要探索智能手机成瘾的预测因子及影响机制。

许多研究表明,智能手机成瘾可能是由暴露于多种生态中的风险因子所致(如家庭风险因素、学校风险因素和同伴风险因素)[4];而累积风险模型认为成瘾行为是由多种生态风险因子的累积效应引起而非单一风险所致的。尽管一些研究已经用网络成瘾验证了这一观点[5],但"累积效应"也应该在智能手机成瘾领域进行验证。此外,大多数现有研究旨在测试累积效应对网络成瘾的影响,而忽略了成瘾行为对累积生态风险的"副作用"。智能手机成瘾对人际关系的负面影响表明,智能手机成瘾水平较高的个体可能会遭受更多的风险因素[6]。然而,横断面研究很难同时测试上述"累积效应"和"副作用",需要进行纵向设计的研究。

---

[1] Hao, Z., et al, "Stress, academic burnout, smartphone use types and problematic smartphone use: The moderation effects of resilience", *Journal of Psychiatric Research*, No.150, 2022, pp.324-331.

[2] Elhai, J.D., et al, "Problematic smartphone use: a conceptual overview and systematic review of relations with anxiety and depression psychopathology", *Journal of Affective Disorders*, No.207, 2017, pp.251-259.

[3] Arrivillaga, C., et al, "Adolescents' problematic internet and smartphone use is related to suicide ideation: does emotional intelligence make a difference?", *Computers in Human Behavior*, No.110, 2020, Article 106375.

[4] Buctot D.B., et al, "Factors associated with smartphone addiction prevalence and its predictive capacity for health-related quality of life among filipino adolescents", *Children and Youth Services Review*, No.110, 2020, Article 104758; Sundaya O.J., et al, "The effects of smartphone addiction on learning: A meta-analysis", *Computers in Human Behavior Reports*, No.4, 2021, Article 100114.

[5] Li D.P., et al, "Cumulative ecological risk and adolescent internet addiction: The mediating role of basic psychological need satisfaction and positive outcome expectancy", *Acta Psychologica Sinica*, Vol.48, No.12, 2016, pp.1519-1537; Chen, J.W., et al, "The relationship of cumulative ecological risk and higher vocational college students' learning burnout: The mediation effect of negative self-schema and Internet addiction", *Psychological Development and Education*, Vol.38, No.4, 2022, 576-583.

[6] Busch P.A, McCarthy S, "Antecedents and consequences of problematic smartphone use: A systematic literature review of an emerging research area", *Computers in Human Behavior*, No.114, 2021, Article 106414; Van den Eijnden R.J.J.M., et al, "Compulsive internet use among adolescents: Bi-directional parent-child relationships", *Journal of Abnormal Child Psychology*, Vol.38, No.1, 2010, pp.77-89.

第四章　大学生累积生态风险因素对智能手机成瘾的影响及作用机制

（一）累积生态风险与智能手机成瘾的双向关系

受生物生态学理论的启发①，许多研究发现，大学生的智能手机成瘾受到3个生态风险子系统的影响：家庭、学校和同龄人②。首先，在家庭系统中，消极的家庭环境会增加个人罹患智能手机成瘾的风险。例如，在一个缺乏温暖接纳的家庭中，孩子会通过智能手机寻求情感支持和他人关爱③；如果父母不能及时监控，他们就会因过度使用手机而上瘾④。此外，消极的亲子关系和婚姻冲突会导致孩子使用智能手机寻求精神慰藉或发泄消极情绪，最终，孩子沉迷于智能手机，将其视为灵魂的港湾并成瘾⑤。其次，学校领域也隐藏着智能

---

① Bronfenbrenner, U., Morris, P.A, "The ecology of developmental processes", in *Handbook of child psychology*, W.Damon & R.M.Lerner(Eds.), New York, NY: Wiley.1998, pp.993-1028.

② Buctot D.B., et al, "Factors associated with smartphone addiction prevalence and its predictive capacity for health-related quality of life among filipino adolescents", *Children and Youth Services Review*, No.110, 2020, Article 104758; Liu, Q.Y., et al, "Interactive effects of cumulative social-environmental risk and trait mindfulness on different types of adolescent mobile phone addiction", *Current Psychology*, Advance online publication, 2022.

③ Huang X., et al, "Mental health, personality, and parental rearing style of adolescents with Internet addiction disorder", *CyberPsychology, Behavior, and Social Networking*, Vol.13, No.4, 2009, pp.401-406; Xie X.C, Xie, J.L "Parental phubbing accelerates depression in late childhood and adolescence: A two-path model", *Journal of Adolescence*, Vol.78, No.1, 2020, pp.43-52; Wen L., et al, "Family factors in internet addiction among Chinese youth: A review of English-and Chinese-language studies", *Computers in Human Behavior*, Vol.31, No.2, 2014, pp.393-411.

④ Geng J.Y., et al, "The influence of perceived parental phubbing on adolescents' problematic smartphone use: A two-wave multiple mediation model", *Addictive Behaviors*, No.121, 2021, Article 106995; Lian, L., et al, "Who overuses smartphones? roles of virtues and parenting style in smartphone addiction among Chinesecollege students", *Computers in Human Behavior*, Vol.65, No.10, 2016, pp.92-99; Nau A., Hyd B, "Parental Awareness and Supervision to Prevent Cyberbullying: Scale Adaptation and a Review in terms of Demographic Variables", *Children and Youth Services Review*, No.133, 2021, Article 106329.

⑤ Qiao L., Liu Q, "The effect of technoference in parent-child relationships on adolescent smartphone addiction: the role of cognitive factors", *Children and Youth Services Review*, No.118, 2020, Article 105340; Niu G., et al, "Parental phubbing and adolescent problematic mobile phone use: The role of parent-child relationship and self-control", *Children and Youth Services Review*, No.116, 2020, Article 105247; Xie X.C., et al, "Childhood parental neglect and adolescent internet gaming disorder: From the perspective of a distal—proximal—process—outcome model", *Children and Youth Services Review*, No.120, 2021, Article 105564.

手机成瘾的风险。先前的研究发现,消极的师生关系会减少学生与学校之间的联系,因此无法在学校获得足够的归属感和情感支持[1],最终转向智能手机寻求"帮助"并沉迷其中[2]。最后,同伴在智能手机成瘾的风险因素中也发挥着重要作用。一些研究指出,与智能手机成瘾的结交朋友属于越轨同伴交往,他们更有可能通过观察或模仿同伴而遭受智能手机成瘾[3]。此外,经常遭受同伴侵害的个人会释放负面情绪或通过智能手机寻求帮助,他们也面临较高的智能手机成瘾风险[4]。

综上所述,智能手机成瘾不是某个领域单一风险因素的结果,而是多个领域风险因素的产物。然而,累积风险模型认为,不同领域的风险因素往往是协同的,个人在一个领域遭遇风险时,另一个领域也可能面临其他风险。如果我们简单地考察某一风险对成瘾行为的影响,该风险效应可能会被高估[5]。因

---

[1] Gkbulut, B, "The relationship between sense of school belonging and smartphone addiction of high school students", *International Journal of Scientific & Technology Research*, Vol.5, No.11, 2020, pp.160-193; Liu, Q.Y., et al, "Interactive effects of cumulative social-environmental risk and trait mindfulness on different types of adolescent mobile phone addiction", *Current Psychology*, Advance online publication, 2022.

[2] Sundaya O.J., et al, "The effects of smartphone addiction on learning: A meta-analysis", *Computers in Human Behavior Reports*, No.4, 2021, Article 100114; Sun, R.M., et al, "Parent-child relationships and mobile phone addiction tendency among Chinese adolescents: The mediating role of psychological needs satisfaction and the moderating role of peer relationships", *Children and Youth Services Review*, No.116, 2020, Article 105113.

[3] Jia J., et al, "Psychological security and deviant peer affiliation as mediators between teacher-student relationship and adolescent internet addiction", *Computers in Human Behavior*, Vol.73, No.8, 2017, pp.345-352; Xie X., et al, "Parents' phubbing increases adolescents' mobile phone addiction: Roles of parent-child attachment, deviant peers, and gender", *Children and Youth Services Review*, Vol.105, No.10, 2019, Article 104426.

[4] Chen Y., et al, "Reciprocal longitudinal relations between peer victimization and mobile phone addiction: the explanatory mechanism of adolescent depression", *Journal of Adolescence*, Vol.89, No.2, 2021, pp.1-9; Liu Q.Q., et al, "Peer victimization, self-compassion, gender and adolescent mobile phone addiction: Unique and interactive effects", *Children and Youth Services Review*, No.118, 2020, Article 105397; Zhao Q., et al, "Does adolescents' internet addiction trigger depressive symptoms and aggressive behavior, or vice versa? the moderating roles of peer relationships and gender-sciencedirect", *Computers in Human Behavior*, No.129, 2021, Article 107143.

[5] Evans G.W., et al, "Cumulative risk and child development", *Psychological Bulletin*, Vol.139, No.6, 2013, pp.1342-1396.

此,关注多领域风险因素对智能手机成瘾的累积影响更符合个体的实际生活。

此外,社会补偿假说表明,遭遇负面生活事件的人倾向于使用互联网来补偿他们的线下心理缺陷,这会导致网络成瘾①。例如,有人际关系问题的人可能无法从朋友和家人那里获得足够的社会支持。因此,他们通过互联网社交来扩大人际网络,并从网友那里获得社交支持;这种补偿效应会导致互联网使用时长增加诱发成瘾②。尽管上述研究已经探讨了互联网的这种补偿效应,但我们对智能手机是否能补偿个人心理缺陷的了解仍然有限。根据社会补偿假设,社会补偿可分为建设性补偿和病理性补偿③。建设性补偿表明,智能手机的使用有助于满足个人的需求,促进他们的身心发展;相比之下,病理性补偿表明智能手机的使用不能满足个人的需求,阻碍了他们的身心发展。因此,如果智能手机成瘾的补偿效果是建设性的,那么未来累积的风险数量将受到智能手机使用增加而数量减少;如果补偿效应是病理性的,那么未来累积的风险数量将随着智能手机使用的增加而增加。然而,对于采用横断设计的研究来说,很难通过区分智能手机成瘾的补偿结果来判断其为建设性补偿还是病理性补偿;因此,纵向研究是必不可少的。

(二)非适应性认知的双向中介作用

认知—行为模型为我们提供了网络成瘾的起源和发病机制的理论解释④。该模型表明,精神病理学(如社交焦虑和抑郁)是网络成瘾症状的远端

---

① Morgan C., Cotton S R., "The relationship between Internet activities and depressive symptoms in a sample of college freshmen", *CyberPsychology & Behavior*, Vol. 6, No. 2, 2004, pp. 133-142.

② Li J., et al, "Parent-adolescent communication, school engagement, and Internet addiction among Chinese adolescents:The moderating effect of rejection sensitivity", *International Journal of Environmental Research and Public Health*, Vol. 18, No. 7, 2021; Thompson, N., et al, "Do privacy concerns determine online information disclosure? the case of Internet addiction", *Information and Computer Security*, ahead-of-print, 2021.

③ Morgan C., Cotton S R., "The relationship between Internet activities and depressive symptoms in a sample of collegefreshmen", *CyberPsychology & Behavior*, Vol. 6, No. 2, 2004, pp. 133-142.

④ Davis R.A, "A cognitive-behavioral model of pathological internet use", *Computers in Human Behavior*, Vol. 17, No. 2, 2001, pp. 187-195.

必要因素,它本身不会导致网络成瘾。值得注意的是,非适应性认知是最接近的充分必要因素,它被定义为对网络世界的误解和期望,例如"我在互联网上比在现实中更安全、更舒适"。该模型还表明,远端的必要因素可能通过非适应性认知导致网络成瘾,几项实证研究验证了这一观点[1]。尽管该模型没有阐明累积生态风险在其中的具体位置,但现有研究发现,累积生态风险与社交焦虑、抑郁和其他社会心理因素呈正相关[2],这表明累积生态风险是网络成瘾症状的远端必要因素。许多研究表明,认知—行为模型同样适用于智能手机成瘾[3],非适应性认知也是智能手机成瘾的关键因素。因此,累积生态风险可能通过非适应性认知增加智能手机成瘾的风险。

夸大互联网的优势可能会让个人觉得智能手机更具互动性、娱乐性和趣味性,帮助他们摆脱现实世界的身份和责任[4]。然而,这种扭曲的认知不仅会增加智能手机的使用,还会增加累积生态风险。例如,如果人们错误地认为智

---

[1] Wan, H. C., et al, "Generalized problematic internet use and regulation of social emotional competence: the mediating role of maladaptive cognitions arising from academic expectation stress on adolescents", *Computers in Human Behavior*, Vol. 38, No. 9, 2014, pp. 151–158; Stanciu D., Calugar A., "What is irrational in fearing to miss out on being online. An application of the I-PACE model regarding the role of maladaptive cognitions in problematic internet use", *Computers in Human Behavior*, No. 135, 2022, Article 107365; Mai, Y., et al, "Structure and function of maladaptive cognitions in pathological internet use among Chinese adolescents", *Computers in Human Behavior*, Vol. 28, No. 6, 2012, pp. 2376–2386.

[2] Zhang X.Z, Peng T, "The impact of mindfulness on college freshmen mobile phone addiction tendency: The mediating effect of social anxiety", *China Journal of Health Psychology*, No.13, 2022, pp. 1–10; Kim, I., et al, "Independent and cumulative impacts of adverse childhood experiences on adolescent subgroups of anxiety and depression", *Children and Youth Services Review*, No. 122, 2020, Article 105885.

[3] Lan Y.K., et al, "A pilot study of a group mindfulness-based cognitive-behavioral intervention for smartphone addiction among university students", *Journal of Behavioral Addictions*, Vol. 7, No. 4, 2018, pp.1171–1176; Chen, X., et al, "College students' need for uniqueness and mobile phone addiction: The chain mediating effects of depression and maladaptive cognition", *Chinese Journal of Clinical Psychology*, Vol.30, No.2, 2021, pp.314–330.

[4] Zhou, H., et al, "A cross-lagged panel model for testing the bidirectional relationship between depression and smartphone addiction and the influences of maladaptive metacognition on them in Chinese adolescents", *Addictive Behaviors*, No.120, 2021, Article 106978; Gong, X., et al, "What drives problematic online gaming? the role of it identity, maladaptive cognitions, and maladaptive emotions", *Computers in Human Behavior*, Vol.110, No.5, 2020, Article 106386.

能手机中的朋友比现实世界中的朋友更好,那么他们可能比现实世界更有可能在智能手机中与朋友进行社交互动[1]。然而,在现实世界中与朋友的社交互动减少可能会导致同伴关系不佳,甚至遭受同伴伤害[2]。同样,如果人们减少与学校成员和家庭成员的社交互动,他们也往往会遭受更多的学校和家庭风险。此外,先前的研究发现,个人的网络成瘾水平可能会反馈到随后的非适应性认知中,因为在互联网上的短时快乐会强化他们的扭曲认知[3]。用同样的方法,如果人们通过网络游戏、智能手机社交或其他活动获得乐趣,他们也会产生更多的非适应性认知。从这个角度来看,智能手机成瘾可能会增加非适应性认知,而增加的非适应性认知可能会进一步增加累积生态风险。

(三)累积生态风险与智能手机成瘾的关系函数

Rauer 等人[4]发现累积生态风险和问题行为之间存在三种类型的关系函数。第一种是"正加速模型"[见图 4-8(A)]。该模型假设单个风险因素对个体问题行为的影响因其他风险因素的同时存在而变得更糟,这表明"每个风险因素的总影响大于每个风险因素影响的总和"。第二种是"负加速模型"[见图 4-8(B)],它是指随着风险累积数量的增加,新的风险因素对关系的影响小于先前的风险因素。第三种是"线性模型"[见图 4-8(C)]。该模型假设,每增加一个风险因素,个体的问题行为就会增加一个单位,这也被称为"梯度效应"。

---

[1] Stanciu D., Calugar A.,"What is irrational in fearing to miss out on being online. An application of the I-PACE model regarding the role of maladaptive cognitions in problematic internet use", *Computers in Human Behavior*, No.135, 2022, Article 107365.

[2] Chen Y., et al,"Reciprocal longitudinal relations between peer victimization and mobile phone addiction: the explanatory mechanism of adolescent depression", *Journal of Adolescence*, Vol.89, No.2, 2021, pp.1-9; Liu Q.Q., et al,"Peer victimization, self-compassion, gender and adolescent mobile phone addiction: Unique and interactive effects", *Children and Youth Services Review*, No.118, 2020, Article 105397.

[3] Tian Y., et al, "Associations between psychosocial factors and generalized pathological internet use in Chinese university students: a longitudinal cross-lagged analysis", *Computers in Human Behavior*, Vol.72, No.6, 2017, pp.178-188.

[4] Rauer, A.J., et al, "Relationship risks in context: a cumulative risk approach to understanding relationship satisfaction", *Journal of Marriage & the Family*, Vol.70, No.5, 2008, pp.1122-1135.

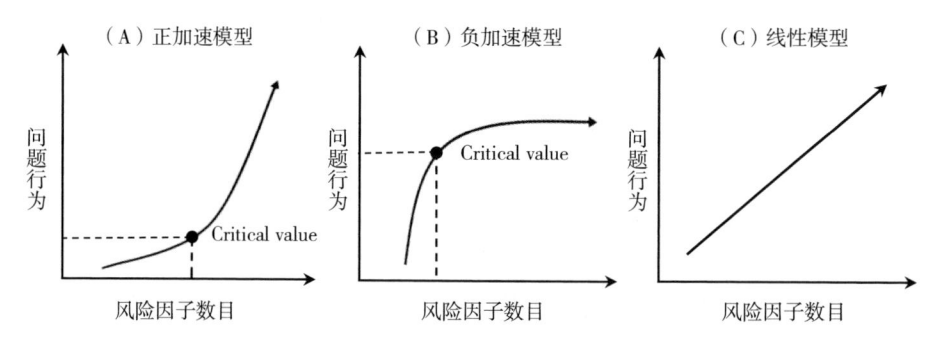

图4-8 多个风险因子与智能手机成瘾的函数关系

尽管许多研究测试了累积生态风险与欺凌受害之间的相互作用类型[1]、生活满意度[2]或其他行为结果[3]，但没有研究测试累积生态风险与智能手机成瘾之间的关系类型。因此，本研究旨在说明这一问题。此外，识别多种风险因素的相互作用类型对智能手机成瘾的干预具有重要的指导作用。更具体地说，"正加速模型"表明，当累积生态风险因素超过一定的临界值时，其对智能手机成瘾的影响将迅速增加，此后干预效果将大大降低。"饱和模型"假设风险因素的数量超过一定的临界值，并且每个新的风险因素对个体问题行为的影响降低，这表明智能手机成瘾的最佳干预预期应该在临界值内。与这两种函数不同，"线性模型"强调风险因素的每一次减少对智能手机成瘾的干预都至关重要[4]。

---

[1] Xiao,X.,et al,"Cumulative ecological risk on bullying victimization in junior high school students:The moderating effects of resilience",*Psychological Development and Education*,Vol.38,No.5,2022,pp.648-657;Hebron,J.,et al,"Cumulative risk effects in the bullying of children and young people with autism spectrum conditions",*Autism*,Vol.21,No.3,2017,pp.291-300.

[2] Rauer,A.J.,et al,"Relationship risks in context:a cumulative risk approach to understanding relationship satisfaction",*Journal of Marriage & the Family*,Vol.70,No.5,2008,pp.1122-1135.

[3] Appleyard,K.,et al,"When more is not better:The role of cumulative risk in child behavior outcomes",*Journal of Child Psychology and Psychiatry*,Vol.46,No.3,2005,pp.235-245.

[4] Appleyard,K.,et al,"When more is not better:The role of cumulative risk in child behavior outcomes",*Journal of Child Psychology and Psychiatry*,Vol.46,No.3,2005,pp.235-245;Xiao,X.,et al,"Cumulative ecological risk on bullying victimization in junior high school students:The moderating effects of resilience",*Psychological Development and Education*,Vol.38,No.5,2022,pp.648-657.

第四章　大学生累积生态风险因素对智能手机成瘾的影响及作用机制

(四)研究概括

我们用两年的纵向数据探讨了四个重要的研究问题。首先,我们探讨了累积生态风险和智能手机成瘾之间是否存在双向关联,并提出了假设1:累积生态风险和智能手机成瘾可以跨时间相互预测。随后,我们对智能手机的非适应性认知是否可以在累积生态风险和智能手机成瘾之间的关联中发挥双向中介作用感兴趣,并提出了假设2:非适应性认知在不同时间内介导累积生态风险和智能手机成瘾之间的关联。最后,我们想知道多种风险因素与智能手机成瘾之间的关系模型类型(假设3)。根据统计学家的建议,累积生态风险的线性项和二次项同时涉及一个模型,二次项的影响可以用来确定变量关系模型的类型[1]。此外,我们还研究了累积生态风险的二次项是否可以通过一段时间内的非适应性认知来预测智能手机成瘾(假设4)。在所有步骤中,性别、户籍、年龄和家庭收入作为协变量进行控制。

在过去的十年里,中国的智能手机用户急剧增加。根据中国互联网络信息中心[2]的报告,共有13.5%的智能手机用户(约1.4135亿)是10—19岁的青少年。事实上,在特定的群体中,成瘾行为研究人员经常对大学新生给予特别的重视。大学新生的第一年是特殊的一年,因为他们必须做出许多改变来适应新的环境。例如,寄宿制的改变可能会导致与家人面对面交流的减少,他们必须建立更广泛的人际关系,以获得社会支持或应对压力,而智能手机是实现这一点的有用工具[3]。此外,家长和老师监督力度的下降可能会导致过度使

---

[1] Cohen J.,et al,"Applied multiple regression/correlation analysis for the behavioral sciences" in(3rd ed.).Mahwah,NJ:Lawrence Erlbaum Associates,2003,Inc.

[2] China Internet Network Information Center,"The 50th Statistical Report on China's Internet Development", Retrieved from http://www.cnnic.net.cn/NMediaFile/2022/1020/MAIN16662586615125EJOL1VKDF.pdf.

[3] Beranuy,M.,et al,"Problematic internet and mobile phone use and clinical symptoms in college students:the role of emotional intelligence", *Computers in Human Behavior*, 25(5),2009,pp. 1182-1187.

用智能手机和沉迷于智能手机①。此外,充足的休闲时间、暂时减轻的学业压力、对新奇和兴奋的好奇心也可能导致他们失去控制,将大量时间花在智能手机上,进行游戏、社交、短视频和其他与成瘾有关的活动②(Zhang & Peng,2022)。因此,有必要通过研究中国大学新生智能手机成瘾的心理机制来有效降低他们的智能手机成瘾。

二、方法

(一)被试

参与者的数据来自"当代大学生累积生态风险因素与智能手机成瘾的双向作用机制及干预研究"项目,这是一项纵向调查,旨在研究智能手机成瘾的发展轨迹以及非适应性认知在累积生态风险和智能手机成瘾之间的双向中介作用。这项大型研究的参与者来自山东的5所大学。数据是在大学新生入学时期及一年后完成测量的。在第一次调查期间(T1),共有1575名学生(33.8%为男性)完成了问卷调查。一年后(T2),共有1511名学生(32%为男性)完成了调查。T2的所有学生也在T1完成了问卷调查,他们的数据用于后期分析。关于1511名T2学生的更详细信息如下:平均年龄为18.38岁(标准差=0.71岁,从17岁到20岁不等);833名(55.1%)为城市户籍学生。关于家庭年收入,分布如下:<2000元,62人(4.1%);2000—5000元,19人(1.3%);5001—10000元,139人(9.2%);10001—30000元,233人(15.4%);30001—50000元,334人(22.1%);50001—100000元,245人(16.2%);100001—150000元,257人(17.0%);>150000元,222人(14.7%)。

---

① Geng J.Y.,et al,"The influence of perceived parental phubbing on adolescents' problematic smartphone use: A two-wave multiple mediation model", *Addictive Behaviors*, No. 121, 2021, Article 106995;Lian,L.,et al,"Who overuses smartphones? roles of virtues and parenting style in smartphone addiction among Chinese college students", *Computers in Human Behavior*, Vol.65, No.10, 2016, pp. 92-99.

② Zhang X.Z,Peng T,"The impact of mindfulness on college freshmen mobile phone addiction tendency:The mediating effect of social anxiety", *China Journal of Health Psychology*, No.13, 2022, pp. 1-10.

（二）程序

受新冠疫情影响,所有问卷都通过网络进行测试,学生可以使用电脑、iPad 或智能手机完成测验。在调查之前,辅导员向同学们分发知情同意书,只有签署知情同意书且返回的学生才被允许参与后期的测量。该调查的程序得到了青岛科技大学道德审查委员会的批准。在数据收集过程中,所有学生要求在 50 分钟内完成所有测验;主试告知所有学生,测验结果对他们在学习期结束时的最终考评没有影响。在第二次调查结束时,学生们被告知他们身份的绝对匿名性以及研究的目的。所有参加调查的学生都得到了一支中性笔作为礼物。由于参与的各所大学非常关注学生的智能手机成瘾问题,测量结果将反馈给大学并为其制订相关的干预计划。

（三）测量

1. 累积生态风险

本书采用 9 风险因子模型。更具体地说,家庭风险子系统包括亲子关系、父母监控、父母冲突和父母温暖接纳四个因子;学校风险子系统包括师生关系、学校联结和同学关系三个因子;同伴风险子系统包含同伴侵害和越轨同伴交往两个因子。对每个因子的风险进行二分法(即,存在 = 1,不存在 = 0;使用第 25 个百分位来确定风险定义标准,见表 4-5)来定义个体是否面临风险因素,并将 9 个因子的总分定义为累积生态风险。尽管这种方法有几个局限性,例如没有对风险因素进行加权,如果将连续的风险因素转换为两类,则会丢失信息,但利大于弊。更具体地说,累积风险指数只包括风险分布的高分段,不包括中低端风险,因此可以捕捉到对人类真正重要的高端风险;它可以相对简洁地构建严重的逆境,并对发展结果具有一致的预测效果;在不加权风险因素的情况下,可以提供鲁棒的参数估计;风险因素的相关性没有假设,因此对其协变性没有具体要求;累积风险效应易于解释,便于与人们和决策者沟通。迄今为止,已有 300 多项研究探讨了这种方法的累积风险对个体压力、学业成绩、社交能力、内外化问题、药物滥用等的影响(Evans et al., 2013)。因此,本书采用二分法进行计分,9 个指标的测量结果详细如下。表 4-5 还阐明了风险子系统、题目数量和评分标准。

亲子关系。使用"中国版亲子关系量表"[1]评估父母和孩子之间的关系。量表的代表性题目如"无论父母的工作或生活有多忙,他们总是给我留一些时间"。两个时间点亲子关系量表的内部一致性系数 α 为 0.94 和 0.94。

父母监控。采用 Shek[2] 开发的"中国版父母监控量表"[3]对父母的监控进行测量。量表的代表性题目如"我的父母主动了解我的研究"。两个时间点父母监控量表的内部一致性系数 α 为 0.80 和 0.80。

婚姻冲突。采用 Gyrch 和 Fincham[4] 开发的"中国版父母冲突感知量表"[5]中的"冲突解决"和"冲突强度和频率"两个维度来衡量父母的冲突。量表的代表性题目如"即使我在场,我的父母也会互相指责和虐待"。两个时间点婚姻冲突的内部一致性系数 α 为 0.84 和 0.82。

温暖接纳。父母的温暖是通过 Block[6] 开发的"中国版儿童养育行为量表"[7]中的"父母温暖接纳"维度来进行测量。量表的代表性题目如"当我感到不安或害怕时,我的父母会给我安慰和理解"。两个时间点父母温暖的内部一致性系数 α 为 0.89 和 0.93。

---

[1] Wu J.X., et al, "The Making of Middle School Student's Parent-Child Relationship Questionnaire", *Journal of Southwest University (Social Sciences Edition)*, Vol.37, No.4, 2011, pp.39-44.

[2] Shek D.T.L, "Perceived parental control and parent-child relational qualities in Chinese adolescents in Hong Kong", *Sex Roles*, Vol.53, No.9, 2005, pp.635-646.

[3] Zhang X.L, "The relationship of parental monitoring, deviant peers and adolescents' externalizing problem behavior—The moderation role of GABRA2" (Unpublished master dissertation), Guangzhou University, 2018.

[4] Gyrch J.H, Fincham E.D, "Marital conflict and children's adjustment: A congitive Contextual framework", *Psychological Bulletin*, Vol.108, 1990, pp.267-290.

[5] Ma T.T., "The study about the correlations among university students' family triangulation perception of interparental conflict, and adult romantic attachment (Unpublished master dissertation)", Shanghai Normal University, 2014.

[6] Block, J.H, "The Child-Rearing Practices Report (CRPR): A set of Q items for the description of parental socialization attitudes and values", Berkeley, CA: University of California, Institute of Human Development, 1981.

[7] Liu, X.S., et al, "Extroversion and aggressive behavior in early childhood: moderating effects of self-control and maternal warmth", *Psychological Development and Education*, Vol.36, No.5, 2020, pp.538-544.

第四章 大学生累积生态风险因素对智能手机成瘾的影响及作用机制

师生关系。教师和学生之间的关系是通过 Piana 等人①开发的"中国版师生关系量表"②来测量的。量表的代表性题目如"我所有的老师都喜欢我"。两个时间点师生关系量表的内部一致性系数 α 为 0.92 和 0.92。

学校联结。学校和学生之间的联结是通过 Resnick③开发的"中国版学校联结量表"④来测量的。量表的代表性题目如"我认为我是学校的一部分"。两个时间点学校联结量表的内部一致性系数 α 为 0.88 和 0.87。

同学关系。同学之间的关系是通过 Parker 和 Asher⑤(1993)开发的"中国版学生—学生关系量表"⑥(Zhou et al.,2005)来测量的。量表的代表性题目如"当我遇到不愉快的事情时,我会告诉他或她"。两个时间点学生关系量表的内部一致性系数 α 为 0.91 和 0.93。

同伴侵害。同伴侵害是通过 Mynard⑦(2000)开发的"中文版同伴侵害量表"⑧(Sun,2013)来测量的。量表的代表性题目如"一些学生试图破坏我的东西"。两个时间点同伴侵害量表的内部一致性系数 α 为 0.89 和 0.92。

---

① Piana R.N.,et al,"Incidence and treatment of 'no-reflow' after percutaneous coronary intervention",*Circulation*,Vol.89,No.6,1994,pp.2514-2518.

② Wang J,"Research on the relationship between middle school students' teacher-student relationship,academic emotions and academic achievement"(Unpublished master dissertation),Harbin Normal University,2016.

③ Resnick M.D.,et al,"Protecting adolescents from harm:Findings from the National Longitudinal Study on Adolescent Health",*Journal of American Medical Association*,Vol.278,No.10,1997,pp.823-832.

④ Cao,Q,"The relationship of school bondig,parent-child relationship and academic achievement of senior high school students:the mediating effect of psychological capital and the case intervention research(Unpublished master dissertation)",Central China Normal University,2019.

⑤ Parker J.G,Asher S.R,"Friendship and friendship quality in middle childhood:Links with peer group acceptance and feelings of loneliness and social dissatisfaction",*Developmental Psychology*,Vol.29,No.4,1993,pp.611-621.

⑥ Zhou,Z.K.,et al,"The test of the mediator variable between peer relationship and loneliness in middle childhood",*Acta psychologica sinica*,Vol.37,No.6,2005,pp.776-783.

⑦ Mynard H.,et al,"Peer-victimisation and posttraumatic stress in adolescents",*Personality & Individual Differences*,Vol.29,No.5,2000,pp.815-821.

⑧ Sun S.H,"The Aggressiveness of university students:studies based on self-esteem and shyness",(Unpublished master dissertation),Shandong Normal University,2013.

越轨同伴交往。采用"中文版偏差同伴关系量表"①评估越轨同伴交往行为。参与者被要求回答他们有多少朋友与随后的行为有关,如网瘾、盗窃、吸烟、醉酒和其他越轨行为。两个时间点越轨同伴交往量表的内部一致性系数 α 为0.89和0.95。

表4-4 生态风险和累积生态风险的界定

风险指标	风险领域	项目数	评分	风险界定标准
亲子关系	家庭	26	1(从不)—5(总是)	低于第25百分位数
父母监控	家庭	7	1(从不)—5(总是)	低于第25百分位数
婚姻冲突	家庭	10	1(非常不符合)—6(非常符合)	高于第75百分位数
温暖接纳	家庭	4	1(完全不符合)—5(完全符合)	低于第25百分位数
师生关系	学校	22	1(完全不同意)—5(完全同意)	低于第25百分位数
学校联结	学校	10	1(完全不同意)—5(完全同意)	低于第25百分位数
同学关系	学校	18	1(完全不同意)—5(完全同意)	低于第25百分位数
同伴侵害	同伴	8	1(未发生过)—5(经常发生)	高于第75百分位数
越轨同伴交往	同伴	16	1(没有)—5(≥6)	高于第75百分位数

2.非适应性认知

非适应性认知采用"中文版网络非适应性认知量表"进行评估②。该量表是基于认知—行为模型开发的,用于测量对互联网的非适应性认知。该量表在中国大学生受试中具有良好的信度和效度③。该量表由14个项目组成,其中代表性题目如"我觉得智能手机中的世界比现实世界更令人兴奋和兴奋"。参与者采用1(强烈不同意)到5(强烈同意)点计分作答。量表总分代表个体

---

① Zhou S.S., et al, "The relationship between peer aggression and pathological online game use of junior middle school students: Mediation effect and moderation effect", *Educational Measurement and Evaluation(Theoretical Edition)*, Vol.7, No.10, 2014, pp.43-48.

② Liang, X.Y, "A study on the effect mechanism of online social support on adolescents' mental health", Doctoral dissertation, East China Normal University, 2008.

③ Tian Y., et al, "Associations between psychosocial factors and generalized pathological internet use in Chinese university students: a longitudinal cross-lagged analysis", *Computers in Human Behavior*, Vol.72, No.6, 2017, pp.178-188.

的非适应性认知水平,分数越高表明对智能手机的非适应性认知水平越高。两个时间点非适应性认知量表的内部一致性系数 α 为 0.95 和 0.93。

3. 手机成瘾

采用"中国版智能手机成瘾"[1]对智能手机成瘾水平进行测量。该量表也是基于认知—行为模型开发的,用于测量个人的手机成瘾水平。该量表由 17 个项目组成,其中代表性题目如"花在智能手机上的时间会直接降低你的工作效率"。参与者采用 1(从不)到 5(总是)点计分作答。量表总分代表个体的手机成瘾水平,分数越高表示智能手机成瘾水平越高。该量表在中国大学生被试中具有良好的信度和效度[2]。量表采用 8 个项目来确定个体是否患有智能手机成瘾。更具体地说,报告"总是"患有上述 8 个项目中任何一个的个体被分为智能手机成瘾组。两个时间点的智能手机成瘾量表的内部一致性系数 α 为 0.93 和 0.95。

(四)控制变量

一项研究发现个体的性别、户籍所在地、年龄和家庭收入与智能手机成瘾相关(Sundaya et al.,2021),因此这些变量被作为控制变量。性别是一个二分变量(0=男性,1=女性);户籍也是一个二分变量(0=城市户籍,1=农村户籍)。此外,由于被试来自不同的高校,为排除不同高校造成的差异,本书对不同高校的学生进行同质性检验。检验结果显示,不同学校的学生在智能手机成瘾上没有显著差异(T1 时,$r=0.01$,$p=0.80$;T2 时,$r=-0.02$,$p=0.35$)。

(五)缺失值处理

在追踪研究过程中,被试流失是一个最为常见的问题。在本研究中有 64 名学生参加了 T1 调查,但没有在 T2 调查中提供他们的数据。被试流失的主

---

[1] Leung L,"Linking psychological attributes to addiction and improper use of the mobile phone among adolescents in Hong Kong",*Journal of Children and Media*,Vol.No.2,2008,pp.93-113.

[2] Chen Y.,et al,"Reciprocal longitudinal relations between peer victimization and mobile phone addiction:the explanatory mechanism of adolescent depression",*Journal of Adolescence*,Vol.89,No.2, 2021,pp.1-9.

要原因包括他们生病请假、无法上课和自愿退出。我们进行了一系列独立样本 t 检验,以检验参与者和非参与者之间在研究变量上是否存在差异。结果表明差异不显著,这代表数据缺失为随机缺失。此外,本研究还进行了 χ^2 检验,以探讨非参与者的性别和户籍数量是否存在差异,结果同样显示差异不显著。由于缺失数据是随机的,而且很小(4.06%小于5%,表明几乎没有影响)[1],在后续的数据分析中伴有缺失的被试数据不予使用,这在最大限度上减少不同缺失值处理方法的影响。

(六)数据分析策略

采用 SPSS 22.0 进行描述统计、差异检验、相关分析和逐步回归;GraphPad Prism 8.0 用于绘制非适应性认知和智能手机成瘾的折线图;采用 AMOS 24.0 进行交叉滞后分析检验研究变量间的纵向关系。第一个模型用于测试假设1和假设2,该模型包括累积生态风险以及累积生态风险的二次项和智能手机成瘾(M1)。更具体地说,T1 累积生态风险预测 T2 累积生态风险和智能手机成瘾;T1 智能手机成瘾预测 T2 智能手机成瘾和累积生态风险;T1 累积生态风险的二次项预测 T2 智能手机成瘾。第二和第三模型用于测试假设3和假设4,将 T1 非适应性认知和 T2 非适应性认知作为 M1(M2)中的双向中介,通过删除 M2 中的不显著路径来构建 M3 从而呈现最终结果。此后,使用 bootstrap 抽样法进一步估计间接效应的强度和显著性。越来越多的研究使用这种方法来减少关于估计效应的抽样分布形状或标准误差所需假设的统计误差[2]。采用 χ^2(卡方)、df(自由度)、GFI(拟合优度指数)、CFI(比较拟合指数)、NFI(赋范拟合指数)和 RMSEA(近似均方根误差)等指标对各模型的拟合效果进行评价。根据先前研究的建议,$\chi^2/df \leqslant 5$,GFI、CFI 和 NFI $\geqslant$

---

[1] Wen L., et al, "Family factors in internet addiction among Chinese youth: A review of English-and Chinese-language studies", *Computers in Human Behavior*, Vol.31, No.2, 2014, pp.393-411.

[2] Hayes A.F., "Introduction to mediation, moderation, and conditional process analysis: A regression-based approach(2nd ed.)", Guilford Press, 2018.

0.95,RMSEA≤0.05 表明模型拟合良好[1]。此外,模型比较使用 $\triangle x^2 / \triangle df$,结果显著代表约束较少的模型更适合数据[2]。

三、结果

(一)共同方法偏差

采用 Harman 单因子方法对共同方法偏差进行事后统计检验[3]。将不同测量时间的累积生态风险、非适应性认知和智能手机成瘾的测量题目同时纳入模型后,在 T1 数据中析出 8 个特征根大于 1 的因子,最大公因子解释方差变异为 26.36%;在 T2 数据中析出 8 个特征根大于 1 的因子,最大公因子解释方差变异为 29.71%。T1 和 T2 时间的最大公因子解释率均小于 40%的临界值,证明没有显著的共同方法偏差。

(二)描述统计、相关分析和差异检验

表4-5 呈现了研究变量的平均值、标准偏差和相关系数。在本研究中,21.2%的学生在 T1 达到智能手机成瘾标准,15.6%的学生在 T2 达到智能手机成瘾标准。相关分析表明,T1 性别与 T1 累积生态风险、T1 智能手机成瘾和 T2 累积生态风险呈负相关,但与 T2 非适应性认知呈正相关;户籍所在地与 T2 非适应性认知呈正相关;年龄与 T1 非适应性认知呈负相关;家庭收入与累积生态风险呈负相关;累积生态风险、非适应性认知和智能手机成瘾在不同时间点相互呈正相关。配对样本 t 检验结果表明,T1 累积生态风险水平高于 T2 累积生态风险($t=2.32, SE=0.05, p=0.02$),T1 非适应性认知水平高于 T2 非适应性认知($t=3.17, SE=0.33, p=0.002$),T1 智能手机成瘾水平高于 T2 智能手机成瘾($t=5.16, SE=0.41, p<0.001$)。

---

[1] Browne,M.W.,& Cudeck,R,"Alternative ways of assessing model fit", in *Testing structural equation models*, K.A.Bollen,& J.S.Long(Eds.), Newbury Park, CA: Sage, 1993, pp.136-162.

[2] Satorra A., Bentler P.M, "A scaled difference chi-square test statistic for moment structure analysis", *Psychometrika*, No.66, 2001, pp.507-514.

[3] Podsakoff, P.M., et al, "Common method biases in behavioral research: A critical review of the literature and recommended remedies", *Journal of Applied Psychology*, Vol.88, No.5, 2003, pp.879-903.

表 4-5　描述统计和相关分析

变量	1	2	3	4	5	6	7	8	9	10
1. T1 性别	1									
2. T1 户籍所在地	0.07**	1								
3. T1 年龄	-0.00	0.05*	1							
4. T1 家庭收入	-0.09***	-0.21***	-0.07**	1						
5. T1 累积生态风险	-0.15***	0.04	-0.02	-0.08**	1					
6. T1 非适应性认知	-0.02	0.03	-0.06*	-0.02	0.31***	1				
7. T1 智能手机成瘾	-0.05*	0.03	-0.04	-0.01	0.30***	0.72***	1			
8. T2 累积生态风险	-0.20***	0.03	-0.01	-0.05	0.50***	0.23***	0.23***	1		
9. T2 非适应性认知	0.05*	0.05*	-0.04	-0.00	0.24***	0.44***	0.37***	0.26***	1	
10. T2 智能手机成瘾	0.00	0.04	-0.04	-0.01	0.23***	0.36***	0.38***	0.27***	0.70***	1
M	—	—	18.38	5.40	2.25	37.08	40.54	2.12	36.02	38.44
SD	—	—	0.71	1.82	2.09	11.71	13.82	2.12	12.56	14.69

注：变量1—4为控制变量。性别和户籍所在地为虚拟变量，0=男和城市，1=女和农村。* $p<0.05$，** $p<0.01$，*** $p<0.001$。

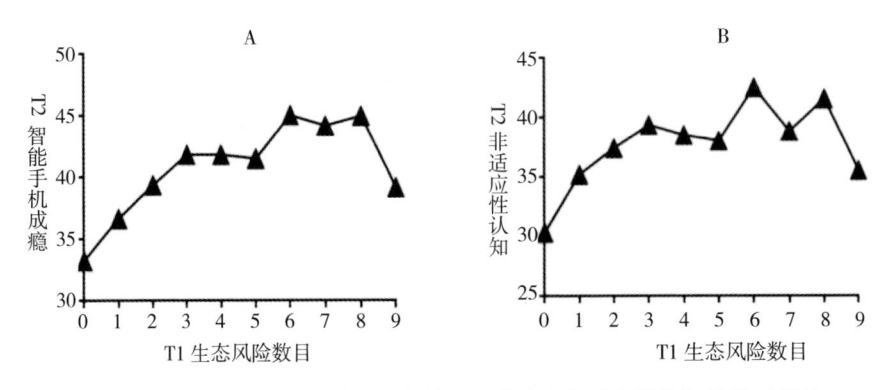

图 4-9　T1 生态风险数目与 T2 智能手机成瘾和非适应性认知的关系函数

(三)累积生态风险与手机成瘾的双向关系

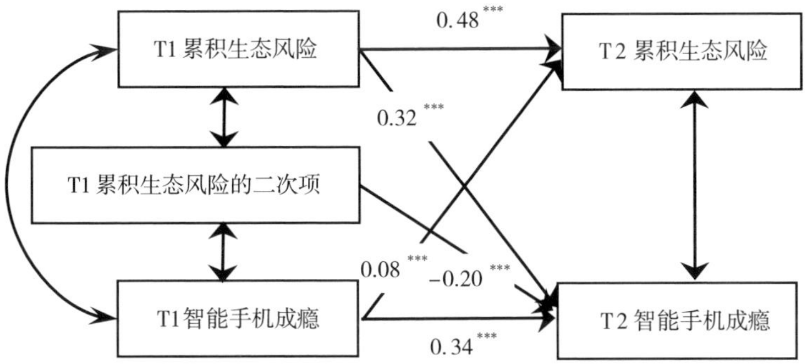

图 4-10 累积生态风险和智能手机成瘾的双向关系

注:路径系数均为标准化路径系数。*** $p<0.001$。

M1 用于检验累积生态风险和智能手机成瘾之间的双向关系,该模型具有良好的模型指数: $\chi^2=75.87, df=20, \mathrm{GFI}=0.99, \mathrm{CFI}=0.99, \mathrm{NFI}=0.98, \mathrm{RMSEA}=0.043$(图 4-10)。M1 的结果表明,在控制了性别、户籍所在地、年龄和家庭收入的影响后,T1 累积生态风险能正向预测 T2 累积生态风险($\beta=0.48, SE=0.02, p<0.001$)和智能手机成瘾($\beta=0.32, SE=0.48, p<0.001$);T1 智能手机成瘾正向预测 T2 智能手机成瘾($\beta=0.34, SE=0.03, p<0.001$)和 T2 累积生态风险($\beta=0.08, SE=0.004, p<0.001$)。结果表明累积生态风险和智能手机成瘾之间的相关性是双向的,假设 1 得到了验证。

M1 还表明,T1 累积生态风险的二次项可以负向预测 T2 智能手机成瘾($\beta=-0.21, SE=0.07, p<0.001$),表明累积生态风险和智能手机成瘾之间的关系类型是"饱和模型"函数形式(见图 4-10)。此外,表 4-6 显示了在控制和不控制 T1 时的其他风险因素的情况下,每个 T1 风险因素对 T2 智能手机成瘾的影响的显著变化。在控制了其他风险因素的影响后,只有 T1 父母监控、父母冲突、师生关系和越轨同伴交往对 T2 智能手机成瘾的影响是显著的,而在不控制 T1 风险因素影响的情况下,它们是显著的。同样,表 4-7 还显示,在控制 T1 其他风险因素的影响时,只有 T1 智能手机成瘾对 T2 父母冲突、师生关系、学校联结和同伴侵害的影响是显著的,而在不控制 T1 风险因素影响

的情况下,它们是显著的。

表 4-6　T1 风险因素对 T2 智能手机成瘾(在控制 T1 其他生态风险因素总数的前后对比)

自变量	未控制 T1 的其他风险因素			已控制 T1 的其他风险因素		
	b	SE	β	b	SE	β
T1 亲子关系	-0.16	0.02	-0.19***	-0.06	0.03	0.068
T1 父母监控	-0.38	0.07	-0.14***	-0.18	0.08	-0.07*
T1 父母冲突	0.32	0.04	0.19***	0.14	0.05	0.09**
T1 父母温暖	-0.48	0.11	-0.11***	0.12	0.14	0.03
T1 师生关系	-0.22	0.03	-0.20***	-0.13	0.04	-0.12***
T1 学校联结	-0.36	0.06	-0.15***	0.08	0.09	0.04
T1 同学关系	-0.17	0.03	-0.13***	-0.00	0.04	-0.00
T1 同伴侵害	0.91	0.20	0.12***	0.30	0.22	0.04
T1 越轨同伴交往	0.29	0.06	0.14***	0.14	0.06	0.07*

表 4-7　T1 手机成瘾对 T2 生态风险因素的影响(在控制 T1 其他生态风险因素总数的前后对比)

自变量	未控制 T1 的其他风险因素			已控制 T1 的其他风险因素		
	b	SE	β	b	SE	β
T2 亲子关系	-0.25	0.03	-0.19***	-0.03	0.03	-0.02
T2 父母监控	-0.04	0.01	-0.10***	0.00	0.01	0.01
T2 父母冲突	0.14	0.02	0.23***	0.04	0.01	0.06**
T2 父母温暖	-0.03	0.01	-0.11***	-0.00	0.01	-0.01
T2 师生关系	-0.18	0.03	-0.17***	-0.07	0.03	-0.07**
T2 学校联结	-0.10	0.01	-0.21***	-0.04	0.01	-0.09***
T2 同学关系	-0.10	0.02	-0.11***	-0.02	0.02	-0.02
T2 同伴侵害	0.02	0.00	0.12***	0.01	0.00	0.056*
T2 越轨同伴交往	0.06	0.02	0.10***	0.01	0.02	0.02

第四章 大学生累积生态风险因素对智能手机成瘾的影响及作用机制

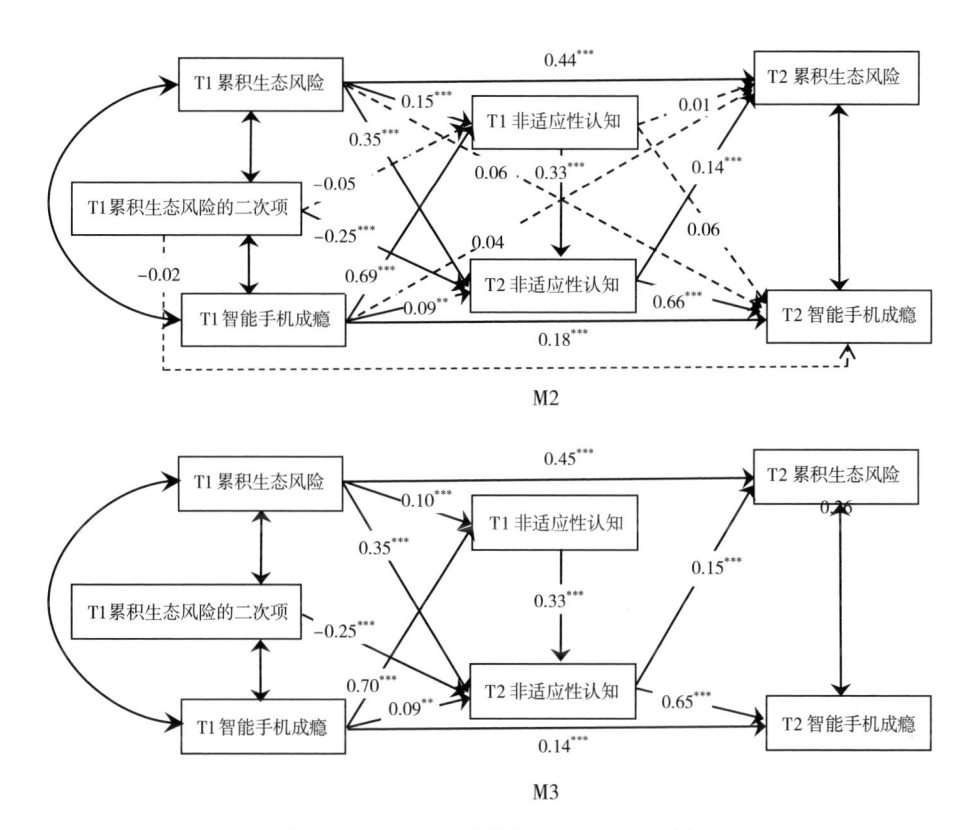

图 4-11 非适应性认知的双向中介作用

注:路径系数均为标准化路径系数;*** p<0.001。

(四)非适应性认知的双向中介作用

M2 用于检验非适应性认知的双向中介作用(见图 4-11)。该模型具有良好的模型指标:$\chi^2 = 86.68, df = 27, \text{GFI} = 0.99, \text{CFI} = 0.99, \text{NFI} = 0.98, \text{RMSEA} = 0.038$。M2 的结果表明,在控制了性别、户籍所在地、年龄和家庭年收入的影响后,T1 累积生态风险到 T2 智能手机成瘾($\beta = 0.06, SE = 0.38, p = 0.27$),T1 累积生态风险的二次项到 T1 非适应性认知($\beta = -0.05, SE = 0.04, p = 0.32$)和 T2 智能手机成瘾($\beta = -0.02, SE = 0.06, p = 0.74$),T1 智能手机成瘾到 T2 累积生态风险($\beta = 0.04, SE = 0.04, p = 0.32$),T1 非适应性认知到 T2 累积生态风险($\beta = 0.01, SE = 0.01, p = 0.83$)和智能手机成瘾($\beta = 0.06, SE = 0.04, p = 0.15$)6 条路径不显著,其余路径均显著。为了选择更好的模型,通

313

过删除上述6条路径建立了比较模型(见图4-11中的M3),M3也具有令人满意的模型指数:$\chi^2=101.31, df=33, GFI=0.99, CFI=0.99, NFI=0.98, RMSEA=0.037$。模型比较结果表明 M2 和 M3 之间存在显著差异:$\triangle\chi^2/\triangle df = 2.43, p=0.02$。由于$\chi^2/df$和 RMSEA 降低,M3 被保留来呈现研究变量之间的关系。

M3 表明,T1 累积生态风险显著预测 T1 非适应性认知($\beta=0.10, SE=0.10, p<0.001$)、T2 累积生态风险($\beta=0.45, SE=0.02, p<0.001$)和非适应性认知($\beta=0.35, SE=0.40, p<0.001$);T1 智能手机成瘾显著预测 T1 非适应性认知($\beta=0.70, SE=0.02, p<0.001$)、T2 智能手机成瘾($\beta=0.14, SE=0.002, p<001$)和 T2 非适应性认知($\beta=0.09, SE=0.03, p<0.01$);T1 非适应性认知显著预测 T2 非适应性认知($\beta=0.33, SE=0.04, p<0.001$);T2 非适应性认知显著预测 T2 累积生态风险($\beta=0.15, SE=0.004, p<0.001$)和智能手机成瘾($\beta=0.65, SE=0.02, p<0.001$)。此外,M3 表明 T1 累积生态风险的二次项可以负向预测 T2 非适应性认知($\beta=0.25, SE=0.06, p<0.001$),这表明累积生态风险与非适应性认知之间的关系类型也呈"饱和模型"关系函数(见图4-10B)。

此外,M3 指示 9 条中介路径,bootstrap 测试结果表明 9 条中介路径均显著。路径1:T1 累积生态风险→T1 非适应性认知→T2 非适应性认知→T2 累积生态风险($\beta=0.005, SE=0.001, p<0.001, [95\%CI:0.003—0.007]$);路径2:T1 累积生态风险→T2 非适应性认知→T2 累积生态风险($\beta=0.052, SE=0.014, p<0.001, [95\%:0.030—0.074]$);路径3:T1 累积生态风险→T1 非适应性认知→T2 非适应性认知→T2 智能手机成瘾($\beta=0.153, SE=0.035, p<0.001, [95\%:0.95—0.210]$);路径4:T1 累积生态风险→T2 非适应性认知→T2 智能手机成瘾($\beta=1.582, SE=0.317, p<0.001, [95\%:1.060—2.104]$);路径5:T1 累积生态风险的二次项→T2 非适应性认知→T2 智能手机成瘾($\beta=-0.176, SE=0.047, p<0.001, [95\%:-0.253—-0.099]$);路径6:T1 智能手机成瘾→T1 非适应性认知→T2 非适应性认知→T2 累积生态风险($\beta=0.005, SE=0.001, p<0.001, [95\%:0.004—0.007]$);路径7:T1 智能手机成瘾→T2 非适应性认知→T2 累积生态风险($\beta=0.001, SE=0.001, p=0.04, [95\%:0.000—0.003]$);路径8:T1 智能手机成瘾→T1 非适应性认知→T2 非

适应性认知→T2 智能手机成瘾(β=0.162,SE=0.020,p<0.001,[95%:0.130—0.194]);路径9:T1 智能手机成瘾→T2 非适应性认知→T2 智能手机成瘾(β=0.057,SE=0.026,p=0.026,[95%:0.015—0.100])。路径3和路径4表明,非适应性认知在累积生态风险对智能手机成瘾的影响中起中介作用,而路径6和路径7表明,非适应性认知也在智能手机成瘾对累积生态风险的影响中起中介作用。因此,假设3得到了证明。此外,路径5表明非适应性认知在累积生态风险对智能手机成瘾的影响中起中介作用,同样呈现为"饱和模型"关系函数,假设4得到了证实(见图4-10A)。

(五)补充分析

先前的研究表明,累积生态风险可以调节认知风险因素与问题行为之间的关系(Luo et al.,2017)。因此我们检测了T1 累积生态风险×T1 非适应性认知(β=0.03,SE=0.01,p=0.71)、T1 累积生态风险×T2 非适应性认知(β=0.04,SE=0.00,p=0.34)和T1 累积生态风险的二次项×T2 非适应性认知(β=0.04,SE=0.000,p=0.52)对T2 智能手机成瘾的影响,结果没有发现显著影响。此外,使用多组比较来确定研究变量之间的关联是否存在性别和户籍所在地的差异,但没有发现差异(p>0.05)。

四、讨论

已有的理论研究和实证研究倾向于关注智能手机成瘾发展中的单一风险因素,但很少有研究通过对中国大学新生的纵向研究来检验累积生态风险和智能手机成瘾之间的双向关系及其作用机制。研究发现,在大学一年级,累积生态风险、非适应性认知和智能手机成瘾的水平趋于下降,这与现有的网络成瘾研究主题一致[1]。此外,本书确定了累积生态风险和智能手机成瘾之间的

---

[1] Tian Y., et al, "Associations between psychosocial factors and generalized pathological internet use in Chinese university students: a longitudinal cross-lagged analysis", *Computers in Human Behavior*, Vol.72, No.6, 2017, pp.178-188; Zhou, N., et al, "Peer contagion processes for problematic internet use among Chinese college students: a process model involving peer pressure and maladaptive cognition", *Computers in Human Behavior*, 90, 2019, pp.276-283.

双向关系,如果仅研究单一风险因素对智能手机成瘾的影响或智能手机成瘾对每个风险因素的影响而不控制其他风险因素,则会夸大单一风险因素对于智能手机成瘾的影响,或智能手机成瘾对单一风险因素的影响。此外,在认知—行为模型中累积生态风险是智能手机成瘾症状的远端必要因素,而非适应性认知作为近端充分因素在累积生态风险和智能手机成瘾之间的关系中起着双向中介作用。最后,累积生态风险对智能手机成瘾的影响呈现为"饱和模型"函数模式,且非适应性认知起完全中介作用。这些发现强调了每一个因素在大学新生智能手机成瘾中所起的独特而重要的作用。总而言之,本书通过考察累积生态风险和智能手机成瘾之间双向关系并检验非适应性认知的双向中介作用,发展和扩充了认知—行为模型。

(一)累积生态风险与手机成瘾的双向关系

调研的结果表明,累积生态风险可以跨时间预测智能手机成瘾,这与之前关于网络成瘾的横断研究一致[1]。累积生态风险本质上反映了大学生缺乏环境支持资源和家长、教师的监督。更具体地说,来自家庭、学校和同龄人的支持资源是学生健康成长的关键。如果所有领域都充满了大量的风险因素,那么个人在现实生活中就会缺乏必要的"舒适场所"且无法获得充足的支持资源。为了弥补线下支持的缺失,个体会通过智能手机寻求网络补偿以提高生活满意度[2]。例如,研究发现,同伴侵害或与同学、家长和老师关系不佳的学

---

[1] Li D.P., et al, "Cumulative ecological risk and adolescent internet addiction:The mediating role of basic psychological need satisfaction and positive outcome expectancy", *Acta Psychologica Sinica*, Vol.48, No.12, 2016, pp.1519–1537; Chen, J.W., et al, "The relationship of cumulative ecological risk and higher vocational college students' learning burnout:The mediation effect of negative self-schema and Internet addiction", *Psychological Development and Education*, Vol.38, No.4, 2022, pp.576-583; Luo, J.J., et al, "Cumulative ecological risk and adolescent internet addiction:a moderating role of effortful control", *Chinese Journal of Clinical Psychology*, Vol.25, No.5, 2017, pp.893–901.

[2] Huang X., et al, "Mental health, personality, and parental rearing style of adolescents with Internet addiction disorder", *CyberPsychology, Behavior, and Social Networking*, Vol.13, No.4, 2009, pp.401-406; Xie X.C, Xie, J.L, "Parental phubbing accelerates depression in late childhood and adolescence:A two-path model", *Journal of Adolescence*, Vol.78, No.1, 2020, pp.43–52; Wen L., et al, "Family factors in internet addiction among Chinese youth:A review of English-and Chinese-language studies", *Computers in Human Behavior*, Vol.31, No.2, 2014, pp.393-411.

第四章　大学生累积生态风险因素对智能手机成瘾的影响及作用机制

生倾向于使用社交网络或智能手机多人游戏来获取支持资源,以弥补这一不足;一旦该不足得到补偿,学生将更多使用智能手机,甚至沉迷于手机[1]。此外,父母和老师缺乏监控将导致智能手机使用的严重失控[2]。例如,大学新生从高中进入大学,面临着家长对学生监控水平下降(调研中几乎所有的学生均为寄宿生);大学提倡的自主式学习也导致老师的监控水平下降,父母和老师监控水平下降也可能会导致智能手机使用失控。另外,根据人际关系的相似性理论,友谊的双方往往在一些特征上具有相似之处,该现象被称为"同伴选择效应"[3]。先前的研究证实,青少年朋友之间的相似性反映在许多方面,如饮酒频率[4]、抑郁水平[5]和学业成绩[6]。根据"同伴选择效应",智能手机成瘾的大学新生倾向于与其他智能手机成瘾和其他成瘾行为者结交朋友,从而形成越轨同伴交往。

调查还发现智能手机成瘾可以跨时间预测累积生态风险,这表明智能手机成瘾的补偿作用是病理性的。先前的研究旨在通过横断设计来检验累积生态风险对个体身心健康的影响,而忽略了智能手机成瘾对累积生态风险的

---

[1] Wang, P., et al, "The exacerbating role of perceived social support and the 'buffering' role of depression in the relation between sensation seeking and adolescent smartphone addiction", *Personality and Individual Differences*, No.130, 2018, pp.129-134; Yuan, Y.E., et al, "The interconnections among the intensity of social network use, anxiety, smartphone addiction and the parent-child relationship of adolescents: a moderated mediation effect", *Acta Psychologica*, No.231, 2022, Article 103796.

[2] Geng J.Y., et al, "The influence of perceived parental phubbing on adolescents' problematic smartphone use: A two-wave multiple mediation model", *Addictive Behaviors*, 121, 2021, Article 106995; Lian, L., et al, "Who overuses smartphones? roles of virtues and parenting style in smartphone addiction among Chinese college students", *Computers in Human Behavior*, Vol.65, No.10, 2016, pp.92-99.

[3] Faris R, Felmlee D, "Casualties of social combat: School networks of peer victimization and their consequences", *American Sociological Review*, Vol.79, No.2, 2014, pp.228-257.

[4] Popp, D., et al, Modeling homophily over time with an actor-partner interdependence model, *Developmental Psychology*, Vol.44, No.4, 2008, pp.1028-1039.

[5] Giletta, M., et al, "Friendship context matters: Examining the domain specificity of alcohol and depression socialization among adolescents", *Journal of Abnormal Child Psychology*, Vol.40, No.7, 2012, pp.1027-1043.

[6] Rulison, K.L., et al, "Rejection, feeling bad, and being hurt: Using multilevel modeling to clarify the link between peer group aggression and adjustment", *Journal of Adolescence*, Vol.33, No.6, 2010, pp.787-800.

"副作用"①。最近的一项研究将智能手机成瘾定义为"社会过敏源"——一种"他人的麻烦行为,由于对他们的重复和归因而增加刺激"——以详细说明对个人关系的负面影响②。这项研究发现,忽视伴侣的智能手机(即手机冷落)会侵蚀伴侣的关系满意度,因为他们感觉到更多的关系诋毁。从这个角度来看,大学新生最亲密的关系是与父母、老师、同学和同伴的关系,而大量使用智能手机("社交过敏源")也可能会因更多的关系诋毁而损害这些亲密关系。父母和孩子之间的不良关系可能会导致进一步的父母冲突或父母监控减少③;教师/学生和学生之间的不良关系导致学校联系减少④;同龄人之间的不良关系可能导致同伴侵害,甚至与越轨同伴结交⑤。

尽管累积风险模型没有确定哪一个因素最有可能导致大学新生智能手机成瘾,但该模型确实表明,没有单一的风险因素在智能手机成瘾的发展中起决定性作用。相比之下,多种风险因素的累积对个人的不利影响最大,我们发现,没有单一风险因素对智能手机成瘾的影响大于对累积生态风险的影响。由于多种风险因素呈正相关,面临一种风险因素的学生也倾向于遭受其他风险因素的影响;因此,探索累积生态风险的影响更符合他们的实际生活。此

---

① Li D.P., et al, "Cumulative ecological risk and adolescent internet addiction: The mediating role of basic psychological need satisfaction and positive outcome expectancy", *Acta Psychologica Sinica*, Vol.48, No.12, 2016, pp.1519-1537; Xiao, X., et al, "Cumulative ecological risk on bullying victimization in junior high school students: The moderating effects of resilience", *Psychological Development and Education*, Vol.38, No.5, 2022, pp.648-657.

② Roberts J.A, David M.E, "Partner phubbing and relationship satisfaction through the lens of social allergy theory", *Personality and Individual Differences*, No.195, 2022, Article 111676.

③ Olson, A.E., et al, "Child maltreatment, parent-child relationship quality, and parental monitoring in relation to adolescent behavior problems: Disaggregating between and within person effects", *Child Abuse & Neglect*, No.136, 2023, Article 106003.

④ Wong, T., et al, "Feeling connected: the roles of student-teacher relationships and sense of school belonging on future orientation", *International Journal of Educational Research*, No.94, 2019, pp.50-157.

⑤ Campbell W.N, Skarakis-Doyle E, "The relationship between peer conflict resolution knowledge and peer victimization in school-age children across the language continuum", *Journal of Communication Disorders*, Vol.44, No.3, 2011, pp.345-358; Zhu, J., et al, "Peer victimization, deviant peer affiliation and impulsivity: predicting adolescent problem behaviors", *Child Abuse & Neglect*, No.58, 2016, pp.39-50.

外,研究发现,在不控制其他风险因素的情况下,每个风险因素对智能手机成瘾或智能手机成瘾对每个风险因素的影响都比控制其他风险因子时更大。这些结果表明,在不控制其他风险因素的情况下,检验每个风险因素对智能手机成瘾的影响或智能手机成瘾对每个风险因素的影响,可能会夸大每个风险因素对于智能手机成瘾的影响,或智能手机成瘾对每个风险因素的作用。

(二)非适应性认知的双向中介作用

尽管先前的研究发现,家庭风险因素[1]、学校风险因素[2]和同伴风险因素可以通过非适应性认知影响个人的网络成瘾,但少有研究探讨累积生态风险对手机成瘾的影响及作用机制。我们的研究结果表明,随着时间的推移,累积生态风险会通过非适应性认知增加大学新生的智能手机成瘾水平,这表明累积生态风险是智能手机成瘾的一个远端必要原因。对自我的认知扭曲(例如,"我在网上交流中感觉很好,而不是在现实中")和对世界的认知扭曲(例如,"我在网络世界中可以得到比在现实中更公平的对待")是智能手机成瘾的核心。就他们自己而言,累积生态风险水平较高的学生的社会支持水平较低,他们可能会使用智能手机的社交功能在网上交友以获得认可。当这些学生受到了网友的鼓励、赞扬或安慰时,他们可能对自己产生了认知扭曲,认为"我可以在网上交到比现实更多的朋友"。另外,累积生态风险可以让学生通过智能手机玩网络游戏来逃离现实,而他们觉得自己在现实中没有得到公平对待[3]。在网络游戏的虚拟世界中,匿名性使得现实世界中的地位和财富不再发挥作用,人们处于一个相对公平的环境中;此外,网络游戏的程序和规则

---

[1] Wei,H.,et al,"The Effect of Harsh Parenting on Internet Addiction:A Moderated Mediating Model",*Chinese Journal of Special Education*,Vol.4,No.238,2020,pp.68-75.

[2] Gao,T.,et al,"The role of school connectedness and maladaptive cognitions in the association between stress and internet addiction:a serial mediation model",*Perspectives in Psychiatric Care*,Vol.55,No.4,2019,pp.728-733.

[3] Davis R.A,"A cognitive-behavioral model of pathological internet use",*Computers in Human Behavior*,Vol.17,No.2,2001,pp.187-195;Stanciu D.,Calugar A.,"What is irrational in fearing to miss out on being online.An application of the I-PACE model regarding the role of maladaptive cognitions in problematic internet use",*Computers in Human Behavior*,No.135,2022,Article 107365.

相对公平①。因此,累积生态风险水平高的个人一方面觉得现实世界不公平,另一方面又倾向于认为网络游戏世界更公平,从而产生一种偏向虚拟世界、贬低现实世界的非适应性认知。此外,患有累积生态风险的学生也往往会经历一系列负面情绪,如抑郁、孤独和焦虑,他们可能会听在线音乐、看在线视频和用智能手机在线购物,以缓解负面情绪,同时情绪会有所改善。他们还会产生非适应性认知,认为网络世界比现实更令人兴奋,这同样会导致智能手机成瘾行为②。

尽管认知—行为模型强调,远端必要因素可以通过近端充分因素导致网络成瘾;然而,它并没有指出网络成瘾也可以通过近端充分因素对远端必要因素产生影响。我们的研究结果还表明,随着时间的推移,智能手机成瘾可以通过非适应性认知来增加大学新生的累积生态风险,该结果发展了认知—行为模型。上述结果表明,用智能手机夸大互联网的好处对现实生活是有害的,事实证明,网络世界和现实之间存在本质区别。例如,由于互联网的匿名性和虚拟性,学生可以做一些不能做的事情,也可以说一些现实中不能说的话。然而,花太多时间在智能手机上可能会导致学生完全同意互联网上的规则(非适应性认知),他们将不再适应现实生活。换句话说,累积生态风险水平的升高是智能手机对互联网的不适应认知的不利后果。

(三)累积生态风险与手机成瘾的关系函数

此外,累积生态风险对智能手机成瘾的影响呈现为"饱和模型"关系函

---

① Jang C. Y., "Managing fairness: Reward distribution in a self-organized online game player community", in *D. Schuler (Ed.)*, Online communities and social computing, Berlin, Heidelberg, Germany: Springer, 2007, pp.375-384; Song S., Lee J., "Key factors of heuristic evaluation for game design: Towards massively multi-player online role-playing game", *International Journal of Human-Computer Studies*, Vol.65, No.8, 2007, pp.709-723.

② Chen, X., et al, "College students' need for uniqueness and mobile phone addiction: The chain mediating effects of depression and maladaptive cognition", *Chinese Journal of Clinical Psychology*, Vol.30, No.2, 2021, pp.314-330; Kim, I., et al, "Independent and cumulative impacts of adverse childhood experiences on adolescent subgroups of anxiety and depression", *Children and Youth Services Review*, No.122, 2020, Article 105885; Zhang X. Z, Peng T, "The impact of mindfulness on college freshmen mobile phone addiction tendency: The mediating effect of social anxiety", *China Journal of Health Psychology*, No.13, 2022, pp.1-10.

第四章 大学生累积生态风险因素对智能手机成瘾的影响及作用机制

数,随着累积风险数量的增加,新的风险因素对累积生态风险和智能手机成瘾之间关系的影响小于前风险因素,这与之前关于欺凌受害[1]和生活满意度[2]的研究一致。然而,其他一些关于累积生态风险与精神病理学问题之间关系的研究也发现了"正加速模型"[3]和"线性模式"[4],这与本书结论不一致。这可能是由不同的研究样本(年龄、性别或国家)、累积生态风险指标和结果变量引起的。例如,Hebron 和他的同事[5]采用行为困难、积极关系、父母参与和其他风险因素作为累积生态风险的指标,以确定其对患有自闭症儿童与欺凌行为的影响,结果发现累积生态风险对欺凌的影响呈现"正加速模型"关系函数。这些结果表明,累积生态风险对个体精神病理学问题的影响类型因不同的研究背景而有所差异。

进一步的分析表明,智能手机成瘾累积生态风险因子个数临界值为 4 个因素,这表明当风险因素的数量超过 4 时,每个新的风险因素对个体智能手机成瘾的影响都在减少。这也说明,风险因素的数量在 4 以内很难引发严重的智能手机成瘾,而风险因素的数目超过 4 会导致严重的智能手机成瘾并达到"饱和状态"。根据起点理论[6],当风险因素的数量没有达到起点(4 个风险因素)时,累积生态风险和智能手机成瘾之间的关联只是一个数量变化,学生智能手机成瘾水平随着风险因素的增加而急剧增加。在 4 个风险因素之后,达到了起点,累积生态风险和智能手机成瘾之间的关联产生了质的变化;进一步的危险因素的负面后果减少了。起点理论表明,应对智能手机成瘾进行最有

---

[1] Xiao,X.,et al,"Cumulative ecological risk on bullying victimization in junior high school students:The moderating effects of resilience.*Psychological Development and Education*,Vol.38,No.5,2022,pp.648-657.

[2] Rauer,A.J.,et al,"Relationship risks in context:a cumulative risk approach to understanding relationship satisfaction",*Journal of Marriage & the Family*,Vol.70,No.5,2008,pp.1122-1135.

[3] Forehand,R.,et al,"Cumulative risk across family stressors:Short-and long-term effects for adolescents",*Journal of Abnormal Child Psychology*,Vol.26,No.(2),1998,pp.119-128.

[4] Appleyard,K.,et al,"When more is not better:The role of cumulative risk in child behavior outcomes",*Journal of Child Psychology and Psychiatry*,Vol.46,No.3,2005,pp.235-245.

[5] Hebron,J.,et al,"Cumulative risk effects in the bullying of children and young people with autism spectrum conditions",*Autism*,Vol.21,No.3,2017,pp.291-300.

[6] Jones,D.J.,et al,"Psychosocial adjustment of African American children in single-mother families:A test of three risk models",*Journal of Marriage & Family*,Vol.64,No.1,2002,pp.105-115.

效的干预,而风险因素的累积数量不大于4;在4个因素之后,干预几乎无效。此外,本研究还发现,智能手机成瘾的累积生态风险起点完全取决于累积生态风险对非适应性认知的临界值,这也有4个因素。尽管认知—行为模型揭示了非适应性认知是智能手机成瘾的关键因素,但它并不能确定由非适应性认知的量变引起的智能手机成瘾的量变和智能手机成瘾的质变是由非适应性认知的质变产生的。这一结果进一步发展了认知—行为模型。

(四)研究局限与未来研究启示

尽管本书的研究具有一些优势,包括采用纵向设计以大学新生为样本,考察了累积生态风险与智能手机成瘾的双向关系及作用机制,但仍存在一些缺陷。首先,采用了风险二分法。当连续风险因素分为两部分时,这种方法会导致一些信息的丢失;如果没有这些信息,本研究的结果可能会产生一些变化[1]。此外,该方法没有识别不同领域(家庭、学校和同龄人)风险因素的差异,并将所有领域的风险因素累积在一起,而不同领域的差异也可能导致结果的差异。从这个角度来看,未来的研究可以使用其他方法,例如累积每个风险因素的所有维度或项目,以进一步验证我们的发现。其次,在家庭、学校和同伴这3个生物生态系统中,有9个以上的风险因素,仅9个风险指标模型无法代表家庭、学校、同伴的累积生态风险。例如,先前的一项研究发现,社会经济地位、儿童时期的虐待、他人的社会支持或社区安全[2]也与智能手机成瘾有关。因此,未来的研究需要不断扩展智能手机成瘾的累积风险模型,使研究结果更加符合生活实际。再次,仅采用大学新生作为研究被试,使得累积生态风险、非适应性认知和智能手机成瘾的关系很难扩展到所有大学年份。因此,未来研究可以在所有大学年份进一步跟踪调查,以进一步验证和扩展这些结果。最后,尽管补充分析没有发现累积生态风险与智能手机成瘾的非适应性认知

---

[1] Ellis,B.J.,et al,"Fundamental dimensions of environmental risk", *Human Nature*, Vol.20, No.2, 2009, pp.204-268.

[2] Chen,J.W.,et al,"The relationship of cumulative ecological risk and higher vocational college students' learning burnout:The mediation effect of negative self-schema and Internet addiction", *Psychological Development and Education*, Vol.38, No.4, 2022, pp.576-583.

之间的相互作用,但研究发现累积生态风险可以与个人因素(如责任感)[①]相互作用,影响他们的行为。先前的一项研究发现,抑郁、害羞、大五人格特征、社交焦虑和其他因素等个体因素与智能手机成瘾有关;因此,未来的研究可以探索累积生态风险与这些个体因素的交互作用,是否可以通过非适应性认知来影响智能手机成瘾(称为中介调节模型)。

(五)手机成瘾的干预启示

尽管智能手机成瘾学生的数量在大学一年级趋于减少(发病率从 T1 时的 21.2%降至 15.6%),但智能手机成瘾干预仍然是必要的。本研究的结果对预防和干预大学生智能手机成瘾具有重要意义。首先,干预应针对多个风险因素,而不是单一风险因素。考虑到生态风险在不同领域的共同存在,个体在面临一个风险因素时,很可能会受到多种其他风险因素的影响,同时对多种风险因素进行干预会取得更好的效果。其次,非适应性认知是累积生态风险和智能手机成瘾双向关联的关键因素,针对非适应性认知的干预措施旨在打破这一恶性循环。认知行为疗法表明,认知重组可以作为智能手机成瘾的一种治疗策略[②]。例如,Young 和 Case[③]发现,关于过度或强迫性使用智能手机的负面后果的教育和培训可以缓解智能手机成瘾的许多症状。最后,在大学生活开始时,学生的智能手机成瘾水平较高,这突出表明应该尽早提供干预措施。先前的研究表明,团体咨询、合作游戏和集体交流有助于大学生的成瘾行为[④],在大学生活开始时就应该提倡这种集体活动。

[①] Bao, Z. Z., et al, "Cumulative ecological risk and adolescents' academic and social competence: the compensatory and moderating effects of sense of responsibility to parents", *Psychological Development and Education*, Vol.30, No.5, 2014, pp.482-495.

[②] Davis R.A, "A cognitive-behavioral model of pathological internet use", *Computers in Human Behavior*, Vol.17, No.2, 2001, pp.187-195.

[③] Young K.S, Case C.J, "Internet abuse in the workplace: New trends in risk management", *Cyberpsychology and Behavior*, Vol.7, No.1, 2004, pp.105-111.

[④] Song A.F, Shi X.W, "A review of intervention research on Internet addiction disorder", *Journal of Xinjiang Medical University*, Vol.29, No.3, 2006, pp.268-270.

五、结论

这是第一项利用纵向设计来检验累积生态风险和智能手机成瘾之间的纵向关系以及大学新生非适应性认知的中介作用的研究。我们的研究结果表明,累积生态风险和智能手机成瘾之间的联系是相互因果关系,而非适应性认知在相互因果关系中起着双向中介作用。此外,累积生态风险可以通过"饱和模型"的非适应性认知的完全中介作用影响智能手机成瘾。这些发现突出表明,对智能手机的非适应性认知不仅会导致大学生对智能手机上瘾,还会导致他们遭受更多的生态风险因素。将风险个数控制在4以内有助于智能手机成瘾干预。

第三节 不同方法论对累积生态风险与智能手机成瘾的双向作用机制的影响

一、引言

截至2020年12月,我国约有9.86亿网民通过智能手机从事玩游戏、看视频、社交、购物等活动,智能手机依然是最大的网络使用终端[1]。有研究发现21.3%的中国大学生存在智能手机成瘾问题[2],他们因过度使用手机而影响了学业成绩,甚至产生了心理、社会适应等方面的问题[3]。随着我国手机用户的不断增长,大学生智能手机成瘾问题堪忧。自2018年秋季起,"00后"逐

---

[1] 中国互联网络信息中心:第49次《中国互联网络发展状况统计报告》,2022年2月25日,见http://www.cnnic.net.cn/hlw fzyj/hl-w xzbg/hlw tjbg/202202/t20220225_71727.html。

[2] Long, J., et al, "Prevalence and correlates of problematic smartphone use in a large random sample of Chinese undergraduates", *BMC Psychiatry*, Vol.16, No.408, 2016.

[3] Choi S.W., et al, "Comparison of risk and protective factors associated with smartphone addiction and internet addiction", *Journal of Behavioral Addictions*, Vol.4, No.4, 2015, pp.308–314; Nal Z., Arslan S.S, "Investigating the effect of smartphone addiction on musculoskeletal system problems and cognitive flexibility in university students", *Work*, Vol.68, No.3, 2021, pp.1–7; Zhang M.X, Wu A.M.S, "Effects of smartphone addiction on sleep quality among chinese university students: The mediating role of self-regulation and bedtime procrastination", *Addictive Behaviors*, No.111, 2020, Article 106552.

第四章　大学生累积生态风险因素对智能手机成瘾的影响及作用机制

渐成为大学校园的主力军,他们出生于21世纪,具有与"90后"不同的群体特征。"00后"主体意识强,思维活跃,但抗挫折能力差,生活、娱乐方式明显网络化[①]。"00后"大学生刚好成长在智能手机高速发展的时代背景下,当面临家庭、学业、同伴关系等问题时,他们可能更多使用手机寻求安慰,从而引发智能手机成瘾[②]。因此,对当代大学生智能手机成瘾展开研究并提供有效的干预方案将会是一项具有鲜明时代特色和重要教育意义的选题。

(一)国内外相关研究的学术史梳理及研究动态

受生物生态学理论[③]的启发,大量研究发现大学生的成瘾行为受到家庭(亲子关系、父母监控、父母支持等)、学校(学校联结、师生关系、同学关系)、同伴(同伴关系、同伴接纳、同伴排斥等)等多个生态子系统累积效应的影响[④]。这些研究认为,不同领域的风险因素往往具有协同发生性,个体在面临一个领域的风险因素的同时也面临另一领域的风险因素。因此,只有关注多领域风险因素对发展结果的影响,才更加符合个体的生活实际。尽管上述研

[①] 李霄:《"00后"青少年的社交媒体使用对主观幸福感的影响研究》,暨南大学2018年,硕士学位论文;宋国英等:《积极心理学团体辅导对"00后"网络成瘾医学生干预效果的研究》,《卫生职业教育》2020年第38期。

[②] 宋国英等:《积极心理学团体辅导对"00后"网络成瘾医学生干预效果的研究》,《卫生职业教育》2020年第38期

[③] Bronfenbrenner, U., Morris, P.A, "The ecology of developmental processes", in *Handbook of child psychology*, W.Damon & R.M.Lerner(Eds.), New York, NY: Wiley.1998, pp.993–1028.

[④] 李董平等:《累积生态风险与青少年网络成瘾:心理需要满足和积极结果预期的中介作用》,《心理学报》2016年第48期;罗金晶等:《累积生态风险对青少年网络成瘾的影响:意志控制的调节作用》,《中国临床心理学杂志》2017年第25期;朱春艳:《累积生态风险对大学生网络成瘾的影响》,西北师范大学2019年,硕士学位论文;Buctot D.B., et al, "Factors associated with smartphone addiction prevalence and its predictive capacity for health-related quality of life among filipino adolescents", *Children and Youth Services Review*, No.110, 2020, Article 104758; Chung, S., et al, "Personal factors, internet characteristics, and environmental factors contributing to adolescent internet addiction: a public health perspective", *International Journal of Environmental Research and Public Health*, Vol.16, No.23, 2019, p.4635; Wang P., et al, "Peer relationship and adolescent smartphone addiction: the mediating role ofself-esteem and the moderating role of the need to belong", *Journal of behavioral addictions*, Vol.6, No.4, 2017, pp.708–717.

究证实了累积生态风险对成瘾行为的影响,但忽略了成瘾行为对累积生态风险的"副作用"。例如,已有研究发现,智能手机成瘾会影响亲子、同伴和师生的关系,从而加剧了他们所面临的累积生态风险[1],并最终形成恶性循环。本研究拟通过追踪设计考察两者的双向关系,并揭示该关系的内在机制,为打破这一恶性循环提供实证依据和科学方案。

(二)累积生态风险与智能手机成瘾的双向关系

"失补偿"假说认为,补偿可以分为建设性补偿和病理性补偿。建设性补偿是指个体的需要被其他活动所转移,且该活动能对个体的需要进行修复并促进个体的身心发展,而病理性补偿则不能修复个体的需要且阻碍个体的身心发展[2]。先前研究认为,当大学生同时面临多重生态风险因素时,他们在现实生活中将严重缺乏"舒适场所",因而很可能转向手机虚拟网络世界以寻求补偿,当缺失得到补偿后他们因更加依赖手机而成瘾[3]。尽管这些研究证实了手机对个体缺失的补偿作用,但并未区分该补偿是建设性补偿还是病理性补偿。研究者指出,累积生态风险与青少年发展之间的关系有三

---

[1] Choi S.W., et al, "Comparison of risk and protective factors associated with smartphone addiction and internet addiction", *Journal of Behavioral Addictions*, Vol.4, No.4, 2015, pp.308-314; Gumusgul O., "Investigation of smartphone addiction effect on recreational and physical activity and educational success", *World Journal of Education*, Vol.8, No.4, 2018, pp.11-17; Oh H., "The mediating effects of family communication between parent attachment and the internet and smartphone addiction of middle and high school students", *Studies on Korean Youth*, Vol.31, No.75, 2014, pp.74-78.

[2] Morgan C., Cotton S R., "The relationship between Internet activities and depressive symptoms in a sample of college freshmen", *CyberPsychology & Behavior*, Vol.6, No.2, 2004, pp.133-142.

[3] 李董平等:《累积生态风险与青少年网络成瘾:心理需要满足和积极结果预期的中介作用》,《心理学报》2016年第48期;Choi S.W., et al, "Comparison of risk and protective factors associated with smartphone addiction and internet addiction", *Journal of Behavioral Addictions*, Vol.4, No.4, 2015, pp.308-314; Nal Z., Arslan S.S, "Investigating the effect of smartphone addiction on musculoskeletal system problems and cognitive flexibility in university students", *Work*, Vol.68, No.3, 2021, pp.1-7; Zhang M.X, Wu A.M.S, "Effects of smartphone addiction on sleep quality among chinese university students:The mediating role of self-regulation and bedtime procrastination", *Addictive Behaviors*, No.111, 2020, Article 106552.

类函数形式①。一是"线性模式"。该模式假定,风险因素每增加一个,心理病理学问题就相应地增长一个单位,表现出所谓的"梯度效应"。二是"正加速模式"。该模式假定,每个风险因素与发展结果的联系在其他风险因素同时出现的情况下要比没有其他风险因素同时出现时更强,符合"各风险的总效应大于各风险的效应之和"的观点。三是"负加速模式"。该模式假定,随着累积风险数目的增加,新增风险因素对个体发展的效应越来越小。综合三类函数不难看出,"线性模式"和"正加速模式"均为病理性补偿,唯有"负加速模式"可能会产生建设性补偿。那么,累积生态风险与智能手机成瘾是否同样会遵从以上三种函数形成病理性或建设性补偿呢?尚有待深入探索。

(三)累积生态风险与智能手机成瘾双向关系的作用机制

认知—行为模型指出,网络成瘾②(同样适用于智能手机成瘾)的影响因素可以分为远端因素和近端因素,近端因素包括非适应性认知、社会孤立和/或缺乏社会支持(详见图4-12)。尽管该模型未阐述累积生态风险的位置及作用,但已有研究证实社会孤立和缺乏社会支持是高累积生态风险的重要组成部分③。这说明累积生态风险是手机成瘾的近端因素,且与手机成瘾互为因果。此外,非适应性认知反映的是个体对手机使用的不恰当观念和预期,例如,在手机网络中可获得比现实更好的待遇、使用手机可以帮助人们逃避现

---

① Gerard J. M, Buehler C., "Cumulative environmental risk and youth problem behavior", *Journal of Marriage and Family*, Vol.66, No.3, 2004, pp.702-720; Rauer, A.J., et al, "Relationship risks in context: a cumulative risk approach to understanding relationship satisfaction", *Journal of Marriage & the Family*, Vol.70, No.5, 2008, pp.1122-1135.

② Lan Y.K., et al, "A pilot study of a group mindfulness-based cognitive-behavioral intervention for smartphone addiction among university students", *Journal of Behavioral Addictions*, Vol.7, No.4, 2018, pp.1171-1176.

③ 李董平等:《累积生态风险与青少年网络成瘾:心理需要满足和积极结果预期的中介作用》,《心理学报》2016年第48期;罗金晶等:《累积生态风险对青少年网络成瘾的影响:意志控制的调节作用》,《中国临床心理学杂志》2017年第25期;朱春艳:《累积生态风险对大学生网络成瘾的影响》,西北师范大学2019年,硕士学位论文;Buctot D.B., et al, "Factors associated withsmartphone addiction prevalence and its predictive capacity for health-related quality of life among filipino adolescents", *Children and Youth Services Review*, No.110, 2020, Article 104758.

实的压力等,它是手机成瘾的核心要素[1]。已有研究发现,近端的社会孤立和缺乏社会支持可以通过非适应性认知的中介作用影响个体的成瘾行为[2],因此累积生态风险同样可能通过非适应性认知的中介作用影响智能手机成瘾。近年来有研究发现,网络成瘾同样能通过非适应性认知对个体的内外化问题产生影响[3]。由于个体的累积生态风险是个体内外化问题的重要表现,因此,智能手机成瘾也可能通过非适应性认知加重累积生态风险。综上所述,非适应性认知可能在累积生态风险与智能手机成瘾双向关系之间起双向中介作用。

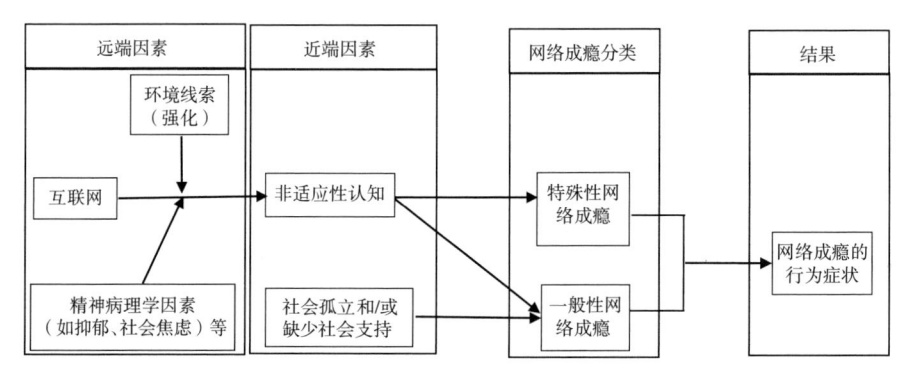

图 4-12 网络成瘾的认知—行为模型

(四)交叉滞后分析的不同亚型

大多数相关研究倾向于通过使用以下四种方法来研究所研究变量之间的

---

[1] Davis R.A,"A cognitive-behavioral model of pathological internet use",*Computers in Human Behavior*,Vol.17,No.2,2001,pp.187-195;Tian Y.,et al,"Associations between psychosocial factors and generalized pathological internet use in Chinese university students:a longitudinal cross-lagged analysis",*Computers in Human Behavior*,Vol.72,No.6,2017,pp.178-188;Tian Y.,et al,"Mediating factors of the association between shyness and generalized pathological internet use in Chinese university students",*International Journal of Mental Health and Addiction*,Vol.17,No.3,2018,pp.555-572.

[2] Tian Y.,et al,"Mediating factors of the association between shyness and generalized pathological internet use in Chinese university students",*International Journal of Mental Health and Addiction*,Vol.17,No.3,2018,pp.555-572.

[3] Tian Y.,et al,"Associations between psychosocial factors and generalized pathological internet use in Chinese university students:a longitudinal cross-lagged analysis",*Computers in Human Behavior*,Vol.72,No.6,2017,pp.178-188.

第四章 大学生累积生态风险因素对智能手机成瘾的影响及作用机制

潜在因果关系：经典交叉滞后面板模型（CLPM）、交叉滞后瀑布模型（FF-CLPM）、随机截距交叉滞后模型（RI-CLPM）和潜变量增长模型（LCSM）[1]。然而，在查阅了大量相关论文后，我们没有发现任何研究同时采用上述四种方法来测试累积生态风险和智能手机成瘾的因果关系。此外，尽管这四个模型都有特定的优势，但每一个模型都面临着不同的挑战[2]。因此，确定评估累积生态风险和智能手机成瘾的因果关系的最佳方法将有助于确定这些变量之间的因果关系。下面我们将简要描述这些模型的优势和劣势。

CLPM用于测试在两个或多个时间点重复测量的研究变量的相互关联。自回归效应用于表示每个变量的稳定性，前变量对后变量的影响用于表示交叉滞后效应[3]。

尽管这种方法有效地控制了前方测量对滞后效应的影响，但它并不能有效地将人与人之间的个体差异（也称为特质因子）和人与外部环境的情景性（也称为情景因子）的效应与自回归效应分开，这可能导致研究变量之间交叉滞后关系发生变异[4]。例如，累积生态风险体现了变量的情景性，只有排除个体间特质成分才能获得其与智能手机成瘾的净相关，否则会导致两者关系的混淆。幸运的是，RI-CLPM可以成功地解决上述问题，它通过将因子负载约束为1，以类似于随机截距的方式来分离类特征效应和状态效应。将随机截距与观测变量分

---

[1] Ehm, J.H., et al, "Analyzing the developmental relation of academic self-concept and achievement in elementary school children: alternative models point to different results", *Developmental Psychology*, Vol.55, No.11, 2019, pp.2336-2351; Hamaker E.L., et al, "A Critique of the CrossLagged Panel Model", *Psychological Methods*, No.20, 2015, pp.102-116; Praetorius A.K., et al, "Haben Schüler mit optimistischen Selbsteinschätzungen die Nase vorn? [Are Students With Optimistic Self-Concepts One Step Ahead? Relations Between Optimistic, Realistic, and Pessimistic Self-Concepts and the Achievement Development of Primary School Children]", *Zeitschrift für Entwicklungspsychologie und Pädagogische Psychologie*, No.48, 2016, pp.14-26.

[2] Ehm, J.H., et al, "Analyzing the developmental relation of academic self-concept and achievement in elementary school children: alternative models point to different results", *Developmental Psychology*, Vol.55, No.11, 2019, pp.2336-2351.

[3] Guay F., et al, "Academic self-concept and academic achievement: Developmental perspectives on their causal ordering", *Journal of Educational Psychology*, No.95, 2003, pp.124-136.

[4] Hamaker E.L., et al, "A Critique of the CrossLagged Panel Model", *Psychological Methods*, No.20, 2015, pp.102-116.

离后,使用残差(也称为动态残差)来评估研究变量之间的交叉滞后效应。

CLPM 分析用于测试特定测量场合对特定自回归和交叉滞后效应的影响;因此,这种方法无法在不同时间的研究中进行比较[1]。FF-CLPM 用于测试测量场合对任何后续场合的自回归和交叉滞后效应的影响[2]。因此,许多研究已经使用 FF-CLPM 来测试测量场合之间任何时间滞后的影响。另一种主要方法是 LCSM,也称为潜在差异得分模型[3]。该方法测试所研究变量在连续测量场合之间的个体差异,以及一个变量的变化(如手机成瘾)是否与另一个变量(如累积生态风险)的变化有关。这种方法可以将潜在的变化与测量误差分开,并使用每个变量的平均变化来呈现个体差异。为了检查每个变量的变化之间的关联,至少需要三个时间点。LCSM 也与比例变化参数和增长参数一致,这两个参数取决于前一次的值和所研究变量之间的耦合。研究表明,当潜在增长因素的协方差和方差被限制为 0 时,LCSM 可以简化为 CLPM[4]。一项有影响力的研究表明,上述四个模型可能导致研究变量之间的不同关联[5];由于本研究更加关注累积生态风险与智能手机成瘾关系在分离情景因子前后的关系变化,因此,本研究拟同时采用 CLPM 和 RI-CLPM 两种追踪模型,对比分离"特质因子"与"情景因子"前后累积生态风险与智能手机成瘾的双向关系及作用机制的差异性,充分揭示不同方法论在追踪研究中所带来的解释偏差。

---

[1] Voelkle M.C., et al, "An SEM approach to continuous time modeling of panel data: Relating authoritarianism and anomia", *Psychological Methods*, No.17, 2012, pp.176-192.

[2] Voelkle M.C., et al, "An SEM approach to continuous time modeling of panel data: Relating authoritarianism and anomia", *Psychological Methods*, No.17, 2012, pp.176-192.

[3] Grimm K.J., et al, "Recent changes leading to subsequent changes: extensions of multivariate latent difference score models", *Structural Equation Modeling A Multidisciplinary Journal*, Vol.19, No.2, 2012, pp.268-292.

[4] Hamaker E.L., et al, "A Critique of the CrossLagged Panel Model", *Psychological Methods*, No.20, 2015, pp.102-116; Wang J., et al, "Temporal precedence of cognitive function and functional abilities: a latent difference score model of the Chinese community welling elders", *International Journal of Geriatric Psychiatry*, Vol.34, No.5, 2019, pp.1892-1899.

[5] Ehm, J.H., et al, "Analyzing the developmental relation of academic self-concept and achievement in elementary school children: alternative models point to different results", *Developmental Psychology*, Vol.55, No.11, 2019, pp.2336-2351.

第四章 大学生累积生态风险因素对智能手机成瘾的影响及作用机制

二、方法

(一)被试

对山东省一省级重点高校的大一新生进行为期3年的追踪调查。在大学生军训完毕后进行第一次调查(T1),共计898名被试参与;一年后进行第二次调查(T2),共计784人参与;两年后进行第三次调查(T3),共计784人参与;三年后进行第四次调查(T4),共计784人参与。通过分析发现,共计566人(男生237人)同时参与了以上四次调查,其中被试平均年龄为18.38岁(标准差=0.71岁,从17岁到20岁不等);203名(35.9%)为城市户籍学生。关于家庭年收入,分布如下:<2000元,9人(1.6%);2000—5000元,11人(1.9%);5001—10000元,34人(6%);10001—30000元,64人(11.3%);30001—50000元,125人(22.1%);50001—100000元,97人(17.2%);100001—150000元,103人(18.2%);>150000元,122人(17.5%)。

(二)程序

所有测试均采用线上测试,学生可以使用电脑、iPad或智能手机参与调查。在调查之前,辅导员向同学们分发知情同意书,只有签署知情同意书且返回的学生才被允许参与后期的测量。在数据收集过程中,所有学生要求在50分钟内完成所有测验;主试告知所有学生,测验结果对他们学习期结束时的最终考评没有影响。在第四次调查结束时,学生们被告知他们身份的绝对匿名性以及研究的目的。所有参加调查的学生都得到了一支中性笔作为礼物。

(三)测量

1. 累积生态风险

本书中采用9风险因子模型。更具体地说,家庭风险子系统包括亲子关系、父母监控、父母冲突和父母温暖接纳四个因子;学校风险子系统包括师生关系、学校联结和同学关系三个因子;同伴风险子系统包含同伴侵害和越轨同伴交往两个因子。对每个因子的风险进行二分法(即,存在=1,不存在=0;使用第 25 个百分位来确定风险定义标准)来定义个体是否面临风险因素,并将 9 个因子的总分定义为累积生态风险。

亲子关系。使用"中国版亲子关系量表"[1]评估父母和孩子之间的关系。量表的代表性题目如"父母看了我的考试成绩后,经常说我不行"。四个时间点亲子关系量表的内部一致性系数 α 为 0.89、0.89、0.91 和 0.93。

父母监控。采用 Shek[2] 开发的"中国版父母监控量表"[3]对父母的监控进行测量。量表的代表性题目如"我的父母让我告诉他们我和朋友们在一起时做什么"。四个时间点父母监控量表的内部一致性系数 α 为 0.81、0.84、0.88 和 0.84。

父母冲突。采用 Gyrch 和 Fincham[4] 开发的"中国版父母冲突感知量表"[5]中的"冲突解决"和"冲突强度和频率"两个维度来衡量父母的冲突。量表的代表性题目如"爸妈是因为在一起不快乐,所以才会争吵"。四个时间点父母冲突的内部一致性系数 α 为 0.88、0.87、0.88 和 0.92。

父母的温暖接纳。父母的温暖通过 Block[6] 开发的"中国版儿童养育行为量表"[7]中的"父母温暖接纳"维度来进行测量。量表的代表性题目如"我

---

[1] Wu J.X.,et al,"The Making of Middle School Student's Parent-Child Relationship Questionnaire",*Journal of Southwest University*(*Social Sciences Edition*),Vol.37,No.4,2011,pp.39-44.

[2] Shek D.T.L,"Perceived parental control and parent-child relational qualities in Chinese adolescents in Hong Kong",*Sex Roles*,Vol.53,No.9,2005,pp.635-646.

[3] Zhang X.L."The relationship of parental monitoring,deviant peers and adolescents' externalizing problem behavior—The moderation role of GABRA2"(Unpublished master dissertation),Guangzhou University,2018.

[4] Gyrch J.H.,Fincham,E.D,"Marital conflict and children's adjustment:A congitive Contextual framework",*Psychological Bulletin*,Vol.108,1990,pp.267-290.

[5] Ma T.T.,"The study about the correlations among university students' family triangulation perception of interparental conflict, and adult romantic attachment (Unpublished master dissertation)",Shanghai Normal University,2014.

[6] Block,J.H,"The Child-Rearing Practices Report(CRPR):A set of Q items for the description of parental socialization attitudes and values",Berkeley,CA:University of California,Institute of Human Development,1981.

[7] Liu,X.S.,et al,"Extroversion and aggressive behavior in early childhood:moderating effects of self-control and maternal warmth",*Psychological Development and Education*,Vol.36,No.5,2020,pp.538-544.

第四章 大学生累积生态风险因素对智能手机成瘾的影响及作用机制

的父母喜欢和我在一起做一些事情"。四个时间点父母温暖的内部一致性系数 α 为0.89、0.93、0.93和0.92。

师生关系。教师和学生之间的关系通过Piana[1]等人开发的"中国版师生关系量表"[2]来测量。量表的代表性题目如"老师背后向家长告状"。四个时间点师生关系量表的内部一致性系数 α 为0.91、0.89、0.91和0.93。

学校联结。学校和学生之间的联结通过Resnick[3]开发的"中国版学校联结量表"来测量。量表的代表性题目如"在学校里，我感到开心、安全"。四个时间点学校联结量表的内部一致性系数 α 为0.85、0.85、0.87和0.86。

同学关系。同学之间的关系通过Parker和Asher[4]开发的"中国版学生—学生关系量表"[5]来测量。量表的代表性题目如"当我遇到不愉快的事情时，我会告诉他或她"。四个时间点学生关系量表的内部一致性系数 α 为0.91、0.91、0.93和0.89。

同伴侵害。同伴侵害通过Mynard[6]开发的"中文版同伴侵害量表"[7]来测量。量表的代表性题目如"有的同学试图让我和朋友反目成仇"。四个时间点同伴侵害量表的内部一致性系数 α 为0.88、0.88、0.87和0.90。

---

[1] Piana R.N., et al, "Incidence and treatment of 'no-reflow' after percutaneous coronary intervention", *Circulation*, Vol.89, No.6, 1994, pp.2514-2518.

[2] Wang J, "Research on the relationship between middle school students' teacher-student relationship, academic emotions and academic achievement" (Unpublished master dissertation), Harbin Normal University, 2016.

[3] Resnick M.D., et al, "Protecting adolescents from harm: Findings from the National Longitudinal Study on Adolescent Health", *Journal of American Medical Association*, Vol.278, No.10, 1997, pp.823-832.

[4] Parker J.G, Asher S.R, "Friendship and friendship quality in middle childhood: Links with peer group acceptance and feelings of loneliness and social dissatisfaction", *Developmental Psychology*, Vol.29, No.4, 1993, pp.611-621.

[5] Zhou, Z.K., et al, "The test of the mediator variable between peer relationship and loneliness in middle childhood", *Acta psychologica sinica*, Vol.37, No.6, 2005, pp.776-783.

[6] Mynard H., et al, "Peer-victimisation and posttraumatic stress in adolescents", *Personality & Individual Differences*, Vol.29, No.5, 2000, pp.815-821.

[7] Sun S.H, "The Aggressiveness of university students: studies based on self-esteem and shyness" (Unpublished master dissertation), Shandong Normal University, 2013.

越轨同伴交往。采用"中文版偏差同伴关系量表"评估越轨同伴交往行为[1]。参与者被要求回答他们有多少朋友与随后的行为有关,如网瘾、盗窃、吸烟、醉酒和其他越轨行为。四个时间点越轨同伴交往量表的内部一致性系数 α 为0.87、0.87、0.90和0.91。

2. 非适应性认知

非适应性认知采用"中文版网络非适应性认知量表"进行评估[2]。该量表是基于认知—行为模型开发的,用于测量对互联网的非适应性认知。该量表在中国大学生被试中具有良好的信度和效度[3]。该量表由14个项目组成,其中代表性题目如"我在使用网络时,经常体会到一种'冲动'或高涨的情绪"。参与者采用1(强烈不同意)到5(强烈同意)点计分作答。量表总分代表个体的非适应性认知水平,分数越高表明对网络的非适应性认知水平越高。四个时间点非适应性认知量表的内部一致性系数 α 为0.95、0.95、0.93和0.95。

3. 手机成瘾

采用"中国版智能手机成瘾"[4]对智能手机成瘾水平进行测量。该量表也是基于认知行为模型开发的,用于测量个人的手机成瘾水平。该量表由17个项目组成,其中代表性题目如"当感到孤独的时候,你会用手机与别人聊天"。参与者采用1(从不)到5(总是)点计分作答。量表总分代表个体的手机成瘾水平,分数越高表示智能手机成瘾水平越高。该量表在中国大学生被试中具有良好的信度和效度[5]。量表采用8个项目来确定个体是否患有智能手机成

---

[1] Zhou S.S., et al, "The relationship between peer aggression and pathological online game use of junior middle school students: Mediation effect and moderation effect", *Educational Measurement and Evaluation(Theoretical Edition)*, Vol.7, No.10, 2014, pp.43-48.

[2] Liang, X.Y, "A study on the effect mechanism of online social support on adolescents' mental health", Doctoral dissertation. East China Normal University, 2008.

[3] Tian Y., et al, "Associations between psychosocial factors and generalized pathological internet use in Chinese university students: a longitudinal cross-lagged analysis", *Computers in Human Behavior*, Vol.72, No.6, 2017, pp.178-188.

[4] Leung L, "Linking psychological attributes to addiction and improper use of the mobile phone among adolescents in Hong Kong", *Journal of Children and Media*, Vol.No.2, 2008, pp.93-113.

[5] Chen, Y.M., et al, "The relationship between shyness and mobile phone dependence in middle school students: A moderated mediation model", *Psychological Development and Education*, Vol.37, No.1, 2021, pp.46-53.

瘾。更具体地说,报告"总是"患有上述8个项目中任何一个的个体被分为智能手机成瘾组。四个时间点的智能手机成瘾量表的内部一致性系数 α 为 0.92、0.89、0.92 和 0.93。

(四)控制变量

本书将性别、户籍所在地、年龄和家庭收入作为控制变量。性别是一个二分变量(0=男性,1=女性);户籍也是一个二分变量(0=城市户籍,1=农村户籍)。

(五)缺失值处理

在追踪研究过程中,被试流失是一个最为常见的问题。被试流失的主要原因包括他们生病请假、无法上课和自愿退出。我们进行了一系列独立样本 t 检验,以检验参与者和非参与者之间在研究变量上是否存在差异。结果表明差异不显著,这代表数据缺失为随机缺失。此外,本研究还进行了 χ^2 检验,以探讨非参与者的性别和户籍数量是否存在差异,结果同样显示差异不显著。由于缺失数据是随机的,在后续的数据分析中伴有缺失的被试数据不予使用,这在最大限度上减少不同缺失值处理方法的影响。

(六)数据分析策略

采用 SPSS 22.0 进行描述统计、差异检验、相关分析和逐步回归;采用 Mplus 7.0 进行交叉滞后分析检验研究变量间的纵向关系。在 CLPM 模型中,累积生态风险、非适应性认知和智能手机成瘾之间跨时间相互预测;而在 RI-CLPM 模型中,将特质因子与情景因子予以分离,考察特质因子之间的相关性以及情景因子之间跨时间的相互预测作用。此后,使用 bootstrap 抽样法进一步估计间接效应的强度和显著性。越来越多的研究使用这种方法来减少关于估计效应的抽样分布形状或标准误差所需假设的统计误差[1]。

---

[1] Hayes A.F.,"Introduction to mediation, moderation, and conditional process analysis: A regression-based approach(2nd ed.)", *Guilford Press*, 2018.

卡方(χ^2)统计、自由度（df）、比较拟合指数（CFI）、Tucker-Lewis 指数（TLI）、近似均方根误差（RMSEA）、标准化均方根残差（SRMR）和 Akaike 信息准则（AIC）用于评估每个模型。CFI 和 TLI 的范围从 0 到 1，并且大于 0.90 的值表明适当的模型拟合；RMSEA 和 SRMR 的较小值表明数据很好地拟合模型；小于 1.00 的值表明模型是可接受的[1]。由于本研究中使用的所有模型都嵌套在一起，$\triangle\chi^2/\triangle df$ 可以用于模型比较。一个不重要的 $\triangle\chi^2/\triangle df$ 值表明，这两个模型对数据的拟合程度相等，而显著 $\triangle\chi^2/\triangle df$ 值表明应该保留约束较少的模型[2]。

三、结果

（一）共同方法偏差

采用 Harman 单因子方法对共同方法偏差进行事后统计检验[3]。将不同测量时间的累积生态风险、非适应性认知和智能手机成瘾的测量题目同时纳入模型后，在 T1 数据中析出 9 个特征根大于 1 的因子，最大公因子解释方差变异为 27.48%；在 T2 数据中析出 9 个特征根大于 1 的因子，最大公因子解释方差变异为 28.96%；在 T3 数据中析出 8 个特征根大于 1 的因子，最大公因子解释方差变异为 27.43%；在 T4 数据中析出 9 个特征根大于 1 的因子，最大公因子解释方差变异为 25.65%。T1 到 T4 时间的最大公因子解释率均小于 40% 的临界值，证明没有显著的共同方法偏差。

（二）描述统计、相关分析和差异检验

表 4-8 呈现了研究变量的平均值、标准偏差和相关系数。其中，累积生态风险、非适应性认知和智能手机成瘾两两之间跨时间正相关。

---

[1] Browne,M.W.,& Cudeck,R,"Alternative ways of assessing model fit", in *Testing structural equation models*, K.A.Bollen,& J.S.Long(Eds.), Newbury Park, CA: Sage, 1993, pp.136-162.

[2] Satorra A., Bentler P.M, "A scaled difference chi-square test statistic for moment structure analysis", *Psychometrika*, No.66, 2001, pp.507-514.

[3] Podsakoff, P.M., et al, "Common method biases in behavioral research: A critical review of the literature and recommended remedies", *Journal of Applied Psychology*, Vol.88, No.5, 2003, pp.879-903.

第四章 大学生累积生态风险因素对智能手机成瘾的影响及作用机制

表 4-8 研究变量的平均值、标准偏差和相关系数

变量	1	2	3	4	5	6	7	8	9	10	11	12
1.T1 累积生态风险	1											
2.T1 非适应性认知	0.34***	1										
3.T1 智能手机成瘾	0.48***	0.45***	1									
4.T2 累积生态风险	0.51***	0.27***	0.24***	1								
5.T2 非适应性认知	0.22***	0.71***	0.47***	0.24***	1							
6.T2 智能手机成瘾	0.24***	0.38***	0.55***	0.19***	0.46***	1						
7.T3 累积生态风险	0.48***	0.24***	0.19***	0.43***	0.23***	0.25***	1					
8.T3 非适应性认知	0.23***	0.69***	0.37***	0.22***	0.64***	0.58***	0.32***	1				
9.T3 智能手机成瘾	0.26***	0.35***	0.48***	0.17***	0.39***	0.46***	0.41***	0.42***	1			
10.T4 累积生态风险	0.43***	0.22***	0.16***	0.39***	0.18***	0.21***	0.50***	0.24***	0.22***	1		
11.T4 非适应性认知	0.19***	0.67***	0.37***	0.25***	0.53***	0.35***	0.22***	0.68***	0.43***	0.32***	1	
12.T4 智能手机成瘾	0.18***	0.27***	0.42***	0.19***	0.37***	0.38***	0.25***	0.34***	0.50***	0.43***	0.44***	1
M	2.23	37.41	41.35	2.05	35.47	39.83	1.96	33.25	37.77	1.97	34.47	36.89
SD	1.98	10.45	12.14	2.01	11.24	12.38	2.14	11.47	10.82	1.89	11.27	11.27

(三)测量模型

在进行交叉滞后模型分析之前,我们对测量模型进行了等值性检验。将累积生态风险、非适应性认知和手机成瘾的总分作为潜变量的预测因子。然后,通过限定不同时间点的预测因子和测量误差相等构建限定模型,不做任何限定的模型称作自由估计模型。结果显示,两个模型的拟合指数良好:$\chi^2(20) = 109.28, p < 0.001$, CFI = 0.97, TLI = 0.98, RMSEA = 0.07, SRMR = 0.04(自由估计模型);$\chi^2(25) = 144.31, p < 0.001$, CFI = 0.97, TLI = 0.96, RMSEA = 0.10, SRMR = 0.05(限定模型)。由于两个模型之间存在显著差异($\triangle\chi^2 = 35.03, \triangle df = 5, p < 0.01$),这说明接下来的数据分析需要使用限定模型。

(四)累积生态风险、非适应性认知和智能手机成瘾的 CLPM 模型和 RI-CLPM 模型

分别建立累积生态风险、非适应性认知和智能手机成瘾的 CLPM 模型和 RI-CLPM 模型,两个模型均拟合良好。CLPM 模型:$\chi^2(18) = 109.28, p < 0.001, CFI = 0.97, TLI = 0.98, RMSEA = 0.07, SRMR = 0.04$。RI-CLPM 模型:$\chi^2(12) = 109.28, p < 0.001, CFI = 0.97, TLI = 0.98, RMSEA = 0.07, SRMR = 0.04$。由 CLPM 模型可知,除"T1 非适应性认知→T2 累积生态风险"、"T2 累积生态风险→T3 非适应性认知"、"T2 非适应性认知→T3 智能手机成瘾"、"T3 累积生态风险→T4 非适应性认知"和"T3 累积生态风险→T4 智能手机成瘾"5 条路径不显著之外,其他路径均显著(详见表 4-10)。因此,累积生态风险与智能手机成瘾跨时间相互正向预测。另外,在模型 1 中 T1 累积生态风险可以通过"T1 累积生态风险→T2 非适应性认知→T3 非适应性认知→T4 智能手机成瘾(P1)"中介路径影响 T4 智能手机成瘾。另外,T1 智能手机成瘾可以通过"T1 智能手机成瘾→T2 非适应性认知→T3 累积生态风险→T4 累积生态风险(P2)"、"T1 智能手机成瘾→T2 非适应性认知→T3 非适应性认知→T4 累积生态风险(P3)"和"T1 智能手机成瘾→T2 智能手机成瘾→T3 非适应性认知→T4 累积生态风险(P4)"3 条中介路径影响 T4 累积生态风险。由于 P1 到 P4 路径 bootstrapping 效应均显著(详见表 4-10),因此非适应性认知在累积生态风险与智能手机成瘾之间起跨时间双向中介作用。

另外,由 RI-CLPM 模型可知,T1 累积生态风险可以显著正向预测 T2 手机成瘾,T2 累积生态风险可以显著正向预测 T3 非适应性认知,T1 非适应性认知可以显著正向预测 T2 累积生态风险,T1 手机成瘾可以显著正向预测 T2 累积生态风险,T2 手机成瘾可以显著正向预测 T3 累积生态风险。由此可知,尽管累积生态风险与手机成瘾相互正向预测,但非适应性认知并不能在两者之间起跨时间中介作用。另外,累积生态风险、非适应性认知和智能手机成瘾三者的随机截距两两显著正相关(见图 4-13)。

第四章 大学生累积生态风险因素对智能手机成瘾的影响及作用机制

表4-9 不同模型中各路径的回归系数

模型	路径	T1→T2 β	T1→T2 t	T2→T3 β	T2→T3 t	T3→T4 β	T3→T4 t
CLPM 模型	累积生态风险自回归	0.39	12.14***	0.34	8.08***	0.36	9.21***
	非适应性认知自回归	0.42	11.69***	0.45	12.54***	0.46	13.27***
	手机成瘾自回归	0.37	11.10***	0.32	8.65***	0.36	11.76***
	累积生态风险→非适应性认知	0.06	2.07*	0.03	0.97	0.04	1.35
	累积生态风险→手机成瘾	0.09	2.89**	0.14	4.26***	0.05	1.84
	非适应性认知→手机成瘾	0.08	2.29*	0.03	0.87	0.14	4.48***
	非适应性认知→累积生态风险	0.03	0.94	0.11	3.38***	0.07	1.99*
	手机成瘾→非适应性认知	0.10	3.10**	0.18	5.58***	0.11	3.19***
	手机成瘾→累积生态风险	0.07	2.14*	0.07	1.97*	0.13	3.97***
RI-CLPM 模型	累积生态风险自回归	0.12	3.14***	0.08	1.98*	0.10	2.88**
	非适应性认知自回归	0.16	4.14***	0.12	2.78***	0.08	1.97*
	手机成瘾自回归	0.12	3.14***	0.08	1.98*	0.10	2.88**
	累积生态风险→非适应性认知	0.06	1.91	0.10	3.30***	0.02	0.89
	累积生态风险→手机成瘾	0.06	1.77*	0.06	1.57	0.03	1.14
	非适应性认知→手机成瘾	0.05	1.15	0.03	0.88	0.01	0.14
	非适应性认知→累积生态风险	0.07	1.98*	0.60	1.22	0.06	1.14
	手机成瘾→非适应性认知	0.40	1.14	0.07	1.57	0.04	0.88
	手机成瘾→累积生态风险	0.10	2.89**	0.11	3.47***	0.02	0.15

表4-10 各中介路径的bootstrapping效应检验

模型	中介路径(P)	β	SE	t	95%CI下限	95%CI上限
模型1	P1	0.15	0.03	6.79***	0.108	0.27
	P2	0.01	0.00	4.653***	0.012	0.03
	P3	0.016	0.00	6.674***	0.011	0.03
	P4	0.018	0.00	4.32***	0.008	0.03

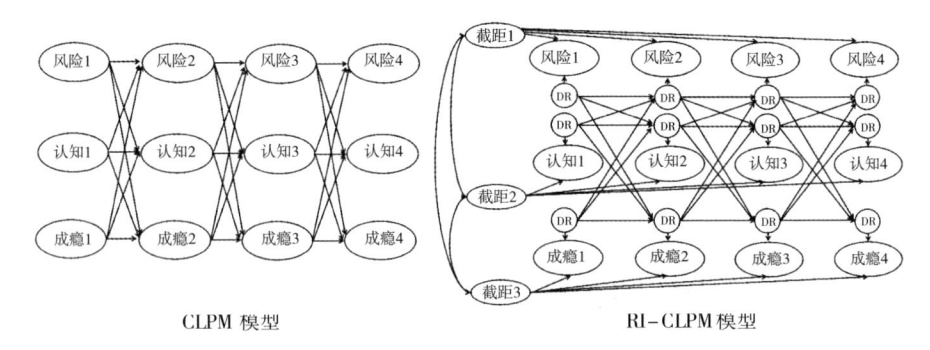

图4-13　不同方法论对累积生态风险与智能手机成瘾的双向作用机制的影响

注：风险＝累积生态风险，认知＝非适应性认知，成瘾＝智能手机成瘾，DR＝动态残差。

四、讨论

本书通过采用 CLPM 和 RI-CLPM 两种追踪模型，对比分离"特质因子"与"情景因子"前后累积生态风险与智能手机成瘾的双向关系及作用机制的差异性。CLPM 模型显示，累积生态风险与智能手机成瘾跨时间相互预测，非适应性认知在两者关系间起双向中介作用；RI-CLPM 模型结果显示，尽管累积生态风险与智能手机成瘾跨时间相互预测，但非适应性认知的双向中介作用不显著。以上结果说明累积生态风险、非适应性认知和智能手机成瘾三者的关系在分离"特质因子"与"情景因子"前后产生了明显差异。

（一）累积生态风险与智能手机成瘾的双向关系

CLPM 和 RI-CLPM 模型同时证明累积生态风险与手机成瘾跨时间相互预测且两者随机截距显著正相关，这说明两者的双向关系既由遗传环境所决定，又受后天环境的影响。已有研究对 GAL 基因中 8 个多态性位点与智能手机成瘾的关系进行了关联性分析。单位点的关联分析以及基于基因的关联分析均发现 GAL 基因与智能手机成瘾显著相关，提示 GAL 基因可能是影响智能手机成瘾的重要候选基因[1]。另外也有大量研究从网络成瘾角度探索了网

---

[1] 王宁：《智能手机成瘾的遗传基础：一项基于候选基因的探索性研究》，山东师范大学2022年，硕士学位论文。

络成瘾的遗传机制,结果发现5-羟色胺转运(5-HTTLPR)基因、多巴胺受体基因和烟碱乙酰胆碱受体(CHRNA4)基因与网络成瘾显著关联[1]。另外,国外的双生子研究发现,在237对土耳其双胞胎中(其中,80对同卵双胞胎、157对异卵双胞胎),同卵双胞胎网络成瘾的相关性显著高于异卵双胞胎的。这些依据均说明,网络成瘾具有稳定的遗传基础,而手机成瘾作为网络成瘾的亚型,其也受先天遗传因素的影响。

在控制了个体"特质因子"的影响后,累积生态风险与智能手机成瘾跨时间相互预测,这说明两者关系同受到后天环境的影响。面对多种生态风险的影响个体将严重缺乏社会支持,并在线下生活中感到不适。手机作为网络的最大使用终端,其社交功能、娱乐功能为他们提供了舒适的网络生活空间,个体可以通过QQ、微信等社交软件结交新朋友,从而获得更多社会支持;手机游戏等娱乐软件为他们宣泄消极情绪、释放压力提供了重要途径。当使用手机补偿了个体因消极生态风险因子造成的心理缺失后,个体会对手机形成依赖并成瘾。然而,已有研究较多关注累积生态风险对智能手机成瘾的影响,却忽略了智能手机成瘾的"副作用"。手机中的"网友"并不能代替现实中的朋友,有研究证实,来自网络的社会支持与现实中的社会支持并不一样。网络中的社会支持并不能真正地帮助个体克服现实中的心里缺失,其仅仅是一种短暂的补偿效应。当个体过度沉迷于手机寻求社会支持时,非但不能对个体的心理治愈起到治疗效果,反而造成过多的时间花费而忽略了现实中的人际交往,进一步造成个体的人际关系问题,例如亲子关系、师生关系、同伴关系等问题。

(二)非适应性认知的中介作用

尽管CLPM模型证实非适应性认知在累积生态风险与智能手机成瘾之间起双向中介作用,但RI-CLPM模型并未验证该结果,这说明非适应性认知的中介作用决定于个体的遗传因素。该研究充分揭示了后天环境并不能造成联

---

[1] Pérez de Castro I., et al, "Concurrent positive association between pathological gambling and functional DNA polymorphisms at the MAO-A and the 5-HT transporter genes", *Molecular Psychiatry*, No.7, 2002, pp.927-928.

结累积生态风险与智能手机成瘾的核心要素非适应性认知的改变,造成两者的双向中介机制是由遗传基因所决定。然而传统的CLPM模型并不能揭示非适应性认知的作用是由后天因素还是先天因素所决定。因此,同时采用CLPM和RI-CLPM模型考察累积生态风险与智能手机成瘾的双向关系及作用机制有助于分离先天遗传因素和后天环境的作用,从而揭示不同方法论造成的结果解释差异。

遭遇多种生态风险的大学生会对现实生活产生认知偏差,认为现实生活存在诸多问题,或认为自己在现实生活中缺乏真正的朋友。当他们在网络中得到网友的支持或安慰时,他们会错误地认为网络生活要比现实生活更加舒适,进而更多地使用网络而成瘾。手机作为网络使用的最大终端,成为该人群的精神依靠。非适应性认知作为一种扭曲的认知,其不但可以导致遭受生态风险的个体网络成瘾,也可以导致网络成瘾者将来面多更多的生态风险。显然,假设个体认为线下的人际交往不适合自己,他可能会更少地参与到线下交往中,进而造成更多的人际问题。除此之外,不良的师生关系会导致学业成绩下滑;不良的亲子关系会导致家庭矛盾增多,父母关怀减少;而不良的同伴关系又会导致同伴欺凌甚至是越轨同伴交往。

(三)研究局限与启示

尽管本研究同时通过CLPM和RI-CLPM两种模型考察了累积生态风险与智能手机成瘾的双向关系及其作用机制,本书仍存在以下缺陷。首先,本书并未对累积生态风险与智能手机成瘾进行操控,其限制了研究结论进行因果推论。未来研究可以通过实验设计对累积生态风险与智能手机成瘾进行分组,考察两者的因果关系,从而进一步确定两者是否互为因果。其次,研究变量的测量均为量表,这使得该研究无法克服共同方法偏差效应带来的误差。尽管共同方法偏差检验证实本书并不存在明显的偏差效应,但未来研究仍然需要同时采用多种报告法检验本研究结果。最后,尽管大量研究考察网络成瘾/智能手机成瘾的遗传因素,但并未有研究探讨两者的核心变量非适应性认知的遗传基础。尽管本书揭示了非适应性认知的核心作用并非由后天环境而是由先天遗传基因所决定,未来研究可以进一步探究非适应性认知是否与网络成瘾/智能手机成瘾共享相同的遗传基因。

五、研究结论

第一,在CLPM模型中,累积生态风险与智能手机成瘾跨时间相互预测,且非适应性认知起双向中介作用。

第二,在RI-CLPM模型中,累积生态风险与智能手机成瘾跨时间相互预测,且累积生态风险、非适应性认知和智能手机成瘾的随机截距显著正相关。

第三,累积生态风险与智能手机成瘾的双向关系既由遗传环境所决定,又受后天环境的影响,非适应性认知的跨时间中介作用由遗传基因所决定。

第五章　大学生手机成瘾的干预研究

手机已经成为当今世界上最重要的通信工具之一。尤其随着互联网全球覆盖面积的增加,手机不仅具备通信、联络功能,更成为继网络后第二大传递信息的载体和工具。但我们不能忽略智能手机的双刃剑效应,它给人类现代生活带来便利的同时,其不恰当的使用会逐渐让人们沉迷于手机,严重者出现手机成瘾。当代大学生被称为"数字原生代",他们是伴着智能化、移动化的网络设备长大的一代人,生活中早已离不开数字化电子产品。虽然智能手机能够满足大学生在现实生活中无法获得的心理需求(寻求慰藉、舒缓压力、成就感)和社交需求(虚拟友谊、自尊),但由于大学生尚处于心智发育不健全阶段,自我调节和自控能力较差[1],如果对手机上网或其他具有诱惑力的反复行为不能很好控制,易形成手机成瘾。如何帮助大学生摆脱手机成瘾,使其回归正常学习和生活成为研究者关注的焦点。本章将从家庭、学校及同伴三个方面探讨大学生手机成瘾的干预手段,以期为今后大学生手机成瘾的引导教育提供行之有效的依据和对策。

当代大学生作为互联网的原住民,其成长已经离不开网络这片土壤。中国互联网络信息中心的调查结果显示,截至 2022 年 12 月,网民规模达到 10.67 亿,大学生网民占 14.2%,智能手机使用的比例高达 96.8%。智能手机为大学生提供了高效和便利的服务,改变了他们的日常生活。智能手机作为重要的通信工具,具有定位、购物以及支付等多样化的功能。然而,大学时期

---

[1] Billieux J., et al, "Can disordered mobile phone use be considered a behavioral addiction? An update on current evidence and a comprehensive model for future research", *Current Addiction Reports*, Vol.2, No.2, 2015, pp.156-162.

正是大学生学业的关键期,若大学生的意志品质不够坚定,很容易产生手机依赖症,这将严重影响他们的正常学业。手机依赖症将导致大学生沉沦于纵横驰骋、快意江湖的虚拟空间,最终造成学业荒废、行为失范以及价值观混乱等心理健康问题。此外,随着各类社交软件的迅猛发展,微信、QQ、微博以及抖音等社交媒体在大学生群体中流行,使得大学生更倾向于在网络上结交朋友,这样便使得在实际生活中面对面的沟通交流越来越少,引发手机冷落行为,导致大学生在人际交往中的表现下降,感受到的幸福感降低,引发人际交往问题。因此,探究应对大学生手机成瘾的策略及途径,对引导大学生合理使用手机,促进其心理健康成长,具有重大的现实意义。

相比于手机成瘾的前因与后果的研究,手机成瘾的干预研究不论是在文献累积还是在理论发展方面均相对薄弱。目前,手机成瘾的干预研究仍处于理论发展阶段。国外学者主要侧重于从源头上分析手机成瘾的原因,对手机成瘾的干预研究相对较少。相比较来看,国内学者开展手机成瘾干预研究的相对较多,他们不仅扩充了认知疗法和运动疗法,而且还基于我国的情境提出了中医药干预的创新性观点。国内外学者在手机成瘾干预研究上投入的差异,可能与国内使用手机的人口较多、手机成瘾问题更严重有密切的关联。根据已有的文献,目前的手机成瘾干预研究主要涉及微观层面的显性个体干预和宏观层面的隐性环境干预两种。对此,国家和各级政府应该从关心爱护大学生心理健康的角度,提供相应的配套监管措施和心理援助措施,建立监督电子游戏分级制度,开发防沉迷手机网络游戏的应用[1]。另外,预防和应对大学生智能手机成瘾,还需要社会、家庭和学校共同努力,积极配合,引导大学生正确合理地使用智能手机,最终促进他们身心健康发展[2]。

---

[1] Shu X.J, Miao, Y.T, "Research on the impact of artificial intelligence recommendation on academic procrastination under the background of big data—The mediating role of mobile phone addiction", *Journal of Physics: Conference Series*, Vol.1948, No.1, 2021.
[2] 王瑞雪:《青少年智能手机成瘾现状和干预对策》,《中小学心理健康教育》2021 年第 35 期。

第一节　大学生手机成瘾的家庭干预策略

家庭是子女接触手机的主要场所之一。因此,父母一定要做好言传身教工作,多与孩子沟通,为孩子创造一个舒适、温馨的家庭环境,让孩子能够更多地在家庭生活中感受到关怀和温暖,从而保护和提高孩子的心理安全感。有调查显示,父母的偏爱、过度干预、拒绝和否定都与大学生的手机成瘾行为显著正相关,是造成大学生手机成瘾的主要原因[1]。家长是孩子的第一任教师,在孩子的成长过程中充当着守护者和引导者的角色,需要正确认识到自身对于孩子成长的影响,帮助孩子形成健康的个性和良好的行为习惯[2]。家长也要发挥家庭教育的影响力,与学校齐抓共管。家庭是子女学习的第一间教室,家庭环境和家长素养对子女发展的影响力不言而喻。教育子女正确合理使用手机,家长自己首先要正确认识到子女如何正确使用手机,既不一味放纵,也不全面禁止。家长也要做好表率,热爱生活,积极向上,不沉迷网络社交和游戏,构建和谐友爱的家庭氛围,鼓励并协助孩子制定阶段目标并树立远大理想;要注重亲情互动,组织丰富有趣的家庭活动去扩充子女的见识和眼界,丰富子女的现实生活,重视孩子的心理健康发展,经常倾听与陪伴。这将有利于子女情绪的疏导和健康交际的养成,避免子女消极情绪积累后在网络上采取不恰当的措施发泄一定要积极配合学校关于学校制定的学生管理条例,参与决策、实施、监督和反馈[3]。

家庭氛围是影响大学生身心健康的重要因素。想要创造出一个良好的家庭环境,家长及其他监护人一定要给予家庭教育足够的重视,建立起一个长期有效的沟通模式,不仅仅关注孩子的学习方面,更要对孩子的日常生活有所关注,其内容包含了孩子的思想和心理方面,尤其是手机与网络的使用。父母应

---

[1] 王平等:《大学生手机成瘾与孤独感、父母教养方式的关系研究》,《当代教育科学》2015年第1期。

[2] 卿再花:《大学生手机成瘾与父母冲突和社会支持的关系研究及教育建议》,《长春大学学报》2020年第30期。

[3] 赵胜男:《疫情背景下中职生手机使用现状及管理对策研究》,宁波大学2021年,硕士学位论文。

当向子女普及他们所熟知的网络知识和相关法律规则,引导子女正确上网的同时,提高子女辨别信息的能力,以及防范意识。此外,还应当对孩子使用手机的时间进行适当的控制,对孩子的兴趣爱好进行培养,让孩子多与大自然接触,开阔自己的视野,陶冶高尚情操[1]。

家长是学生在家庭这一团体中的重要学习对象和榜样,家庭教育需要父母高质量的陪伴,需要加强对孩子的责任感教育。当下许多家长关注孩子的学习成绩,关注孩子的物质生活,不让孩子帮忙做家务,不舍得孩子吃一点苦,不愿让孩子承担责任。孩子不是简单的个体,他们也是社会人,需要的是全面的发展和教育,家长和主要监护人是子女手机素养教育的第一塑造者。家长不仅能够给予学生社会方面的支撑,还能指导学生步入适合的人生道路,子女的大多数行为都是从父母和家庭内部环境中通过观察学习获得的,因此,当与子女相处时,父母应该尽量避免使用手机,多与子女沟通、交流,这不仅有益于形成良好亲子关系,也有助于提高子女的心理健康水平。当然,家长与子女的沟通不能是命令式和否定式的,而应该是商量式和肯定式的。良好的沟通才能使得子女感受到家庭的温暖,感受到被尊重,从而获得自尊,建立自信,也就不需要借由频繁使用智能手机来求得满足。由于现在多数为独生子女家庭,所以父母希望子女成才之心更为急切,因此不免会对子女施加一定的压力,在这种不断高压力的环境中,子女的身体在成长,但是精神却越来越压抑,长此以往,父母和子女的关系必然陷入僵局。所以,家长要尽量减少对子女施加过多的压力,也不要过多限制子女的选择。需要注意的是,以往的许多学者认为,父子关系和母子关系在不同情况下会对大学生群体产生不同的影响。比如,Furman 和 Buhrmester[2]就发现,母子关系尤其干扰大学生的心理发展,父子关系尤其干扰大学生的行为发展。据此,相较于母子关系而言,父子关系的好坏才是影响大学生是否智能手机成瘾的关键。因此,父亲应该放弃"严父"这一角色,增进和子女的互动,不能总是批评、打骂子女,而是要给予子女学习

---

[1] 符明秋、校嘉柠:《未成年人手机成瘾的原因、危害与预防研究》,《成都理工大学学报(社会科学版)》2014年第22期。

[2] Furman W., Buhrmester D., "Age and sex differences in perceptions of networks of personal relationships", *Child Development*, Vol.63, No.1, 2012, pp.103–115.

和生活上的表扬,形成良好的社会支持系统,可以减轻智能手机成瘾的倾向与程度①。

亲子关系或父母之间的关系与大学生手机成瘾之间存在显著关联。在一个和谐的家庭之中,父母应有意识地与子女培养和建立良好的亲子关系,通过陪伴孩子等方式拉近亲密关系,促进个体安全感的满足,以此降低子女手机成瘾风险②。良好的家庭人际关系对于大学生的人际关系发展起到了至关重要的作用,对于家长来说要科学合理地对待处在不同身心发展阶段的子女,不能一成不变地对待子女,需要动态化地跟随子女的身心变化而调整,培养子女的自主性、自控力、自信心、责任感等良好的品质。民主的沟通能够促进情感和关系的联结,父母的以身作则可以引导孩子积极乐观和养成良好的生活与学习习惯,扩展孩子丰富多彩的兴趣爱好,遇到问题可以协商讨论,对于网络安全知识经验进行教育等。给予子女情感上的关怀,以便于子女的情绪能够合理发泄,避免产生上瘾等不良情绪行为偏好。

家庭成员要加强对大学生的支持,使得大学生充分感受到来自家庭成员的关爱与重视。不仅仅是学习成绩上的关爱与重视,更多的是对大学生的人际关系、生活压力等方面的关爱与重视,这对于增强大学生感知到的家庭支持水平至关重要。另外,还要积极引导大学生使用手机,降低大学生的手机使用频率或者通过家庭活动等方式替代手机使用时间。当今社会已经步入快餐化的信息时代,媒体手段丰富庞杂,各种信息层出不穷,大学生通过智能手机上网,极易受到网络中负面信息的影响,因此家庭成员有必要帮助大学生树立正确的手机使用观念,并且每位家庭成员需要做到以身作则,助力其全面发展。例如,谢亚棋提出改善父母的教养方式,对自己使用手机的时间和频率进行反省并加以规范,给孩子树立一个良好的榜样。

以往研究通过对父母教养方式、自我控制与子女手机依赖的关系进行探究后发现,父母教养方式对子女手机依赖有着明显的影响,二者之间存在着较

---

① 喻典:《中学生智能手机成瘾:亲子关系和自尊的作用机制及其应对建议》,华中师范大学2018年,硕士学位论文。
② 卿再花:《大学生手机成瘾与父母冲突和社会支持的关系研究及教育建议》,《长春大学学报》2020年第30期。

为紧密的关系。因此,父母教养方式的好坏以及教养方式的不同会对子女手机依赖产生不同的作用,积极的父母教养方式能够显著降低子女对手机的依赖性,而消极的父母教养方式可能会起到相反的作用,会增强子女对手机的依赖性。因此,父母应当改进家庭教养方式,尽可能采取积极的教养方式,发挥良好的家庭环境对降低子女手机依赖的积极作用。家庭的教育环境在人的成长中发挥着至关重要的作用,父母是孩子的第一任老师,所以家庭环境是否和谐、父母的言行举止是否正确对学生的成长影响至关重要。学生在发展的各个时期都会表现出不一样的成长特点,因此家庭教养方式需要随着孩子在不同阶段的不同发展情况有所调节。比如在中学时期,大部分学生都会出现一定程度上的叛逆情绪,他们觉得可以掌控自己的人生、希望获得自由和认可,但是家长却由于升学压力等因素对学生管理严格,这样就会导致家长和学生之间出现矛盾。初中时期的家长需要采取关爱和鼓励以及一定程度的引导教养方式来培养孩子,让学生有自我发展空间,可以有自由做自己想做的事情,这样能够提升他们的责任感[1]。

有研究发现,父母监控和内容限制与子女的手机成瘾倾向呈正相关。这一研究结果对于手机成瘾的家庭预防和干预具有十分重要的指导意义。当今世界,网络在人类生活中有着不可忽视的地位,起到不可替代的作用,采用强制和硬性的手段规范子女手机和网络使用行为往往容易适得其反,最终导致相反的结果。已有研究结果证明,沟通、互动、陪伴等积极的干预和影响方式对于减弱子女手机成瘾倾向具有十分显著的效果。因此,作为子女的第一监护人和老师,父母应该尽量采用积极的方式去引导和监督子女的手机使用行为,而非采用限制和监控的消极方式去强制子女的手机使用行为。此外,由于父母的知识背景、阅历经验存在一定差异性,因此父母也需要通过各种各样的途径去学习优良的教育方式,提升自身的教育水平。同时,随着时代的不断发展和进步,新事物层出不穷,父母也应该与时俱进,改变自己以往像"明明是为了子女好,但子女却不愿意听,反而表现出与自己期待相反的行为"等过时的想法,更好地将子女自身的独特性与时代性结合起来选择恰当的教育方式,

---

[1] 徐慧雯:《初中生父母教养方式与手机依赖的关系》,河北大学 2021 年,硕士学位论文。

耐心教育、细心引导①。

已有研究分别探讨了子女对父亲的感情和对母亲的感情与子女手机成瘾程度的关系。对父子/女关系的研究中结果显示,子女对父亲的感情能够显著负向预测其手机成瘾的程度,这预示着不良父子/女关系会加剧子女手机成瘾的倾向,而亲密的父子/女关系则作为一种保护性因素,减弱子女的手机成瘾倾向②。在母子/女关系的研究中,结果显示子女对母亲的感情也能够显著负向预测其手机成瘾的程度。此外,结果还显示,母亲在父子/女关系中起到一定的促进和抑制作用,当母亲赞同和肯定了当前的父子/女关系时,母亲就会变成一种催化剂推动更亲密父子/女关系的发展,家庭氛围会更加和谐融洽,降低子女手机成瘾的倾向,反之则会导致父子/女关系恶化,增加子女手机成瘾的倾向。母亲对于父亲的看法与观点很大程度上与其婚姻关系有关,溢出假说指明了父母婚姻关系与亲子关系正相关,因此在以往研究和现有研究的基础上,父母婚姻状况与子女手机成瘾倾向呈现出显著正相关。父母婚姻关系越和谐,对于子女的关注程度和范围越细致,所表现出来的接纳态度、情感和行为越多,子女对于父母和家庭的依恋程度会越高,其所感受的安全感和接纳感越强,表现出的手机成瘾的倾向越低。因此,结合以上研究结果,父母建立良好的婚姻关系和亲子关系,为子女打造和睦温馨的家庭氛围能够为预防子女手机成瘾起到重要的作用③。

家长也应认识和理解正常合理使用智能手机的重要性,接受和允许子女在正常合理的范围和尺度内使用智能手机。许多家长认为,智能手机对于子女学业成绩的影响一定是消极的,他们必须将所有时间和精力放在学习上才能顺利考入中学或大学。然而,智能手机时代已经到来,智能手机已经成为我们生活中不可或缺的工具。手机的社交功能打破了时间和地域的限制,增强

---

① 陈艳等:《父母干预与青少年手机成瘾的关系:一项追踪研究》,《中国特殊教育》2021年第254期。
② 蒲少华等:《初中生手机成瘾倾向的家庭影响与预防》,《广东第二师范学院学报》2022年第42期。
③ 蒲少华等:《初中生手机成瘾倾向的家庭影响与预防》,《广东第二师范学院学报》2022年第42期。

了人与人之间的情感交流,满足人际交往的需要;娱乐功能为人们宣泄情绪和缓解压力提供了一个重要的渠道;其丰富多样的后台互动服务功能为学习、生活带来了极大的便利。所以,父母不应该"一刀切"地禁止子女使用智能手机,这只会加剧子女的"叛逆"思维,刺激他们的反抗变得更强烈。在这样的"高压政策"下,子女会越来越不愿与家长交流,将目光转向功能多样的智能手机,利用智能手机在互联网上找到他们所喜爱的伙伴,从而获得相应的认同感和成就感。另外,父母应该多和子女相处、交流。有效的陪伴是构建彼此信任、稳定、和谐的亲子关系的先决条件,它能让父母更好地理解孩子的内心,了解孩子在敏感阶段的心理变化,让他们获得安全感。如果父母与孩子之间没有任何的交流和联系,那么家庭中就会充斥着一种疏离的气氛,孩子就会更容易沉迷于智能手机所创造出来的舒适的虚拟世界,从而对现实生活中的各种矛盾和问题产生更多的回避,久而久之,就会形成一个恶性循环。最后,家长不应该只对孩子提出要求,更应该反思自己在使用手机时是否达到手机成瘾的程度,进而在无形之中影响到子女的手机成瘾倾向。家长应当以身作则,正确和恰当地认识智能手机在日常生活、学习和工作中不可替代的作用,同时也合理规划手机使用时间,为孩子树立一个学习的榜样①。

《中华人民共和国未成年人保护法》第七十一条规定,未成年人的父母或者其他监护人应当提高网络素养,规范自身使用网络的行为,加强对未成年人使用网络行为的引导和监督。当前已有的调研数据显示,有超过90%的家长对于子女上网时间和时长做出明确规定和限制,然而此举所产生的效果却不尽如人意。因此,探究子女手机成瘾的有效干预措施不能将目光放在孩子使用手机的外在限制上,更应该放在日常子女教养过程之中。有研究表明,积极的父母参与在子女教养中发挥着重要作用,能够有效监管和约束其手机使用的失控行为。其中,对于父亲积极参与子女教养的研究发现,其功能主要体现在表达和工具两个方面,前者主要是帮助建立与子女的亲密感情,后者则体现为对子女的教养,两种功能缺一不可,相辅相成,因此,这也解释了仅仅通过对

---

① 王瑞雪:《青少年智能手机成瘾现状和干预对策》,《中小学心理健康教育》2021年第35期。

子女进行教育来减少手机成瘾的使用行为效果是不尽如人意的,还需要建立良好的亲子关系,在理解和关爱子女的基础上影响子女的手机成瘾倾向,达到减少和杜绝手机成瘾的效果。此外,还有研究发现,父爱和母爱与青少年的网络游戏成瘾的关系存在差异,父爱与青少年网络游戏成瘾呈现显著负相关,但是母爱没有显著相关性。这也说明了,在干预青少年手机成瘾行为时要考虑到家庭中不同主体作用的差异性,同时父母要形成良好的配合,充分发挥家庭监管功能,切实降低青少年出现网络成瘾的风险,为青少年成长掌舵护航[①]。

《中华人民共和国未成年人保护法》第五章《网络保护》中对于家庭培养和提高未成年人网络素养的责任以及预防未成年人沉迷网络予以详细的说明,此外第二章《家庭保护》第十五条规定,未成年人的父母或者其他监护人应当学习家庭教育知识,接受家庭教育指导,创造良好、和睦、文明的家庭环境,为子女树立良好的榜样并提升管理能力。通过研究父亲在位模型中的每一种家庭动力因子对低龄学生手机依赖倾向的影响,我们可以更好地理解家庭系统在预防低龄学生手机依赖方面的机制和作用,以及家庭系统在预防低龄儿童手机依赖方面的具体实践策略。家庭是预防低龄学生手机成瘾的第一道防线,高品质父亲的存在是预防其手机成瘾的保护因素。因此,建立和谐的亲子关系、家庭关系和有效的家庭监督模式,改善和调整不良家庭环境可以有效预防低龄学生手机成瘾[②]。

最后,在家庭收入与手机成瘾的关系研究中还未形成一个一致的结论。有研究发现,家庭收入与子女手机成瘾显著负相关[③]。然而,也有实证研究得到了与之相反的结论,例如,张铭等人[④]的研究发现,收入水平较高和经济地位较高家庭的子女相比于低收入家庭子女能够更早地接触和拥有智能手机,进而更早地表现出手机成瘾的行为。

---

① 蒲少华等:《初中生手机成瘾倾向的家庭影响与预防》,《广东第二师范学院学报》2022年第42期。
② 蒲少华等:《初中生手机成瘾倾向的家庭影响与预防》,《广东第二师范学院学报》2022年第42期。
③ 陈艳等:《家庭社会经济地位对手机依赖的影响:主观幸福感的中介作用》,《中国特殊教育》2018年第8期。
④ 张铭等:《手机依赖的前因、结果与干预研究进展》,《中国特殊教育》2019年第11期。

第二节　大学生手机成瘾的学校干预策略

学校对于大学生的发展和成长至关重要,青少年的学习和生活习惯的养成离不开学校和教师的正确引导①。手机成瘾作为病理性互联网使用行为的一种,应该引起学校的特别关注。学校可以通过调查学生的智能手机使用情况和问题,制订具有针对性的干预方案并加以实施。例如,可以通过制定学校手机管理规章制度,禁止学生将手机带入将要上课的教室内;在开展教学活动时,也可以通过设计主题活动让学生意识到沉迷手机使用的不利影响,帮助他们形成正确的手机使用价值观;除日常教学和学习活动外,课余时间是大学生学校生活的重要组成部分,为此学校可以组织设计各类活动,为大学生培养其兴趣爱好提供多元的条件。家校共育是预防和干预大学生手机成瘾的重要方式之一,因此学校通过加强与家长的沟通联络,共同解决大学生手机成瘾的问题②。

校园文化和校园活动的缺席是导致大学生沉迷手机的重要原因。学校可以通过丰富校园文化和校园活动来改变大学生的手机使用现状。例如,学校可以营造积极向上的学习和生活氛围,让学生认识到大学生活的短暂和宝贵,在校期间应将时间和精力放在专业学习上,为未来的发展做好积淀。此外,学校经常组织开展各类学生活动,但随着物质生活的丰富和学生思想的转变,有些活动方式已经较难满足学生的发展需要。创新活动举办方式方法已成为教育发展的迫切需求。因此,学校可以尝试采用新的活动举办方式。例如,在活动举办前先征求大学生的想法,再推动相关活动的开展,这样可以吸引广大学生的兴趣,提升学生的活动参与度;专题讲座和团体活动是塑造大学生良好生活习惯的重要方式之一,通过开展活动和讲座,帮助大学生认识到过度沉迷手

---

① Dong G., et al, "Gender-related functional connectivity and craving during gaming and immediate abstinence during a mandatory break: Implications for development and progression of internet gaming disorder", *Prog Neuro-Psychoph*, No.88, 2019, pp.1-10.
② 王瑞雪:《青少年智能手机成瘾现状和干预对策》,《中小学心理健康教育》2021年第35期。

机使用的危害性。作为学生的知心人和引路人,辅导员也应在学生手机使用中发挥重要作用,辅导员可以通过召开主题班会,宣讲手机成瘾的危害性及应对措施,帮助大家形成良好的手机使用习惯①。

高校需要提升软件和硬件设施建设水平,打造良好的校园生态环境,帮助大学新生快速适应校园学习和生活环境,激发他们学习和成长的动机。学校可以扩充图书馆藏书量,同时加快推进移动图书馆的建设,使学生能够随时通过手机软件阅读高质量的图书。此外,学校还应加强基础设施和设备的建设,提供多样的课余活动场所,如足球场和篮球场等场地,鼓励举办各类课外活动和体育比赛,从而引导大学生积极参与其中。这些举措不仅丰富了大学生的校园体验,同时也有助于减少其手机使用时间。针对大学生长时间使用手机对学习和生活产生不良影响的问题,高校应将手机管理纳入新的管理范畴,以针对性地解决。其中,制定课堂内手机使用规定是一个具体的方案,明确规定学生和教师在课堂上的手机使用方式,避免他们经常使用手机。同样地,对于违反课堂手机管理规定的情况,也应建立相应的处罚措施,并切实执行。通过统一全校师生的思想认知,推动大家自觉遵守校规校纪,以合理的手段干预各高校内大量课堂上使用手机的情况②。

学校环境会从校园和人文两个方面对大学生产生深远影响。体育活动不仅有利于学生的身体健康,也增强了他们的自我控制能力,对减缓大学生的手机成瘾问题具有显著帮助。因此,学校有必要投入资源建设体育设施,同时提供多样的体育课程,以促进学生的全面健康成长。而在改善大学生的心理健康方面,学校也可以采取一系列措施,如开设心理健康课程、普及相关知识、开展团体心理辅导和个体心理咨询等。团体心理辅导不仅可以增进师生和同学之间的关系,还能成为学生积极发展的模范示范。这种师生之间的积极互动有助于学生内化教师的榜样作用,进而激发积极的自我发展动力。此外,学校与家庭之间的紧密沟通合作也是大学生全面成长的关键。鼓励学生参与学校

---

① 卿再花等:《认知行为团体辅导对大学生手机成瘾干预效果研究》,《牡丹江师范学院学报(社会科学版)》2019年第2期。

② 闵秀红、朱长根:《高职学生手机网络成瘾的危害及对策研究》,《湖北开放职业学院学报》2019年第32期。

的兴趣团体、选修课程等,培养多元化的娱乐兴趣,倡导多元化的娱乐方式。这样的举措将有助于减少对智能手机等网络媒体的过度依赖。同时,学校可以加大团体辅导活动的力度,提升学生的心理素质水平。通过正念辅导和时间管理辅导等方式,能有效降低学生的手机成瘾水平[1]。

此外,学校有责任为大学生创造积极、温暖、充实的学习和生活环境。组织更多的集体活动,帮助大学生更多地参与到校园活动中,这不仅可以提升大学生的社交频率,还可以帮助他们形成集体荣誉感,感受到集体活动带来的快乐。同时,这也有助于激发学生内在的主动性和创造力,培养积极应对现实问题的能力。然而,这不代表禁止学生使用手机。学校的目标在于教导学生以健康合理的方式使用手机,发掘其在教育和文化建设中的潜在价值,使其成为校园品牌文化建设的有力工具。这一过程中,学生团体的多方面作用和优势得以充分发挥,教师、学生、家长之间的关系得到改善,不断地交流促使中学生对学校和家庭的情感更加深厚,获得社会的认同,减少对手机的依赖。然而,上述举措的采取还不足以完全干预大学生的过度使用手机,学校还需建立合理的规章制度来限制手机使用,通过严格的校园准则创造健康的学习和生活环境。对于已经沉迷于手机的学生,可以通过心理辅导来引导和帮助他们认识手机成瘾的风险,并重新认识现实生活的美好。同时,父母必须深刻认识亲子关系与手机成瘾之间的联系,明确良好的亲子关系对大学生成长的重要性,并通过实际行动改善这一问题。在这一过程中,学校可以发挥重要的作用,例如通过校园宣传栏或家长会来促进良好的亲子关系,设计亲子互动活动等[2]。

先前研究表明,个体拥有手机情况与手机成瘾倾向之间存在密切关系。因此,学校和家庭应从外部环境入手,制定相应规定,尽量限制大学生拥有手机的数量和使用频率。在此背景下,加强对大学生手机和网络使用的教育变得尤为重要。这一教育措施涵盖了多方面的内容:一方面引导大学生以正确的态度看待和使用电子产品;另一方面提升他们的自我控制力,增强时间管理

---

[1] 柳然:《疫情严重程度和手机使用动机对青少年手机成瘾的影响及辅导设计》,华中师范大学 2020 年,硕士学位论文。
[2] 喻典:《中学生智能手机成瘾:亲子关系和自尊的作用机制及其应对建议》,华中师范大学 2018 年,硕士学位论文。

能力,促使他们适度使用电子产品;此外,家庭也应有所作为,限制大学生手机的拥有数量以及使用频率。学校在引导学生合理使用手机方面有着重要作用。首先,可以通过校内宣传与教育活动,宣导合理使用手机的注意事项。其次,可以对大学生的手机使用情况进行调查研究,以便有针对性地进行引导。最后,需要特别关注手机成瘾倾向严重的学生,通过个体辅导和团体辅导的方式为他们提供帮助①。

当前,手机已成为大学生生活中不可或缺的工具,针对大学生手机成瘾问题,干预方法应该以引导为主,而非强行禁止所有的手机使用行为。目前确实存在学生使用手机的现象,而采取措施进行积极引导应该成为重要的方法。除了帮助大学生养成合理的手机使用习惯,还可以通过心理咨询等系列举措改变大学生过度使用手机的现象。例如,学校可以通过心理健康相关课程的设立、团体辅导等活动的开展推动学生手机使用现象的改变。此外,学校还应加强宣传,让学生更加了解手机成瘾的成因和危害,以及运动干预方案的重要性,从而树立正确的认知②。

第三节 大学生手机成瘾的同伴干预策略

已有研究指出,人际关系困扰可以显著预测手机成瘾,而学校疏离感在这种预测关系中起到中介作用。也就是说,当大学生遇到过多的人际困扰时,其学校疏离感也会升高,并最终导致其产生更多的手机成瘾行为。另有研究指出,人际关系困扰与手机成瘾的关系还会受到自我和谐变量的调节作用。即当个体的自我和谐发展水平不足时,学校疏离感会更多地受到人际关系困扰的影响。由上述研究可知,当我们干预人际关系困扰水平、学校疏离感水平、手机成瘾水平均位于高位水平的大学生时,需要给予他们足够的关注度和充足的资源配置,也可以通过丰富多样的活动开展,例如心理健康月系列活动等吸引学生的关注和参与。团体活动作为一种群体性的活动,在开展时需要学

---

① 王丹:《未来时间洞察力与手机成瘾的关系》,华中师范大学2019年,硕士学位论文。
② 杨家豪:《大学生手机成瘾运动干预方案实证研究》,福建师范大学2020年,硕士学位论文。

校和老师尤为注意。在开展团体辅导时学校需要进行更多的指导,为团体活动的开展提供更多的资源。就手机成瘾者而言,需要从学生自身和学校等层面进行引导,帮助大学生集聚足够的心理资源,提升抵御风险和解决问题的能力。老师和家长是学生经常接触的对象,为了避免在学生面前起到不良的示范作用,需要他们对自己的手机使用行为进行管控,将更多的时间用在陪伴和引导大学生成长方面。老师在日常工作中也应了解人际关系困扰和学校疏离感的相关知识,并予以关注。当发现学生存在类似问题时,需要借助学校的团体活动等进行干预,在团体活动中设置相应的环节,为大学生提供解决手机成瘾问题的方法和建议[1]。

另有研究指出,大学生在校生活的顺利进行离不开重要他人的支持。由于老师和同学会和大学生共度大部分的校园时光,因此会对大学生的成长起到至关重要的作用。对学校而言,应该鼓励和引导老师给予学生更多的关心,做学生的知心人和引路人。学校还应采取多种措施营造互帮互助的氛围,鼓励大学生主动关心他人,实现共同发展和成长。学生在校园生活中难免遇到挫折和挑战,也容易出现焦虑、孤独和抑郁等负性情绪。心理健康课作为学生心理发展的重要部分,可以在帮助学生应对类似情绪问题时起到良好的作用。为此,学校应该制订相关教学方案和计划,教师应根据学校要求合理设计课程内容,通过知识讲授和情景模拟等方式教授学生应对心理困境的方式方法。学校在学生入学时应组织专业心理老师,采用专业工具进行心理健康方面的筛查,并对呈现异常指标的同学进行建档立案。已有研究指出,心理健康问题和手机成瘾存在密切关联,学校在后续开展相关教学活动时也应重点关注这些重要群体,宣传健康心理养成的方式方法,为他们提供心理健康方面的咨询服务。家长是学校教师和同学之外的另一重要他人,因此也应在学生成长中起到重要作用。学校和家长应该开展密切的合作,商讨合适的方案,共同预防和干预学生的手机成瘾行为[2]。

---

[1] 刘晓丽:《青少年人际关系困扰与手机成瘾的关系:学校疏离感、自我和谐的作用及其干预》,华中师范大学 2021 年,硕士学位论文。
[2] 张肖:《初中生领悟社会支持、孤独感对手机依赖的影响及干预研究》,河北大学 2021 年,硕士学位论文。

大学生智能手机成瘾的生态风险因素及干预研究

  课余活动占据了大学生学习和生活的大部分时间,为了让大学生体验到更多的社会支持,拥有更多的心理资源应对手机成瘾问题,学校应组织丰富多样的课余活动。通过活动的开展,为大学生提供一些相互沟通和交流的机会,为学生间建立友谊创设合适的条件。当大学生将时间更多地投入交往活动中去时,使用手机的时间将会缩短,沉迷的问题也会一定程度上得以解决[①]。

  学校应该引导大学生培育坚定的理想信念,帮助他们设定适合自己的学习和成长目标,提前做好职业和人生规划。这样不仅可以帮助大学生避免因为缺少目标感和使命感而选择沉迷手机使用,反而可以激发他们的斗志和学习动机。此外,学校也应做好挫折教育,帮助大学生认清挫折是学习和生活中的正常现象,应该正确地认识和对待挫折,在个人无力应对挫折时可以向老师和同学寻求帮助。当学校和教师及时关注到学生的需要并能够予以满足时,可以大幅度降低学生沉迷手机的可能性[②]。

  先前研究针对大学生手机成瘾与其所在的生态环境系统进行系统分析研究后发现,亲子依恋、父母监控、同伴关系等诸多变量会对大学生的手机成瘾产生影响,而在这些影响因素中,亲子关系和越轨同伴交往是大学生手机成瘾行为的核心影响因素。导致该现象的原因可能是父母未能充分关注到青少年的情感需求,不能采用合理的措施来满足他们的需求。因此当大学生遇到学业或成长方面的问题时也不愿意与家长沟通,只能通过使用手机来缓解焦虑情绪,寻找可能的问题解决方案,但频繁使用手机非但不会帮助其缓解焦虑情绪,反而会因过度使用而导致成瘾行为。此外,大学生的成长和发展离不开周围同学的影响,当越轨同伴与其沟通交流较多时,其可能会更容易形成手机成瘾行为。这是因为大学生所处的环境相对较为单纯,当他们与不良同伴交往时,会受到群体的影响,使得他们更倾向于选择和同伴采取一致的行为,更多地使用手机并导致成瘾行为。

  良好人际关系和行为习惯的养成也可以帮助大学生减少手机的使用频

---

① 周恩泽:《青少年手机成瘾的环境风险因素及预防策略》,《中小学心理健康教育》2022年第36期。

② 卿再花:《大学生手机成瘾与父母冲突和社会支持的关系研究及教育建议》,《长春大学学报》2020年第30期。

率。当个体加入某个组织后,会受到组织文化和氛围的影响,当组织文化是积极向上的,他们就可以在组织成员身上学到更多正向的行为,也会进一步促进自己的成长和发展。在组织中个体不仅可以获得来自他人的帮助,还可以向他人提供力所能及的支持,这种支持会给个体带来生命的价值感和意义感,感受到更多的积极情绪体验。当个体加入组织后,也可以获得更多的信息和资料,还可以针对学习生活和社会热点进行讨论,在发表个人观点的同时也可以吸取他人的意见建议,不断丰富自己的人生观和价值观。当个体积极参与到组织活动中,并获取到足够的信息资源时,他们也会减少手机使用的频率,降低手机成瘾问题发生概率。

先前研究指出,大学生的手机成瘾与心理健康因素存在相互预测作用,即大学生手机成瘾的形成可能是受心理健康因素影响所致,而手机成瘾的行为也会影响到他们的心理健康水平。学校应该在制度层面出台相关的规章制度,同时加强心理健康教师队伍的建设,建立专业的心理咨询场所,购入沙盘等专业的心理咨询工具设施。此外,学校还应在思想层面加强对学生的引导,帮助他们认识到手机成瘾的危害性,过度使用手机不仅浪费时间,还会使自己陷入焦虑等不良情绪中。总之,学校应该帮助学生认识到手机成瘾的危害性,多措并举干预学生的手机成瘾行为,帮助他们形成积极向上的价值观[1]。

第四节 大学生智能手机成瘾的认知行为疗法干预

一、引言

根据 Davis 的认知—行为模型,智能手机成瘾的核心要素为非适应性认知,本研究通过考察累积生态风险与智能手机成瘾的双向关系及非适应性认知的中介作用进一步验证了此观点。因此,对于智能手机成瘾的干预要从非适应性认知入手极为关键。Davis 在认知—行为模型的基础上进一步提出了

---

[1] 符明秋、校嘉柠:《未成年人手机成瘾的原因、危害与预防研究》,《成都理工大学学报(社会科学版)》2014 年第 22 期。

认知行为疗法,该疗法主要是通过对个体非适应性认知的改变,继而使个体不合理的行为得到改善,逐步形成良性的发展状态。Davis 在长期研究认知行为疗法后,得出了"病态网络使用的认知行为模式"。根据这一模式,他以 7 阶段、11 周作为治愈网瘾患者的关键,7 阶段依次为:(1)定向:让患者了解网络成瘾的特点、类别及产生原因,并列出戒除网瘾的主要目标;(2)规则:让患者就治疗网络成瘾的基本原则展开讨论;(3)等级:帮助患者制定抗网瘾的计划,从而削弱增强上网行为的强化物;(4)认知重组:让患者对以往使用网络后的愉快感受进行评估、再评估;(5)离线社会化:增加强化物,让患者在现实生活中尽情发挥自身的交际才能;(6)整合:让患者对比网络世界与现实生活中的异同,使其意识到网络世界只是理想自我的一种普通形式,引导其找到完整的自我;(7)通告:与患者沟通交流,让其回顾整个治疗过程。

目前国内研究大多采用认知行为疗法作为网络成瘾的治疗方法,但少有研究将该疗法应用于智能手机成瘾的治疗过程当中[1]。例如,黄彬洋等人[2]对 30 名网络成瘾者和 30 名非网络成瘾者进行认知行为疗法治疗,结果发现认知行为疗法能够大大降低网络成瘾者的成瘾水平,且治疗效果显著高于对照组。倪舜敏[3]从 600 名大学生中筛选出网络游戏成瘾水平较高的个体进行认知行为疗法心理咨询,每次咨询 50 分钟,每周咨询一次,共计 10 次,结果发现认知行为疗法咨询对大学生网络游戏成瘾具有良好的治疗效果。另外,唐任之慧等人[4]采用电针治疗与认知行为疗法相结合的方式考察认知行为治疗对网络游戏成瘾的临床治疗效果,结果发现电针治疗与认知行为疗法相结合方式对网络游戏成瘾治疗的总有效率为 80.95%,明显高于对照组 2 的

---

[1] 李娜:《大学生网络成瘾认知行为疗法研究综述》,《科教导刊》2014 年第 12 期;宋爱芬、史学武:《网络成瘾干预研究综述》,《新疆医科大学学报》2006 年第 3 期;佘左平:《认知行为疗法介入青少年网瘾问题》,江西师范大学 2020 年,硕士学位论文。

[2] 黄彬洋等:《认知行为疗法联合耳穴压豆干预高职院校互联网成瘾综合征大学生的效果观察》,《智慧健康》2023 年第 9 期。

[3] 倪舜敏:《基于认知行为疗法的网络游戏成瘾个案干预研究》,华中师范大学 2022 年,硕士学位论文。

[4] 唐任之慧等:《认知行为疗法结合电针治疗网络游戏成瘾的临床效果》,《临床医学研究与实践》2017 年第 2 期。

47.83%（$p<0.05$）。这些证据足以证实认知行为疗法对于网络成瘾、网络游戏成瘾具有良好的治疗效果。

由于网络游戏成瘾与智能手机成瘾具有相似的成瘾机制，认知行为疗法可能对智能手机成瘾的治疗同样具有良好的干预效果。一项研究采用朋辈互助认知行为疗法对医学生智能手机成瘾进行干预，该研究同样采用了对照组的干预设计，结果发现实验组学生在大学生智能手机成瘾量表中的突显行为和消极影响的得分下降，在症状自评量表中的强迫、人际关系敏感、抑郁、精神病性等方面有明显改善，且实验组与对照组有显著差异[①]。尽管该研究证实了认知行为疗法同样对智能手机成瘾存在治疗效果，但该研究被试为医学生，这限制了研究结论的进一步拓展。因此本研究拟通过在校大学生为被试进一步验证已有研究结果。

为了检验 Davis 的认知行为疗法的 7 阶段、11 周治疗疗效，本节构建图 5-1 所示的干预模型，并作出以下假设。

假设 1：对于实验组成瘾者干预后的智能手机成瘾水平显著低于干预前。

假设 2：对于对照组被试干预后的智能手机成瘾水平显著低于干预前。

假设 3：干预效果 1 显著高于干预效果 2。

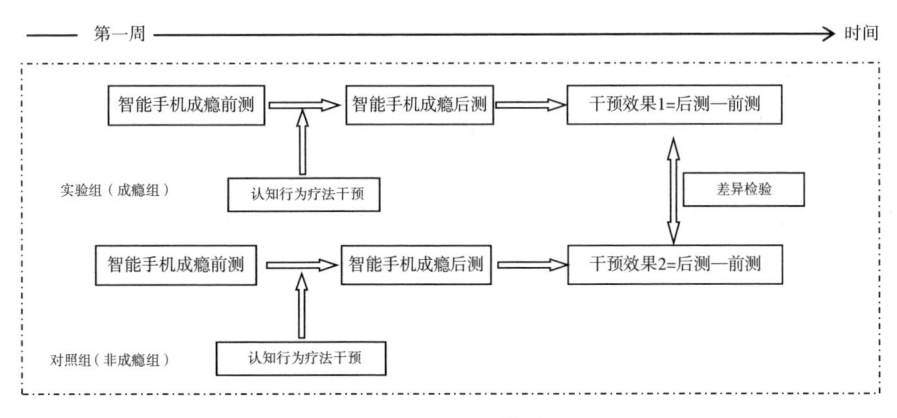

图 5-1　干预模型

---

① 吴文捷：《朋辈互助认知行为疗法对医学生智能手机成瘾的干预研究》，《中国高等医学教育》2018 年第 11 期。

二、方法

(一)被试

采用智能手机成瘾量表,从 2014 名大学生中选取智能手机成瘾者 100 名(平均年龄为 18.45 岁,标准差=0.87 岁,男生 50 名,女生 50 名),选取非智能手机成瘾者 100 名(平均年龄为 18.74 岁,标准差=0.91 岁,男生 50 名,女生 50 名)。将成瘾组命名为实验组,非成瘾组命名为对照组。

(二)干预程序

首先,被试分别填写智能手机成瘾量表作为被试干预前的基线水平,在被试完成干预后同样采用该量表对被试的智能手机成瘾水平进行测量作为后测,后测减掉前测作为干预效果。对实验组和对照组被试统一进行 7 阶段、11 周的认知行为疗法干预。本书中的干预均采用线上干预。干预过程依次为(1)定向:让患者了解网络成瘾的特点、类别及产生原因,并列出戒除网瘾的主要目标。该过程中治疗人员通过讲述已有个案以及有关智能手机成瘾影响因素的最新研究成果,晓之以理、动之以情,使被试充分了解网络成瘾的成因及危害。(2)规则:让患者就治疗网络成瘾的基本原则展开讨论。利用网络平台让被试主动提出智能手机成瘾的治疗方案,以及选择适合自己的治愈方法。(3)等级:帮助患者制订抗网瘾的计划,从而削弱增强上网行为的强化物。帮助被试进行注意转移,比如定时阅读相关书籍、运动或者做一些家务。(4)认知重组:让患者对以往使用网络后的愉快感受进行评估、再评估。被试分享、回忆以前使用智能手机过程中的感受以及使用智能手机的目的。(5)离线社会化:增加强化物,让患者在现实生活中尽情发挥自身的交际才能。鼓励被试放下手机更多地与父母或身边的人进行面对面的交流。(6)整合:让患者对比网络世界与现实生活中的异同,使其意识到网络世界只是理想自我的一种普通形式,引导其找到完整的自我。(7)通告:与患者沟通交流,让其回顾整个治疗过程。被试之间进行自由沟通,分享克服手机成瘾的方案,以及如何重新建立对智能手机的认知。

(三)研究工具

采用"中国版智能手机成瘾"[①]对智能手机成瘾水平进行测量。该量表也是基于认知—行为模型开发的,用于测量个人的手机成瘾水平。该量表由17个项目组成,其中代表性题目如"花在智能手机上的时间会直接降低你的工作效率"。参与者采用1(从不)到5(总是)点计分作答。量表总分代表个体的手机成瘾水平,分数越高表示智能手机成瘾水平越高。该量表在中国大学生被试中具有良好的信度和效度[②]。量表采用8个项目来确定个体是否患有智能手机成瘾。更具体地说,报告"总是"患有上述8个项目中任何一个的个体被分为智能手机成瘾组。两个时间点的智能手机成瘾量表的内部一致性系数 α 为0.89和0.91。

(四)研究结果

分别采用配对样本 t 检验和独立样本 t 检验对本研究假设进行验证。配对样本 t 检验结果显示,在实验组干预前的被试智能手机成瘾水平显著高于干预后的智能手机成瘾水平($t=8.34, SE=0.39, p<0.001$),假设1得到验证;在对照组干预前的被试智能手机成瘾水平显著高于干预后的智能手机成瘾水平($t=4.24, SE=0.40, p<0.001$),假设2得到验证。另外,独立样本 t 检验结果显示,干预效果1显著高于干预效果2($t=4.78, SE=0.38, p<0.001$),假设3得到验证。

三、讨论

本书采用准实验研究设计,考察了认知行为疗法对智能手机成瘾的治疗效果,结果证实认知行为疗法对大学生手机成瘾具有良好的治疗效果。该结

---

① Leung L,"Linking psychological attributes to addiction and improper use of the mobile phone among adolescents in Hong Kong", *Journal of Children and Media*, Vol.No.2, 2008, pp.93-113.

② Chen, Y.M., et al, "The relationship between shyness and mobile phone dependence in middle school students: A moderated mediation model", *Psychological Development and Education*, Vol.37, No.1, 2021, pp.46-53.

果一方面验证了认知—行为模型,另一方面证实智能手机成瘾与网络成瘾具有相同认知机制——非适应性认知是造成成瘾的核心要素。

智能手机成瘾会给大学生造成一系列的负面影响,帮助大学生摆脱智能手机成瘾的束缚对他们的学业、生活、人际关系、身心健康具有重要意义。已有研究大多关注网络成瘾的干预方案,有关智能手机成瘾的干预研究较少。如今,智能手机成为大学生上网的最大终端,大量的网络成瘾者可能更多表现为智能手机成瘾。本研究证实非适应性认知同样是智能手机成瘾的核心要素,通过认知行为疗法实现对成瘾者的认知重建对智能手机成瘾的干预具有良好效果。尽管本研究仅进行了11周的干预,但干预效果明显,这说明非适应性认知是可以重塑的。已有研究建议,认知行为疗法配合其他疗法使用效果更佳。例如,唐任之慧等人[①]认为电针治疗与认知行为疗法相结合对成瘾行为的治疗效果会有明显提升;吴文捷[②]的研究发现,在朋辈的参与治疗下,认知行为疗法对个体的成瘾行为具有良好的治疗效果。基于已有研究结果,未来研究可以在认知行为疗法的基础上,配合其他治疗方法以获得更好的智能手机成瘾干预方案。

此外,大学新生正处于世界观、人生观和价值观形成的重要阶段,对他们进行早期的干预效果更佳。手机短视频、手机游戏、朋友圈等手机活动会给大学生传递大量有关处世之道、价值判断等相关信息。大学新生对于不同信息的判断能力有限,很容易被不良信息诱导形成错误的世界观、人生观和价值观。非适应性认知其实就是一种错误的价值判断,个体认为现实世界是残酷的,远没有网络世界精彩;自己在网络环境中能被更好地对待;网络世界更加公平等错误认知会直接影响他们的智能手机使用行为。由于大学新生正处于大学适应的关键阶段,在此时期他们会遇到各种适应问题。当他们的适应问题无法得到解决时,使用智能手机可能就成为他们处理问题的重要应对方式。一旦他们对该行为习以为常且乐在其中时,他们就很可能深

---

① 唐任之慧等:《认知行为疗法结合电针治疗网络游戏成瘾的临床效果》,《临床医学研究与实践》2017年第2期。
② 吴文捷:《朋辈互助认知行为疗法对医学生 智能手机成瘾的干预研究》,《中国高等医学教育》2018年第11期。

陷其中不能自拔。

本书结论除了证实认知行为疗法对智能手机成瘾的干预疗效之外,也为家长、教师等监护者提供了重要指导方案。首先,父母的对于智能手机的认知会严重影响大学生对于手机的认知,在改变孩子的非适应性认知之前,家长首先要树立自己有关手机使用的正确认知。有关研究证实父母对待手机、iPad等上网工具的态度会直接影响到孩子对待它们的态度,因此大学新生的认知重建也需要伴随着父母的认知重建①。已有研究建议,良好的亲子交流能够有效彼此传递温暖从而使得交流双方更少地使用手机②。另外,父母监控、父母的温暖接纳等行为可以有效预防孩子的智能手机成瘾行为,这是因为该行为可以减少孩子对于智能手机的非适应性认知。

其次,要提高教育管理人员,尤其是辅导员的教育理论修养。辅导员作为大学生交流最多且是他们最直接的负责人,他们的理论素养会直接影响到大学生智能手机成瘾行为。如果大学辅导员能够掌握认知行为疗法等手段,他们可以潜移默化地对大学生的非适应性认知进行重建和扭转。另外,学校要组建有关智能手机成瘾治疗的心理健康中心,为智能手机成瘾者提供专业的指导。健康中心老师应该具有心理学、教育学等相关背景,且定期进行专业化教学,帮助大学生解决智能手机成瘾等适应问题。

最后,大学生自己也需要对认知行为疗法有所了解。心理咨询的最终目的不是帮助来访者直接解决问题,而是帮助他们成长,构建强大的心理素质进而自己解决问题,故而称之为"助人自助"。大学生智能手机成瘾归根结底还是自己的认知产生了问题,如果想彻底地改变现状,必须要实现自我成长。认知行为疗法作为一种简单易行的治疗方法,个体可以严格按照规范要求进行自我治疗,只有自我认知得到彻底的改变才能够真正走出智能手机成瘾的阴霾。

---

① 张伊雯:《父母拒绝与青少年手机成瘾的关系:非适应性认知和学校联结的作用》,广州大学 2023 年,硕士学位论文。
② 孔繁昌等:《父母手机冷落行为与青少年疏离感的关系:一个有调节的中介模型》,《心理与行为研究》2021 年第 19 期。

四、结论

第一,Davis 的认知行为疗法对成瘾者智能手机成瘾的治疗效果良好。

第二,Davis 的认知行为疗法对非成瘾者智能手机成瘾的治疗效果良好。

第三,Davis 的认知行为疗法对成瘾者智能手机成瘾的治疗效果良好优于非成瘾者。

参 考 文 献

英文参考文献

[1] Agbaria, Q., Bdier, D., "The association of big five personality traits and religiosity on internet addiction among israeli-palestinian muslim college students in israel", *Mental Health Religion & Culture*, Vol.22, No.6, 2020, pp.1-16.

[2] Aikens M.L., et al, "A Social Capital Perspective on the Mentoring of Undergraduate Life Science Researchers: An Empirical Study of Undergraduate-Postgraduate-Faculty Triads", *CBE—Life Sciences Education*, Vol. 15, No. 2, 2016, Article 16.

[3] Aizawa, Y., Whatley, M.A., "Gender, shyness, and individualism-collectivism: a cross-cultural study", *Race Gender & Class*, Vol.13, No.1/2, 2006, pp. 7-25.

[4] Akhter N, "Relationship between internet addiction and academic performance among university undergraduates", *Educational Research & Reviews*, Vol.8, 2013, pp.1793-1796.

[5] Al-Barashdi H.S., et al, "Development and Validation of a Smartphone Addiction Questionnaire (SPAQ)", *The 2nd International Conference Trends in Multidisciplinary Business and Economic Research*, 2014.

[6] Anat M., "Parent-child negative emotion reciprocity and children's school success: an emotion-attention process model", *Social Development*, Vol.26, No.3, 2017, pp.560-574.

[7] Anderson, K.J., "Internet use among college students: An exploratory

study", *Journal of American College Health*, Vol.50, No.1, 2001, pp.21-26.

[8] Andreassen, C., et al, "The relationships between behavioral addictions and the five-factor model of personality", *Journal of Behavioral Addictions*, Vol.2, No.2, 2013, pp.90-99.

[9] Ansell E. B., et al, "Effects of cumulative stress and impulsivity on smoking status", *Human Psychopharmacology Clinical & Experimental*, Vol. 27, No.2, 2012, pp.200-208.

[10] Appleyard, K., et al, "When more is not better: The role of cumulative risk in child behavior outcomes", *Journal of Child Psychology and Psychiatry*, Vol.46, No.3, 2005, pp.235-245.

[11] Argyroula E.K, Birtchnell J, "The impact of early parenting bonding on young adults' Internet addiction, through the mediation effects of negative relating to others and sadness", *Addictive Behaviors*, Vol.39, No.3, 2014, pp.733-736.

[12] Arpaci, I., Unver, T.K., "Moderating role of gender in the relationship between big five personality traits and smartphone addiction", *Psychiatric Quarterly*, Vol.91, No.2, 2020, pp.577-585.

[13] Arrivillaga, C., et al, "Adolescents' problematic internet and smartphone use is related to suicide ideation: does emotional intelligence make a difference?", *Computers in Human Behavior*, No.110, 2020, Article 106375.

[14] Asendorpf, J.B., Aken, M.A.G.V., "Validity of big five personality judgments in childhood: A 9 year longitudinal study", *European Journal of Personality*, Vol.17, No.1, 2010, pp.1-17.

[15] Assunção, R.S., Matos, P.M., "The generalized problematic internet use scale 2: validation and test of the model to facebook use", *Journal of Adolescence*, Vol.54, 2017, pp.51-59.

[16] Atsuko F, Mii O, "The effect of invalidation of negative emotion and somatic sensation by mother on aggression: Relation to family violence", *Bulletin of Tokyo Gakugei University Educational Sciences*, Vol.64, 2013, pp.179-188.

[17] Bae S.M, "The relationships between perceived parenting style, learning

motivation, friendship satisfaction, and the addictive use of smartphones with elementary school students of south korea: using multivariate latent growth modeling", *School Psychology International*, Vol.36, No.5, 2015, pp.513-531.

[18] Ball-Rokeach S.J, DeFleur M.L, "A dependency model of mass-media effects", *Communication Research*, Vol.3, No.1, 1976, pp.3-21.

[19] Banny, A.M., et al, "Vulnerability to depression: A moderated mediation model of the roles of child maltreatment, peer victimization, and serotonin transporter linked polymorphic region genetic variation among children from low socioeconomic status backgrounds", *Development and Psychopathology*, Vol.25, No.3, 2013, pp.599-614.

[20] Bao, Z.Z., et al, "Cumulative ecological risk and adolescents' academic and social competence: the compensatory and moderating effects of sense of responsibility to parents", *Psychological Development and Education*, Vol.30, No.5, 2014, pp.482-495.

[21] Barrera M, "Distinctions between social support concepts, measures, and models", *American Journal of Community Psychology*, Vol.14, No.4, 1986, pp.413-445.

[22] Battaglia, M., et al, "Shared genetic influences among childhood shyness, social competences, and cortical responses to emotions", *Journal of Experimental Child Psychology*, Vol.160, 2017, pp.67-80.

[23] Baturay, M.H., Toker, S., "Internet addiction among college students: some causes and effects", *Education and Information Technologies*, Vol.24, No.5, 2019, pp.1-23.

[24] Becker M.W., et al, "Media multitasking is associated with symptoms of depression and social anxiety", *Cyberpsychology, Behavior and Social Networking*, Vol.16, No.2, 2013, pp.132-135.

[25] Beeber L.S, "Testing an explanatory model of the development of depressive symptoms in young women during a life transition", *Journal of America College Health*, Vol.47, 1999, pp.227-235.

［26］Belfort E.L,"Editorial:Did goldilocks have it right? How do we define too little,too much,or just right?", *Journal of the American Academy of Child & Adolescent Psychiatry*, Vol.59, No.9, 2020, pp.1025-1027.

［27］Belsky J, "Early human experience: A family perspective", *Developmental Psychology*, Vol.17, No.1, 1981, pp.3-23.

［28］Bengü Y, Ahmet U, "The relationship between internet addiction, social anxiety, impulsivity, self-esteem, and depression in a sample of Turkish undergraduate medical students", *Psychiatry Research*, Vol.267, 2018, pp.313-318.

［29］Beranuy, M., et al, "Problematic internet and mobile phone use and clinical symptoms in college students: the role of emotional intelligence", *Computers in Human Behavior*, 25(5), 2009, pp.1182-1187.

［30］Billieux J., et al, "Can disordered mobile phone use be considered a behavioral addiction? An update on current evidence and a comprehensive model for future research", *Current Addiction Reports*, Vol.2, No.2, 2015, pp.156-162.

［31］Blanton H, Burkley M.(2008). *Deviance regulation theory: Applications to adolescent social influence.* In M.J.Prinstein & K.A.Dodge (Eds.), *Understanding peer influence in children and adolescents* (pp.94-121). New York, NY: Guilford Press.

［32］Block J.H, "The Child-Rearing Practices Report (CRPR): A set of Q items for the description of parental socialization attitudes and values", *Berkeley*, CA: University of California, Institute of Human Development, 1981.

［33］Boomsma, D.I., et al, "Genetic and environmental contributions to loneliness in adults: the netherlands twin register study", *Behavior Genetics*, Vol.35, No.6, 2005, pp.745-752.

［34］Bowlby J.(1969). Attachment and loss: Vol.2. attachment. New York, NY: Basic Books.

［35］Bowman N.A., et al, "The unfolding of student adjustment during the first semester of college", *Research in Higher Education*, Vol.60, 2018, pp.273-292.

[36] Bozoglan B., "Loneliness, self - esteem, and life satisfaction as predictors of internet addiction: a cross - sectional study among turkish university students", *Scandinavian Journal of Psychology*, Vol.54, No.4, 2013, pp.313-319.

[37] Brissette I., et al, "The role of optimism in social network development, coping, and psychological adjustment during a life transition", *Journal of Personality and Social Psychology*, Vol.82, No.1, 2022, pp.102-111.

[38] Bronfenbrenner U, "Ecology of the family as a context for human development: Research perspectives", *Developmental psychology*, Vol. 22, 1986, pp. 723-742.

[39] Bronfenbrenner, U., Morris, P.A, "The ecology of developmental processes", in *Handbook of child psychology*, W. Damon & R.M. Lerner (Eds.), New York, NY: Wiley.1998, pp.993-1028.

[40] Browne M.W, Cudeck R. (1993). *Alternative ways of assessing model fit.* In K.A. Bollen, & J.S. Long (Eds.), *Testing structural equation models* (pp.136-162). Newbury Park, CA: Sage.

[41] Bruggeman H., et al, "Does the use of digital media affect psychological well-being? An empirical test among children aged 9 to 12", *Computers in Human Behavior*, Vol.101, 2019, 104-113.

[42] Bryant P., Jae W.S., "Gender, sexual affect, and motivations for internet pornography use", *International Journal of Sexual Health*, Vol.20, No.3, 2008, pp. 187-199.

[43] Buchanan T, Whitty M.T, "The online dating romance scam: causes and consequences of victimhood", *Psychology Crime & Law*, Vol.20, No.3, 2014, pp. 261-283.

[44] Buctot D.B., et al, "Factors associated with smartphone addiction prevalence and its predictive capacity for health-related quality of life among filipino adolescents", *Children and Youth Services Review*, No.110, 2020, Article 104758.

[45] Buecker, S., et al, "Loneliness and the big five personality traits: a meta-analysis", *European Journal of Personality*, Vol.34, No.1, 2020, pp.8-28.

[46]Bunevicius, A., et al, "Symptoms of anxiety and depression in medical students and in humanities students: relationship with big-five personality dimensions and vulnerability to stress", *The International Journal of Social Psychiatry*, Vol.54, No.6, 2008, pp.494-501.

[47]Busch P.A, McCarthy S, "Antecedents and consequences of problematic smartphone use: A systematic literature review of an emerging research area", *Computers in Human Behavior*, No.114, 2021, Article 106414.

[48] Campbell W. N, Skarakis-Doyle E, "The relationship between peer conflict resolution knowledge and peer victimization in school-age children across the language continuum", *Journal of Communication Disorders*, Vol. 44, No. 3, 2011, pp.345-358.

[49]Canan, D.F., et al, "Internet addiction and sleep disturbance symptoms among turkish high school students", *Sleep & Biological Rhythms*, Vol.11, No.3, 2013, pp.210-213.

[50]Cao Q.(2019).*The relationship of school bondig, parent-child relationship and academic achievement of senior high school students: the mediating effect of psychological capital and the case intervention research*(Unpublished master dissertation).Central China Normal University.

[51]Caplan, S.E., Turner, J.S. "Bringing theory to research on computer mediated comforting communication", *Computers in Human Behavior*, Vol.23, No.2, 2007, pp.985-998.

[52] Carciofo, R., et al, "Psychometric evaluation of Chinese-language 44-item and 10-item big five personality inventories, including correlations with chronotype, mindfulness and mind wandering", *PLoS ONE*, Vol.11, No.2, 2016, e0149963.

[53]Çevik G.B, Yildiz M.A, "The roles of perceived social support, coping, and loneliness in predicting internet addiction in adolescents", *Journal of Education & Practice*, Vol.8, No.12, 2017, pp.1222-1735.

[54] Chang F. C., et al, "Predictors of the initiation and persistence of

Internet addiction among adolescents in Taiwan", *Addictive Behaviors*, Vol. 39, No.10,2014,pp.1434-1440.

[55] Cheek, J. M., Buss, A. H., "Shyness and sociability", *Journal of Personality and Social Psychology*,Vol.41,1981,pp.330-339.

[56] Chen C., et al, "Examining the Effects of Perceived Enjoyment and Habit on Smartphone Addiction:The Role of User Type", *International Conference on E-Technologies*,Vol.209,2015,pp.224-235.

[57]Chen Y.M., et al, "The relationship between shyness and mobile phone dependence in middle school students: A moderated mediation model", *Psychological Development and Education*,Vol.37,No.1,2021,pp.46-53.

[58]Chen,J.W., et al, "The relationship of cumulative ecological risk and higher vocational college students' learning burnout:The mediation effect of negative self-schema and Internet addiction", *Psychological Development and Education*,Vol.38,No.4,2022,576-583.

[59] Chen, X., et al, "College students' need for uniqueness and mobile phone addiction:The chain mediating effects of depression and maladaptive cognition", *Chinese Journal of Clinical Psychology*,Vol.30,No.2,2021,pp.314-330.

[60]Chen,Y.M.,et al, "The relationship between shyness and mobile phone dependence in middle school students: A moderated mediation model", *Psychological Development and Education*,Vol.37,No.1,2021,pp.46-53.

[61]China Internet Network Information Center(CNNIC):〈Statistical report on the development of Internet in China〉, 2017,8 (in Chinese), http://www.cnnic.net.cn/hlwfzyj/hlwxzbg/qsnbg/.

[62]China Internet Network Information Center, "The 50th Statistical Report on China's Internet Development",Retrieved from http://www.cnnic.net.cn/NMediaFile/2022/1020/MAIN16662586615125EJOL1VKDF.pdf.

[63]ChiuS.I, "The relationship between life stress and smartphone addiction on taiwanese university student:A mediation model of learning self-efficacy and social self-efficacy", *Computers in Human Behavior*,Vol.34,2014,pp.49-57.

[64] Choi S.W., et al, "Comparison of risk and protective factors associated with smartphone addiction and internet addiction", *Journal of Behavioral Addictions*, Vol.4, No.4, 2015, pp.308-314.

[65] Choliz M, "Mobile-phone addiction in adolescence: The Test of Mobile Phone Dependence(TMD)", *Progress in Health Sciences*, Vol.2, No.1, 2012, pp.33-37.

[66] Chorpita B.F, Barlow D.H, "The development of anxiety: The role of control in the early environment", *Psychological Bulletin*, Vol.124, 1998, pp.3-21.

[67] Chui C.F, Chan C.K, "School adjustment, social support, and mental health of mainland Chinese college students in hong kong", *Journal of College Student Development*, Vol.58, No.1, 2017, pp.88-100.

[68] Chung, S., et al, "Personal factors, internet characteristics, and environmental factors contributing to adolescent internet addiction: a public health perspective", *International Journal of Environmental Research and Public Health*, Vol.16, No.23, 2019, p.4635.

[69] Cobb S, "Social Support as a Moderator of Life Stress", *Psychosomatic Medicine*, Vol.38, No.5, 1976, pp.300-314.

[70] Cohen J., et al, "Applied multiple regression/correlation analysis for the behavioral sciences" in (3rd ed.). Mahwah, NJ: Lawrence Erlbaum Associates, 2003, Inc.

[71] Colarossi L.G, Eccles J.S, "Differential effects of support providers on adolescents' mental health", *Social Work Research*, Vol.27, No.1, 27(1), 2003, pp.19-30.

[72] Crick N.R, Bigbee M.A, "Relational and overt forms of peer victimization: a multiinformant approach", *Journal of Consulting and Clinical Psychology*, Vol.66, No.2, 1998, pp.337-347.

[73] CummingsE.M, SchatzJ.N, "Family confict, emotional security, and child development: Translating research findings into a prevention program for community families", *Clinical Child and Family Psychology Review*, Vol.15, No.1, 2012, pp.

14-27.

[74] Damiao J., & Cavaliere, C., "The relationship between smartphone addiction and academic performance in college students", *Global Journal of Health Science*, Vol.13, No.9, 2021, pp.10-15.

[75] Davies P.T, Cummings E.M, "Marital conflict and child adjustment: An emotional security hypothesis", *Psychological Bulletin*, Vol.116, No.3, 1994, pp.387-411.

[76] Davis R.A, "A cognitive Behavioral model of pathological internet use", *Computers in Human Behavior*, Vol.17, No.2, 2001, pp.187-195.

[77] Deborah D., et al, "Psychological pain in suicidality: A meta-analysis", *The journal of clinical psychiatry*, Vol.79, No.3, 2018, pp.44-51.

[78] Deci E.L, Ryan R.M, "The 'what' and 'why' of goal pursuits: Human needs and the self-determination of behavior", *Psychological Inquiry*, Vol.11, No.4, 2000, pp.227-268.

[79] Dempsey A.G, Storch E.A, "Relational victimization: The association between recalled adolescent social experiences and emotional adjustment in early adulthood", *Psychology in the Schools*, Vol.45, No.4, 2008, pp.310-322.

[80] Dignam J.T., et al, "Occupational stress, social support, and burnout among correctional officers", *American Journal of Community Psychology*, Vol.14, No.2, 1986, pp.177-193.

[81] Ding, Q., et al, "Perceived parental monitoring and adolescent internet addiction: a moderated mediation model", *Addictive Behaviors*, Vol.74, 2017, pp.48-54.

[82] Dong G., et al, "Gender-related functional connectivity and craving during gaming and immediate abstinence during a mandatory break: Implications for development and progression of internet gaming disorder", *Prog Neuro-Psychoph*, No.88, 2019, pp.1-10.

[83] Doorn J.V., "An exploration of third parties' preference for compensation over punishment: six experimental demonstrations", *Theory & Deci-*

sion, Vol.85, No.3, 2018, (3), pp.1-19.

[84] Dunkel-Schetter C., & Bennett T.L, "Differentiating the cognitive and behavioral aspects of social support", in *Social support: An interactional view*, I.G. Sarason, B.R.Sarason, & G.R.Pierce(Eds.).New York: Wiley, 1990.

[85] Ebeling-Witte, S., et al, "Shyness, internet use, and personality", *Cyber-Psychology & Behavior*, Vol.10, No.5, 2007, pp.713-716.

[86] Eggumwilkens, N.D., et al, "Self-conscious shyness: growth during toddlerhood, strong role of genetics, and no prediction from fearful shyness", *Infancy*, Vol.20, No.2, 2015, pp.160-188.

[87] Ehm, J.H., et al, "Analyzing the developmental relation of academic self-concept and achievement in elementary school children: alternative models point to different results", *Developmental Psychology*, Vol.55, No.11, 2019, pp.2336-2351.

[88] Ehrensaft M.K, "Interpersonal relationships and sex differences in the development of conduct problems", *Clinical Child & Family Psychology Review*, Vol.8, No.1, 2005, pp.39-63.

[89] Elhai J.D., et al, "Fear of missing out, need for touch, anxiety and depression are related to problematic smartphone use", *Computers in Human Behavior*, Vol.63, 2016, pp.509-516.

[90] Eroǧlu, M., et al, "Investigation of problematic internet usage of university students with psychosocial levels at different levels", *Procedia-Social and Behavioral Sciences*, Vol.103, No.26, 2013, pp.551-557.

[91] Evans G.W., et al, "Cumulative risk and child development", *Psychological Bulletin*, Vol.139, No.6, 2013, pp.1342-1396.

[92] Fallah, N., "Willingness to communicate in english, communication self-confidence, motivation, shyness and teacher immediacy among iranian english-major undergraduates: a structural equation modeling approach", *Learning & Individual Differences*, Vol.30, No.2, 2014, pp.140-147.

[93] Faris R, Felmlee D, "Casualties of social combat: School networks of peer victimization and their consequences", *American Sociological Review*, Vol.79,

No.2,2014,pp.228-257.

[94] Fergus S., Zimmerman, M. A, "Adolescent resilience: A framework for understanding healthy development in the face of risk", *Annual Review Public Health*, Vol.26, No.1, 2005, pp.399-419.

[95] Ferguson, C.J., et al, "A meta-analysis of pathological gaming prevalence and comorbidity with mental health, academic and social problems", *Journal of psychiatric research*, Vol.45, No.12, 2011, pp.1573-1578.

[96] Fernandes, S., et al, "Changes in social engagement and depression predict incident loneliness among seriously ill home care clients", *Palliative and Supportive Care*, 16, 2018, pp.170-179.

[97] Fioravanti, G., et al, "Adolescent Internet Addiction: Testing the Association Between Self-Esteem, the Perception of Internet Attributes, and Preference for Online Social Interactions", *Cyberpsychology, Behavior, and Social Networking*, Vol.15, No.6, 2012, pp.318-323.

[98] Floros G, Siomos K, "The relationship between optimal parenting, Internet addiction and motives for social networking in adolescence", *Psychiatry Research*, Vol.209, No.3, 2013, pp.529-534.

[99] Forehand, R., et al, "Cumulative risk across family stressors: Short-and long-term effects for adolescents", *Journal of Abnormal Child Psychology*, Vol.26, No.2, 1998, pp.119-128.

[100] Fredriksen K, Rhodes J, "The role of teacher relationship in the lives of students", *New Directions for Youth Development: Theory, Practice, Research*, Vol.103, 2004, pp.45-54.

[101] Furman W., Buhrmester D., "Age and sex differences in perceptions of networks of personal relationships", *Child Development*, Vol.63, No.1, 2012, pp.103-115.

[102] Gao Q., et al, "Parent-adolescent relationships, peer relationships, and adolescent mobile phone addiction: the mediating role of psychological needs satisfaction", *Addictive behaviors*, Vol.129, 2022, Article 107260.

[103] Garcia-Priego, B.A., et al, "Anxiety, depression, attitudes, and internet addiction during the initial phase of the 2019 coronavirus disease (COVID-19) epidemic: A cross-sectional study in Mexico", *Preprints from medRxiv and bioRxiv*, 2020.

[104] Geng J.Y., et al, "The influence of perceived parental phubbing on adolescents' problematic smartphone use: A two-wave multiple mediation model", *Addictive Behaviors*, No.121, 2021, Article 106995.

[105] Gerard J.M, Buehler C., "Cumulative environmental risk and youth problem behavior", *Journal of Marriage and Family*, Vol.66, No.3, 2004, pp.702-720.

[106] Ghosh T., et al, "A study on smartphone addiction and its effects on sleep quality among nursing students in a municipality town of west Bengal". *Journal of family medicine and primary care*, Vol.10, No.1, 2021, pp.378-386.

[107] Giletta, M., et al, "Friendship context matters: Examining the domain specificity of alcohol and depression socialization among adolescents", *Journal of Abnormal Child Psychology*, Vol.40, No.7, 2012, pp.1027-1043.

[108] Gkbulut, B, "The relationship between sense of school belonging and smartphone addiction of high school students", *International Journal of Scientific & Technology Research*, Vol.5, No.11, 2020, pp.160-193.

[109] Glaser B., et al, "The moderating role of close friends in the relationship between conduct problems and adolescent substance use", *Journal of Adolescent Health*, Vol.47, No.1, 2010, pp.35-42.

[110] Gong, X., et al, "What drives problematic online gaming? the role of it identity, maladaptive cognitions, and maladaptive emotions", *Computers in Human Behavior*, Vol.110, No.5, 2020, Article 106386.

[111] Greenidge, D., Coyne, I., "Job stressors and voluntary work behaviours: mediating effect of emotion and moderating roles of personality and emotional intelligence", *Human Resource Management Journal*, Vol.24, No.4, 2014, pp.479-495.

[112] Griffiths M, "Behavioural addiction: an issue for everybody?",

Employee Councelling Today, Vol.8, No.3, 2015, pp.19-25.

［113］Grimm K.J., et al, "Recent changes leading to subsequent changes: extensions of multivariate latent difference score models", *Structural Equation Modeling A Multidisciplinary Journal*, Vol.19, No.2, 2012, pp.268-292.

［114］Grych J.H., et al, "Assessing marital conflict from the child's perspective: The Children's Perception of Interparental Conflict Scale", *Child Development*, Vol.63, No.3, 1992, pp.558-572.

［115］Gu J., et al, "Supervisory styles and graduate student creativity: The mediating roles of creative self-efficacy and intrinsic motivation", *Studies in Higher Education*, Vol.42, No.4, 2017, pp.721-742.

［116］Guay F., et al, "Academic self-concept and academic achievement: Developmental perspectives on their causal ordering", *Journal of Educational Psychology*, No.95, 2003, pp.124-136.

［117］Gudino, O.G., et al, "Understanding racial/ethnic disparities in youth mental health services: do disparities vary by problem type?", *Journal of Emotional & Behavioral Disorders*, Vol.17, No.1, 2009, pp.3-16.

［118］Gumusgul O., "Investigation of smartphone addiction effect on recreational and physical activity and educational success", *World Journal of Education*, Vol.8, No.4, 2018, pp.11-17.

［119］Guo J., et al, "Social support as a mediator between internet addiction and quality of life among Chinese high school students", *Children and Youth Services Review*, Vol.129, 2021, Article 106181.

［120］Guo, Y., et al, "Behavioral engagement and reading achievement in elementary-school-age children: a longitudinal cross-lagged analysis", *Journal of Educational Psychology*, Vol.107, No.2, 2015, pp.332-347.

［121］Gupta G., "Mobile usage and its impact on interpersonal relationships and work efficiency", *South Asian Research Journal of Business and Management*, Vol.3, No.1, 2021, pp.23-33.

［122］Gyrch J.H, Fincham E.D, "Marital conflict and children's adjustment:

A congitive Contextual framework", *Psychological Bulletin*, Vol. 108, 1990, pp. 267-290.

［123］Hamaker E.L., et al, "A Critique of the CrossLagged Panel Model", *Psychological Methods*, No.20, 2015, pp.102-116.

［124］Han, L., et al, "Relationship between shyness and mobile phone addiction in chinese young adults: mediating roles of self-control and attachment anxiety", *Computers in Human Behavior*, Vol.76, 2017, pp.363-371.

［125］Hao, Z., et al, "Stress, academic burnout, smartphone use types and problematic smartphone use: The moderation effects of resilience", *Journal of Psychiatric Research*, No.150, 2022, pp.324-331.

［126］Hardie, E., Tee, M.Y., "Excessive internet use: the role of personality, loneliness and social support networks in internet addiction", *International Journal of Emerging Technologies & Society*, Vol.5, No.1, 2007, pp.34-47.

［127］Hayes A.F, "Introduction to mediation, moderation, and conditional process analysis: A regression-based approach(2nd ed.)", Guilford Press, 2018.

［128］Hebron, J., et al, "Cumulative risk effects in the bullying of children and young people with autism spectrum conditions", *Autism*, Vol.21, No.3, 2017, pp.291-300.

［129］Hinde R.A, Stevenson-Hinde J, "Interpersonal relationships and child development", *Developmental Review*, Vol.7, No.1, 1987, pp.1-21.

［130］Hong W., et al, "Mobile phone addiction and cognitive failures in daily life: The mediating roles of sleep duration and quality and the moderating role of trait self-regulation", *Addictive Behaviors*, Vol.107, 2020, Article 106383.

［131］Hou J., et al, "Mobile phone addiction and depression: multiple mediating effects of social anxiety and attentional bias to negative emotional information", *Acta Psychologica Sinica*, Vol.53, No.4, 2021, pp.362-373.

［132］Hou, J., ry al, "The effect of adolescents' big five personality on internet addiction: the mediating role of family function", *Psychological Exploration*, Vol.38, No.3, 2018, pp.279-288.

[133] Hsueh, Y.C., et al, "A longitudinal, cross-lagged panel analysis of loneliness and depression among community-based older adults", *Journal of Elder Abuse & Neglect*, Vol.31, No.4-5, 2019, pp.1-13.

[134] Hu L, Bentler P. M, "Cutoff criteria for fit indexes in covariance structure analysis: Conventional criteria versus new alternatives", *Structural Equation*, Vol.6, No.1, 1999, pp.1-55.

[135] Hu, J. P., et al, "A comparative study of internet addiction of adolescents in china and the united states", *Journal of South China Normal University*, Vol.5, 2012, pp.54-60.

[136] Huan V.S., "The impact of shyness on problematic internet use: the role of loneliness", *Journal of Psychology*, Vol.148, No.6, 2014, pp.699-715.

[137] Huang S., "Parent-children relationship and internet addiction of adolescents: the mediating role of self-concept", *Current psychology*, Vol.3, 2019, pp.1-12.

[138] Huang S., et al, "Parent-children relationship and internet addiction of adolescents: The mediating role of self-concept", *Current Psychology*, Vol. 40, 2015, pp.2510-2517.

[139] Huang X., et al, "Mental health, personality, and parental rearing style of adolescents with Internet addiction disorder", *CyberPsychology, Behavior, and Social Networking*, Vol.13, No.4, 2009, pp.401-406.

[140] Huber F. A., et al, "The association between adverse life events, psychological stress, and pain-promoting affect and cognitions in native americans: Results from the Oklahoma study of native American pain risk", *Journal of Racial and Ethnic Health Disparities*, Vol.9, 2021, pp.215-226.

[141] Hui, C. Harry., "Measurement of individualism-collectivism", *Journal of Research in Personality*, Vol.22, No.1, 1988, pp.17-36.

[142] Hwang Y., et al, "Parental mediation regarding children's smartphone use: role of protection motivation and parenting style", *Cyberpsychology Behavior & Social Networking*, Vol.20, No.6, 2017, pp.1-7.

［143］Ivezaj V., et al, "An exploratory examination of at-risk/problematic internet use and disordered eating in adults", *Addictive Behaviors*, Vol.64, 2017, pp.301-313.

［144］Iyitoglu, Orhan, Çeliköz, Nadir, "Exploring the impact of internet addiction on academic achievement", *Online Submission*, Vol.3, 2017, pp.38-59.

［145］Jacobson, N.S., Anderson, E.A., "Interpersonal skill and depression in college students: an analysis of the timing of self-disclosures", *Behavior Therapy*, Vol.13, No.3, 1982, pp.271-282.

［146］Jain, A., et al, "Study of internet addiction and its association with depression and insomnia in university students", *Journal of Family Medicine and Primary Care*, Vol.9, No.3, 2020, pp.1700-1706.

［147］Jang C.Y, "Managing fairness: Reward distribution in a self-organized online game player community", in *D. Schuler (Ed.)*, Online communities and social computing, Berlin, Heidelberg, Germany: Springer, 2007, pp.375-384.

［148］Jhang, F.H, "Uncontrollable and controllable negative life events and changes in mental health problems: Exploring the moderation effects of family support and self-efficacy in economically disadvantaged adolescents", *Children and Youth Services Review*, Vol.118, 2020, Article 105417.

［149］Jia J., et al, "Peer victimization and adolescent Internet addiction: The mediating role of psychological security and the moderating role of teacher-student relationships", *Computers in Human Behavior*, Vol.85, 2018, pp.116-124.

［150］Jiang Q.J, "Perceived social support", *Chinese Journal of Behavioral Medical Science*, No.10(Special Issue), 2001, pp.41-42.

［151］Jiang, L.L., "The Effect of Information Anxiety on Mobile Phone Addiction of College Students in the COVID-19 Epidemic Context: An Mediating Moderating Model", *Journal of Dalian University*, Vol.41, No.2, 2020, pp.106-110.

［152］John, O.P., et al, (1991). *The Big Five Inventory-Versions* 4a and 54. Berkeley, CA: University of California, Berkeley, Institute of Personality and Social Research.

[153] Jones, D. J., et al, "Psychosocial adjustment of African American children in single - mother families: A test of three risk models", *Journal of Marriage & Family*, Vol.64, No.1, 2002, pp.105-115.

[154] Kaplan, S.C., et al, "Social anxiety and the big five personality traits: the interactive relationship of trust and openness", *Cognitive Behaviour Therapy*, Vol.44, No.3, 2015, pp.212-222.

[155] Karaer Y, Akdemir D, "Parenting styles, perceived social support and emotion regulation in adolescents with Internet addiction", *Comprehensive Psychiatry*, Vol.92, 2019, pp.22-27.

[156] Kayiş, A.R., et al, "Big five-personality trait and internet addiction: a meta-analytic review", *Computers in Human Behavior*, Vol.63, 2016, pp.35-40.

[157] Khan M.M, "Adverse effects of excessive mobile phone use", *Int J Occup Med Environ Health*, Vol.21, No.4, 2018, pp.289-293.

[158] Killgore, W.D.S., et al, "Loneliness: a signature mental health concern in the era of covid-19", *Psychiatry Research*, Vol.290, 2020, pp.113-117.

[159] Kim, D.J., et al, "Internet game addiction, depression, and escape from negative emotions in adulthood", *Journal of Nervous & Mental Disease*, Vol.205, No.7, 2017, pp.568-573.

[160] Kim, I., et al, "Independent and cumulative impacts of adverse childhood experiences on adolescent subgroups of anxiety and depression", *Children and Youth Services Review*, No.122, 2020, Article 105885.

[161] Kircaburun, K., Griffiths, M.D., "Instagram addiction and the big five of personality: the mediating role of self-liking", *Journal of Behavioral Addictions*, Vol.7, No.1, 2018, pp.158-170.

[162] Kliewe W., et al, "Physiological correlates of peer victimization and aggression in African American urban adolescents", *Development and Psychopathology*, Vol.24, No.2, 2012, pp.637-650.

[163] Ko C.H., et al, "Predictive values of psychiatric symptoms for Internet addiction in adolescents: A 2-year prospective study", *Archives of pediatrics & ado-*

lescent medicine, Vol.163, No.10, 2009, pp.937-943.

[164] Kraut, et al, "The quality of social ties online", *Communications of the ACM*, Vol, 45, No.7, pp.103-108.

[165] Kwiatkowska, M.M., et al, "Polish adaptation of the revised cheek and buss shyness scale and a significance of shyness in the context of personality traits and metatraits", *Studia Psychologiczne*, Vol.54, No.3, 2016, pp.1-17.

[166] Kwon, J.H., et al, "The effects of escape from self and interpersonal relationship on the pathological use of internet games", *Community Mental Health Journal*, Vol.47, No.1, 2011, pp.113-125.

[167] Lachmann B., et al, "Commuting, life-satisfaction and internet addiction", *International Journal of Environmental Research and Public Health*, Vol.1176, 2017, pp.1-13.

[168] Ladner, J., "Internet addiction, mental stress, eating and sleeping disorders: new public health challenges among french university students?", *European Journal of Public Health*, Vol.20, 2010, p.28.

[169] Lai, F.T.T., Kwan, J.L.Y., "The presence of heavy internet using peers is protective of the risk of problematic internet use(piu) in adolescents when the amount of use increases", *Children & Youth Services Review*, Vol.73, 2017, pp.74-78.

[170] Lan Y.K., et al, "A pilot study of a group mindfulness-based cognitive-behavioral intervention for smartphone addiction among university students", *Journal of Behavioral Addictions*, Vol.7, No.4, 2018, pp.1171-1176.

[171] Langenderfer J, Shimp T.A., "Consumer vulnerability to scams, swindles, and fraud: a new theory of visceral influences on persuasion", *Psychology & Marketing*, Vol.18, No.7, 2010, pp.763-783.

[172] Langguth, B., "Tinnitus severity, depression, and the big five personality traits", *Progress in Brain Research*, Vol.166, No.1, 2007, pp.221-225.

[173] Lapsley D.K., et al, "Psychological separation and adjustment to college", *Journal of Counseling Psychology*, Vol.36, No.3, 1989, pp.286-294.

[174] LaroseS., et al, "Adjustment trajectories during the college transition: types, personal and family antecedents, and academic outcomes", *Research in Higher Education*, Vol.9, 2018, pp.1-12.

[175] Lau J.T.F., et al, "Bidirectional predictions between Internet addiction and probable depression among Chinese adolescents", *Journal of Behavioral Addictions*, Vol.7, No.3, 2018, pp.633-643.

[176] Lecky P, "Self-consistency: A theory of personality", New York: Island Press, 1945.

[177] Lee, S., et al, "Mobile phone usage preferences: the contributing factors of personality, social anxiety and loneliness", *Social Indicators Research*, Vol.118, No.3, 2014, pp.1205-1228.

[178] Lent R.W, "Self-efficacy in a relational world: Social cogni tive mechanisms of adaptation and development", *The Counseling Psychologist*, Vol.44, No.4, 2014, pp.573-594.

[179] Lerner R.M.(2001).*Concepts and theories of human development*.London: Psychology Press.

[180] Leung L, "Linking psychological attributes to addiction and improper use of the mobile phone among adolescents in Hong Kong", *Journal of Children and Media*, Vol.2, No.2, 2008, pp.93-113.

[181] Li C., et al, "Internet addiction among Chinese adolescents: The effect of parental behavior and self-control", *Computers in Human Behavior*, Vol.41, No.12, 2014, pp.1-7.

[182] Li D.P., et al, "Cumulative ecological risk and adolescent internet addiction: The mediating role of basic psychological need satisfaction and positive outcome expectancy", *Acta Psychologica Sinica*, Vol.48, No.12, 2016, pp.1519-1537.

[183] Li J., et al, "Parent-adolescent communication, school engagement, and Internet addiction among Chinese adolescents: The moderating effect of rejection sensitivity", *International Journal of Environmental Research and Public Health*, Vol.18, No.7, 2021, Article 3542.

［184］Li, C. K., et al, "Intergenerational relationship, family social support, and depression among Chinese elderly: a structural equation modeling analysis", *Journal of affective disorders*, Vol.248, 2019, pp.73-80.

［185］Li, G. M., et al, "Relationship between anxiety, depression, sex, obesity, and internet addiction in Chinese adolescents: A short-term longitudinal study". *Addictive Behaviors*, Vol.90, 2019, pp.421-427.

［186］Lian, L., et al, "Who overuses smartphones? roles of virtues and parenting style in smartphone addiction among Chinese college students", *Computers in Human Behavior*, Vol.65, No.10, 2016, pp.92-99.

［187］Liang X. Y, (2008). *A study on the effect mechanism of online social support on adolescents' mental health*. Doctoral dissertation. East China Normal University.

［188］Liang, L., et al, "Gender differences in the relationship between internet addiction and depression: A cross-lagged study in Chinese adolescents", *Computers in Human Behavior*, Vol.63, 2016, pp.463-470.

［189］Liang, X. Y, "A study on the effect mechanism of online social support on adolescents' mental health", *Doctoral dissertation*, East China Normal University, 2008.

［190］Lieshout, R. V., et al, "Impact of extremely low-birth-weight status on risk and resilience for depression and anxiety in adulthood", *Journal of Child Psychology and Psychiatry*, Vol.59, No.5, 2018, pp.596-603.

［191］Lin M. P., et al, "Association between online and offline social support and internet addiction in a representative sample of senior high school students in taiwan: the mediating role of self-esteem", *Computers in Human Behavior*, Vol.84, 2018, pp.1-17.

［192］Lin X., et al, "Development of an online and offline integration hypothesis for healthy internet use: theory and preliminary evidence", *Frontiers in Psychology*, Vol.9, 2018, pp.492-503.

［193］Lin Y., et al, "Development and Validation of the Smartphone

Addiction Inventory(SPAI)", *PLOS ONE*, Vol.9, No.6, 2014, e98312.

[194] Linnhoff S, Smith K.T, "An examination of mobile app usage and the user's life satisfaction", *Journal of Strategic Marketing*, Vol.25, No.7, 2016, pp.581-617.

[195] Lioupi C., et al, "Predictors of excessive internet use among adolescents in Greece after the economic recession: The role of psychopathology, parental rearing practices, self-efficacy and internet-related activities", *Current Psychology*, 2021, pp.1-14.

[196] Liu C. H., et al, "Smartphone gaming and frequent use pattern associated with smartphone addiction", *Medicine*, Vol.95, No.28, 2016, pp.4068-4071.

[197] Liu D., et al, "Digital communication media use and psychological well-being: A meta-analysis", *Journal of Computer-Mediated Communication*, Vol.24, No.5, 2019, pp.259-273.

[198] Liu H., et al, "Teacher-student relationship as a protective factor for socioeconomic status, students' self-efficacy and achievement: a multilevel moderated mediation analysis", *Current Psychology*, Vol.1, 2021.

[199] Liu Q.Q., et al, "Peer victimization, self-compassion, gender and adolescent mobile phone addiction: Unique and interactive effects", *Children and Youth Services Review*, No.118, 2020, Article 105397.

[200] Liu Q.X., et al, "Parent-adolescent communication, parental internet use and internet-specific norms and pathological Internet use among Chinese adolescents", *Computers in Human Behavior*, Vol.28, No.4, 2012, pp.1269-1275.

[201] Liu, Q.Y., et al, "Interactive effects of cumulative social-environmental risk and trait mindfulness on different types of adolescent mobile phone addiction", *Current Psychology*, Advance online publication, 2022.

[202] Liu, X.S., et al, "Extroversion and aggressive behavior in early childhood: moderating effects of self-control and maternal warmth", *Psychological Development and Education*, Vol.36, No.5, 2020, pp.538-544.

[203] Lo C., et al, "Association of harsh parenting and maltreatment with Internet addiction, and the mediating role of bullying and social support", *Child Abuse & Neglect*, Vol.113, No.4, 2021, Article 104928.

[204] Long, J., et al, "Prevalence and correlates of problematic smartphone use in a large random sample of Chinese undergraduates", *BMC Psychiatry*, Vol.16, No.408, 2016.

[205] Lu, X., Yeo, K.J., "Pathological internet use among malaysia university students: risk factors and the role of cognitive distortion", *Computers in Human Behavior*, Vol.45, 2015, pp.235-242.

[206] Lukács A, "Predictors of severe problematic internet use in adolescent students", *Contemporary Educational Technology*, Vol.13, No.4, 2021, pp.315-356.

[207] Luo, J.J., et al, "Cumulative ecological risk and adolescent internet addiction: a moderating role of effortful control", *Chinese Journal of Clinical Psychology*, Vol.25, No.5, 2017, pp.893-901.

[208] Ma T.T, "The study about the correlations among university students' family triangulation perception of interparental conflict, and adult romantic attachment (Unpublished master dissertation)", Shanghai Normal University, 2014.

[209] Mahmoud A.S., et al, "Relationship between social support and the quality of life among psychiatric patients", *Fortune Journals*, Vol.1, No.2, 2017, pp.57-75.

[210] Mai, Y., et al, "Structure and function of maladaptive cognitions in pathological internet use among Chinese adolescents", *Computers in Human Behavior*, Vol.28, No.6, 2012, pp.2376-2386.

[211] Mak, K., et al, "Mediating Effect of Internet Addiction on the Association between Resilience and Depression among Korean University Students: A Structural Equation Modeling Approach", *Psychiatry Investig*, Vol.15, No.10, 2018, pp.962-969.

[212] Mamun M.A., et al, "Prevalence and psychiatric risk factors of excessive internet use among northern bangladeshi job-seeking graduate students: a

pilot study", *International Journal of Mental Health and Addiction*, Vol.3, 2019, pp. 1-12.

[213] Marcotte D., et al, "Resilience factors in students presenting depressive symptoms during the post-secondary school transition", *Procedia—Social and Behavioral Sciences*, Vol.159, 2014, pp.91-95.

[214] Marksteiner, T., et al., "Effects of a brief psychological intervention on students' sense of belonging and educational outcomes: the role of students' migration and educational background", *Journal of School Psychology*, Vol. 75, 2019, pp.41-57.

[215] Maslow A.H., et al, "A clinically derived test for measuring psychological security-insecurity", *Journal of General Psychology*, Vol. 33, No. 1, 1945, pp. 21-41.

[216] Mason M.C., et al, "Glued to your phone? Generation Z's smartphone addiction and online compulsive buying", *Computers in Human Behavior*, Vol.136, 2022, Article 107404.

[217] McArdle J.J, "Latent variable modeling of differences and changes with longitudinal data", *Annual Review of Psychology*, Vol.60, No.1, 2009, pp.577-605.

[218] McCrae, R.R., Costa, P.T., "Personality trait structure as a human universal", *American Psychogist*, Vol.5, No.52, 1997, pp.509-516.

[219] McDougall M.A., et al, "The effect of social networking sites on the relationship between perceived social support and depression", *Psychiatry Research*, Vol.246, 2016, pp.223-229.

[220] McGrath K.F, Van Bergen P, "Who, when, why and to what end? Students at risk of negative student-teacher relationships and their outcomes", *Educational Research Review*, Vol.14, 2015, pp.1-17.

[221] McNeely C, Falci C, "School connectedness and the transition into and out of health-risk behavior among adolescents: A comparison of social belonging and teacher support", *Journal of School Health*, Vol.74, No.7, 2004, pp.284-292.

[222] Mei, S., et al, "Internet addiction in college students and its

relationship with cigarette smoking and alcohol use in northeast china", *Asia-Pacific Psychiatry*, Vol.9, No.4, 2017, e12281.

[223] Meshi D, Ellithorpe M.E, "Problematic social media use and social support received in real-life versus on social media: Associations with depression, anxiety and social isolation", *Addictive Behaviors*, Vol.119, 2021, Article 106949.

[224] Mo, P.K.H., et al, "Gender difference in the association between internet addiction, self-esteem and academic aspirations among adolescents: A structural equation modelling", *Computers & Education*, Vol 155, 2020, Article 103921.

[225] Montgomery S., et al, "Intrapersonal variables associated with academic adjustment in united states college students", *Current Psychology*, Vol.38, 2019, pp.40-49.

[226] Moreno-Guerrero, A.J., et al, "Nomophobia: Impact of cell phone use and time to rest among teacher students", *Heliyon*, Vol.6, No.5, 2020, Article 04084.

[227] Morgan C., Cotton S R., "The relationship between Internet activities and depressive symptoms in a sample of college freshmen", *CyberPsychology & Behavior*, Vol.6, No.2, 2004, pp.133-142.

[228] Mynard H, Joseph S, "Development of the multidimensional peer-victimization scale", *Aggressive Behavior*, Vol.26, No.2, pp.169-178.

[229] Mynard H., et al, "Peer-victimisation and posttraumatic stress in adolescents", *Personality & Individual Differences*, Vol.29, No.5, 2000, pp.815-821.

[230] Nagaur, A., "Internet Addiction and Mental Health among University students during CVOID-19 lockdown", *Mukt Shabd Journal*, Vol.9, No.5, 2020, pp.684-692.

[231] Nal Z., Arslan S.S, "Investigating the effect of smartphone addiction on musculoskeletal system problems and cognitive flexibility in university students", *Work*, Vol.68, No.3, 2021, pp.1-7.

[232] Nau A., Hyd B, "Parental Awareness and Supervision to Prevent Cy-

berbullying:Scale Adaptation and a Review in terms of Demographic Variables", *Children and Youth Services Review*, No.133, 2021, Article 106329.

[233] Nayak J. K, "Relationship among smartphone usage, addiction, academic performance and the moderating role of gender: a study of higher education students in india", *Computers & Education*, Vol.123, No, 8, 2018, pp.164-173.

[234] Nguyen T. V. T., et al, "Embracing me-time: motivation for solitude during transition to college", *Motivation and Emotion*, Vol.2, 2019, pp.1-11.

[235] Ni, X., et al, "Factors affecting pathological internet use among chinese university students", *Social Behavior & Personality An International Journal*, Vol.45, No.7, 2017, pp.1057-1068.

[236] Niculović, M., et al, "Study of pathological internet use, behavior and attitudes among students population at technical faculty bor, university of belgrade", *Computers in Human Behavior*, Vol.39, 2014, pp.78-87.

[237] Niu G., et al, "Parental phubbing and adolescent problematic mobile phone use: The role of parent-child relationship and self-control", *Children and Youth Services Review*, No.116, 2020, Article 105247.

[238] Noddings N, "Happiness and education", *Journal of Philosophy of Education*, Vol.2, No.1, 2010, pp.17-29.

[239] Oh H., "The mediating effects of family communication between parent attachment and the internet and smartphone addiction of middle and high school students", *Studies on Korean Youth*, Vol.31, No.75, 2014, pp.74-78.

[240] Olson, A. E., et al, "Child maltreatment, parent-child relationship quality, and parental monitoring in relation to adolescent behavior problems: Disaggregating between and within person effects", *Child Abuse & Neglect*, No.136, 2023, Article 106003.

[241] Omer O., "Smartphone addiction and fear of missing out: does smartphone use matter for students' academic performance?", *Journal of Computer and Education Research*, Vol.8, No.15, 2020, pp.344-355.

[242] ÖZdin, S., Özdin, Ş. B., "Levels and predictors of anxiety, depression

and health anxiety during covid-19 pandemic in turkish society:the importance of gender",*International Journal of Social Psychiatry*,2020,pp.1-8.

［243］Pace,U.,et al,"The moderating role of father's care on the onset of binge eating symptoms among female late adolescents with insecure attachment", *Child Psychiatry & Human Development*,Vol.43,No.2,2012,pp.282-292.

［244］Parker B.J,Plank R.E,"A uses and gratifications perspective on the Internet as a new information source",*Latin American Business Review*,Vol.18, No.2,2000,pp.43-49.

［245］Parker J.G,Asher S.R,"Friendship and friendship quality in middle childhood:Links with peer group acceptance and feelings of loneliness and social dissatisfaction",*Developmental Psychology*,Vol.29,No.4,1993,pp.611-621.

［246］Pearson J.L.,et al,"Earned-and continuous-security in adult attachment:Relation to depressive symptomatology and parenting style",*Development & Psychopathology*,Vol.6,No.2,1994,pp.359-373.

［247］Peng W.,et al,"School disconne-ctedness and adolescent Internet addiction:mediation by self-esteem and mo-deration by emotional intelligence",*Computers in Human Behavior*,Vol.98,2019,pp.111-121.

［248］Pérez de Castro I.,et al,"Concurrent positive association between pathological gambling and functional DNA polymorphisms at the MAO-A and the 5-HT transporter genes",*Molecular Psychiatry*,No.7,2002,pp.927-928.

［249］Perris C.,et al,"Development of a new inventory for assessing memories of parental rearing behaviour",*Acta Psychiatrica Scandinavica*,Vol.61, No.4,1980,pp.265-274.

［250］Piana R.N.,et al,"Incidence and treatment of'no-reflow'after percutaneous coronary intervention",*Circulation*,Vol.89,No.6,1994,pp.2514-2518.

［251］Podsakoff P.M,et al,"Common method biases in behavioral research: A critical review of the literature and recommended remedies",*Journal of Applied Psychology*,Vol.88,No.5,2003,pp.879-903.

［252］Poole,K.L.,et al,"Exploring relations between shyness and social anxiety disorder: the role of sociability", *Personality & Individual Differences*, Vol.110, 2017, pp.55-59.

[253] Popp, D., et al, "Modeling homophily over time with an actor-partner interdependence model", *Developmental Psychology*, Vol. 44, No. 4, 2008, pp. 1028-1039.

[254] Portner L.C, Riggs S.A, "Sibling relationships in emerging adulthood: Associations with parent-child relationship", *Journal of Child & Family Studies*, Vol.25, No.6, 2016, pp.1755-1764.

[255] Praetorius A. K., et al, "Haben Schüler mit optimistischen Selbsteinschätzungen die Nase vorn? [Are Students With Optimistic Self-Concepts One Step Ahead? Relations Between Optimistic, Realistic, and Pessimistic Self-Concepts and the Achievement Development of Primary School Children]", *Zeitschrift für Entwicklungspsychologie und Pädagogische Psychologie*, No. 48, 2016, pp.14-26.

[256] Preston B.L., Shackelford J, "Multiple stressor effects on benthic biodiversity of chesapeake bay: Implications for ecological risk assessment", *Ecotoxicology*, Vol.11 No.2, 2002, pp.85-99.

[257] Przepiorka, A., et al, "The role of depression, personality, and future time perspective in internet addiction in adolescents and emerging adults", *Psychiatry Research*, Vol.272, 2019, pp.340-348.

[258] Przybylski A.K, Weinstein N, "A large-scale test of the goldilocks hypothesis: Quantifying the relations between digital-screen use and the mental well-being of adolescents", *Psychological Science*, Vol.28, No.2, 2017, pp.204-215.

[259] Qiao L., Liu Q, "The effect of technoference in parent-child relationships on adolescent smartphone addiction: the role of cognitive factors", *Children and Youth Services Review*, No.118, 2020, Article 105340.

[260] QiuC., et al, "Parent-child relationship and smartphone addiction among chinese adolescents: a longitudinal moderated mediation model", *Addictive Behaviors*, Vol.130, 2022, Article 107304.

[261] Radloff, L.S., "The CES-D scale a self-report depression scale for research in the general population", *Applied Psychological Measurement*, Vol.1, No.3, 1977, pp.385-401.

[262] Rahmani, S., & Lavasani, M. G. (2011). The relationship between internet dependency with sensation seeking and personality. *Procedia-Social and Behavioral Sciences*, 30, 272-277. https://doi.org/10.1016/j.sbspro.2011.10.054.

[263] Ramjan L.M., et al, "The negative impact of smartphone usage on nursing students: An integrative literature review", *Nurse Education Today*, Vol.102, 2021, Article 104909.

[264] Ran G., et al, "The association between social anxiety and mobile phone addiction: A three-level meta-analysis", *Computers in Human Behavior*, Vol.130, 2022, Article 107198.

[265] Rauer, A.J., et al, "Relationship risks in context: a cumulative risk approach to understanding relationship satisfaction", *Journal of Marriage & the Family*, Vol.70, No.5, 2008, pp.1122-1135.

[266] Rauer, A.J., et al, "Relationship risks in context: a cumulative risk approach to understanding relationship satisfaction", *Journal of Marriage & the Family*, Vol.70, No.5, 2008, pp.1122-1135.

[267] Rebisz S, Sikora L, "Internet addiction in adolescents", *Practice & Theory in Systems of Education*, Vol.11, No.3, 2018, pp.194-204.

[268] Reck, C., et al, "Effects of postpartum anxiety disorders and depression on maternal self-confidence", *Infant Behavior & Development*, Vol.35, No.2, 2012, pp.264-272.

[269] Reddy R., et al, "The influence of teacher support on student adjustment in the middle school years: A latent growth curve study", *Development and Psychopathology*, Vol.15, No.1, 2003, pp.119-138.

[270] Resnick M.D., et al, "Protecting adolescents from harm: Findings from the National Longitudinal Study on Adolescent Health", *Journal of American Medical Association*, Vol.278, No.10, 1997, pp.823-832.

［271］Resnick, M.D., Bearman, P.S., Blum, R.W., Bauman, K.E., Harris, K. M., Jones, J., ...Udry, J.R. (1997). Protecting adolescents from harm: Findings from the National Longitudinal Study on Adolescent Health. *Journal of American Medical Association*, 278(10), 823-832.

［272］Rice K.G, "Separation individuation and adjustment to college: A longitudinal study", *Journal of Counseling Psycholog*, Vol. 39, No. 2, 1992, pp. 203-213.

［273］Roberts J. A, David M. E, "Partner phubbing and relationship satisfaction through the lens of social allergy theory", *Personality and Individual Differences*, No.195, 2022, Article 111676.

［274］Rogers, W.M., Schmitt, N., "Parameter recovery and model fit using multidimensional composites: a comparison of four empirical parceling algorithms", *Multivariate Behavioral Research*, Vol.39, No.3, 2004, pp.379-412.

［275］Rogosa D, "A critique of cross-lagged correlation", *Psychological Bulletin*, Vol.88, 1980, pp.245-258.

［276］Roorda D.L., et al, "The influence of affective teacher-student relationships on students' school engagement and achievement: a meta-analytic approach", *Review of Educational Research*, Vol.81, No.4, 2011, pp.493-529.

［277］Rosa E.M, Tudge J, "Urie Bronfenbrenner's theory of human development: its evolution from ecology to bioecology", *Journal of Family Theory & Review*, Vol.5, No.4, 2013, pp.243-258.

［278］Rothbart M.K, "Measurement of temperament in infancy", *Child Development*, Vol.52, No.2, 1981, pp.569-578.

［279］Rubin C., et al, "Depressive affect in 'normal' adolescents: Relationship to life stress, family, and friends", *American Journal of Orthopsychiatry*, Vol. 62, No.3, 1992, pp.430-441.

［280］Rulison, K. L., et al, "Rejection, feeling bad, and being hurt: Using multilevel modeling to clarify the link between peer group aggression and adjustment", *Journal of Adolescence*, Vol.33, No.6, 2010, pp.787-800.

[281] Rumpf, H., Meyer, C., Kreuzer, A., John, U., & Merkeerk, G. (2011). *Prävalenz der internetabhängigkeit (PINTA). Bericht an Das Bundesministerium Für Gesundheit. Greifswald Und Lübeck.* 31. (12ff).

[282] Russell, D., et al, "Developing a measure of loneliness", *Journal of Personality Assessment*, Vol.42, No.3, 1978, pp.290-294.

[283] Sami, H., et al, "The effect of sleep disturbances and internet addiction on suicidal ideation among adolescents in the presence of depressive symptoms", *Psychiatry Research*, Vol.267, 2018, pp.327-332.

[284] Satorra A, Bentler P.M, "A scaled difference chi-square test statistic for moment structure analysis", *Psychometrika*, Vol.66, 2021, pp.507-514.

[285] Schimmenti, A., et al, "Traumatic experiences, alexithymia, and internet addiction symptoms among late adolescents: a moderated mediation analysis", *Addictive Behaviors*, Vol.64, 2017, pp.314-320.

[286] Şerife I., Ergüner-Tekinalp B, "The effects of gratitude journaling on turkish first year college students' college adjustment, life satisfaction and positive affect", *International Journal for the Advancement of Counselling*, Vol.39, No.2, 2017, pp.164-175.

[287] Servidio, R., "Exploring the effects of demographic factors, Internet usage and personality traits on Internet addiction in a sample of Italian university students", *Computers in Human Behavior*, Vol.35, 2014, pp.85-92.

[288] Shader, R.I., "Covid-19 and depression", *Clinical Therapeutics*, Vol.42, No.6, 2020, pp.962-963.

[289] Shang W., et al, "Eco-compensation in china: theory, practices and suggestions for the future", *Journal of Environmental Management*, Vol.210, 2018, pp.162-170.

[290] Shaver P.R, Mikulincer M, "Attachment theory and research: Resurrection of the psychodynamic approach to personnality", *Journal of Research in personality*, Vol.39, No.1, 2005, pp.22-45.

[291] Shek D.T.L, "Perceived parental control and parent-child relational

qualities in Chinese adolescents in Hong Kong", *Sex Roles*, Vol.53, No.9, 2005, pp. 635-646.

［292］Shensa, A., et al, "Social media use and perceived emotional support among us young adults", *J Community Health*, Vol.41, No.3, 2016, pp.541-549.

［293］Shrout, P. E., Bolger, N., "Mediation in experimental and nonexperimental studies: New procedures and recommendations", *Psychological Methods*, Vol.7, 2002, pp.422-445.

［294］Shu X.J, Miao, Y.T, "Research on the impact of artificial intelligence recommendation on academic procrastination under the background of big data—The mediating role of mobile phone addiction", *Journal of Physics: Conference Series*, Vol.1948, No.1, 2021.

［295］Sihombing E., et al, "The relationship between peer acceptance and online game addiction in adolescents", *International Journal of Progressive Sciences and Technologies*, Vol.24, No.2, 2021, pp.290-293.

［296］Simpson J.H, "Social learning and social structure: a general theory of crime and deviance", *Social Forces*, Vol.78, No.3, 2009, p.1171.

［297］Siomos K., et al, "Evolution of Internet addiction in Greek adolescent students over a two-year period: The impact of parental bonding", *European Child & Adolescent Psychiatry*, Vol.21, No.4, 2012, pp.211-219.

［298］Situ Q.M., et al, "Bidirectional association between self-control and internalizing problems among college freshmen: A cross-lagged study", *Emerging Adulthood*, Vol.9, No.4, 2019, pp.401-407.

［299］Song A.F, Shi X.W, "A review of intervention research on Internet addiction disorder", *Journal of Xinjiang Medical University*, Vol.29, No.3, 2006, pp. 268-270.

［300］Song S., Lee J., "Key factors of heuristic evaluation for game design: Towards massively multi-player online role-playing game", *International Journal of Human-Computer Studies*, Vol.65, No.8, 2007, pp.709-723.

［301］Soulioti, E., et al, "The relationship of internet addiction with anxiety and depressive symptomatology", *Psychiatrike = Psychiatriki*, Vol. 29, No. 2, 2018, pp.160-171.

[302] Stamoulis, K., & Farley, F. (2010), "Conceptual Approaches to Adolescent Online Risk-Taking", *Cyberpsychology: Journal of Psychosocial Research on Cyberspace*, Vol. 4, No. 1, Article 2. Retrieved from https://cyberpsychology.eu/article/view/4232/3276.

[303] Stanciu D., Calugar A., "What is irrational in fearing to miss out on being online. An application of the I-PACE model regarding the role of maladaptive cognitions in problematic internet use", *Computers in Human Behavior*, No. 135, 2022, Article 107365.

[304] Stark, R., et al. "Predictors for (problematic) use of internet sexually explicit material: role of trait sexual motivation and implicit approach tendencies towards sexually explicit material", *Sexual Addiction & Compulsivity*, Vol.31, 2017, pp.1-23.

[305] Stavropoulos, V., et al, "Mmorpg gaming and hostility predict internet addiction symptoms in adolescents: an empirical multilevel longitudinal study", *Addictive Behaviors*, Vol.64, 2017, pp.294-300.

[306] Steinbüchel, T.A., "Internet addiction, suicidality and non-suicidal self-harming behavior—a systematic review", *Psychotherapie, Psychosomatik, Medizinische Psychologie*, Vol.68, No.11, 2017, pp.451-461.

[307] Stolarski, M., Fieulaine, N., & Beek, W. V. (2015). *Time Perspective Theory: Review, Research and Application*, Springer International Publishing.

[308] Sullivan T. N., et al, "Peer victimization in early adolescence: association between physical and relational victimization and drug use, aggression, and delinquent behaviors among urban middle school students", *Development and Psychopathology*, Vol.18, No.1, 2006, pp.119-137.

[309] Sun S.H, "The Aggressiveness of university students: studies based on self-esteem and shyness", (Unpublished master dissertation), Shandong Normal University, 2013.

[310] Sun, R. M., et al, "Parent-child relationships and mobile phone addiction tendency among Chinese adolescents: The mediating role of psychological needs satisfaction and the moderating role of peer relationships", *Children and Youth Services Review*, No.116, 2020, Article 105113.

[311] Sundaya O.J., et al, "The effects of smartphone addiction on learning: A meta-analysis", *Computers in Human Behavior Reports*, No. 4, 2021, Article 100114.

[312] Sung J.M., "The effects of the stresses on smart phone addiction of university students-moderating effects of social support and self esteem", *Mental Health & Social Work*, Vol.42, No.3, 2014, pp.5–32.

[313] Suzuki, C., Matsuda, E., "A study of individual differences on dream recall: influence of stressful life events and big five personality traits on dream recall frequency", *Stress Science Research*, Vol.27, 2012, pp.71–79.

[314] Talbot, L., et al, "A test of the bidirectional association between sleep and mood in bipolar disorder and insomnia", *Journal of Abnormal Psychology*, Vol.121, No.1, 2012, pp.39–50.

[315] Tan K.A, "The effects of personal susceptibility and social support on internet addiction: An application of Adler's theory of individual psychology", *International Journal of Mental Health and Addiction*, Vol.17, 2018, pp.806–816.

[316] Tan, Y., et al, "Exploring associations between problematic internet use, depressive symptoms and sleep disturbance among southern Chinese adolescents", *International Journal of Environmental Research & Public Health*, Vol.13, No.313, 2016, pp.1–12.

[317] Thompson, N., et al, "Do privacy concerns determine online information disclosure? the case of Internet addiction", *Information and Computer Security*, ahead-of-print, 2021.

[318] Tian Y., et al, "Associations between psychosocial factors and generalized pathological internet use in Chinese university students: a longitudinal cross-lagged analysis", *Computers in Human Behavior*, Vol.72, No.6, 2017, pp.178–188.

[319] Tian Y., et al,"Bidirectional mediating role of loneliness in the association between shyness and generalized pathological internet use in chinese university students:a longitudinal cross-lagged analysis", *The Journal of Psychology*, Vol.12,2018,pp.1-19.

[320] Tian, Y.,"The effect of shyness on Internet addiction:The mediating effects of immersion tendency and network-related maladaptive cognition", *Chinese Journal of Special Education*, Vol.12,2015,pp.83-89.

[321] Tian, Y., et al,"The effect of shyness on Internet addiction:The mediating effects of immersion tendency and network-related maladaptive cognition", Chinese Journal of Special Education,Vol.12,2015,pp.83-89.

[322] Totura C.M.W., et al,"Psychological Distress and Student Engagement as Mediators of the Relationship between Peer Victimization and Achievement in Middle School Youth", *Journal of Youth and Adolescence*, Vol.43, No.1, pp.40-52.

[323] Trojak B., et al,"Brain stimulation to treat internet addiction:a commentary", *Addictive Behaviors*, Vol.64, 2017, pp.363-364.

[324] Trost K., et al, "Mapping swedish females' educational pathways in terms of academic competence and adjustment problems", *Journal of Social Issues*, Vol.64, No.1, 2008, pp.157-174.

[325] TwengeJ.M., et al,"Decreases in psychological well-being among American adolescents after 2012 and links to screen time during the rise of smartphone technology", *Emotion*, Vol.18, No.6, 2018, pp.765-780.

[326] Usta E., ey al,"The examination of individuals' virtual loneliness states in internet addiction and virtual environments in terms of inter-personal trust levels", *Computers in Human Behavior*, Vol.36, 2014, pp.214-224.

[327] Vacaru M.A., et al,"New Zealand Youth and Their Relationships with Mobile Phone Technology", *International Journal of Mental Health and Addiction*, Vol.12, No.5, 2014, pp.572-584.

[328] Valkenburg P.M, Peter J.,"Online communication among adolescents: An integrated model of its attraction, opportunities, and risks", *Journal of*

Adolescent Health, Vol.48, No.2, 2011, pp.121-127.

［329］Van den Eijnden R.J.J.M., "Compulsive internet use among adolescents: Bidirectional parent-child relationships", *Journal of Abnormal Child Psychology*, Vol.38, No.1, 2010, pp.77-89.

［330］Verschueren K, Koomen H.M.Y, "Teacher-child relationships from an attachment perspective", *Attachment & Human Development*, Vol.14, No.3, 2012, pp.205-211.

［331］Voelkle M.C., et al, "An SEM approach to continuous time modeling of panel data: Relating authoritarianism and anomia", *Psychological Methods*, No.17, 2012, pp.176-192.

［332］Vuji A, Szabo A, "Hedonic use, stress, and life satisfaction as predictors of smartphone addiction", *Addictive behaviors reports*, Vol.15, 2022, Article 100411.

［333］Wan, H.C., et al, "Generalized problematic internet use and regulation of social emotional competence: the mediating role of maladaptive cognitions arising from academic expectation stress on adolescents", *Computers in Human Behavior*, Vol.38, No.9, 2014, pp.151-158.

［334］Wang B., et al, "The influence of loneliness on the mobile phone addiction of contemporary college students: The mediating role of online social support", *Journal of Psychology & Behavior Research*, Vol.3, No.1, 2021, pp.1-8.

［335］Wang J, "Research on the relationship between middle school students' teacher-student relationship, academic emotions and academic achievement" (Unpublished master dissertation), Harbin Normal University, 2016.

［336］Wang J., et al, "Temporal precedence of cognitive function and functional abilities: a latent difference score model of the Chinese community welling elders", *International Journal of Geriatric Psychiatry*, Vol.34, No.5, 2019, pp.1892-1899.

［337］Wang P., et al, "Peer relationship and adolescent smartphone addiction: The mediating role of self-esteem and the moderating role of the need to belong", *Journal of Behavioral Addictions*, Vol.6, No.4, 2017, pp.708-717.

[338] Wang P., et al, "The exacerbating role of perceived social support and the 'buffering' role of depression in the relation between sensation seeking and adolescent smartphone addiction", *Personality and Individual Differences*, Vol.130, 2018, pp.129-134.

[339] Wang, D., F., "A study on the reliability and validity of the Russel Loneliness Scale", *Chinese Journal of Clinical Psychology*, Vol.3, No.1, 1995, pp.23-25.

[340] Wang, J.L., "The relationships among the big five personality factors, self-esteem, narcissism, and sensation-seeking to chinese university students' uses of social networking sites (snss)", *Computers in Human Behavior*, Vol.28, No.6, 2012, pp.2313-2319.

[341] Wang, Q.Q., et al, "The revision of college students' shyness Scale and its relevant study", *Psychological Science*, Vol.32, No.1, 2009, pp.204-206.

[342] Wartberg, L., et al, "Adolescent problematic internet use: is a parental rating suitable to estimate prevalence and identify familial correlates?", *Computers in Human Behavior*, Vol.67, 2017, pp.233-239.

[343] Waters A.M., "The relationships of child and parent factors with children's anxiety symptoms: Parental anxious rearing as a mediator", *Journal of Anxiety Disorders*, Vol.26, No.7, 2012, pp.737-745.

[344] Wegmann E., et al, "Online-specific fear of missing out and Internet-use expectancies contribute to symptoms of Internet-communication disorder", *Addictive Behaviors Reports*, Vol.5, 2017, pp.33-42.

[345] Wei, H., et al, "The Effect of Harsh Parenting on Internet Addiction: A Moderated Mediating Model", *Chinese Journal of Special Education*, Vol.4, No.238, 2020, pp.68-75.

[346] Wen L., et al, "Family factors in internet addiction among Chinese youth: A review of English-and Chinese-language studies", *Computers in Human Behavior*, Vol.31, No.2, 2014, pp.393-411.

［347］Wen Z., et al, "Preliminary work for modeling questionnaire data", *Journal of Psychological Science*, Vol.41, No.1, 2018, pp.204-210.

［348］Wentzel K.R, Mcnamara C.C, "Interpersonal relationships, emotional distress, and prosocial behavior in middle school", *Journal of Early Adolescence*, Vol.19, No.1, 1999, pp.114-125.

［349］White J.M, "Understanding family process: basics of family systems theory(book)", *Journal of Comparative Family Studies*, Vol.26, No.2, 1993, pp.281-282.

［350］Wilkinson H.R, Bartoli A.J, "Antisocial behaviour and teacher-student relationship quality: the role of emotion-related abilities and callous-unemotional traits", *The British journal of educational psychology*, Vol.91, No.1, 2021, pp.482-499.

［351］Wilson D, "The Interface of School Climate and School Connectedness and Relationships with Aggression and Victimization", *Journal of School Health*, Vol.74, No.7, 2004, pp.293-299.

［352］Wong, T., et al, "Feeling connected: the roles of student-teacher relationships and sense of school belonging on future orientation", *International Journal of Educational Research*, No.94, 2019, pp.50-157.

［353］Woodhouse S.S., et al, "Loneliness and Peer Relations in Adolescence", *Social Development*, Vol.21, No.2, 2011, pp.273-293.

［354］Wu A.M.S., et al, "Potential impact of internet addiction and protective psychosocial factors onto depression among Hong Kong Chinese adolescents - direct, mediation and moderation effects", *Comprehensive Psychiatry*, Vol.70, 2016, pp.41-52.

［355］Wu J.X., et al, "The Making of Middle School Student's Parent-Child Relationship Questionnaire", *Journal of Southwest University (Social Sciences Edition)*, Vol.37, No.4, 2011, pp.39-44.

［356］Wu X.S., et al, "Prevalence of internet addiction and its association with social support and other related factors among adolescents in China", *Journal* of Adolescence, Vol.52, 2016, pp.103-111.

[357] Wu-Ouyang Biying, "Are smartphones addictive? Examining the cognitive-behavior model of motivation, leisure boredom, extended self, and fear of missing out on possible smartphone addiction", Telematics and Informatics, Vol.71, 2022, Article 101834.

[358] Xiao H., et al, "Are we in crisis? National mental health and treatment trends in college counseling centers", Psychological Services, Vol.14, No.4, 2017, pp.407-415.

[359] Xiao, X., et al, "Cumulative ecological risk on bullying victimization in junior high school students: The moderating effects of resilience", Psychological Development and Education, Vol.38, No.5, 2022, pp.648-657.

[360] Xie X.C, Xie, J.L, "Parental phubbing accelerates depression in late childhood and adolescence: A two-path model", Journal of Adolescence, Vol.78, No.1, 2020, pp.43-52.

[361] Xie X., et al, "Academic adaptation and pursuit of the symbolic function of mobile phones among adolescents: moderating role of self-identity and mediating role of academic performance", Child Indicators Research, Vol.1, 2018, pp.1-12.

[362] Xie X.C., et al, "Sleep quality as a mediator of problematic smartphone use and clinical health symptoms", Journal of Behavioral Addictions, Vol.7, No.2, 2018, pp.466-472.

[363] Yaln, L., et al, "Effect of smartphone addiction on loneliness levels and academic achievement of Z generation", International Journal of Psychology and Educational Studies, Vol.7, No.1, 2020, pp.208-214.

[364] Yan S.Q, "A study on the relationship between college students' boredom tendency and attribution style as well as achievement motivation", International Journal of Higher Education, Vol.5, No.3, 2016, pp.117-120.

[365] Yang W., et al, "Associations between sense of coherence, psychological distress, escape motivation of internet use, and Internet addiction a-

mong Chinese college students: A structural equation model", *Current Psychology*, 2021.

[366] Yang X., et al, "Parent marital conflict and Internet addiction among Chinese college students: The mediating role of father-child, mother-child, and peer attachment", *Computers in Human Behavior*, Vol.59, No.6, 2016, pp.221-229.

[367] Yao M. Z, Zhong Z. J, "Loneliness, social contacts and internet addiction: a cross-lagged panel study", *Computers in Human Behavior*, Vol.30, 2014, pp.164-170.

[368] Yen C. F., et al, "Symptoms of problematic cellular phone use, functional impairment and its association with depression among adolescents in Southern Taiwan", *Journal of Adolescence*, Vol.32, No.4, 2009, pp.863-873.

[369] Yen J.Y., et al, "Family factors of Internet addiction and substance use experience in Taiwanese adolescents", *Cyberpsychology & Behavior*, Vol.10, No.3, 2007, pp.323-329.

[370] Young K. S, "Cognitive behavior therapy with Internet addicts: treatment outcomes and implications", *Cyber Psychology & Behavior*, Vol.10, No.5, 2007, pp.671-679.

[371] Yu T. K, Chao C. M, "Internet misconduct impact adolescent mental health in taiwan: the moderating roles of internet addiction", *International Journal of Mental Health & Addiction*, Vol.14, No.6, 2016, pp.1-16.

[372] Yuan, Y.E., et al, "The interconnections among the intensity of social network use, anxiety, smartphone addiction and the parent-child relationship of adolescents: a moderated mediation effect", *Acta Psychologica*, No.231, 2022, Article 103796.

[373] Yücens, B., Üzer, "The relationship between internet addiction, social anxiety, impulsivity, self-esteem, and depression in a sample of Turkish undergraduate medical students", *Psychiatry Research*, Vol.267, 2018, pp.313-318.

[374] Zemore, R., Dell, L.W., "Interpersonal problem-solving skills and depression-proneness", *Personality & Social Psychology Bulletin*, Vol.9, No.2, 2016,

pp.231-235.

[375] Zhang M.X, Wu A.M.S, "Effects of smartphone addiction on sleep quality among chinese university students: The mediating role of self-regulation and bedtime procrastination", *Addictive Behaviors*, No.111, 2020, Article 106552.

[376] Zhang X.L. (2018). *The relationship of parental monitoring, deviant peers and adolescents' externalizing problem behavior—The moderation role of GABRA2* (*Unpublished master dissertation*). Guangzhou University.

[377] Zhang X.Z, Peng T, "The impact of mindfulness on college freshmen mobile phone addiction tendency: The mediating effect of social anxiety", *China Journal of Health Psychology*, No.13, 2022, pp.1-10.

[378] Zhang Y., et al, "Why parental phubbing is at risk for adolescent mobile phone addiction: A serial mediating model", *Children and Youth Services Review*, No.121, 2020, Article 105873.

[379] Zhang R.P., et al, "Parenting styles and internet addiction in Chinese adolescents: Conscientiousness as a mediator and teacher support as a moderator", *Computers in Human Behavior*, Vol.101, 2019, pp.14-150.

[380] Zhang, K., et al, "Compulsive smartphone use: The roles of flow, reinforcement motives, and convenience", *In the International Conference on Information Systems*, 2014.

[381] Zhao Q., et al, "Does adolescents' internet addiction trigger depressive symptoms and aggressive behavior, or vice versa? the moderating roles of peer relationships and gender – sciencedirect", *Computers in Human Behavior*, No.129, 2021, Article 107143.

[382] Zhao, J., et al, "Shyness and loneliness: contributions of emotional intelligence and social support", *Current Psychology*, 2017, pp.1-7.

[383] Zhou H.L., et al, "Social anxiety, maladaptive cognition, mobile phone addiction, and perceived social support: A moderated mediation model", *Journal of Psychology in Africa*, Vol.31, No.3, pp.248-253.

[384] Zhou P., et al, "The relationship between resilience and internet addic-

tion:a multiple mediation model through peer relationship and depression", *Cyberpsychology Behavior & Social Networking*, Vol 20, No.10, 2017, pp.634-647.

[385] Zhou S.S., et al, "The relationship between peer aggression and pathological online game use of junior middle school students:Mediation effect and moderation effect", *Educational Measurement and Evaluation (Theoretical Edition)*, Vol.7, No.10, 2014, pp.43-48.

[386] Zhou S.S., et al, "The relationship between peer aggression and pathological online game use of junior middle school students:Mediation effect and moderation effect", *Educational Measurement and Evaluation (Theoretical Edition)*, Vol.7, No, 10, pp.43-48.

[387] Zhou Z.K., et al, "The test of the mediator variable between peer relationship and loneliness in middle childhood", *Acta psychologica sinica*, Vol.37, No.6, 2005, pp.776-783.

[388] Zhou, H., et al, "A cross-lagged panel model for testing the bidirectional relationship between depression and smartphone addiction and the influences of maladaptive metacognition on them in Chinese adolescents", *Addictive Behaviors*, No.120, 2021, Article 106978.

[389] Zhou, N., et al, "Peer contagion processes for problematic internet use among Chinese college students:a process model involving peer pressure and maladaptive cognition", *Computers in Human Behavior*, 90, 2019, pp.276-283.

[390] Zhou, Y.Y., et al, "Big five personality and adolescent internet addiction:the mediating role of coping style", *Addictive Behaviors*, Vol.64, 2017, pp.42-48.

[391] Zhou, Z.K., et al, "The test of the mediator variable between peer relationship and loneliness in middle childhood", *Acta psychologica sinica*, Vol.37, No.6, 2005, pp.776-783.

[392] Zhu J., et al, "Early adolescent internet game addiction in context:How parents, school, and peers impact youth", *Computers in Human Behavior*, Vol.50, No.9, 2015, pp.159-168.

［393］Zillmann, D. (1991). *Television viewing and physiological arousal. In J. Bryant, & D. Zillmann (Eds.), Responding to the screen: Reception and reaction processes* (pp.103-133). Hillsdale, NJ: Lawrence Erlbaum Associate.

［394］Zimbardo, P.G. "Shyess: What it is, what to do about it. Reading, MA: Addison-Wesley Publishing Company" (Ed.), 1977.

［395］Zimet G.D., et al, "Psychometric characteristics of the multidimensional scale of perceived social support", *Journal of Personality Assessment*, Vol.5, No.3-4, 1990, pp.610-617.

［396］Zimet G.D., et al, "The multidimensional scale of perceived social support", *Journal of Personality Assessment*, Vol.52, No.1, 1988, pp.30-41.

中文参考文献

［1］白羽、樊富珉:《大学生网络依赖测量工具的修订与应用》,《心理发展与教育》2005年第4期。

［2］鲍振宙等:《越轨同伴交往与青少年问题性网络使用的交叉滞后分析》,《心理科学》2019年第5期。

［3］曹睿桐:《教养方式对青少年孤独感的影响》,《科学咨询(科技·管理)》2020年第1期。

［4］陈武等:《亲子依恋与青少年的问题性网络使用:一个有调节的中介模型》,《心理学报》2015年第5期。

［5］陈雪峰、时勘:《孤独感与领悟社会支持对大学生心理健康的影响》,《中国临床心理学杂志》2008年第5期。

［6］陈雪红等:《医专大学生手机使用行为、手机依赖综合征与睡眠质量的相关研究》,《现代预防医学》2016年第21期。

［7］陈艳等:《父母干预与青少年手机成瘾的关系:一项追踪研究》,《中国特殊教育》2021年第254期。

［8］池丽萍、辛自强:《儿童对婚姻冲突的感知量表修订》,《中国心理卫生杂志》2003年第8期。

［9］楚啸原等:《师生关系对研究生自我效能感的影响:有调节的中介模

型》,《心理发展与教育》2021年第2期。

[10]丛中、安莉娟:《安全感量表的初步编制及信度、效度检验》,《中国心理卫生杂志》2004年第18期。

[11]邓林园等:《大学生心理需求及其满足与网络成瘾的关系》,《心理科学》2012年第1期。

[12]邓林园等:《父母冲突,父母控制对高中生网络成瘾的中介影响机制:一项追踪研究》,《中国特殊教育》2020年第8期。

[13]丁倩等:《父母低头族与中学生手机成瘾的关系:父母监控的调节作用》,《中国特殊教育》2019年第38期。

[14]董睿等:《逃避动机和沉浸体验在大学生挫折感与网络游戏成瘾间的中介作用》,《中华行为医学与脑科学杂志》2021年第4期。

[15]段兴利等:《大学新生入学适应问题浅析》,《思想理论教育导刊》2008年第4期。

[16]方晓义等:《〈中国大学生适应量表〉的编制》,《心理与行为研究》2005年第3期。

[17]冯红新、王红雨:《大学生手机依赖及对体质健康的影响》,《中国健康教育》2018年第34期。

[18]冯克曼等:《认知情绪调节和领悟社会支持在大学生情绪表达冲突与抑郁间的作用》,《中国临床心理学杂志》2018年第26期。

[19]符明秋,校嘉柠:《未成年人手机成瘾的原因、危害与预防研究》,《成都理工大学学报(社会科学版)》2014年第22期。

[20]高峰等:《中国青少年父母教养方式与自杀意念的元分析》,《心理发展与教育》2023年第1期。

[21]高峰强等:《大一新生羞怯与适应的交叉滞后分析》,《心理科学》2017年第40期。

[22]高峰强等:《孤独感对手机成瘾的影响:安全感与沉浸的中介作用》,《中国特殊教育》2017年第7期。

[23]高文斌等:《网络成瘾的心理机制——"发展性失补偿假说"》,《中国心理学会第十届全国心理学学术大会论文摘要集》,2005年。

[24]郝鑫等:《"和而不同":初中生亲子关系对主观幸福感的影响》,《江汉大学学报(社会科学版)》2022年第6期。

[25]贺莹莹:《高中生生活事件、应对方式与心理健康的关系研究》,硕士学位论文,四川师范大学,2008年。

[26]赫兵等:《学生智能手机成瘾行为研究进展》,《校园心理》2020年第19期。

[27]洪晴滢、张芳华:《压力与中学生网络游戏成瘾:非适应性认知的中介作用》,《校园心理》2023年第1期。

[28]黄彬洋等:《认知行为疗法联合耳穴压豆干预高职院校互联网成瘾综合征大学生的效果观察》,《智慧健康》2023年第9期。

[29]贾继超等:《亲子关系、师生关系与青少年网络成瘾的前瞻性研究:自尊的中介作用》,《第二十一届全国心理学学术会议摘要集》,2018年。

[30]江光荣:《中小学班级环境:结构与测量》,《心理科学》2004年第4期。

[31]姜立君:《新冠病毒疫情下大学生信息焦虑对手机成瘾的影响:一个有中介的调节模型》,《大连大学学报》2020年第2期。

[32]姜乾金:《领悟社会支持》,《中国行为医学科学》2001年第10期(特刊)。

[33]蒋奖等:《简式父母教养方式问卷中文版的初步修订》,《心理发展与教育》2010年第26期。

[34]蒋湘祁等:《父母教养方式与大学生寻求社会支持的关系研究》,《中国健康心理学杂志》2010年第11期。

[35]教育部高等教育教学评估中心:《中国高等教育质量报告》,2018年,见http://www.pgzx.edu.cn/。

[36]金灿灿等:《中学生的父母监控、自我控制和网络适应的关系:一个有调节的中介效应》,《中国特殊教育》2019年第7期。

[37]靳义君:《亲子依恋、社交焦虑及主动性人格对大学新生人际关系的影响》,《西北师大学报(社会科学版)》2019年第5期。

[38]孔繁昌等:《父母手机冷落行为与青少年疏离感的关系:一个有调节

的中介模型》,《心理与行为研究》2021年第19期。

[39]雷环:《从社会心理学角度看大学新生的适应问题》,《思想教育研究》2008年第3期。

[40]李董平等:《累积生态风险与青少年网络成瘾:心理需要满足和积极结果预期的中介作用》,《心理学报》2016年第48期。

[41]李蒙蒙等:《父母婚姻冲突与青少年网络游戏成瘾:越轨同伴交往和神经质的多重中介作用》,《中国临床心理学》2022年第2期。

[42]李娜:《大学生网络成瘾认知行为疗法研究综述》,《科教导刊》2014年第12期。

[43]李宁、梁宁建:《大学生网络成瘾者非适应性认知研究》,《心理科学》2007年第1期。

[44]李思梦:《大学生手机成瘾与主观幸福感的关系研究》,硕士学位论文,吉林大学,2019年。

[45]李文道等:《初中生的社会支持与学校适应的关系》,《心理发展与教育》2003年第3期。

[46]李霄:《"00后"青少年的社交媒体使用对主观幸福感的影响研究》,硕士学位论文,暨南大学,2018年。

[47]栗玲等:《父母手机成瘾对亲子关系的影响》,《襄阳职业技术学院学报》2020年第3期。

[48]梁晓燕等:《大学新生时间管理倾向、手机依赖与无聊倾向的关系:一项交叉滞后研究》,《心理科学》2022年第5期。

[49]梁晓燕:《网络社会支持对青少年心理健康的影响机制研究》,博士学位论文,华东师范大学,2008年。

[50]梁永霖:《大学生手机使用与课堂师生交互之间的关系》,《电脑知识与技术》2017年第18期。

[51]刘红、王洪礼:《大学生手机成瘾与孤独感、手机使用动机的关系》,《心理科学》2011年第34期。

[52]刘军等:《高校导师辱虐型指导方式对研究生自我效能的影响机制研究》,《管理学报》2013年第16期。

[53]刘勤学等:《大学生智能手机成瘾与抑制控制能力的关系:手机位置和认知负荷的调节作用》,《心理发展与教育》2021年第37期。

[54]刘勤学等:《智能手机成瘾:概念、测量及影响因素》,《中国临床心理学杂志》2017年第25期。

[55]刘贤臣等:《青少年生活事件量表的编制与信度效度测试》,《山东精神医学》1997年第1期。

[56]刘啸莳等:《幼儿外倾性与攻击行为的关系:自我控制和母亲温暖教养的调节作用》,《心理发展与教育》2020年第36期。

[57]刘亚娜、高英彤:《青少年沉迷网络游戏及引发犯罪的实证研究与应对机制》,《山东大学学报(哲学社会科学版)》2020年第3期。

[58]龙可等:《高中生抑郁症状与父母教养方式:感恩的中介作用》,《中国临床心理学杂志》2014年第5期。

[59]罗金晶等:《累积生态风险对青少年网络成瘾的影响:意志控制的调节作用》,《中国临床心理学杂志》2017年第25期。

[60]罗淑文等:《亲子关系与网络成瘾的关系》,《现代交际》2018年第12期。

[61]闵秀红、朱长根:《高职学生手机网络成瘾的危害及对策研究》,《湖北开放职业学院学报》2019年第32期。

[62]彭聃龄:《普通心理学》,北京师范大学出版社2012年版。

[63]蒲少华等:《初中生手机成瘾倾向的家庭影响与预防》,《广东第二师范学院学报》2022年第42期。

[64]钱铭怡、肖广兰:《青少年心理健康水平、自我效能、自尊与父母养育方式的相关研究》,《心理科学》1998年第6期。

[65]秦华等:《网络游戏成瘾的形成因素探析》,《中国临床心理学杂志》2007年第2期。

[66]卿再花等:《认知行为团体辅导对大学生手机成瘾干预效果研究》,《牡丹江师范学院学报(社会科学版)》2019年第210期。

[67]任冉:《我国当代大学生学校适应性研究的回顾与展望》,《教育教学论坛》2020年第42期。

参考文献

[68] 任曦等:《社会支持缓解高互依自我个体的急性心理应激反应》,《心理学报》2019年第4期。

[69] 宋爱芬、史学武:《网络成瘾干预研究综述》,《新疆医科大学学报》2006年第3期。

[70] 宋国英等:《积极心理学团体辅导对"00后"网络成瘾医学生干预效果的研究》,《卫生职业教育》2020年第38期。

[71] 宋静静等:《父母控制与青少年问题性网络使用:越轨同伴交往的中介效应》,《心理发展与教育》2014年第3期。

[72] 苏双等:《大学生智能手机成瘾量表的初步编制》,《中国心理卫生杂志》2014年第5期。

[73] 唐任之慧等:《认知行为疗法结合电针治疗网络游戏成瘾的临床效果》,《临床医学研究与实践》2017年第2期。

[74] 唐文清等:《大学生手机成瘾倾向与人际关系困扰和孤独感的关系》,《中国心理卫生杂志》2018年第12期。

[75] 陶沙:《社会支持与大学生入学适应关系的研究》,《心理科学》2003年第5期。

[76] 田秀菊、陈汉英:《大学生智能手机沉迷与非适应性认知的相关研究》,《卫生职业教育》2016年第17期。

[77] 田雨等:《羞怯对网络成瘾的影响:沉浸倾向和网络非适应性认知的中介作用》,《中国特殊教育》2015年第12期。

[78] 田原等:《某医科大学大一新生手机成瘾现状及相关因素分析》,《中国预防医学杂志》2020年第7期。

[79] 汪涛等:《同伴玩家比例、非适应性认知与网络游戏成瘾的关系》,《中国临床心理学杂志》2015年第3期。

[80] 汪薇、李董平:《亲子关系与青少年网络成瘾:情绪调节能力和消极情境的联合作用》,《第二十届全国心理学学术会议——心理学与国民心理健康摘要集》,2017年。

[81] 汪向东等:《心理卫生评定量表手册(增订版)》,《中国心理卫生杂志》1993年。

［82］汪小凡:《高职新生父母教养方式、安全感和人际适应的关系研究》,《武汉交通职业学院学报》2018年第4期。

［83］王建平等:《同伴侵害与青少年网络游戏成瘾:心理需求满足的中介作用和情绪智力的调节作用》,《华中师范大学学报(人文社会科学版)》2020年第4期。

［84］王鹏程、雷霓:《同学关系糟糕手机成瘾速到》,《基础教育参考》2018年第11期。

［85］王平等:《大学生手机成瘾与孤独感、父母教养方式的关系研究》,《当代教育科学》2015年第1期。

［86］王瑞雪:《青少年智能手机成瘾现状和干预对策》,《中小学心理健康教育》2021年第35期。

［87］王亚可等:《大学生孤独感与手机成瘾的关系》,《中国心理卫生杂志》2023年第37期。

［88］王子伟:《压力对大学生手机依赖的影响:心理需要满足和积极结果预期的中介作用》,硕士学位论文,上海师范大学,2019年。

［89］魏华等:《粗暴养育对网络成瘾的影响:非适应性认知的中介作用与孝道信念的调节作用》,《中国特殊教育》2020年第4期。

［90］吴才智等:《基本心理需要及其满足》,《心理科学进展》2018年第26期。

［91］吴欢:《某市大学生手机依赖与负性生活事件的相关性分析》,《中国卫生产业》2020年第17期。

［92］吴继霞等:《中学生亲子关系问卷编制》,《西南大学学报(社会科学版)》2011年第37期。

［93］吴文捷:《朋辈互助认知行为疗法对医学生智能手机成瘾的干预研究》,《中国高等医学教育》2018年第11期。

［94］徐夫真、张文新:《青少年疏离感与病理性互联网使用的关系:家庭功能和同伴接纳的调节效应检验》,《心理学报》2011年第4期。

［95］许颖等:《父母因素、抵制效能感与青少年新媒介依赖行为的关系》,《心理发展与教育》2012年第28期。

[96]荀寿温等:《青少年网络成瘾与抑郁之间的双向关系》,《中国临床心理学杂志》2013年第4期。

[97]杨邦林、黄瑾:《相对剥夺感与留守儿童外化问题行为的关系:越轨同伴交往的中介和父母情感温暖的调节》,《中国临床心理学杂志》2022年第3期。

[98]杨笑颜等:《大学生孤独感、社交焦虑与手机依赖的交叉滞后分析》,《中国临床心理学杂志》2022年第30期。

[99]杨雨萌、邓林园:《父母教养方式与子女技术性成瘾行为关系的元分析》,《第二十四届全国心理学学术会议摘要集》,2022年。

[100]姚添涵、余传鹏:《导师——同门支持、科研自我效能感与研究生科研创造力的关系研究》,《高教探索》2019年第4期。

[101]尹丹丹等:《父母教养方式与大学生自杀意念的关系及性别差异研究》,《伤害医学(电子版)》2017年第2期。

[102]于潇:《中职学生家庭亲密度、心理弹性与手机依赖倾向的关系研究》,硕士学位论文,哈尔滨师范大学,2016年。

[103]余思、刘勤学:《父母忽视对青少年自杀意念的影响:自尊和希望的中介作用》,《心理发展与教育》2020年第3期。

[104]喻典:《中学生智能手机成瘾:亲子关系和自尊的作用机制及其应对建议》,硕士学位论文,华中师范大学,2018年。

[105]袁媛:《家庭系统理论视角下亲、子低头行为和亲子关系的追踪研究》,硕士学位论文,上海师范大学,2023年。

[106]臧慧等:《南宁市某高校大学生手机成瘾影响因素分析》,《中国继续医学教育》2018年第33期。

[107]张鸿浩:《父母积极教养方式对大学生利他行为的影响——共情的中介作用》,《教育理论研究与实践网络研讨会论文集(高等教育)》,2022年。

[108]张慧等:《父母教养方式对大学新生人际适应的影响:心理资本的中介作用》,《教育观察》2021年第13期。

[109]张铭等:《手机依赖的前因、结果与干预研究进展》,《中国特殊教育》2019年第11期。

[110]张帅佳:《父母教养方式与大学生社交焦虑的关系:负面评价恐惧的中介作用》,《昭通学院学报》2021年第6期。

[111]张婷丹等:《亲子关系与青少年网络游戏成瘾:自尊的中介作用》,《教育测量与评价(理论版)》2015年第2期。

[112]张晓州、彭婷:《大学新生正念对手机成瘾倾向的影响:社交焦虑的中介作用》,《中国健康心理学杂志》2023年第5期。

[113]张兴旭等:《亲子、同伴、师生关系与青少年主观幸福感关系的研究》,《心理发展与教育》2019年第4期。

[114]张野等:《初中生师生关系的结构与类型研究》,《心理科学》2009年第4期。

[115]张毅等:《大学生手机成瘾危害与控制建议》,《教育教学论坛》2018年第25期。

[116]张永强等:《失补偿理论下社会支持与网络成瘾的关系:基本心理需要与应对方式的链式中介作用》,《工程技术研究》2017年第11期。

[117]赵宝宝等:《青少年亲子关系、消极社会适应和网络成瘾的关系:一个有中介的调节作用》,《心理发展与教育》2018年第3期。

[118]中国互联网络信息中心:第49次《中国互联网络发展状况统计报告》,2022年2月25日,见http://www.cnnic.net.cn/hlwfzyj/hl-wxzbg/hlwtjbg/202202/t20220225_71727.html。

[119]中国互联网络信息中心:第43次《中国互联网络发展状况统计报告》,2019年,见http://www.Cnnic.Net.cn/hlwfzyj/hlwxzbg/hlwtjbg/201902/t2019022870645。

[120]周恩泽:《青少年手机成瘾的环境风险因素及预防策略》,《中小学心理健康教育》2022年第36期。

[121]周浩、龙立荣:《共同方法偏差的统计检验与控制方法》,《心理科学进展》2004年第6期。

[122]周华丽等:《大学生现实社会支持、网络成瘾及社交退缩的关系研究》,《生活教育》2022年第7期。

[123]周莎莎等:《同伴侵害与初中生病理性网络游戏使用的关系:中介

效应与调节效应》,《教育测量与评价(理论版)》2014年第7期。

[124]周宗奎等:《童年中期同伴关系与孤独感的中介变量检验》,《心理学报》2005年第37期。

[125]朱春艳:《累积生态风险对大学生网络成瘾的影响》,硕士学位论文,西北师范大学,2019年。

[126]朱芬等:《现实利他行为与网络利他行为对大学生主观幸福感的影响:多重中介模型》,《心理科学》2022年第45期。

[127]祖静等:《大学生自尊与手机依赖的关系:应对方式的多重中介作用》,《中国特殊教育》2016年第10期。